Stimmen zu Elizabeths erstem Buch **DIE RÜCKKEHR DES INKA: eine spirituelle Reise zu den Einweihungsriten der Inka und ihre Prophezeiungen für 2012**, (Erstveröffentlichung mit dem Titel *„Initiation: A Woman's Spiritual Adventure in the Heart of the Andes", Putnam 1997*)

„Seit über als zwanzig Jahren wollen jährlich Dutzende von Bewerberinnen den Rang einer weiblichen Carlos Castenada... durch die Einweihung in die Geheimnisse der amerikanischen Ureinwohner erreichen... Lynn Andrews ist gewiss die Erfolgreichste... Na, rück in den Hintergrund, Lynn! Jenkins ist dabei, dich zu überflügeln. Dies ist ein fesselndes Buch mit einer machtvollen spirituellen Botschaft."

- PATRICIA MONAGHAN, Booklist, 1. September 1997

„Ihre Erfahrungen sind erstaunlich, geschildert mit großer Ehrerbietung und Respekt, und ihre Erzählung ist überwältigend. Das Ergebnis ist eine Bereicherung für das wachsende Thema der Erforschung der indigenen Spiritualität. Höchst empfehlenswert."

- *Library Journal*, 1. September 1997

„In einem einzigartigen Reiseführer der Region von Cuzco und Machu Pikchu beschreibt Jenkins ihre mühsame 12-tägige Pilgerfahrt zu den Tempelstätten der Inkas, wo sie unter der Anleitung eines Q'ero-Priesters kraftvolle transformierende Energien empfing und Geister traf, die ihr die naturgegründeten Gottheiten der vorchristlichen Zeit erfahrbar machten.

"... sie gewährt, dass sie ihr kritisches Denken zum Schweigen bringen und sich durch ihre Intuition leiten lassen musste, um Eintritt in die geistliche Welt zu erreichen. In dieser großartigen Erzählung ihrer Abenteuer, die voller Schilderungen ihrer Gespräche mit ihren spirituellen Helfern und der Welt der Geister ist, benutzt sie ihren rationalen, akademischen Hintergrund, um ihre übernatürliche Erfahrungen zu bewerten."

- *Publishers Weekly*, 18. August 1997

D1920873

Die Rückkehr des Inka

Eine spirituelle Reise zu den Einweihungsriten der Inkas und ihren Prophezeiungen für 2012

Internationale Bestseller-Autorin

Elizabeth B. Jenkins

Hinweis: Alle Quechua Begriffe sind dem Quechua Dictionary der Higher Academy of the Quechua Language, Cuzco, Peru, Auflage 1995, entnommen.

Übersetzung der englischen Originalausgabe: Lis Dann, Chrystelle Hadjikakou; Satz: Angela Delgado

Englische Originalausgabe

Erschienen bei Pu'umak'a Press

PO Box 500

Naalehu, Hawaii 96772 USA

www.inka-online.com

www.wiraqochafoundation.com

©Copyright 1997 Elizabeth B. Jenkins

2. Ausgabe ©Copyright 2008

Alle Rechte vorbehalten. Dieses Buch sowie Teile davon dürfen ohne Erlaubnis nicht verwendet werden.

ISBN 978-0-9762387-6-8

Dieses Buch ist mit meinem ganzen Herzen der
Pachamama,
dem Lebensgeist der Erde, unser aller Mutter,
gewidmet

Inhaltsverzeichnis

Danksagung

Zuerst danke ich meiner Mutter und meinem Vater, die mir diesen Körper gegeben haben; meinen Brüdern, die halfen, mich zu dem zu machen, was ich bin und meiner peruanischen Familie, den Machicaos, für ihre unendliche Liebe und Loyalität. Cyntha Gonzalez gilt meine tiefste Dankbarkeit und Liebe. Ohne sie hätte sich diese Geschichte nie ereignen können. Großer Dank auch meinen „lesenden" Freundinnen, vor allem Carol Adrienne, deren ständige Ermutigung und Unterstützung lebenserhaltend waren. Mein ganzer Dank und meine Bewunderung für meine unerschrockenen Gruppen von Peru-Reisenden und allen Praktikanten des Andenweges. Tiefer Dank an meine fantastische und brillante Agentin Candice Fuhrmann, die als Erste das diesem Buch und mir innewohnende Potenzial erkannte, und ebenso meiner wunderbaren Auslandsagentin Linda Michaels, die meiner Erzählung die Flügel zum Reisen verlieh. Und aus vollem Herzen Dank an Victoria Bildheim und Lis Dann für ihre Hilfe und die deutsche Übersetzung dieses Buches. Dank an alle deutschen Paqos, dass sie in Deutschland das Licht der INKA TRADITION hochhalten und die spirituellen Werkzeuge der Inkas zur Heilung ihrer Landsleute und ihres kriegszerrütteten Landes einsetzen, damit ihre Liebe zu Pachamama Deutschland wieder erblühen kann. Ich danke meiner Lektorin Susan Allison und sämtlichen Verlagsangehörigen von Putnam dafür, dass sie mir dabei halfen, diesen Traum zu verwirklichen. All meinen Lehrern Dank, einschließlich Don Manuel Q'espi und der Q'ero-Nation in Peru. Und mein ganz besonderer Dank gilt Juan Nuñez del Prado für seine unglaubliche Weisheit, Liebe und immerwährende Führung. Natürlich spreche ich, obwohl ich ihm niemals begegnete, Don Benito Qoriwaman, dessen Weisheit und Belehrungen sich in all diesen Seiten wiederfinden, meinen tief empfunden Dank aus.
Ich liebe euch alle.

1. Teil

Der Ruf der Pacha Mama

1. KAPITEL

Der Geist der Berge

Elizabeth - Teléfono! - rief Señora Clemencia, damit ich aus dem zweiten Stock ihres riesigen Hauses spanischer Bauart nach unten komme. Ich kämpfte mich unter der schweren Alpakafelldecke hervor und rang nach Luft, als die eiskalte Morgenluft auf meinen Körper traf. Rasch schlüpfte ich in meinen Jogginganzug, zwängte meine Füße in Tennisschuhe, schlurfte über den Flur und fiel beinahe über meine offenen Schnürsenkel, als ich die knarzende Holztreppe hinunter zum Telefon sauste. „Uff", stieß Panchita, die rundliche, dunkelhäutige indianische Haushälterin aus und bemühte sich, ihr Tablett mit frischem Brot und *Café con Leche*, das sie der Señora aufs Zimmer bringen wollte, in Balance zu halten. Ich hatte sie auf der untersten Treppenkehre beinahe umgerannt, als ich scharf um die Ecke sauste.

Ein peruanischer Bekannter war am Apparat, der mir mitteilte, dass eine der ortsansässigen Heilerinnen, eine „mediale Kräuterheilerin", an diesem Nachmittag eine besondere Behandlung, eine sogenannte Ei-Diagnose, vornehmen würde. Mein scheinbar impulsiver Entschluss, nach Cuzco zu gehen, begann langsam Sinn zu machen. Mein monatelanges Herumstochern im Nebel hatte nun endlich etwas ans Licht gebracht. Ich würde nun zum ersten Mal eine authentische örtliche Heilerin besuchen!

Geradezu ekstatisch sauste ich die Treppe wieder hoch, um Carlos, meinem argentinischen Freund mit den kühlen blauen Augen und Partner zu meinen spirituellen Abenteuern, diese

Nachricht zu überbringen. Ich war mir sicher, dass er mitkommen wollte.

Carlos, ein Psychologiestudent aus Buenos Aires, hatte es ebenfalls nach Cuzco gezogen, der Stadt, die als das Zentrum magnetischer und mystischer Kräfte bekannt war. Nachdem ich mich versichert hatte, dass er mich zu diesem Treffen um zwei Uhr nachmittags begleiten würde, machte ich mich außen über der langen Terrasse wieder auf den Weg zu meinem Zimmer. Unterwegs blieb ich fasziniert vom Ausblick auf den Ausangate, den 6.706-Meter hohen Berg mit seinem eis- und schneebedeckten Gipfel am Ostende des Tals von Cuzco, stehen. „Okay, Schicksal, hier bin ich", flüsterte ich, „was hast du jetzt mit mir vor?"

Das war die Frage, die die letzten drei Monate Tag und Nacht meine Gedanken beherrscht und ein verführerisches Netz aus Zweifeln, banger Erwartung und kribbelnder Spannung gewebt hatte. Der von Cuzco ausgehende Zug war so stark gewesen, dass ich in Kalifornien alles hinter mir gelassen hatte - Job, Familie, Verlobten, Doktorat - und nach Peru gegangen war, um einem intensiven spirituellen Drängen zu folgen, dem inneren Wissen, dass der Schlüssel zu meiner Zukunft - und vielleicht auch zu meiner Vergangenheit - hier in dieser uralten Landschaft, dieser uralten Stadt verborgen lag. Ich kannte keine Seele in Cuzco und sprach auch kein Wort Spanisch. Etwas Derartiges hatte ich noch nie zuvor in meinem Leben getan.

Rasch stellte ich fest, dass Cuzco - einst die stolze südliche Hauptstadt des Inka-Reiches, von den Indios „der Nabel der Welt" genannt - inzwischen zu einer Metropole mit über einer halben Million Einwohnern gemischten spanischen und indianischen Blutes gewachsen war. Heute, etwa fünfhundert Jahre nach der Ankunft der spanischen Eroberer, ist Cuzco noch immer eine schöne, glänzende Stadt, wie sie so im Schoß steil aufragender Berge daliegt. Die engen, gewundenen, mit Kopfsteinen gepflasterten Gassen, die weiß getünchten Häuserwände, die roten Ziegeldächer und die darunter hervorstehenden, reich verzierten Holzbalkone ähnlich dem, auf dem ich stand, hatten mein Herz gefangengenommen. Angesichts dieses Baustils, der der Stadt ihr kulturelles Flair verlieh, wurde mir klar, dass ich, wenn da nicht die eis- und schneebedeckten Gipfel gewesen wären, auf eine Gasse irgendeines beliebigen spanischen Städtchens hätte blicken können.

Doch unter diesen spanischen roten Ziegeln verbarg sich eine uralte und geheimnisvolle Vergangenheit. Die Fundamente und Überreste der kunstvollen Inka-Bauten waren noch überall zu sehen. War es das, was an Cuzco diese Besonderheit verlieh? Oder war es ganz einfach die Höhe von dreitausendfünfhundert Metern über dem Meeresspiegel? An klaren Tagen erstrahlte der Himmel in königlichem Blau, flirrte in der reglosen Luft mit geradezu greifbarer Magie. Es war, als wohne dem Land selbst ein Reichtum inne, eine innere Macht, die die Inkas sich damals für diesen Ort entscheiden ließ, und die diesen Ort auch heute noch zu einem Magneten für spirituell Suchende aus aller Welt macht. Mit Sicherheit war ich von Cuzco unwiderstehlich angezogen worden, und nun wollte ich voller Ungeduld herausfinden, warum. Was hatte mich aus meiner Karriere als Psychologin gerissen und mehr als achttausend Kilometer von Zuhause entfernt hierher gelockt?

Ich war dabei gewesen, meinen Doktor der Psychologie zu studieren und fand meinen Beruf außerordentlich befriedigend. Ich liebte meinen Freundeskreis, mein Studium und mein Leben in San Francisco. In letzter Zeit hatte mich jedoch dieses trockene akademische Wissen zu langweilen begonnen. Ich wusste, dass das Rätsel des menschlichen Wesens mehr zu bieten hatte, als mir meine Lehrbücher verrieten; und dieses Geheimnis lag, so fühlte ich es, irgendwo in der spirituellen Dimension der menschlichen Natur verborgen.

So war ich nach Peru gekommen, um mich auf die Suche nach Informationen über die einheimischen Heiler und Heilerinnen und deren Heilmethoden zu begeben. Zumindest lautete so die Erklärung, die ich gegenüber meinen Freunden und Kollegen gab; denn sie lieferte all jenen eine plausible Begründung, denen ich diesen tieferen, irrationalen, spirituellen Ruf nicht definieren konnte oder wollte. Ich war in der westlichen Tradition des Rationalismus erzogen und konnte es mir ja kaum selbst erklären. Und was die meisten meiner Berufskollegen anging, so verstanden sie unter dem Begriff „spirituell" einen rudimentären Bereich nicht-realer Erfahrungen oder Halluzinationen.

In Wahrheit wusste ich nicht wirklich, warum ich in Cuzco war. Ich wusste nur, dass ich mich magnetisch angezogen gefühlt hatte, hierher zu kommen. Es war auch wahr, dass ich seit meiner Ankunft in Cuzco die beste Zeit meines Lebens verbrachte. Zum ersten Mal fühlte ich mich wirklich frei, dem achtsamen Auge und den Erwartungen meiner Familie und Kultur entzogen. Oder vielleicht versuchte ich einfach, meinen eigenen Erwartungen in Bezug darauf, wer oder was ich sein und tun sollte, zu entfliehen.

Mit Englisch als Muttersprache, fand ich rasch einen Unterrichtsjob am Institut für peruanische und nordamerikanische Kultur und verdiente so mein Taschengeld. Meine wahre Passion zeigte sich jedoch, als ich in den örtlichen Nachtklubs Musik zu machen begann. Es war an einem meiner ersten Auftritte, dass ich Carlos, einem Studienkollegen in Psychologie begegnete, mit dem ich auch das Interesse an der spirituellen Welt teilte. Seltsamerweise stellte ich fest, dass dadurch, dass ich meinen künstlerischen Neigungen nachgeben konnte, etwas, wozu ich an der Universität nie Zeit gehabt hatte, ein bis dahin völlig unbekannter Aspekt meines Wesens zum Vorschein kam, nämlich die Stimme meiner Intuition. Und ich traf vollkommen bewusst die Entscheidung, diese Zeit und diesen einzigartigen Ort zur Kultivierung meiner Intuition zu nutzen und auf eine ganz andere Weise zu leben und mich von meiner Intuition und nicht von meinem rationalen Verstand leiten zu lassen.

Tatsächlich hatte mich eines meiner ersten intuitiven Experimente zum Haus der Señora Clemencia geführt. Statt in der Zeitung die Mietangebote durchzusehen, hatte ich mich einfach auf den Hauptplatz der Stadt gestellt und beschlossen, mich der Führung meines inneren Richtungssinns anzuvertrauen. Fast im gleichen Moment wurde mein Augenmerk zu einer Anhöhe hinauf und hin zu einer Straße gelenkt, die zu den Überresten der Saqsaywaman- Festung führte. Ich folgte einer Gasse bergan, deren Name übersetzt „die Schulter des Pumas“ bedeutete, und die zweite Haustür, an die ich klopfte, war die des Hauses der Señora. Nun wohnte ich seit drei Monaten bei der Familie Machicao, bestehend aus Señora Clemencia, ihrem Mann Juan, ihren Kindern Rosario und Pepe und der Haushälterin Panchita. Luis Carlos, der älteste Sohn, wohnte in Lima.

Die Señora, zweifellos die Patronin des Hauses, war eine Krankenschwester und sprach perfekt Quechua, die Sprache der Inkas. Sie war eine der wenigen aus der oberen Mittelschicht, die auf ihr indianisches Erbe und die Inka-Kultur stolz waren. Sie hatte keinerlei „Komplexe“ wegen ihrer Abstammung aus gemischtem

Blut. Ihr Mann Juan, Banker von Beruf, aber in seiner Seele ein Maler, schwelgte an den Wochenenden im Hof ihres Hauses mit den achtzehn Zimmern in Aquarell-Symphonien. Deren scharfes Stakkato bildete einen starken Kontrast zu seinen sonst sanften, weichen Tönen. Nach dreißig Ehejahren hielten sie noch immer Händchen, wenn sie gemeinsam die Straße entlang gingen. Ich blickte hinunter auf den Hof, wo ich die Beiden auf Klappstühlen sitzen und mit jener liebevollen Intimität plaudern sah, die nur viele Jahre des gemeinsamen Glücks mit sich bringen. Ich seufzte innerlich und fragte mich, ob ich dies wohl je auch erleben würde, schob dann aber meine Sehnsüchte beiseite und dachte über meine nachmittägliche Verabredung für die „Ei-Diagnose" nach.

Meine beste Freundin, Cyntha Gonzalez, war die Erste, die mich mit dem Schamanismus in Berührung gebracht hatte. Sie hatte mir von dem Glauben eines Andenvolkes erzählt, in dem ein befruchtetes Ei ein äußerst sensibler Energieempfänger sein sollte. Führte man ein solches Ei über den menschlichen Körper, so konnte es einen energetischen Abdruck der körperlichen Gesundheit der betreffenden Person in sich aufnehmen.

Ich hatte Cyntha an der Universität von San Francisco kennengelernt, und wir waren rasch Freundinnen geworden. In 1987 gab sie ihre akademische Karriere auf und ging nach Moche in der Nähe von Trujillo, um dort bei peruanischen Schamanen zu lernen. Sie war es auch, die mich überredet hatte, für ein paar Wochen den Härten des Doktorandinnendaseins zu entfliehen. So kam es, dass ich im Mai 1988 zum ersten Mal nach Peru reiste, um sie bei ihren Recherchen über die nächtlichen Heilzeremonien, die die an der Küste lebenden Schamanen durchführten, zu begleiten. Cyntha hatte in Erfahrung gebracht, dass sie ähnlichen Glaubensvorstellungen wie die Schamanen in den Bergen von Cuzco anhängen, und dass sie ein Meerschweinchen über den Körper eines Patienten führen und anschließend das noch lebendige Tier aufschneiden. Die Organe des Meerschweinchens sollen dann Auskunft über die Krankheit des Patienten geben. Bricht im Laufe dieser diagnostischen Prozedur das Genick des Meerschweinchens, bedeutet es, dass der Patient besessen ist. Irgendwie schien mir die Ei-Methode viel humaner zu sein.

Cyntha hatte mir zweifellos für meinen Aufbruch den Weg geebnet und den Anstoß gegeben, den ich brauchte, um meiner inneren Führung zu folgen. Und als sie mich auf meiner ersten Reise in dieses Land auch nach Cuzco und Machu Pikchu führte, wusste ich, dass ich in Peru wohnen musste. Allerdings konnte ich nun, nachdem ich hier war, nur selbst die Gründe für diese intensive Anziehungskraft ausfindig machen, die Cuzco und die Inkas auf mich ausübten. Seit Monaten war eine nagende Ungeduld in mir gewachsen. Ich war mir sicher, dass es hier etwas gab, das ich entdecken musste, etwas, dass ich lernen musste. Als Touristin war ich jedenfalls nicht hier, soviel stand fest.

Vielleicht war ich deshalb so aufgeregt und zum Telefon gelaufen, als ich ans Telefon gerufen wurde - irgendwie hatte ich in mir gespürt, dass dieser Anruf das monatelange Warten und meine Tage als Touristin beenden würde. Schlagartig. Für immer. Als ich nun auf dem Balkon stand und den Ausangate betrachtete, sagte mein innerer Aufruhr mir, dass dieser Besuch bei der ortsansässigen Heilerin außerordentlich wichtig sein würde. Hier waren die unerbittlichen Werkzeuge des Schicksals am Wirken. Allerdings wusste ich zu diesem Zeitpunkt noch nicht, dass dieser Anruf der Auslöser zu einem Ereignis war, das den Lauf meines Lebens unwiderruflich verändern und mir den Weg zu einem beispiellosen Abenteuer weisen würde.

Punkt halb zwei legte ich meine Lektüre beiseite und zog ein zerknittertes Stück Papier aus der Tasche. Dann studierte ich die Wegbeschreibung zu der Praxis der Heilerin, die ich eilig hingekritzelt hatte. Mein Gekritzel ließ mich ein wenig daran zweifeln, dass wir den Ort finden würden. Als ich an Carlos' Tür klopfte, streckte er den Kopf heraus. „Fertig", sagte er mit blitzenden blauen Augen. Er war auf die lokalen Gebräuche ebenso neugierig wie ich und wollte ebenfalls die Geheimnisse ergründen, die uns wie die soliden Inka-Mauern umringten. Tatsächlich waren wir nur zwei unter Hunderten von Ausländern, auf die der rätselhafte Magnetismus Cuzcos eine magische Anziehungskraft ausübte. Señora Clemencia, der dieses Phänomen keineswegs entgangen war, hatte ihr großes Haus in eine peruanische *Pensión* verwandelt. Sie hatte mich gebeten, ihr ein paar handverlesene Touristen zu bringen, an die sie ihre freien Zimmer vermieten konnte, und Carlos war meine erste Empfehlung gewesen.

Wir beide hatten uns in den vergangenen Wochen, in denen wir gemeinsam die Ruinen der heiligen Inka-Stätten Cuzcos aufsuchten, gut kennengelernt. Ich war beeindruckt von seiner offenen Neugier und der Leichtigkeit, mit der er mit Fremden ins Gespräch kam. Die Armut der einheimischen Indios stieß ihn keineswegs ab. Er verhielt sich ihnen gegenüber besonders großzügig und entgegenkommend. Er war ein sehr klar denkender und bodenständiger Reisegefährte und setzte nicht nur die Intuition sondern auch seinen gesunden Menschenverstand ein, etwas, was ich gerade erst zu tun lernte. Am meisten gefiel mir jedoch seine Vernunft und sein praktisches Wesen, aber da war auch etwas Reiches und Unerschöpfliches in ihm, das mir sagte, dass er sich vor den Geheimnissen des Lebens nicht verschlossen hatte.

Auf dem Weg zur Heilerin brachte er mich mit seiner außergewöhnlichen Schilderung, etwas aus der Fassung wie er, kurz bevor er nach Cuzco kam, durch einen uralten Kultgegenstand initiiert wurde.

„Mein Lehrer, Señor Martinez, erzählte mir, dass, als er siebzehn war, zwei tibetische Mönche zu seinem Haus gekommen waren und ihn zu einem Berg im Norden Argentiniens mitgenommen hatten", berichtete mir Carlos. „Sie deuteten auf eine bestimmte Stelle und wiesen ihn an, dort zu graben. Nach einer Weile buddelte er einen sechzig Zentimeter langen Stab aus Basalt aus. Die Mönche sagten ihm, dass er von nun an der Hüter dieses Stabes sei. Und sie erwähnten auch eine Prophezeiung, nach der es ein Zeichen für den Beginn einer neue Ära gäbe, wenn der Stab und der Heilige Gral wieder zusammengebracht würden." Carlos beschrieb das Ereignis in sachlichen Worten, während sich in seinen meerblauen Augen Intelligenz und Konzentration widerspiegelten.

„Und das war der Stab, mit dem du initiiert wurdest, bevor du hierher kamst?" fragte ich.

„Ja. Er wird *Bastón de Mando* genannt, Stab der Macht."

In Kalifornien, so dachte ich mir, hätte ich das Ganze als Ausgeburt einer üppig wuchernden Fantasie abgetan. Doch hier auf dem südlichen Kontinent, in diesem mit uralter Geschichte behafteten Land, in dem die Realität sehr viel dehnbarer zu sein schien, kam mir das alles nicht mehr unmöglich vor. Und Carlos war keinesfalls New-Age-besessen. Ich wusste nicht warum, aber ich spürte, dass seiner Erzählung eine große Bedeutung innewohnte, und war mir sicher, dass ich sie nicht vergessen würde.

Doch das Rätsel, das jetzt unmittelbar zu lösen war, bestand darin, die Heilerin zu finden. Wir stiegen die steile Anhöhe von San Blas, dem Künstlerviertel von Cuzco, hinauf und versuchten, aus der verwirrenden Wegbeschreibung, die ich erhalten hatte, schlau zu werden. Es gab in Cuzco nur sehr wenige Straßenschilder und fast keine Hausnummern, die, wenn überhaupt, an die blauen und grünen Haustüren gemalt waren. Deshalb mussten wir uns bei unserer Suche fast ausschließlich auf unsere Intuition verlassen. Wir wanderten kopfsteingepflasterte Gässchen bergan, die eigentlich eher Treppen als Straßen waren, an nun schon gelblich verfärbten Häusern, die mitunter schon etliche Jahrhunderte auf dem Buckel hatten, vorbei.

Manche von ihnen ruhten auf behauenen Steinquadern, Überresten von den Inka-Bauten, die als Fundament benutzt worden waren. Bei anderen bildeten zwei massive Steinblöcke ein von einem riesigen steinernen Türsturz gekröntes Trapez, das sich tatsächlich noch als ursprüngliche Form eines Eingangs aus der Zeit der Inkas erhalten hatte. Diese Häuser konnten bis an die fünfhundert Jahre alt sein!

Ich kannte Geschichten, denen zufolge sich die Inka-Priester nach Machu Pikchu zurückgezogen und sich dort vor den Spaniern versteckt hatten. Dann verschwanden die Inkas auf unerklärlicher Weise. Ihre Kultur lebte nur in den Beschreibungen spanischer Chronisten fort, die von einem riesigen glanzvollen Reich berichteten, das sich von Südkolumbien bis zur zentralen Region des heutigen Chile erstreckte.

„Das muss es sein!" verkündete Carlos triumphierend, als wir zu einem frisch gestrichenen Haus mit einem vorstehenden Holzbalkon gelangten, das sich etwa in der Gegend befand, die uns den Anweisungen nach bezeichnet worden war. Die Fensterläden waren geöffnet, und es gingen Leute ein und aus. Wir stiegen die ächzende Holztreppe hoch.

„Ist das die Praxis von Patricia Alvarez?" versuchte ich mich in gebrochenem Spanisch und hoffte, dass der Mann, der uns oben an der Treppe mit heiterem Lächeln begrüßte, meine Worte trotz meines Gringa-Akzentes verstand. Er war schlank, dunkelhäutig, mittelgroß, von Kopf bis Fuß in Weiß gekleidet, hatte langes schwarzes Haar und einen ergrauenden Bart. Seine Kleidung und Haltung ließen mich an Aussehen und Gebaren der Mitglieder indischer Aschrams denken. Er führte uns durch die Innenräume der Praxis zu einem Innenhof.

„*Sí*, das ist Patricias Praxis", übersetzte Carlos. Der Mann nickte und bedeutete uns, dass wir uns hinsetzen und warten sollten.

Ein großer Holzbottich, in dem eine dunkle Flüssigkeit blubberte, stand an die Wand des Innenhofs gelehnt. Dampfschwaden stiegen auf, und der Geruch von Kräutermedizin lag in der Luft. Der weiß gekleidete Mann kehrte einige Male zurück, um gelassen immer wieder die gleiche Prozedur durchzuführen: Er trug ein großes Glas Wasser, in dem ein rohes Ei herumschwappte, zu einem Ausguss, lehrte den Inhalt aus, spülte das Glas und füllte es mit der dampfenden braunen Flüssigkeit aus dem Bottich. Schaudernd hoffte ich, dass ich das Zeug nicht trinken musste.

Schließlich kam er wieder und wandte sich an uns: „Ich bin William, Patricias Mann. Sind Sie wegen der Ei-Diagnose hier?" Wir nickten. „Haben Sie ihre Eier mitgebracht?" fragte er.

„Nein", erwiderte Carlos. „Wir wussten nichts davon." William gab einen Schnalzlaut von sich, schüttelte den Kopf und wies uns abermals an, zu warten.

Wir waren die einzigen Ausländer im "Wartezimmer". Alle anderen waren Peruaner, die sich hier zur regelmäßigen Kontrolle ihres Gesundheitszustandes eingefunden zu haben schienen. Man hatte mir erzählt, dass über neunzig Prozent der peruanischen Bevölkerung noch immer vorzugsweise indigene Heiler aufsuchen, obgleich die westliche Medizin mehr oder weniger zur Verfügung steht. Mit unserer Kleidung stachen Carlos und ich wie zwei bunte Hunde heraus. Ich war verlegen und hatte das Gefühl, alle wussten, dass wir hauptsächlich aus Neugier hier waren und nicht wegen irgendwelcher Beschwerden. Doch mussten wir uns der gleichen Prozedur unterziehen wie alle anderen auch.

William verschwand in der Praxis, und ein rundliches indianisches, schüchtern lächelndes Mädchen im Teenageralter mit langen schwarzen Zöpfen betrat den Innenhof. Sie trug einen Korb mit Eiern bei sich und verkaufte uns beiden je ein großes, warmes, befruchtetes Ei für etwa acht Eurocent und wies uns an, es ausschließlich in der linken Hand zu halten.

Kurz darauf erschien William erneut und begleitete mich zu einem kleinen, kahlen, durch zwei Baumwollvorhänge unterteilten Raum. Jede der beiden „Kabinen" war mit einer Liege und einem kleinen Tisch ausgestattet, auf dem jeweils ein großes Glas Wasser stand, so wie das Glas, das wir ihn im Innenhof hatten ausleeren sehen. Er bedeutete mir, mich auf der Liege auszustrecken. Dann nahm er mir das Ei aus der Hand und ich legte mich nervös auf die alte knarzende Liege, bei deren Anblick ich schon befürchtet hatte, dass sie mein Gewicht kaum zu tragen vermochte.

Mit geschlossenen Augen und misstrauisch angespanntem Körper überlegte ich mir rasch etwaige Reaktionen, falls sich seine Hände zu den falschen Körperteilen verirren sollten. Schließlich riskierte ich einen paranoiden Blick und sah, dass er mein Ei mit beiden Händen an seine Stirn hielt, während sich seine Lippen in stillem Gebet bewegten. Verlegen entspannte ich mich und sah dem folgenden Geschehen fasziniert zu. Mit geschlossenen Augen führte er das Ei mit einer Reihe komplexer Bewegungen über meinen Körper. Er begann mit den Füßen und mit ein paar Achter-Figuren und arbeitete sich allmählich an der Peripherie meines Körpers nach oben. Das Ei schien seine Bewegungen zu lenken.

Schließlich öffnete er die Augen, und ich musste unwillkürlich kichern, weil es kitzelte, als er das Ei nun rasch und fest an meinen Achselhöhlen und dann an meinem Magen, an meiner Leistengegend, am Herzen und an der Stirn rieb. Mit einem Schwung schlug er danach das Ei auf und ließ seinen Inhalt ins Wasserglas gleiten. Er betrachtete das Eidotter und das Eiweiß, schüttelte den Kopf und schnalzte die Zunge wieder.

„Was ist es? Ist es etwas Ernstes?" fragte ich nervös in meinen gebrochenen Spanisch.

„Ein bisschen Schleim in den Lungen und ein paar andere Dinge. Aber warten wir auf Patricia, damit sie eine richtige Diagnose stellt. Machen Sie sich keine Sorgen", sagte er und lachte über mein Stirnrunzeln. Ein paar Minuten später kam Patricia, eine vor Leben sprühende Peruanerin in Berufskleidung, etwa Anfang vierzig mit dichtem, schulterlangem braunem Haar, herein. Sie summte leise vor sich hin, und mit ihrer Anwesenheit füllte sich der Raum mit Energie und Zuversicht. Sie stellte sich mir mit einem warmen Lächeln vor.

„Nun, wollen wir mal sehen. Hmmm ...“, sagte sie und betrachtete mein Ei. Plötzlich verflüchtigte sich ihr Überschwang. Sie stoppte ihr Summen. „Meine Güte!“ rief Patricia aus. Seltsamerweise empfand ich keine Angst; ihre veränderte Haltung machte mich nur wacher. Ich spürte, wie ein Adrenalinschub der Erregung meinen Körper durchströmte und mein Herz schneller zu schlagen anfing. Dann sagte sie: „Sie haben sich in letzter Zeit sehr merkwürdig gefühlt und viel geweint, ohne zu wissen, warum. Stimmt's?“ Ihre Worte überraschten mich.

„Ja … aber woher wissen Sie denn das?“ Ihre Feststellung traf absolut zu, aber ich hatte das nicht einmal Carlos gegenüber erwähnt.

„Das Ei zeigt ihren physischen, emotionalen und spirituellen Zustand“, gab sie mir zu verstehen. „Sie sind keine Touristin, nicht war.“ Es war keine Frage, sondern eine weitere Feststellung.

„Nein, ich bin gekommen, um hier zu leben. Ich ...“ stotterte ich.

„Und Sie sind hier, um spirituelle Arbeit zu tun“, unterbrach sie mich wissend. Ich schluckte und nickte.

Patricia starrte mir eindringlich in die Augen. „Dann müssen Sie mit den *Apus* sprechen.“ Ich schaute sie verständnislos an. Sie holte tief Atem und klärte mich dann geduldig auf. „Die *Apus* sind die Geister der Berge, die Hüter dieses Landes. Sehen Sie, ihr Problem ist, dass Sie aufgrund einer Einladung hierher gekommen sind, nicht wahr?“ Wieder war ich überrascht, dass sie meine innersten Gefühle mit solcher Einfachheit aussprach. „Lassen Sie mich es so erklären. Das ist so, als seien Sie zum Abendessen in ein Haus eingeladen worden und hätten zwar mit dem Koch und dem Gärtner gesprochen, aber noch nicht die Besitzer begrüßt, diejenigen, die Sie eingeladen haben.“

Oh, Gott, dachte ich. Wie dumm von mir! Hier war ich nun in einem Land voller geheimnisvoller Kräfte und Mächte, hatte aber noch nichts unternommen, um die Geister dieses Landes zu begrüßen oder ihnen meinen Respekt zu erweisen. Ich hatte gehört, dass so etwas normalerweise üblich sei, aber schließlich war ich nun einmal eine *Gringa*, und meine Erziehung hatte mich auf nichts dergleichen vorbereitet.

„Patricia, ich glaube, ich verstehe. Ich danke Ihnen, dass Sie mir das gesagt haben - aber wie begrüße ich sie? Was soll ich tun?“ fragte ich.

„Sie müssen einen Priester finden, der Ihnen dabei hilft.“

„Einen Priester?“ Ich war verblüfft. „Wie kann mir denn ein katholischer Geistlicher dabei helfen?“

„Kein katholischer Priester“, korrigierte sie mich. „Ein andiner Priester.“ Ich sah sie verwirrt an. „Die andinen Priester können direkt mit der Natur sprechen“, sagte sie so als sie einem Kind etwas erklären würde. „Sie sprechen mit den Geistern aus den Bergen, mit den *Apus*. Alle, die hier heilerisch tätig sind, arbeiten mit den *Apus*. Ich selbst arbeite mit zwanzig oder dreißig *Apus*.“

„Ahpuus“, echote ich und versuchte mich an dem Wort. Patricia fuhr fort: „Ich werden Ihnen ein paar Kräuter für den Schleim in ihren Lungen geben. ihr Astralkörper sieht etwas verschwommen aus.“

In diesem Moment führte William Carlos in meine Kabine und setzte das Glas mit seinem Ei neben meinem ab, damit Patricia es betrachten konnte. So etwas wie die in Nordamerika übliche Formalität oder Wahrung der Vertraulichkeit gab es hier nicht. „Oh, wie großartig!“ sagte sie beim Anblick von Carlos' Ei. Ich stellte überrascht fest, dass sein Ei ganz anders aussah als meines. Das Eiweiß meines Eis ähnelte zerfetzten und verstreuten Wölkchen, wohingegen sein Ei ganz klar und einheitlich war. „Der Astralkörper ihres Freundes ist sehr klar und stark. In der Tat hat er den Ihren beschützt.“ Wieder entsprach das, was sie feststellte, meinem Gefühl. Zwar war mir der Gedanke zuvor noch nicht gekommen, aber jetzt wurde mir bewusst, dass ich, seit Carlos nach Cuzco gekommen war, mich *tatsächlich* sicher und beschützt gefühlt hatte.

„Sie“, sagte sie mit Blick auf Carlos, „bekommen eine andere Kräutermixtur, weil Sie ein Tourist sind. Sie hingegen“, Patricia deutete auf mich, „lebt hier. Und deshalb gebe ich ihr Kräuter, die ihr helfen werden, sich diesem Ort besser anzupassen.“ Geschäftig füllte sie zwei kleine Plastiktüten mit verschiedenen Kräutern aus ihren Regalen. Sie erklärte uns, wie wir sie zubereiten und wann wir sie einnehmen sollten. Wir dankten ihr, bezahlten und verabschiedeten uns.

Auf dem Heimweg fragte ich Carlos, was er von Patricia halte. „Ich bin bei diesen Dingen immer skeptisch. Sie hat mir nichts gesagt, was ich nicht schon wusste. Aber für Dich war es wahrscheinlich sehr wichtig", meinte er. Ich war beschwingt durch alles, was sie mir gesagt hatte, und gelobte innerlich, mich sofort auf die Suche nach einem dieser Priester zu machen.

Während wir schweigend weitergingen, dachte ich immer wieder über die „Einladung" nach, die Patricia erwähnt hatte. Sie brachte mir eine Begebenheit in Erinnerung, die sich fast ein Jahr zuvor in den Staaten ereignet hatte. Ich stand am Santa Cruz Boardwalk und sann über meine bevorstehende Reise, meinen ersten Besuch bei Cyntha in Peru, nach, als mich ein seltsames Gefühl überkam. Ich hörte eine innere Stimme, eine gebieterische Stimme, die sagte: „Wenn du nach Peru gehst, wird sich dein Leben völlig verändern. Willst du immer noch gehen?" Da ich Herausforderungen noch nie gescheut hatte, antwortete ich sofort mit „ja" und lachte dann über mich, weil ich auf meinen inneren Dialog reagierte, als handle es sich um eine Konversation. Und überhaupt - innere Stimmen hören, Angst vor einem Urlaub haben - was sollte das alles? Meinem rationalen Verstand erschien das Ganze töricht, ja sogar lächerlich. Nun aber fragte ich mich, ob diese Stimme, die ich, noch bevor ich einen Fuß auf peruanischen Boden setzte, gehört hatte, mit der „Einladung" zusammenhing, von der Patricia gesprochen hatte.

Eine Woche nach der Ei-Diagnose überkam mich allmählich Frustration. Tagelang hatte ich versucht, mit einem andinen Priester in Kontakt zu kommen - doch ohne Erfolg. Niemand, den ich fragte, schien etwas über andine Priester zu wissen. Wenn ich das Wort *Apu* aussprach, nickten die Einheimischen und wiesen auf die Berge, aber weiter kam ich nicht. Und allmählich gingen mir Zeit *und* Geld aus.

Ich hatte nun insgesamt acht Monate lang Südamerika bereist und in Cuzco gelebt. In mir wuchs der Wunsch, nach Hause, nach Kalifornien, zurückzukehren, wenn auch nur für kurze Zeit. Abgesehen von der Tatsache, dass ich fast kein Geld mehr hatte, vermisste ich meine Freunde und meine Familie, von einer heißen Dusche ganz zu schweigen! Ich reservierte einen Flug für die kommende Woche. Aber ich dachte auch an das, was Patricia über das „Begrüßen“ der *Apus* gesagt hatte. Ich konnte nicht hier weggehen, ohne wirklich angekommen zu sein.

Ich verbrachte den Tag mit dem Einkaufen von Geschenken für meine Familie und Freunde in den Staaten, und als ich in mein Zimmer zurückkehrte, war es schon spät. Da ich keine Alternative zu haben schien, beschloss ich, selbst mit den *Apus* zu „sprechen“. Ich musste sie mit irgendeiner Art von Zeremonie begrüßen und ihnen Achtung erweisen, bevor ich Peru verließ. Ich fühlte mich nicht besonders wohl, weil ich das „Ritual“ so lange hinausgeschoben hatte, doch war es ja mein eigentliches Ziel gewesen, einen Priester zu finden.

Ich setzte mich in meditativer Haltung auf den nackten Holzfußboden und hatte nichts weiter zu bieten, als die Absicht in meinem Herzen. Die Sonne war schon vor Stunden untergegangen, und Tür und Fenster meines Zimmers waren zum Schutz vor der bitterkalten Nachtluft fest verschlossen. Ich saß so, dass ich dem schneebedeckten Gipfel jenes Berges zugewandt war, den ich die Einheimischen *Apu* Ausangate hatte nennen hören. An klaren Tagen präsentierte er sich vor einem meiner Fenster in majestätischer Schönheit. „Montag, 13. März 1989“, schrieb ich in mein Tagebuch. Und mit Blick auf die Uhr, während ich die Beine kreuzte, fügte ich noch „21:25 Uhr“ hinzu.

Einen kleinen Moment später lag ich mit dem Gesicht nach unten auf dem kalten Fußboden, ausgestreckt in Richtung des weißen Gipfels, und schluchzte hysterisch. Ein eisiger Wind blies über meinen Kopf hinweg. Ich war unfähig, mich zu rühren. „Na, was erwartest du denn von einem eisbedeckten Gipfel - einen warmen Wind?“ hörte ich eine tiefe, gebieterische männliche Stimme, die ich sofort erkannte. Es war dieselbe Stimme, die an jenem Tag auf dem Boardwalk in Santa Cruz zu mir gesprochen hatte!

Die Realität vermischte sich, während ich vollends erwacht war und mein Bewusstsein zugleich mit einem seltsamen, traumähnlichen Zustand verschmolz.

Ein großer Mann mit langem Haar und einem Bart, das Haar eine imposante Kombination aus Rot, Weiß und Schwarz, sitzt auf dem Schneegipfel. Er trägt eine goldene Sandale am rechten Fuß und eine silberne Sandale am linken Fuß. Er wirkt grimmig, machtvoll und königlich zugleich. „Lord Apu", sage ich zitternd und weinend zu ihm, „vergib mir bitte, dass ich Dir nicht schon früher Achtung erwiesen habe. Ich bin nur eine dumme Gringa *und kenne die Sitten deines Landes nicht. Ich möchte Dir für deine Einladung danken und dich um Erlaubnis bitten, an diesem heiligen Ort leben und arbeiten zu dürfen." Ich hocke zusammengekauert vor ihm. Der strenge Ausdruck im Gesicht des Apus wird weicher, und er streckt die Arme aus, um mich zu umarmen. Warme Lippen berühren meine Stirn. Mein Körper entspannt sich, und ich wische mir die Tränen fort. Ich setze mich auf. Ich bin akzeptiert worden. Ich weiß und spüre es mit meinem ganzen Körper. Instinktiv und ohne die Augen zu öffnen, wende ich mich mit meinem Körper in die Richtung der riesigen Festungsruine Saqsaywaman. Ein älterer Mann erscheint. „Ich denke, wir kennen uns bereits", sagt er. Ohne Zögern umarmt er mich. Ich vollziehe mit dem Körper eine Kehrtwendung hin zu einem weiteren Berg, der gegenüber dem Apu Ausangate am anderen Ende des Tals liegt. Ich sehe eine schöne Frau mit langem schwarzem Haar. Sie heißt mich willkommen, lächelt mir herzlich zu, legt die Arme um mich, streicht mir über Kopf und Rücken und nennt mich „Tochter".*

So plötzlich, wie sie gekommen waren, verschwanden die Bilder, Gestalten und Empfindungen. Ich öffnete die Augen und fand mich in meinem Zimmer wieder. Mir kam es vor, als wären nur ein paar Minuten vergangen, doch mit einem Blick auf meine Uhr stellte ich überrascht fest, dass es bereits halb elf war

2. KAPITEL

Der andine Priester

Als ich am nächsten Morgen aufwachte, erschienen mir meine Erfahrungen vom vorherigen Abend wie ein seltsamer Traum. Die physische Realität - der kalte Wind, der warme Kuss - war jedoch nicht wegzuleugnen. Und ich verspürte keine Angst. Im Gegenteil: Ich fühlte mich sehr viel besser. Merkwürdigerweise empfand ich ein tiefes Gefühl der Befriedigung, so als hätte ich etwas erledigt, das unbedingt hatte getan werden müssen - wie zum Beispiel das Aufräumen der Küche. Abgesehen davon, war dies nicht das erste visionäre Erlebnis meines Lebens gewesen.

Als ich etwa sechs Jahre alt war, ich wuchs damals in Minnesota auf, sah ich, wie ein kleiner Vogel im Flug gegen die Fensterscheibe unseres Wohnzimmers prallte und zu Boden fiel. Ich rannte hinaus, um ihm zu helfen. Ich entsinne mich, dass ich den Vogel aufhob und versuchte, ihn mit einem Stückchen vom Apfel zu füttern, den ich gerade aß. Und während ich ihn in meinen Händen hielt, sah ich, wie eine winzige Lichtkugel aus dem Körper des Vogels heraus und in das tiefe Blau des Himmels emporschwebte, immer weiter hinauf, bis sie mit dem Sonnenlicht verschmolz.

Damals schien mir das ein vollkommen natürliches Ereignis zu sein, und es dauerte A 2 20 eine Weile, bis ich begriff, dass nicht jedermann sehen konnte, was ich sah. Bald lernte ich, diese Erfahrungen für mich zu behalten.

Doch nehme ich an, dass ich aufgrund einer Vision wie dieser insgeheim immer an eine andere, subtilere Welt jenseits der materiellen Welt geglaubt hatte; und dass mein gegenwärtiges

Interesse für die traditionellen Heiler vermutlich von diesen Erfahrungen herrührte. Weil es jedoch keinen kulturellen Kontext für meine Visionen gab und weil mein Umfeld stets auf greifbaren wissenschaftlichen Beweisen bestand, hatte ich diese Vorstellung schließlich als ein Produkt meiner lebhaften kindlichen Fantasie abgetan. Daher war die „Meditation" in der vergangen Nacht, die Erscheinung der *Apus*, eine äußerst nachhaltige Erfahrung gewesen. Der kalte Wind hatte mein Haar zerzaust, und der Kuss auf meine Stirn - ich hatte tatsächlich warme Lippen gespürt! Unleugbar geschah hier etwas ganz und gar Außergewöhnliches; ich versuchte zwar, es gedanklich wegzurationalisieren, aber es wollte mir nicht gelingen.

Als ausgebildete Psychologin hatte ich für Leute, die Stimmen hörten und Menschen sahen, die nur in ihrer Fantasie existierten, bisher die Erklärung parat, dass sie wahrscheinlich unter dem Druck massiver emotionaler Probleme litten. Ich kannte viele Fälle, vor allem solche, bei denen Missbrauch eine Rolle spielte und Personen, die sich in ihren Beziehungen machtlos fühlten und sich von der allgemein als normal angesehenen „Realität" verabschiedeten und mit unsichtbaren Wesen sprachen. Ich interpretierte solche Verhaltensweisen bisher als den Versuch, eine gewisse Kontrolle über eine unerträgliche oder chaotische Situation zu haben, und in vielen Fällen ermöglichte solchen Personen diese Form des Austritts aus der „Realität" auch ihr psychisches Überleben.

Dessen bewusst, überprüfte ich mich selbst auf ein psychisches Trauma. Doch ich fühlte mich großartig! In der Tat war ich in meinem ganzen Leben nie entspannter gewesen. Der Tagesablauf, den ich vor acht Monaten in den Staaten hinter mir gelassen hatte und der meine zwei Halbtagsjobs sowie ein volles Doktorandinnenprogramm umfasste, war ungleich strapaziöser gewesen als meine gegenwärtige Lebensweise. Es kam mir der Gedanke, dass ich möglicherweise gar nicht traumatisiert war, sondern dass vielmehr meine psychologische Theorie irgendwelche Mängel aufwies.

Vielleicht war die in meinem Beruf gängige Annahme, dass alle „visionären Erfahrungen" das Resultat eins Traumas sind, allzu simpel. Darauf deuteten gewiss auch die neuesten Schriften bezüglich der transpersonalen Psychologie hin, die sich auf in traditionellen oder „schamanischen" Kulturen durchgeführten Studien gründeten. Existierte eine unsichtbare Welt? War ich eben mit dieser in Kontakt gekommen? Und wenn es sie gab, wie funktionierte sie? Das waren die Fragen, denen nachzugehen ich hierher gekommen war. Einstweilen jedoch schob ich diese anregenden Gedanken beiseite, um aufzustehen und mich meinem Tag in Cuzco zuzuwenden.

Ich stellte fest, dass ich nun meine Besorgungen in der Stadt mit einer Leichtigkeit erledigte, die mir fast unheimlich war. Einige Personen, zu denen ich seit Wochen Verbindung aufzunehmen versucht hatte, fanden nun mich auf dem Hauptplatz von Cuzco. Und was noch beeindruckender war, die Tore zu den Tempelanlagen in Qorikancha, dem Ort, wo sich einst der zentrale Sonnentempel der Inka befand, in dem sich nun aber das von den Spaniern gegründete Kloster Santo Domingo befindet, öffneten sich auf magischer Weise für mich.

Während der letzten beiden Wochen hatte ich immer wieder versucht, in den Sonnentempel zu gelangen. Aber die Wächter beharrten darauf, dass ich ein teures Touristenticket für insgesamt vierzehn historische Sehenswürdigkeiten kaufen müsse. Als ich sagte, dass ich keine Touristin sei und dass ich in Cuzco wohne und nur den Sonnentempel besuchen wolle, lachten sie zwar, ließen mich ohne Ticket aber nicht hinein. Doch auch ich blieb stur. Warum geschah es, dass ich an diesem Morgen wie ein geladener Gast den Tempel betreten konnte, dessen Name „Goldplatz" bedeutet? Ich verbrachte Stunden dort, und obwohl die Wächter mich direkt anzublicken schienen, fragten sie nie nach meiner Eintrittskarte. Die Dinge fügten sich so, als sei eine unsichtbare Barriere zwischen mir und meinem Vorhaben entfernt worden. Ich konnte nicht umhin, an das Geschehen vom letzten Abend zu denken. Halfen mir die *Apus*?

Ein paar Tage später ging ich zum Institut für Peruanische und Nordamerikanische Kultur (IPNAC), um meinen Freunden und Kollegen mitzuteilen, dass ich in einigen Tagen abreisen würde. Ich war in einer Unterrichtspause angekommen und stand gerade mit einigen Freunden angeregt plaudernd im Büro, als ein schmächtiger, doch gut aussehender Mann, ebenfalls ein Lehrer, auf mich zutrat. Obwohl unsere Wege im Institut sich schon seit Monaten immer wieder kreuzten, hatte sich unsere Bekanntschaft auf eine einmalige formelle Vorstellung beschränkt.

„*Hola*, Elizabeth", begrüßte er mich und ich war überrascht, dass er sich an meinen Namen erinnerte. „Ich bin Antonio."

„*Hola*, Antonio, wie geht's?" erwiderte ich, während wir den traditionellen Wangenkuss austauschten.

Er schaute mir ziemlich eindringlich in die Augen und sagte: „Elizabeth, wie ich höre, sind Sie an esoterischen Dingen interessiert."

„Ja, und?" erwiderte ich und fragte mich, worauf er hinaus wollte.

„Elizabeth", er zögerte und wog seine Worte sorgfältig ab. „Ich gehöre zu einer Gruppe, die mit den *Apus* arbeitet ..."

„*Apus*!" schrie ich fast und fiel ihm in meiner Überraschung ins Wort. Dann fing ich mich und fragte fast flüsternd: „Können wir irgendwohin gehen und uns unterhalten? Ich habe gerade eine Erfahrung mit den *Apus* gemacht, und ich denke, ich sollte Ihnen davon erzählen."

Wir entfernten uns von der Gruppe, und ich berichtete ihm so ruhig wie ich konnte von meinem visionären Erlebnis vor einigen Nächten. Es war eine riesige Erleichterung, jemandem dies erzählen zu können. Dieses Erlebnis war so beeindruckend gewesen, lag derart weit außerhalb des Bereichs meiner normalen Erfahrungen, dass zumindest in Nordamerika kaum jemand so etwas für möglich gehalten hätte. Antonios Augen weiteten sich bei meiner Erzählung, und sein Gesichtsausdruck wurde immer ernster.

Als ich geendet hatte, schwieg er einen Moment. Dann sagte er: „Elizabeth, ein paar meiner Kollegen und ich sind in höchstem Maße an unseren einheimischen Traditionen interessiert und wir treffen uns mit einem Altomisayoq, einer Person, die die *Apus* herbeiruft. Ich möchte, dass Sie mit zu unserem Gruppentreffen kommen."

Ich war erfreut. „Ja, natürlich. Ich werde sehr gerne kommen. Aber was ist ein Altomisayoq?"

„Das bedeutet Hohepriester auf Quechua", erklärte er. Mein Herz hüpfte. Das schien mir genau das zu sein, worauf ich gewartet hatte.

„Wann findet denn die nächste Zusammenkunft statt?“ fragte ich voller Enthusiasmus.

„Na ja, das ist nicht so einfach. Sehen Sie, an unseren Zeremonien haben noch nie Weiße teilgenommen. Ich muss erst mit der Gruppe sprechen. Aber ich denke, ich könnte in drei oder vier Wochen etwas arrangieren ...“

„Oh, das ist aber bedauerlich", unterbrach ich ihn. „Ich fliege am Montag in die Staaten.“

„Dann müssen Sie morgen kommen“, sagte er entschieden. Sein plötzlicher Entschluss verblüffte mich. Warum war es ihm so wichtig, dass ich an einem solchen Treffen teilnahm? Gleichzeitig steigerte sich angesichts der sich plötzlich bietenden Gelegenheit meine Erregung. “Okay“, stimmte ich zu, und wir schüttelten uns die Hände. „Treffen wir uns also morgen um zehn bei der San-Francisco-Kirche“, schlug er vor.

„Großartig, ich werde da sein“, erwiderte ich. Diese unerwartete Wendung hatte mich mittlerweile in helle Aufregung versetzt.

Am nächsten Morgen kam ich Punkt zehn Uhr bei der Kirche an und wartete die obligatorischen dreißig Minuten auf Antonio. Selbst nach all diesen Monaten meines Lebens in Cuzco hielt ich immer noch meine Verabredungen auf die Minute ein; hatte aber inzwischen akzeptiert, dass Peruaner aller Wahrscheinlichkeit nach nicht pünktlich sein würden. Es war ein wunderschöner Morgen, und nachdem Antonio eingetroffen war, gingen wir ins Gespräch vertieft über den San-Pedro-Markt und dann eine lange ungepflasterte Straße entlang, die parallel zu den aus der Stadt führenden Eisenbahnschienen verlief.

Wir wanderten in Richtung Nordwesten aus der Stadt und gelangten in ein sehr armes Viertel, dessen Häuser aus Lehmziegeln gebaut und mit Stroh gedeckt waren. Unterwegs stießen wir auf einige Tierkadaver. Das Leben war hier sehr rau, und der Tod gehörte ganz offensichtlich dazu.

Antonio erklärte mir unterdessen, dass die *Apus* Heilungen und astrale Operationen durchführen und nach verlorenen Gegenständen befragt werden. „Sogar die Ärzte in den Krankenhäusern von Cuzco schicken ihre Patienten, wenn sie mit ihrer Medizin am Ende sind, zu einem *Altomisayoq,* um sie dort von den *Apus* heilen zu lassen“, erzählte er.

„Und wer führt diese Operationen aus?“ fragte ich. Ich war zumindest mit den Prinzipien medialer Chirurgie ein wenig vertraut. „Kanalisiert jemand die *Apus*?“

„Nein“, erwiderte Antonio. „Ricardo, der Altomisayoq – der andine Priester -, ruft sie. Er ist dafür bekannt.“ Antonio erzählte mir, dass die *Apus* alles wissen und eigentlich mehr den Engeln ähnelten. Ich war verblüfft, und ich fühlte mich zunehmend verunsichert. Was meinte er mit „rufen“? Würde ich Engeln begegnen? Was würde ich zu ihnen sagen?

Schließlich verließen wir den Weg neben den Eisenbahnschienen und stiegen eine lange, schon bröckelnde Betontreppe zu einer kleinen, zerschrammten Holztür hoch, vor der Antonio anhielt. Er klopfte zweimal, und nach einer kurzen Unterbrechung in rascher Folge noch dreimal. Sofort wurde die Tür geöffnet, und wir mussten uns bücken, um durch die Türöffnung in einen schmutzigen Hof zu gelangen, der mit Stacheldraht eingezäunt war. Ein paar Schweine und Hühner rannten frei herum, und der Gestank von Tierdung stieg uns in die Nase. Wir gingen auf eine Gruppe von sechs oder sieben Indios mit von der Sonne gegerbten Wangen und dunklen ledrigen Händen und Füßen zu, die in der heißen Morgensonne auf Bänken vor dem kleinen Gebäude saßen.

Ganz offensichtlich waren diese Menschen nicht darauf gefasst, eine Gringa in ihrem Revier auftauchen zu sehen. Sie starrten mich an, manche neugierig, manche feindselig. Ich konnte kaum Spanisch und sprach kein Wort Quechua, die vorherrschende Sprache in dieser Gegend. Eine der Bänke war unbesetzt, und Antonio bedeutete mir, mich zu setzen. Dort warteten wir unbehaglich, bis sich die Tür zu dem kleinen Gebäude öffnete und Antonio mich bat, ihm zu folgen.

Wir zogen die Köpfe ein und betraten einen kleinen quadratischen Raum mit Lehmfußboden und Wänden aus Lehmziegeln, der mit einem Wellblechdach überdeckt war. Auf einem Stuhl in der gegenüberliegenden Ecke des Raumes saß ein kleiner dunkelhäutiger Mann mit glänzenden schwarzen Augen. Er war von Quechua-Frauen mit langen Zöpfen umringt, die ihre traditionellen Röcke mit den vielen Unterröcken trugen. Ihre zylinderförmigen Hüte hatten sie vor dem Betreten des Raumes, in dem der Priester eine *Mesa*, die Heilzeremonie, durchführen würde, abgenommen. Ricardo selbst war ganz eindeutig indianischer Herkunft. Er hatte ein freundliches Gesicht mit gesunder Gesichtsfarbe, kurzes blau-schwarzes Haar und die klassisch gebogene Nase der Inka. Er schien gegen Ende Dreißig zu sein, war also noch relativ jung für das, wofür ich ihn hielt: nämlich eine Art Medizinmann.

„Ricardo ist ein andiner Priester auf der vierten Stufe der dritten Ebene. Er ist der höchstrangige Priester in dieser Gegend", flüsterte mir Antonio zu. Es klang sehr beeindruckend, aber ich hatte keine Ahnung, was es überhaupt bedeutete. Als sich die um Ricardo versammelte Menschenmenge auflöste, nahm mich Antonio an die Hand und zog mich zu Ricardo hin. Beim Näherkommen sah ich, dass Ricardo, wie die meisten peruanischen Indios, eine abgewetzte Cordsamthose und einen alten Polyester-Anorak trug. Doch seine Augen tanzten quicklebendig wie die Augen eines Vogels.

Als wir uns durch die Menschenmenge schoben, sträubten sich mir die Nackenhaare, denn wieder spürte ich Angst und Feindseligkeit. Ich wurde mir zunehmend meiner leuchtend weißen Nike- Tennisschuhe, meiner sauberen Northface-Jacke, meiner neuen Levis-Jeans und teuren Sonnenbrille bewusst; meine Haut schien viel zu hell zu schimmern. Ich empfand mich als unerträglich nordamerikanisch. Ich konnte den Neid auf meinen offensichtlichen „Reichtum" und diese seltsame Mischung aus Neugier, Verachtung und Bewunderung, die viele Peruaner gegenüber den Nordamerikanern empfinden, beinahe körperlich spüren. Erst vor Kurzem musste ich mich belehren lassen, dass ich Nordamerikanerin und nicht einfach Amerikanerin war. „Südamerikaner sind auch Amerikaner", hatten mir meine peruanischen Freunde zu verstehen gegeben.

Dies war meine erste eindeutige Erfahrung als Angehörige einer Minderheit inmitten einer Mehrheit von Einheimischen. Das Gefühl, dass ich selbst oder das, was ich für diese Menschen repräsentierte, gehasst und gefürchtet wurde, war für eine emotional so dünnhäutige Person wie mich außerordentlich bedrückend. *„Was zum Teufel tue ich eigentlich hier?"* fragte ich mich. Ein Teil von mir wollte sich auf der Stelle umdrehen und aus dem Raum flüchten.

Antonio nahm jedoch meine Hand und streckte sie Ricardo hin. Für einen Augenblick sah ich ihn in einem dunkelgelben Schleier eingehüllt, aber als ich heftig mit den Augen zwinkerte, was das Bild verschwunden. Wir gaben uns die Hände. Antonio errötete verlegen, weil er nicht die Zeit gehabt hatte, seinen Lehrer darüber in Kenntnis zu setzen, dass er eine Gringa zur *Mesa* mitbringen würde. Doch Ricardo akzeptierte seine Eigenmächtigkeit mit vollkommener Gelassenheit. Er hieß mich mit einem scheuen fast kindlichen Lächeln willkommen und wischte Antonios hastige Erklärungen mit einer Handbewegung beiseite. Er bedeutete uns, dass wir uns hinsetzen sollten, während er mit seinen Vorbereitungen für die Zeremonie fortfuhr.

Der Raum war klein, hatte etwa drei mal vier Meter. Die unebenen, in einem unansehnlichen Grün gestrichenen Wände wiesen Zerfallserscheinungen auf. Das vom Rost zerfressene Blechdach schien kaum den Regen abhalten zu können. Doch der vom Lehmboden aufsteigende frische, erdige Geruch war eine Erholung nach dem penetranten, durch die Tiere verursachten Gestank draußen im Hof. Ricardo stand nun vor einem langen rechteckigen Tisch, der eine Art Altar zu sein schien.

Auf einem weißen Tuch in der Mitte des Tisches lagen verschiedene große Quarzkristalle, ein paar Papierbündel, eine Glocke, eine Lederpeitsche und ein Flaschenöffner. Ich beäugte ängstlich die Peitsche. Hinten auf dem Tisch standen Flaschen mit Sodawasser und peruanischem Bier aufgereiht. An der Wand dahinter hing ein großes Holzkreuz. Als ich mich umsah, stellte ich fest, dass an allen vier Wänden des Raumes entweder ein Jesusbild oder ein Kreuz hing.

Auf den groben Holzbänken, die den Altar von drei Seiten umgaben, saßen an die dreißig Menschen. Wir setzten uns auf eine Bank zur Linken des Altars. Inmitten der überwiegend traditionell gekleideten Indios saßen sechs oder sieben Mestizen. Zwar trugen ihre Gesichter unverkennbar indianische Merkmale, doch hatten sie sich mit ihrer Kleidung - überwiegend Jeans und T-Shirts - dem westlichen Modetrend angepasst. Bei ihnen konnte es sich nur um die „Gruppe“ handeln, von der Antonio gesprochen hatte. Ich klammerte mich an Antonio und fühlte mich extrem verletzlich und mit Ausnahme von Ricardo bei allen ziemlich unwillkommen. Ich hatte keine Ahnung, was als Nächstes passieren würde. Schon nervös, weil ich kaum Spanisch sprach, merkte ich nun, dass mir meine spärlichen Sprachkenntnisse ohnehin nichts nützen würden, weil hier alle nur Quechua sprachen. Ich war vollkommen auf Antonios Übersetzung angewiesen.

Nachdem Ricardo seine Vorbereitungen am Altar beendet hatte, verstummte plötzlich jedes Gespräch im Raum. Ein großer, würdevoll aussehender Peruaner ließ noch einige Nachzügler in den Raum und schloss dann die Tür. Ein stämmiger Mann mit schwarzem Schnurrbart begann, das kleine schmutzige Fenster und die Doppeltür mit schweren Alpackadecken zu verhängen. Ein anderer Mann zog einen Stuhl heran, kletterte hinauf und lockerte die Glühbirne an der Decke. Ich schluckte. Was auch immer sich hier ereignen sollte, es würde sich in totaler Finsternis abspielen. Ich stupste Antonio mit dem Ellbogen heftig an. „Was geht hier vor? Warum verdunkeln sie alles?"

„Still", befahl Antonio im Flüsterton.

Ricardo saß auf einem Stuhl rechts vom Altar. Er sprach zu der Menge in Quechua, und sofort herrschte vollkommene Stille. Ein weiter Satz in Quechua beinhaltete wohl die Frage, ob alle bereit waren. Ein bejahendes Schweigen war die Antwort, und Ricardo nickte dem Mann an der Glühbirne zu. Eine letzte Drehung, und es wurde stockdunkel im Raum.

Ricardo begann sofort mit einem überaus schnell gesprochenen Gebet in Quechua. Ich verstand kein Wort. Er betete dreimal und pfiff dann drei lange Töne, so als ob er jemanden rufe. Die Gruppe saß still da. Erst jetzt merkte ich, dass wir warteten. Aber worauf?

Wir warteten ein paar Minuten, und Ricardo begann in der Dunkelheit, wieder zu sprechen. Antonio flüsterte mir zu, dass er nun die Gruppe um Hilfe bitte. Alle begannen das „Vaterunser" in Spanisch zu rezitieren, und dann bat Ricardo wieder in Spanisch um die Erlaubnis für die „Öffnung von Jesus Christus". Ich dehnte alle meine Sinne in die Dunkelheit aus und versuchte angestrengt zu verstehen, was passierte. Plötzlich ertönte von oben ein Geräusch wie das einer kleinen Explosion. Das Flattern großer Flügel bewegte die Luft im abgeschlossenen Raum; ich spürte eine Brise. Etwas schien rasch durch den Raum zu fliegen und mit einem lauten Plumps auf dem Altartisch zu landen.

„*Muy buenos días, Señor Pampahuallya de Abancay Prima* steht zu euren Diensten", verkündete eine junge männliche Stimme, fast im

Falsett, von der Altarmitte her. Seltsam. Wie konnte Pampahuallya, eine Bergregion außerhalb von Cuzco, „zu Diensten" sein? Mit den ersten Worten der Stimme zeichnete sich vor meinem geistigen Auge ein sonderbares Bild ab. Ich sah den Körper eines großen Vogels, dessen Kopf und Gesicht irgendwie menschliche Züge aufwiesen, eine Gestalt, fast so wie die eines schon lange verschwundenen mythischen Geschöpfs.

„*Ave María Purísima*", antworteten die Menschen im Raum einstimmig.

„*Sin pecado concebida*", erwiderte die Stimme. Es klang wie ein Spruch aus einer katholischen Messe. Im darauf folgenden Schweigen waren Schritte zu hören, die auf dem Altartisch hin- und hertrippelten. Die Stimme schien zu den Schritten zu gehören.

„Euch allen einen schönen guten Morgen", sprach die Stimme nochmals, und dann ertönte ein Geräusch, als ob jemand oder *etwas* eine Flasche öffnete.

„Auf eure Gesundheit!" erklang die Stimme vom Tisch her, und dann konnte man hören, wie eine kohlensäurehaltige Flüssigkeit auf den Erdboden vor dem Altar gegossen wurde. „Auf deine Gesundheit, *Papíto*", erwiderte die Gruppe. Beim Betreten des Raumes war mir bereits eine kleine runde Vertiefung im Lehmfußboden aufgefallen, und ich nahm an, dass das Getränk in diese Kuhle gegossen wurde.

„Antonio", sagte die hohe Tenorstimme, während sich die Schritte unserer Seite des Tisches zu nähern schienen.

„*Ave María Purísima*", antwortete Antonio ehrerbietig. Dies schien eine Begrüßungsformel zu sein, und ich fühlte Ärger in mir hochsteigen, dass Antonio mich vor unserer Ankunft nicht informiert hatte, wie man die *Apu*s auf die richtige Weise ansprach – falls das hier tatsächlich ein *Apu* war. Meine Gedanken rasten. Konnte Ricardo uns das alles vorgaukeln?

„Komm zum Tisch", sagte Señor Pampahuallya. Antonio stand auf und trat an den Altar heran.

„Ja, Vater", sagte er, zu dem Wesen in der Dunkelheit gewandt.

„Du hast einen Gast mitgebracht ... Elizabeth". Mir stockte der Atem, als das Geschöpf meinen Namen nannte. „Das ist sehr gut, Antonio. Wir sind glücklich, dass sie hier ist", sprach die Stimme weiter.

„Danke Vater. Sie ist eine Psychologin aus Nordamerika, die hier ist, um euch zu besuchen", sagte Antonio in einfachem Spanisch, so dass ich ihn verstehen konnte.

„Tochter Elizabeth ..." ließ sich die hohe Stimme wieder vernehmen.

Die Kehle schnürte sich mir zu, und ich krächzte die Begrüßung heraus: *„Ave María Purísima."*

„Sehr gut, Tochter, sehr gut. Komm zum Tisch", erfolgte der Befehl in Spanisch. Ich verstand, zögerte aber, denn ich fühlte mich verängstigt und schüchtern.

In diesem Augenblick ertönte ein weiteres explosives Geräusch von oben, wieder gefolgt von Flügelflattern und einem lauten Plumps. Noch etwas landete auf dem Tisch und stellte sich vor. *„Muy buenos días"*, eine tiefe grollende Bassstimme, die ich ziemlich furchterregend fand, füllte den Raum. „Señor Sollacasa steht zu euren Diensten." Wir begrüßten die neu angekommene Gottheit, und dann begannen die beiden Wesen auf dem Tisch, etwas auf Quechua zu diskutieren.

„Tochter Elizabeth", wir sind froh, dass du hier bist. Was können wir für dich tun?" fragte mich die Fistelstimme. Ich war wie gelähmt, konnte kein Wort herausbringen und wollte mich nur noch irgendwohin verkriechen.

„Antonio, sag ihnen, dass ich sehr schüchtern bin, dass mein Spanisch nicht sehr gut ist, dass ich mich aber sehr geehrt fühle, hier zu sein, und dass ich um Erlaubnis bitten möchte, hier leben und arbeiten zu dürfen." Antonio murmelte seine Zustimmung und übersetzte für mich. Ganz im Gegensatz zu meiner sonstigen Natur hatte mich eine ungeheure Angst und Scheu ins Stottern geraten lassen.

„Aha, eine Erlaubnis also", sagte die Bassstimme. „Dazu müssen wir Señor Potosí aus Bolivien rufen. Er kann die Erlaubnis erteilen. Aber er wird eine Weile brauchen, um hier herzukommen, da er die ganze Strecke von Bolivien zurücklegen muss. Willst du in der Zwischenzeit deine *Santa Tierra* rufen?"

Antonio übersetzte für mich, aber ich verstand noch immer nicht. Verdutzt über meine Begriffsstutzigkeit fragte er mich schließlich: „Wo wohnst du?"

In meiner konfusen Beklemmung antwortete ich: „Mariscal Gamara". Doch war das der Stadtteil, in dem ich gewohnt hatte, bevor ich in Señora Clemencia's Haus umgezogen war. Ich wusste nicht, wie die Einheimischen mein neues Viertel nannten. Doch schien dies kein Problem zu sein.

„La Mamita Mariscal Gamara, Papítos", erklärte Antonio.

Eines der Wesen auf dem Tisch nahm die Glocke auf, klingelte und rief laut: *„Mamita Mariscal Gamara, Mamita Mariscal Gamara."*

Es folgte eine Pause, und dann schienen die beiden Geschöpfe mich vergessen zu haben und erkundigten sich bei Ricardo nach den Angelegenheiten des Tages. Es wurden zahlreiche Bitten um Hilfe und Heilung vorgebracht, und viele weitere *Santas Tierras* wurden mit der Glocke zum Altartisch gerufen.

Allmählich begriff ich, dass eine *Santa Tierra* der zuständige Erdgeist für die jeweilige Straße, in der die Person wohnte, war. Bei dieser Zeremonie wurde die *Santa Tierra*, der „heilige Erdgeist" gerufen, um persönliche Fragen zu beantworten oder irgendwelche Probleme einer Familie zu lösen, die in der jeweiligen Straße beheimatet war. Jede *Santa Tierra* schien die Oberaufsicht über ihre Straße inne zu haben. Ich stellte mir vor, dass die *Santas Tierras* nur Teil einer ausgeklügelten Hierarchie von Erdgeistern waren, und war fasziniert. Schließlich wurde noch einmal die Glocke geläutet und Señor Potosí zum Altar gerufen.

Diesmal war ein kleinerer Explosionslaut zu hören, der vom Boden vor dem Altar ausging, und flatternde Flügel erhoben sich aus der Erde. Ein sanfterer Plumps auf dem Tisch, und eine sehr hohe weibliche Stimme, die nur Quechua sprach, stellte sich als die *Santa Tierra* von Mariscal Gamara vor.

Wieder übersetzte Antonio für mich. „Die *Santa Tierra* von Mariscal Gamara sagt, dass du eine starke Persönlichkeit hast und über eine große Gabe des Sehens verfügst. Du bist auch mit Telepathie vertraut und sahst die *Apu*s auf der Straße, hast sie aber nicht erkannt." Ich fühlte mich geschmeichelt und als etwas Besonderes, war aber gleichzeitig völlig verwirrt. Was meinte sie mit „großer Gabe des Sehens"? Hellsichtigkeit? Mir schwirrte der Kopf. Was sagt man zu körperlosen Wesen, die sich in einem dunklen Raum materialisieren? Antonio fuhr fort. „*La Mamita* sagt, du bist stark, brauchst aber noch mehr Kraft. Sie werden Dir mehr Kraft geben.

„Halt! Wartet! Ich verstehe nicht, was hier abläuft!" wollte ich schreien. Ich wusste nicht, was ich tun konnte, und so wurde ich außerordentlich höflich. „Erkläre ihnen, dass ich sie um die Genehmigung bitte, hier leben und arbeiten zu dürfen", bat ich Antonio. Ich wollte angesichts dieser verrückten Situation die Kontrolle nicht völlig verlieren. Mir war schwindlig. Irgendwie glaubte ich aus den Worten dieser Wesen herauszuhören, dass ich wichtig sei. Die Tatsache, dass sie sich überhaupt mit mir befassten, kam für mich völlig überraschend. „Sie müssen für die Erlaubnis auf Señor Potosí warten", brachte mir Antonio in Erinnerung.

Die Wesen sprachen fast reines Quechua und mussten sich um viele Menschen kümmern. Ich war dankbar, als sie ihre Aufmerksamkeit nun wieder von mir abwandten und sich den Problemen der anderen im Raum widmeten.

Es gab viele Bitten um Hilfe an die *Santas Tierras*. Eine Frau hatte ihre Schubkarre verloren und wollte wissen, ob sie ihr helfen konnten, sie wieder zu finden. Eine andere Frau fragte, ob ihr sechsjähriger Sohn von seinem Fieber geheilt werden könne. Ein Mann, der um Heilung seines Krebsleidens bat, wurde aufgefordert, zum Altar zu kommen, um von den *Apus* gesegnet zu werden.

Bald ertönten von der Decke eine weitere sehr laute Explosion und das Flattern von anscheinend sehr großen Flügeln. Ein *Apu*, der größer und schwerer war als die anderen, landete auf dem Tisch. Eine sanfte Stimme sprach in die Stille hinein. „Señor Potosí aus Bolivien steht zu euren Diensten."

Die im Raum Versammelten antworteten mit der üblichen Begrüßung: „*Ave María Purísima.*" Mit der Ankunft von Señor Potosí veränderte sich die Atmosphäre im Raum, und alle schienen weicher zu werden. Er hatte ganz klar die Führung.

Auf Spanisch sagte er zu einer Frau, die zur Heilung am Altartisch stand: „Ich bin ein Engel, fürchte dich nicht vor mir."

Während die *Apus* sich den verschiedenen Krankheiten widmeten, schrieben die Mitglieder von Antonios Gruppe die Kräuterrezepte mit, welche die *Apus* diktierten. Ich konnte im Dunkeln ihre Füllhalter auf dem Papier kratzen hören.

Die Zeit verging, und ich hoffte, dass man mich vergessen hatte. Mein Herz klopfte und mein Verstand drehte auf der Suche nach Erklärungen fast durch. Ich war mir sicher, dass es sich hier um irgendeinen Schwindel handelte, konnte mir aber in keiner Weise erklären, wie sich so etwas Ausgeklügeltes vortäuschen ließ.

Es hätte einer äußerst hochtechnologischen Ausrüstung bedurft - und das in einem Land, in dem es fast keine Technologie gab.

„Tochter Elizabeth", sprach mich die Stimme von Señor Potosí plötzlich an und durchdrang den Wirbel meiner wild tobenden Gedanken.

„*Si, Papito*", antwortete ich auf die gleiche Art wie alle anderen und versucht, mich an das Protokoll zu halten.

„Wir sind sehr froh, dass du hier bist", übersetzte Antonio. Du hast die Erlaubnis, hier zu arbeiten und zu leben. Deine Arbeit ist gut, aber du braucht mehr Kraft", fuhr Señor Potosí aus Bolivien fort. „Was meinen sie damit, dass ich mehr Kraft brauche?" fragte ich mich ein wenig beleidigt.

„Weißt du, wer wir sind?" fragte Señor Potosí.

„Nein, *Papíto*", antwortete ich ehrlich.

„Wir sind die Hüter der Berge, die Engel Gottes", übersetzte Antonio. Irgendwie fühlte ich mich besser, wenn dieser *Apu* sprach, fühlte mich sicherer. Er schien freundlich und gütig zu sein und wirkte nicht so einschüchternd und pompös auf mich wie die beiden anderen. Ich schämte mich für meine Gedanken - wussten sie, was ich über sie dachte? Wie aufs Stichwort sagte Señor Potosí: „Wir wissen, dass du noch nicht an uns glaubst, aber das wirst du noch. Du denkst, wir sind irgendein Trick. Das sind wir nicht. Kommt, tritt an den Tisch. Wir werden dir mehr Kraft geben."

Ich begann mich gerade zu fragen, ob ich überhaupt mehr Kraft haben wollte, als die anderen Leute um mich herum anfingen, mich zum Tisch zu schieben. Dies war offensichtlich eine wirkliche Ehre, etwas, das sie sich alle vielleicht für sich selbst gewünscht hätten, aber es sollte mir zuteil werden. Wollte ich das? Ich hatte keine Zeit, darüber nachzudenken; ich stand bereits vor dem Altar.

Schon in den letzten etwa zehn Minuten hatte ich ein merkwürdiges kratzendes Geräusch gehört, das vom Altar kam - ein Geräusch, als würden Glasscherben aneinander gerieben. Die einzigen Gegenstände auf dem Tisch, mit denen solche Laute erzeugt werden konnten, waren die Kristalle. Als ich dieses Knirschen zum ersten Mal hörte, hatte ich mir vorgestellt, dass einer dieser „Vogelmenschen" einen Kristall in die Krallen genommen und ihn an den anderen Kristallen gerieben hatte, sozusagen eine Art nervöser Angewohnheit. Das Geräusch verstummte.

„Schau auf den Tisch", wies mich Señor Potosí an. Ich blickte in Richtung der Stimme. Plötzlich gab es ein lautes Krachen und einen blauen Lichtblitz, so als wären zwei Steine mit großer Gewalt zusammenstoßen. Die Kristalle? Ich wartete, ob ich etwas sah oder fühlte. Ich fühlte zwar nichts, aber der Lichtblitz und der krachende Laut in der Dunkelheit hatten doch einen Eindruck hinterlassen.

„Nun, Tochter, wir haben dir mehr Kraft gegeben", wandte sich Señor Potosí wieder an mich. „Du hast die Erlaubnis, mit unserer Gruppe zu arbeiten, ja, du musst mit unserer Gruppe arbeiten", sagte der *Apu*.

„*Gracias Papíto* ", erwiderte ich und wusste nicht, was ich sonst noch sagen sollte. „Aber ich kehre morgen in die Staaten zurück", fügte ich hinzu im Gefühl, dass ich, wenn ich hier schon einen Job zugewiesen bekam, sie zumindest über meine Verfügbarkeit in Kenntnis setzen sollte.

„Sehr gut", erwiderte er. „Wenn du in die Vereinigten Staaten gehst, dann übermittle den nordamerikanischen *Apus* unsere Grüße. Gehe zum höchsten Berg im Westen, in die Nähe jenes Ortes, an dem der Präsident wohnt und biete ihnen, mit Grüßen von uns, Cuzqueña an (in Cuzco hergestelltes peruanisches Bier). Dann mache Fotos von den höchsten Bergen. Die *Apus* werden in den Bildern erscheinen."

Wieder fiel mir nichts Geeignetes ein, um zu antworten. „Danke *Papíto*, danke für alles."

Die Zeremonie endete damit, dass sich jeder Erdgeist und *Apu* unter Nennung seines Namens von der Versammlung verabschiedete und mit einem Flügelflattern verschwand. Die *Santas Tierras* flogen hinunter in die Erde, und die *Apus* flogen hinauf durchs Dach. Im Verlauf der Zeremonie mussten jeweils mindestens acht bis zehn *Apus* auf dem Altar versammelt gewesen sein. Señor Potosí verabschiedete sich als Letzter. *„Señor Potosí, ciao"*, sagte er, und eine Brise durchwehte den Raum, als er mit großen Flügelschlägen durch die Decke verschwand.

„Öffnet die Tür", ordnete der große Mann an. Die Decken wurden abgenommen und die Flügel der Doppeltüre aufgerissen. Frische Luft strömte zusammen mit den Strahlen der Vormittagssonne herein. Mein ganzes Leben lang war ich noch nie so glücklich gewesen, das Tageslicht zu sehen.

Ich packte Antonio am Arm, zog ihn beiseite und flüsterte wütend: „Okay, wir beide werden jetzt ein sehr ausgedehntes Mittagessen einnehmen, und du wirst mir *alles* erklären. Verstanden?"

Antonio sah mich an und lachte: „Beruhige dich." Als er sah, dass mein Gesichtsausdruck unverändert blieb, fügte er hinzu: „Okay, okay, du darfst mich zum Mittagessen einladen."

Antonio lachte weiter über meinen tiefen Ernst. Dann deutete er auf die im Raum Anwesenden. All die vormals so feindseligen Gesichter lächelten nun und strahlten mich an. Offensichtlich war die Reaktion der *Apus* auf mich äußerst günstig ausgefallen, und das verschaffte mir eine sofortige Aufnahme in die Gemeinschaft, „Ich wusste nicht, dass es derart wichtig war, aber ich hatte so ein merkwürdiges Gefühl", sagte Antonio zu mir.

Ich warf ihm einen misstrauischen Blick zu. „Antonio, bitte höre auf, in Rätseln zu sprechen. Was genau meinst du damit?" Die Ereignisse der letzten Stunde hatten mich bis ins Mark erschreckt, und ich reagierte aus der Angst und dem Schock heraus mit Wut.

„Ich werde es dir beim Essen erklären. Aber erst müssen wir noch Ricardo unsere Aufwartung machen."

„Wusste ich's doch – jetzt kommt's", dachte ich. In den drei Monaten meines Aufenthaltes hatte ich bereits mehrere Male erlebt, wie Leute versuchten, der *Gringa* „Geld aus der Tasche zu ziehen". Das hatte mich natürlich etwas zynisch werden lassen. Peru war ein sehr armes Land, und ich musste den Peruanern zweifellos als reich erscheinen, obwohl ich in meinem eigenen Land auch nur eine mittellose Studentin war. Und an ihrem Standard gemessen, war ich es ja auch. Ich zahlte monatlich umgerechnet etwa fünfunddreißig Euro für Unterkunft und Verpflegung. Ich konnte es mir leisten, eine Weile in Cuzco zu bleiben, wo ein exzellentes dreigängiges Menü etwa fünfzig Eurocent kostete. Aber nun war ich mir sicher, woran die ganze Sache hakte. Ricardo würde mich für meine Teilnahme an der Zeremonie um eine Menge Geld bitten. Ich wappnete mich.

Ricardo schüttelte mir die Hand und lächelte mich an. „Es scheint, die *Apus* sind unserer Elizabeth sehr wohlgesinnt", sagte Antonio und blinzelte Ricardo an.

Ricardo lachte nur. „Über Geschmack lässt sich streiten", witzelte er. „Komm wieder und besuche uns, wenn du aus den

Vereinigten Staaten zurück bist. Du bist jederzeit willkommen", fügte er hinzu. „

Vielen Dank … äh … *gracias*", stotterte ich benommen und beschämt. Denn über Geld verlor Ricardo kein Wort.

„**O**kay, Antonio. Jetzt erklärst du mir ganz genau, was das alles auf sich hat, verlangte ich von ihm, als wir in einem kleinen einheimischen Restaurant einander gegenübersaßen. Ich stand noch immer unter Schock. Ein Huhn wanderte um unsere Füße herum und pickte an den Abfällen, die vom Tisch gefallen waren.

„Vor einigen Monaten ...", begann er und verstummte. Er schien von Emotionen überwältigt zu werden. Dann setzte er von neuem an und sprach langsam weiter, „... sagten uns die *Apus*, dass ein Psychologe aus Nordamerika kommen und sich unserer Gruppe anschließen werde. Wir nahmen natürlich an, dass es sich um einen Mann handelte. Dann bis du aufgetaucht." Auf seinem ernsten Gesicht erschien ein breites Lächeln. „Aus irgendeinem Grund verspürte ich erst letzte Woche das starke Bedürfnis, mit dir zu sprechen, obwohl ich dich schon seit Monaten im Institut gesehen hatte. Dann hast du mir von deinem Erlebnis mit den *Apus* erzählt." Er schwieg einige Momente und wartete darauf, dass ich verstand.

„Ja? Und?"

„Begreifst du denn nicht die Bedeutung der Ereignisse?" fragte er ganz ernst. „Als ich dir zum ersten Mal begegnete und hörte, dass du Psychologin bist, kam mir schon so etwas wie eine Ahnung. Dennoch sprach ich dich erst letzte Woche an, nachdem du glücklicherweise bereits deine eigene Erfahrung gemacht hattest." Mein Herz schlug schneller, als mir klar wurde, dass sich seine Aussage mit dem Gefühl von einer Mission verband, das mich befiel, als in mir zum ersten Mal das drängende Bedürfnis geweckt wurde, nach Peru zu gehen.

„Was hat sie denn veranlasst zu glauben, dass diese Person auch kommen würde?" fragte ich.

„Als uns die *Apus* von diesem Menschen erzählten, sagten sie, dass der Gruppe im Verein mit ihm die Kraft verliehen werde, die *Apus* zu rufen. So etwas hat es im Verlauf der Tradition noch nie gegeben. Zunächst war ich mir nicht sicher, aber angesichts der

Reaktion der *Apus* auf dich, steht es jetzt eindeutig für mich fest: diese nordamerikanische Person bis du!"

Ich schnappte nach Luft. Ich fühlte mich geschmeichelt und zugleich demütig, fast verlegen. „Aber Antonio, was kann *ich* tun? Warum ich?"

„Die *Apus* arbeiten auf geheimnisvoller Weise, die selbst wir Peruaner nur schwer begreifen können", erwiderte er. „Doch du solltest wissen, dass viele Leute hierher kommen und nach den *Apus* suchen, aber nur wenige finden sie. Wenn dir dein Herz sagt, dass du mit uns arbeiten sollst, dann mach es. Es ist deine freie Entscheidung. Und noch etwas solltest du wissen", er machte eine kurze, bedeutsame Pause. „Manche der Hohepriester haben die *Apus* gemalt. Sie haben den Körper eines Kondors - aber mit menschlichen Köpfen." Ich zuckte zusammen.

„Antonio, genau das habe ich vor meinem geistigen Auge gesehen, als sich die *Apus* materialisierten!"

Er lächelte mich an. „Warum fragst du dann ausgerechnet *mich*, weshalb sie *dich* ausgewählt haben? Ich arbeite seit einem Jahr für die *Mesa* und habe so etwas noch nie gesehen."

Ich saß völlig verwirrt da. Ich hatte das Gefühl, dass vor mir ein Abenteuerfilm lief, der Realität geworden war. Und dieser Film war mein Leben!

„Okay", sagte ich, „auf irgendeine verrückte Weise passt das alles zusammen. Aber ich kann nicht behaupten, es zu verstehen. Antonio, warum mussten sie, als ich die *Apus* um Erlebnis bat, hier in Cuzco arbeiten zu dürfen, einen bolivianischen Berggeist rufen?"

„Oh", sagte Antonio nachdenklich, „das ist eine interessante Frage. Die andinen Priester arbeiten nicht im Rahmen eurer heutigen Geografie. Sie halten sich an eine ältere Identität und Geografie, die vielleicht mehr dem alten Inka-Reich entspricht oder der Hierarchie der Natur selbst - ich bin mir nicht sicher. Aber eines ist gewiss: Jeder Priester darf nur mit Erlaubnis seines obersten *Apu* arbeiten, und für Ricardo ist das Señor Potosí.

Elizabeth, du reist morgen ab, nicht war?" fragte er dann. Ich nickte. „Die *Apus* haben der Gruppe etwas gegeben. Ein inkanisches Artefakt, du würdest es als ‚Kraftobjekt' bezeichnen." Ich war fasziniert und drängte ihn, weiter zu sprechen.

„Es ist eine Steinschale mit ungewöhnlichen Proportionen. Sie wird an einem Ort nicht weit von hier aufbewahrt. Ich möchte gerne, dass du sie siehst."

Ich fühlte mich wie ein Kind, das in Regenpfützen herumspringen durfte. Ich steckte schon bis zum Hals in seltsamen Erfahrungen. Was machte da noch eine weitere Pfütze aus? Abgesehen davon wollte ich mit Antonio und seiner Gruppe arbeiten, also konnte ich auch gut noch mehr über sie herausfinden, sagte ich mir.

„In Ordnung", antwortete ich. „Gehen wir auf dem Rückweg dort vorbei."

Nach einem kurzen Stück Weges kamen wir zu einem Geschäft und wurden ins Hinterzimmer gebeten. Der Laden, in dem Textilien verkauft wurden, gehörte dem Vater eines Mitglieds der Gruppe. Antonio stellte mich drei Personen vor, die ich während der *Mesa* gesehen hatte: Felipe und María, ein junges Paar, beide Physikdozenten an der Universität von Cuzco, und Raul, ihr langjähriger Freund. „Wir freuen uns, dass du dich uns anschließt, Elizabeth", sagte Felipe bei unserer Begrüßung.

„Die *Apus* sagten uns, wo wir suchen sollten, um das hier zu finden." Er hob einen in Sackleinwand gehüllten, offensichtlich schweren Gegenstand auf. Dann wickelte er ihn aus, und es kam eine große Steinschale mit zwei klobigen Griffen zum Vorschein. Die Schale war etwa acht Zentimeter dick, aus einem dunklen, grünlich-weißen Stein, der wie Granit aussah. Sie hatte eine glatte Innenfläche und war insgesamt nicht sehr tief. In der Mitte ihres Grundes bildeten drei weiße Punkte ein Dreieck

Als ich die Schale betrachtete, hatte ich eine merkwürdige Empfindung - so als ob ich fallen würde. Sogleich fühlte ich mich dazu gedrängt, meine Hand in die Schale zu legen. Mir stockte der Atem, als meine Hand in einer Sternenwolke verschwand. Ich schloss die Augen, und die Realität löste sich auf.

Die Steinschale, die sich um sich selbst dreht, durchbricht die Erdatmosphäre und schießt in den Weltraum. Und ich sehe, während sie frei im Raum schwebt, wie ihre Moleküle auseinanderfallen, sich neu ausrichten und sich zu einer neuen Konfiguration wieder vereinigen. Etwas wird hinzugefügt. Ein geläutertes Metall! Gold!

Die Schale dreht sich wirbelnd, schießt zurück durch den Raum und kehrt zur Erde zurück.

Als ich die Hand von der Schale nahm, kehrte die Welt langsam zur Normalität zurück. Ich blickte in die erwartungsvollen Gesichter rings um mich herum. „Was hast du gesehen?" fragte Antonio mit sanfter Stimme.

„Die Schale, sie ist etwas Besonderes … umgewandeltes Gold!" antwortete ich wie im Traum, nicht wirklich wissend, was ich sagte. Felipe, María, Raul und Antonio nickten. Sie wirkten nicht überrascht. Tatsächlich schien das alles für sie eine ganz normale nachmittägliche Beschäftigung zu sein.

„Streiche mit der Hand über sie, du kannst die Energie fühlen", forderte Raul mich auf. Ich führte die Hand in etwa dreißig Zentimeter Abstand über die Schale und spürte deutlich ein Aufsteigen von Energie, Wärme und Kribbeln. Ich versuchte es mehrere Male, immer mit dem gleichen Ergebnis. In diesem Augenblick fühlte ich, dass diese Steinschale und ich eine gemeinsame Geschichte erleben und wir in Zukunft irgendwie miteinander verbunden sein würden.

Antonio und ich machten uns schweigend auf den Heimweg. Ich freute mich mit einiger Erleichterung auf meinen langen Flug am nächsten Tag. Es gab eine Menge, worüber ich nachdenken musste.

3. KAPITEL

Ritual in Ojay

Ich starrte aus dem Flugzeugfenster auf die Gipfel der Berge. Die Tränen liefen mir übers Gesicht, und ich war dankbar, dass ich eine ganze Sitzreihe für mich hatte. Ich fühlte mich wie ein Baby, das seiner Mutter entrissen worden war. Noch nie hatte ich geweint, wenn ich einen der Orte, an denen ich im Laufe meines Lebens gelebt hatte, verlassen musste, das Zuhause meiner Kindheit in Minnesota eingeschlossen. Um Menschen weinte ich. Aber um einen Ort? Um ein Land? Niemals.

Das hatte sich jetzt alles geändert, wie viele andere Dinge auch. Nachdem ich mich vom ersten Schock meiner Begegnung mit den *Apus* erholt hatte, kam mir die Bedeutsamkeit dieses Ereignisses schlagartig zu Bewusstsein. Es gab *wirklich* eine unsichtbare Welt! Ich wusste es. Mein kindliches Ich hatte es immer gewusst, doch nun hatte ich eine reale Erfahrung damit gemacht. Ich hatte einen Beweis! Vorausgesetzt natürlich, dass die *Apus* kein Trick waren.

Wenn aber das Geschehen bei der *Mesa* kein fauler Zauber war, dann gab es die *Apus* wirklich. Und das erforderte eine ernsthafte Korrektur meiner Weltsicht - von einer Sichtweise, in der die „Geisterwelt" eine verlockende Möglichkeit, eine Perspektive war, zu einer, in der sie sich als konkrete Tatsache präsentiert hatte. War ich gerade Zeugin einer Öffnung in diese andere Welt geworden, die mir einen Einblick gewährt und sich dann wieder geschlossen hatte? War es möglicherweise das, was Ricardo mit der „Öffnung von Jesus Christus" gemeint hatte?

Die *Apus* kamen von irgendwo her und gingen irgendwo hin. Aber *wohin*? Plötzlich hatte sich mir eine ganz neue Welt aufgetan, eine Welt, die Magie beinhaltete, und das machte meine Rückkehr in die Staaten, das Land profaner Nüchternheit, für mich umso schmerzlicher. Indem ich Cuzco verließ, verließ ich den einzigen Ort auf Erden, an dem sich meine Seele jemals vollkommen zu Hause gefühlt hatte. Ich ließ den Tränen freien Lauf. In Cuzco waren die innere und die äußere Welt für mich Eins geworden, und ich wusste, dass ich mit Leib und Seele, mit Fleisch und Blut diesem Teil der Erde angehörte. Und so schmerzlich es war, weggerissen zu werden, wusste ich doch zweifelsfrei, dass ich zurückkommen würde. Meine Reise in die Staaten war wie ein Urlaub von meinem neuen Zuhause.

Ich tupfte mir die Augen ab und starrte hinaus auf die Berge, fühlte die Verbundenheit zu diesem Land und meinem tiefsten Inneren. Vor meinem geistigen Auge schienen drei Wesen aufzutauchen, die mir Lebewohl zuwinkten. Die *Apus*? „Legen Sie bitte die Sitzgurte an. „Flight attendants prepare for takeoff", kam die Anweisung des Flugkapitäns aus den Lautsprechern. Ich sah hinunter auf meine Sitzgurte und schnappte erstaunt nach Luft. Drei wirbelnde Silberscheiben schwebten ein paar Zentimeter vor meinem Körper, jeweils in Höhe meines Herzens, meines Bauchs und meiner Genitalien.

Das sind die Energiezentren meines Körpers. Der Gedanke kam mir sofort. Ich fragte mich, ob der Energieschub, den ich von den *Apus* bekommen hatte, um mir „mehr Kraft zu geben", für diesen Effekt verantwortlich war, und ob dadurch irgendwie mein subtiles Wahrnehmungsvermögen geöffnet worden war. Eine Stewardess stellte meinen Sitz in aufrechte Position. Ich blickte wieder an mir hinunter, sah aber nur mein zerknittertes weißes Hemd, die Ränder meiner neuen Jacke aus peruanischer Wolle und den oberen Bereich meiner Hose. Ich war wieder zu meiner normalen Sichtweise zurückgekehrt. War dieser momentane Einblick in die Welt der Energie etwa ein Hinweis darauf, was sich in den Staaten ereignen sollte? Ich hatte angenommen, dass meine seltsamen Erlebnisse mit dem Verlassen Perus ein Ende haben würden. Doch nun war ich mir da nicht mehr so sicher.

Seit zwei Wochen war ich wieder in San Francisco und war noch immer damit beschäftigt, meine alten Freunde aufzusuchen, als Rusa mich anrief und zum Tee auf die Greengulch Farm einlud.

Nach meiner Ankunft in Kalifornien musste ich als Erstes einen Job finden, mit dem ich über die Sommermonate ausreichend Geld verdienen würde, um nach Peru zurückzukehren und meine Recherchen über die Heilverfahren mit der Hilfe der *Apus* fortsetzen zu können. Ich hatte ein paar Vorstellungsgespräche hinter mir, aber noch kein Jobangebot. Die *Apus* hatten mir gesagt, dass ich frei über sie sprechen solle, und so beschloss ich, einen unentgeltlichen Vortrag an meiner Universität zu halten. Die Vorstellung, öffentlich von meinen Erlebnissen zu berichten, war aufregend. Doch zunächst musste ich meinen Freundinnen und Freunden privat davon erzählen. Ich brauchte Unterstützung von dem am nüchternsten und klarsten denkenden Menschen, die ich kannte:

Rusa, eine Doktorandin der Psychologie, gehörte dazu. Ich respektierte ihre Ausdauer und kannte sie seit über fünf Jahren. Rusa, eine kleine und sehr zierliche Chinesin, war außerordentlich intelligent und hatte einen eisernen Willen. Diese kleine Frau schwamm fast täglich in der San Francisco-Bay und sprach dort „ein Mantra für die Haie". Sie und ihr Mann Reb praktizierten schon lange Zen-Meditation. In meinen Studienjahren hatte ich ein Jahr bei ihnen gelebt und mich um ihre Tochter Thea gekümmert.

Beim Tee erzählte ich Rusa meine Geschichte und wartete gespannt auf ihre Reaktion. „Wenn du mir sagst, dass das so passiert ist, Lizzie, dann weiß ich, dass es sich auch so abgespielt hat, wenn es sich auch wild und abenteuerlich anhört." Ihre einfache Aufrichtigkeit und ihr tiefer Glaube an mich waren eine ungeheure Erleichterung.

Kurz danach klingelte das Telefon. Rusa stand auf, um den Hörer abzunehmen, und ich schlenderte in die Bibliothek ihres Mannes und ließ meinen Blick müßig über die Bücherregale schweifen. Ein Buch stach irgendwie besonders hervor. Es schien fast zu glühen und zu pulsieren. Wie magisch angezogen nahm ich es aus dem Regal und betrachtete seinen Umschlag: „Parzival: A Romance of the Middle Ages". Es war ein Buch über das Gralsepos des Wolfram von Eschenbach. Ich schlug das Buch irgendwo auf und las:

> „10. Der Gral ... dieser zweite Schatz war eine Platte (walisisch: *dyscyl*): Welche Speise man sich auch immer darauf zu haben wünschte, man erhielt sie sofort. Das Wort *dyscyl* war ... das semantische Äquivalent für das altfranzösische *graal*, und um 1240 definierte der Helinandus *graal* als eine breite und leicht vertiefte Schale. So führte ein semantischer Irrtum letztlich zur Entstehung dieses überaus poetischen Symbols des Mittelalters, des Heiligen Grals.

Weiter stand in dem Buch, dass der *Dyscyl* oder die Platte nicht aus Metall, sondern wahrscheinlich aus einem Stein sei. Eine breite, leicht vertiefte Steinplatte! Mir kam sofort die Steinplatte, die „kosmische Schale", in den Sinn, die mir Antonio kurz vor meiner Abreise aus Peru gezeigt hatte. Warum war ich auf diese Buchseite gestoßen? Konnte die kosmische Schale der Heilige Gral *sein*? „Nein!" schrie mein rationaler Verstand. „Das ist mehr als absurd!"

Mein Magen bebte, und wieder einmal überkam mich dieses unheimliche Gefühl von Schicksalsmacht, als wäre ich mit einem Eimer kalten Wassers übergossen worden - aber von innen nach außen. Ganz gewiss machte ich gerade einen schweren Anfall von medialem Größenwahn durch. Also hielt ich den Mund und erzählte niemandem von diesem Intermezzo.

Nicht lange danach erhielt ich einen Anruf von Jennifer, einer meiner besten Freundinnen, und wir verabredeten uns zum Abendessen. Wir beschlossen, uns in einem Restaurant in Noe Valley zu treffen und bei einem guten Essen die Neuigkeiten der letzten Zeit auszutauschen. Ich kam früh an und nahm an einem etwas abseits stehenden Tisch Platz, um uns ein wenig Privatsphäre zu schaffen. Jennifer war einer der wenigen Menschen, mit denen ich offen über meine ungewöhnlichen spirituellen Erfahrungen sprechen konnte, denn sie selbst war auf diesem Gebiet ebenfalls nicht unerfahren.

Ich kaute gedankenverloren an einer warmen gebutterten Schreibe Brot und fragte mich, wie ich ihr das, was mir passiert war, erklären sollte, als Jennifer auftauchte. „Hallo!" begrüßte sie mich fröhlich. Ich betrachtete meine mir so liebe Freundin, eine schöne Frau, von Kopf bis Fuß in Schwarz gekleidet, was ihrer dichten blonden Mähne noch mehr Glanz verlieh. „Ha! Schau uns an", sagte sie, „du ganz in Weiß und ich ganz in Schwarz. Ich nehme an, das wird ein wichtiges Treffen." Erst da wurde mir bewusst, dass ich tatsächlich in Weiß gekleidet war. Ich trug den Overall, den mir meine Mutter im vorigen Sommer geschenkt hatte. Seit acht Monaten hatte ich nicht mehr ausschließlich weiße Kleidung getragen; das tat keiner, der in Peru unterwegs war.

„Wie geht's dir?" frage ich und umarmte sie stürmisch. Wir setzten uns an den Tisch.

„Mir geht's gut. Und ich kann sehen, dass du einige Abenteuer hinter dir hast", sagte sie und blicke mir offen ins Gesicht. Sie hatte schon immer die Gabe besessen, in mir zu lesen, und darin verließ ich mich auf sie. Das und unser gemeinsames Interesse am Spirituellen hatten uns bereits vor langer Zeit zu Freundinnen zusammengeschweißt, zu Seelenfreundinnen. „Ich will, dass du mir alles erzählst, aber lass uns erst einmal etwas bestellen." Jennifers praktisches Wesen entspannte mich.

Wir wählten unser Essen aus der Speisekarte und rasch breitete ich die ganze Geschichte vor ihr aus, von meinem Besuch bei der Kräuterärztin und der Ei-Diagnose über die Zeremonie in der Dunkelheit bis hin zu den *Apus*. „Ich weiß einfach nicht, was ich davon halten soll, Jennifer. Ich habe das Gefühl, in etwas wirklich Wichtiges hingeraten zu sein, aber ich habe noch nicht alle Puzzleteile beisammen."

Ich spürte, dass Jennifer sehr intensiv zuhörte. Ihr Blick war in meinen versunken. Als ich mit meiner Geschichte geendet hatte, überkam mich eine merkwürdige Empfindung. Mein Bewusstsein verlagerte sich. Das Restaurant wirkte plötzlich fern und unwirklich. Ein pulsierendes Gefühl breitete sich in meinem heftig pochenden Herzen und meinem rechten Arm aus, als würde ich von einem Energiefluss durchströmt, der sich in meiner rechten Handfläche sammelte.

Spontan hob ich die rechte Hand und streckte ihre nach außen gewandte Innenseite Jennifer entgegen. Sie hob instinktiv die linke Hand, um sie an meine Hand zu legen, schreckte dann zwar zurück und ließ sie dann aber wieder sinken. „Los", ermutigte ich sie, „ich glaube, das ist für dich."

Unsicher, was wir da taten, legten wir dann die Handflächen aneinander. Sofort floss magnetische Kraft von meiner Hand in ihre. Noch nie zuvor hatte ich so etwas erlebt. Ich sah Jennifer an, und plötzlich lösten sich ihr Gesicht und ihr prächtiges Haar in reines Licht auf. Ich hielt die Luft an und blinzelte in dieses Strahlen. Jennifers Haupt war plötzlich durch eine Glühbirne von tausend Watt ersetzt worden. Mein ganzes Sein wurde von der Seligkeit dieses Kontakts erschüttert. Es war sinnlich *und* spirituell, eine Art energetischer Ekstase.

Durch irgendeinen Akt des Himmels verschwand Zeit und Raum und ich war von einem Augenblick zum nächsten imstande, dieses großartige Leuchten, das Jennifer *war,* zu sehen. Ihre Seele enthüllte sich mir. Meine Augen füllten sich mit Tränen. Ich blinzelte, und das Leuchten dämpfte sich in gerade dem Maße, dass ich ihre Gesichtskonturen wahrnehmen konnte. Schlagartig wurde mir bewusst, dass dieses blendende Licht die wirkliche Jennifer war und dass ihr Gesicht einfach die begrenzte Projektion dieses Strahlens war. In diesem Licht gesehen wirkte es nun wie eine Karikatur. Ich konnte eingegrabene Schmerzenslinien sehen, tiefes Leid.

Plötzlich verstand ich: Sie hatte es vergessen. Ein schrilles Alarmsignal durchzuckte mich, und mir kam es vor, als ob ich eine sehr große Distanz zurückzulegen hätte, um sie zu erreichen. „Jennifer", drängte ich sie heftig. „Erinnere dich. Erinnere dich. Du musst dich erinnern, wer du *bist!*"

Was ich genau sagte und wie lange ich redete, weiß ich nicht. Meine Seele sprach zu ihrer Seele und wiederholte immer wieder die eindringliche Botschaft. Dann schien sich, aus meiner seltsamen Perspektive gesehen, ihr Kopf zu teilen, und eine Fontäne der Tränen des Leids ergoss sich und bedeckte die Welt mit vergossenen Tränen. Tränen des Leids des Vergessens.

So plötzlich die Vision gekommen war, so abrupt verschwand sie. Wir ließen die Hände sinken. Unsere Hände lösten sich.

„Möchten Sie noch etwas?" fragte die Kellnerin, die plötzlich an unserem Tisch stand. Das Restaurant nahm rasch seine normale Erscheinungsform an.

„Nein, danke", sagte Jennifer mit geübter Nonchalance.

Nach langem Schweigen fragte ich: „Jennifer … was *war* das?" Jennifer sah einige Minuten lang gedankenverloren vor sich hin. „Du hast mich *gesehen*", sagte sie einfach. „Ich danke dir."

So begann meine Karriere als Sensitive, die über den Sommer hinweg andauerte und mir das nötige Geld für meine Rückkehr nach Peru einbrachte. Kurz nach dem Abendessen mit Jennifer begegnete ich einer Hellseherin. Sie sagte mir, dass ich medial sehr begabt sei, und bot mir an, mich in medialer Lebensberatung auszubilden. In den nächsten zwei Monaten war ich in einer Stadt, in der es vor Medien nur so wimmelt, so ausgelastet, als ob ich ganztags beschäftigt wäre. Manchmal hatte ich bis zu sechs Beratungen am Tag. Binnen kurzer Zeit hatte ich auf wundersame Weise genug Geld zusammen, um meine nächsten Forschungsschritte zu finanzieren. Jetzt wartete nur noch eine Aufgabe auf mich: die Mission, die mir die *Apus* aufgetragen hatten.

Wir brausten in Claudias neuem roten Honda auf der Autobahn dahin, von Eile getrieben, wir waren ja mit einem Berggeist verabredet. Seit meiner Rückkehr in die Vereinigten Staaten hatte ich die Botschaft der *Apus* zu enträtseln versucht. Señor Potosí hatte mir aufgetragen, ein Ritual am Fuße eines Berges im Westen durchzuführen, eines Berges in der Nähe des Ortes, wo der Präsident wohnt. „Aber der Präsident wohnt im Osten, im Weißen Haus", argumentierte mein logischer Verstand.

Es bedurfte eines weiteren alten Schulfreunds, der schließlich den Kontakt für mich herstellte. Ich trank Tee mit ihm und erzählte von diesem Rätsel über die Berge und den Präsidenten, als er mich plötzlich ansah. „Ojai", sagte er. Das Wort hallte wie eine Glocke in mir wieder. „Sie meinen Ojai. Das ist in der Nähe von Reagans Ranch", erklärte mir mein Freund.

„Aber er ist nicht mehr Präsident", protestierte ich.

„Einmal Präsident, immer Präsident", erwiderte der Freund augenzwinkernd.

Sehr viel stärker als seine Logik, wirkte das Wort „Ojai" auf mich, das wie ein Pfeil aus meinem Mund geschossen kam und tief in meinem Körper landete. Mein Verstand mochte zweifeln, aber mein Körper war absolut davon überzeugt - dies war der Ort. Eine weitere Bestätigung erhielt ich später, als ich gleich nach meiner Rückkehr nach Hause meine Freundin Cyntha in Detroit anrief. Binnen zweier Stunden organisierte sie, dass ihre Freundin Claudia, eine schöne junge Argentinierin, die in San Francisco lebte, mich nach Ojai fuhr. Sie organisierte sogar für uns eine Übernachtungsmöglichkeit in Ojai bei einer Frau, die sehr viel von Ritualen hielt. Grünes Licht auf der ganzen Linie!

Da Cyntha mich als Erste in den Schamanismus eingeführt hatte, als sie mich zu einer dieser nächtlichen schamanischen Heilzeremonien in Moche mitnahm, war sie nun zu meiner Vertrauten in meinen schamanischen Abenteuern geworden. Unsere Telefonrechnungen erreichten schwindelerregende Höhen. Als ich bei ihr in Peru eintraf, neigten sich ihre Studien in Peru gerade ihrem Ende zu. Das Schicksal wollte es, dass sie danach nach Europa gerufen wurde. Deshalb war es schieres Glück, dass sie gerade ihre Familie in Detroit besuchte, als ich selbst wieder zurück in Kalifornien war. Doch selbst Cyntha hatte keine Erklärung für dieses seltsame Phänomen der *Apus*.

„Warum brauchen die *Apus*, wenn sie Engel sind, dich zu der Durchführung einer Zeremonie, damit sie mit den nordamerikanischen *Apus* reden können?" hatte mich Cyntha bei einem unserer Telefonate gefragt.

„Das ist eine gute Frage", hatte ich geantwortet. „Ich denke, sie sind vielleicht eine Art Erdengel, denen bestimmte Bereiche unterstehen- was aber immer noch nicht erklärte, warum sie nicht miteinander kommunizieren konnten.

Es sei denn ..." „Es sei denn, sie haben sich einander entfremdet", beendete Cyntha meinen Satz im Ton der Gewissheit. Und wieder traf sie mit dieser Feststellung mitten ins Schwarze der Zielscheibe der Wahrheitssuche in meinem Inneren.

Dies war eine einzigartige und aufregende Weise, sich durch die Welt zu bewegen. Ich musste mit Ereignissen und Situationen fertig werden, deren Wahrheitsgehalt ich auf keinerlei objektive Weise bestätigen konnte. Ich *musste* mich bei meinen Aktivitäten auf mein intuitives Gefühl von Wahrheit verlassen. Mein ganzes Leben lang war ich gelehrt worden, meinen rationalen Verstand einzusetzen, nachzudenken, Situationen vernunftmäßig zu beurteilen und logisch zu handeln. In dieser neuen Welt der Seele schien die Logik kaum von Bedeutung zu sein. Oder sollte ich sagen, die rationale Logik spielte, anders als in der Vergangenheit, keine vorrangige Rolle? Ich agierte und reagierte im Kontext einer größeren organischen Struktur, einer universalen Ordnung, in der ein rationales und ein lineares Denken scheinbar wenig auszurichten vermochten.

Doch die Logik hatte mich noch immer mächtig im Griff. Ich war in meinem eigenen Käfig der Rationalität gefangen, und ich stemmte mich gegen die Gitterstäbe. Sie bogen sich, gaben nach, und schließlich brachen sie allmählich auf. Frei zu sein, war erschreckend und erfrischend zugleich. Wie angsterregend dies auch sein mochte, ich wusste nun, dass jenseits dieses Käfigs eine andere Welt existierte. Und ich verlangte geradezu gierig nach ihr, wollte sie kennenlernen.

Um in dieser neuen Welt zu leben, musste ich empfänglich sein, auf meine inneren Empfindungen achten und sie als leitende Kraft nutzen. Ich konnte mich nicht länger auf die äußere Welt, auf die Diktate der Kultur, der Gesellschaft, oder auch auf meine eigenen logischen oder psychologischen Deutungen verlassen. All das war fürs Erste ausgesetzt. Ich folgte dem wogenden, sinnlich wahrnehmbaren organischen Drängen, das aus meinem Inneren kam. Es machte mich unglaublich glücklich, diesem subtilen inneren Antrieb nachzugeben, statt ihn durch Logik außer Kraft zu setzen, wie ich es in der Vergangenheit immer getan hatte. Diese Seinsweise hatte etwas zutiefst Weibliches in sich.

Nach sieben Stunden Fahrt kamen wir in Ojai an. Eine Landkarte und ein Schlüssel für unsere Übernachtungsmöglichkeit lagen bereit, alles hatte Cyntha schon im Voraus organisiert. Als wir zu unserer Adresse fuhren, lachte Claudia und schüttelte den Kopf. „Du und Cyntha, ihr seid die hexenhaftesten Hexen, die ich kenne. Erstaunlich, wie ihr es fertigbringt, dass sich alles für euch regelt. Das ist auch der Grund, weshalb ich mitgekommen bin."

„Mach dir keine Sorgen, Claudia, du hast eine Menge von einer Hexe in dir. Und vergiss nicht, du bist die offizielle Fotografin bei dieser Expedition", erinnerte ich sie. Der Auftrag der *Apus* lautete, die Berge während des Rituals zu fotografieren, und die nordamerikanischen *Apus* würden auf den entwickelten Bildern zu sehen sein. Sollte diese Vorhersage tatsächlich zutreffen, so konnte das als ein konkreter Beweis für die Realität der *Apus* angesehen werden. Antonio hatte mir in Cuzco erzählt, dass die *Apus* zuweilen auf Fotos erscheinen, sich aber nach ein paar Monaten verflüchtigen. Das wollte ich mit eigenen Augen sehen.

Am nächsten Morgen wachten wir spät auf. Mein Bewusstsein, angefüllt mit einer Mischung aus Träumen und Realität, ließ mich nur schwer den Tagesrhythmus aufnehmen. Ich hatte schon lange nicht mehr so tief und fest geschlafen. Claudia griff sich meine Tasche, als wir zum Wagen gingen. „Ich werde mich darum kümmern“, sagte sie, als wir unsere Utensilien im Auto verstauten, „du hast andere Lasten zu tragen.“ Wir lachten, denn sie hatte Recht.

Ich hatte für das Ritual eine Reihe von Dingen besorgt: eine kleine peruanische Decke als Altartuch; zwei Flaschen Cuzqueña, Bier aus Cuzco, die ich aus dem Land geschmuggelt hatte; peruanischen Tabak in Form von Zigaretten, die „Inkas“ hießen und eine Muschel, in der ich Salbei verbrennen wollte. Ich wusste, dass die nordamerikanischen Indios bei ihren Zeremonien Salbei und Tabak als Opfergabe darbrachten, und da wir uns nun in Nordamerika befanden, hielt ich es für besser, alle Voraussetzungen zu berücksichtigen.

Wir fuhren stadtauswärts auf einen hohen Berg zu, der in der Ferne aufragte. „Das muss der heilige Berg von Ojai sein“, sagte Claudia.

„Ja, obwohl man das ja kaum Berge nennen kann“, witzelte ich. „Die Anden - also das sind wirkliche Berge!" Ich hielt mitten im Satz inne. Claudia wandte mir ihr Gesicht zu und starrte mich an.

Plötzlich lagerte sich ein Bild vom Tal von Cuzco über die Landschaft, die ich gerade betrachtete. Ich sah und begriff sofort, dass das Ojai-Tal die gleiche Form wie das Tal von Cuzco hatte, ja fast eine Kopie war, nur in Miniatur. Der heilige Berg von Ojai nahm dieselbe Position ein, wie der heilige Berg Ausangate. Als ich meine Sprache wiederfand, erklärte ich Claudia, was ich sah.

„Sehr gut“, sagte sie, „du stimmst dich ein.“

„Ja“, erwiderte ich. „Das Ritual muss genau zehn Minuten vor zwei stattfinden.“ Ich befand mich in einer Art Trance.

„Perfekt. Das lässt uns genug Zeit, um uns umzusehen und dann etwas zu Mittag zu essen.“

Um halb zwei hatten wir unsere Mittagspause beendet und waren die lange, holprige Straße zum Berg Ojai hinaufgefahren. Ich wollte pünktlich sein. Claudia parkte den Wagen am Tor zum Ojai Center, und wir betraten die Anlage. Wir kamen an zwei achteckigen Gebäuden vorbei, in denen anscheinend Büros untergebracht waren.

Ich wusste, dass das Ojai Center auf diesem heiligen Boden errichtet worden war, um schamanische Glaubensvorstellungen und Traditionen zu unterstützen und zu fördern, um Versammlungen mit den Vertretern der verschiedenen Stämme der Ureinwohner durchzuführen zu können. Ich hatte gehofft, dass sie daran interessiert wären, bei meinem Ritual mitzuwirken, aber die Verwaltung hatte auf meine auf den Anrufbeantworter gesprochene Nachricht nicht reagiert. So wurde mir schnell klar, dass ich diese Aufgabe alleine erledigen musste.

„Hier entlang", sagte ich zu Claudia, als ich einen schmalen Pfad entdeckte, der zum Gipfel hinauf führte. Ich folgte meiner Nase. Ich brauchte einen Platz, von dem aus ich den Gipfel sehen konnte und der mir zugleich eine gewisse Intimsphäre bot. Wir nahmen eine Abzweigung nach rechts und stiegen bergauf. Der Pfad war zu beiden Seiten von hohem Gestrüpp eingesäumt, doch kurze Zeit später entdeckte ich rechter Hand eine kleine Lichtung. Wir brachen durch das Gebüsch und gingen direkt auf eine winzige Wiese zu. Vom Weg aus gesehen lag sie durch das hohe Busch- und Strauchwerk leidlich verdeckt, doch ergab sich von hier aus eine gute Sicht auf den Gipfel.

Ich wusste nicht recht, was ich als Nächstes tun sollte; also öffnete ich meine Tasche und nahm alle Gegenstände heraus, die ich für diesen Augenblick gesammelt hatte. „Biete ihnen, bevor du mit ihnen sprichst, ein Cuzqueña von uns an", hatten die *Apus* mir gesagt. Ich breitete das Altartuch aus, platzierte die Muschel in dessen Mitte und stellte die Bierflaschen am Rand auf, so wie ich es auf Ricardos Altar gesehen hatte. Glücklicherweise hatte ich den Flaschenöffner nicht vergessen.

Ich entzündete ein Streichholz, verbrannte etwas Salbei, reinigte mich selbst und opferte dem Berg den süß duftenden Rauch. Dann öffnete ich die Bierflaschen und goss den ersten Schluck auf den Boden als Opfergabe für die Pachamama, den Geist der Erde. Danach benetzte ich meine Finger mit etwas Bier und schnippte die Tropfen in Richtung der Berge. Ich nahm einen Schluck und ließ Claudia ebenfalls davon trinken. Unterdessen glitt ich allmählich in den Zustand der Trance hinüber.

Ich zündete eine Zigarette an und behielt den Rauch im Mund, während ich ein stummes Gebet an die Berggeister richtete. Ich blies den Rauch zum Berg, zur Erde hin und in alle vier

Himmelsrichtungen. Ich vernahm kaum das Verschlussgeräusch von Claudias Fotoapparat, mit dem sie eine Aufnahme nach der anderen machte. Ich spürte, wie mein Bewusstsein mit dem des Berges verschmolz.

„Ich bringe dir Grüße.“ *(Ich schien vom Gipfel des Ausangate auf den Ojai hinunter zu blicken und sprach die Worte laut aus.) Er … ich … Ausangate war ein wunderschön grüngolden schimmerndes Licht. Sie war wütend, schwieg.* „Komm, lass uns diesen uralten Streit vergessen und in Harmonie leben, so wie wir es einst taten“, *sprach der Ausangate durch mich. Auf einmal verspürte ich das Bedürfnis, meine Körperhaltung zu ändern. Ich drehte mich um, sodass ich nach Süden sah und ihre Position einnahm. Sie … Ojai … strahlte eine wunderbare rotgoldene Farbe aus.* „Warum sollte ich dir vergeben?“ *fragte sie trotzig. Und wenn ein Berg mit dem Fuß stampfen könnte, hätte sie es getan. Mein Bewusstsein verschmolz wieder mit Ausangate.* "Weil ich dich liebe, Tochter.“ *Schmerz und Traurigkeit durchströmten mich auf überwältigende Weise. Die Tränen liefen mir übers Gesicht. Plötzlich öffneten sich zwei Kraftzenten, und ein Strom grüngoldener Energie umhüllte mich. Das Rotgold der Tochter und das Grüngold des Vaters - sie vereinten sich in meinem Körper. Ich empfand Seligkeit … Liebe … und das Fließen von Energie … zwei Energiefelder, die zusammengehörten, aber lange voneinander getrennt gewesen waren, hatten wieder zueinandergefunden.*

Auf einmal wurde ich wieder in mein eigenes Bewusstsein zurückgeworfen. Ich spürte, wie die Bergwesen sich aus meinem Gewahrsein zurückzogen. Noch immer in einem tranceartigen Zustand, machte ich das Kreuzzeichen und hörte mich sagen: „So wie es von Anfang an war, soll es wieder sein. Bis in alle Ewigkeit. Amen.“ Ich fühlte mich wie eine Priesterin, die gerade eine Zeremonie durchgeführt hatte.

Und so plötzlich, wie alles begonnen hatte, war es auch vorbei. Es schien mir, als wären wir Stunden dort gewesen. Ich holte tief Atem, schüttelte den Kopf, um ihn klar zu bekommen, ging zu Claudia hinüber und umarmte sie, einmal um ihr zu danken, zum anderen um meinen eigenen physischen Körper wieder zu spüren. Dann sammelten wir unsere Utensilien ein und machten uns auf den Rückweg zum Auto. Es war zwei Uhr. Insgesamt waren ganze großartige zehn Minuten vergangen.

Ich war erschöpft. Die Zeremonie war intensiv, machtvoll, schmerzlich gewesen, und ich hatte starke Emotionen gespürt. Ich psychoanalysierte mich selbst und fragte mich, ob meine eigene Wut auf meinen Vater mich dieses Gefühl auf die Berge hatte projizieren lassen, die ich dabei schamlos vermenschlichte.

„Elizabeth", sagte Claudia, noch atemlos vom Rückweg zum Auto, „ich muss dir etwas sagen."

„Und das wäre?" erwiderte ich, plötzlich verlegen. Ich fragte mich, was sie wohl gesehen hatte. „Der Ojai - ich glaube, das ist seine Tochter. Die Tochter des Berges in Cuzco.

„Was?" rief ich. Claudia hatte während des Rituals respektvoll mindestens drei Meter Abstand von mir gehalten. Hatte sie mein Gemurmel hören können?

Ich packte sie bei den Schultern. „Claudia, das ist sehr wichtig. Hast du gehört, was ich gesprochen habe?"

„Nein." Sie sah mich überrascht an. „Ich hatte nur einfach das Gefühl zu beobachten, wie ein Vater und seine Tochter miteinander sprachen."

„Ja", sagte ich sinnend. „Mir kommt es tatsächlich so vor, als hätte ich eine Familientherapie vorgenommen - nur dass es Berge waren." Konnte darin die Bedeutung der Ähnlichkeit ihrer Form liegen? Gab es Bergfamilien? Doch ich hatte nicht die geringste Ahnung, worum es bei diesem Familienstreit ging. Er war auf rein energetischer Ebene beigelegt worden.

Eine Woche nach unserer Rückkehr von Ojai holte ich aus dem Briefkasten ein Schreiben der Continental Airlines. Es enthielt einen Gutschein für eine Gratisreise, obwohl ich mich nicht entsinnen konnte, das „Meilen-Programm" unterzeichnet zu haben. „Gültig für einen kostenlosen Flug zu jedem Ort innerhalb der Vereinigten Staaten. Der Flug muss vor dem 16. Juni 1989 angetreten werden." Dieser unglaubliche Glücksfall bedeutete, dass ich umsonst von San Francisco nach Miami fliegen konnte, und das deckte mehr als die Hälfte meiner Reisekosten nach Peru ab.

Ich hatte zwar nicht beabsichtigt, schon so bald wieder nach Cuzco aufzubrechen. Als ich jedoch darüber nachdachte, wurde mir klar, dass ich bereits alle Dinge erledigt hatte, für die ich nach Kalifornien zurückgekommen war: Ich hatte Geld verdient, alte Freundschaften erneuert, neue geschlossen, ein neues Talent entwickelt und die Aufgabe vollendet, die mir von den *Apus* gestellt worden war. Es war in der Tat höchste Zeit, nach Cuzco zurückzukehren, und dieser Reisegutschein beschleunigte nur meinen Entschluss.

4. KAPITEL

Die Geburtstagsfeier

Ich war erst seit vier Tagen wieder in Cuzco, als Antonio vor meiner Tür stand. „Die *Apus* wollen dich sehen“, verkündete er. „Sie haben der Gruppe gesagt, dass du eine ihrer ‚besonderen Töchter‘ bist.“

„Lass uns gehen“, erwiderte ich und schnürte meine Wanderstiefel zu. Ich hatte auf ihn gewartet und hoffte, seine Bemerkung bedeutete, dass ich meine Sache in Ojai gut gemacht hatte.

Diesmal war ich auf die Begegnung mit den *Apu*s vorbereitet. Ich hatte sogar eine Liste von Fragen erstellt, die ich an sie richten wollte. Claudia und ich hatten den Film, den sie in Ojai verknipst hatte, entwickeln lassen, jedoch zeigte sich nicht ein *Apu* auf den Bildern, nur eine seltsame Markierung, die aussah, als rühre sie von einer Träne auf dem Negativ her. Zwar war ich von den Fotos enttäuscht, aber trotzdem sehr gespannt auf den Beginn des nächsten Stadiums meiner Recherchen.

Unterwegs erzählte mir Antonio mehr über die *Apu*s. „Jeder *Apu* besitzt eine andere Fähigkeit. So ist zum Beispiel Señor Volcán Misti, ein„Als der Postbote?“ fragte ich, die Stirn runzelnd.

„Ja. Man hat mir erzählt, dass du einen Brief bei der *Mesa* der Meister, die diesen *Apu* herbeirufen, hinterlegen und *Apu* Volcán Misti bitten kannst, den Brief an irgendjemand in Peru zu überbringen. Und dann taucht der Brief im Zimmer dieser Person auf.“

„Unglaublich", sagte ich und dachte, dass dieses geheimnisvolle Postsystem wahrscheinlich viel verlässlicher war als die normale peruanische Post.

„Señor Potosí führt astrale Operationen durch. Da ist eine Frau, die eine Nierentransplantation braucht. Sie wird deswegen heute an der *Mesa* teilnehmen." Ich sah ihn überrascht an, weil ich mir nicht vorstellen konnte, wie ein solcher Eingriff vor sich gehen sollte. Antonio lachte über mein verblüfftes Gesicht und sagte: "Das ist erst der Anfang. Es gibt viele Geschichten über die Fähigkeiten der *Apus*. Du wirst selbst sehen. Sie sind sehr machtvoll."

Antonio erzählte auch, dass es in meiner Abwesenheit Probleme gegeben hatte. Einer von Ricardos Schülern hatte einige Kristalle vom Altar gestohlen. Unglücklicherweise war er Polizist und trug eine Pistole mit sich. Und niemand wusste, wie man die Kristalle wieder zurück bekommen konnte. *„Los Papítos* sagen, dass Kristalle Kraftobjekte sind, da sie lebendige Energien in sich tragen. Sie sagen, wir sollen die Dinge nennen, wie sie sind.

„Habt Ihr eine Idee, wie ihr die Kris ..., ich meine die 'Kräfte' zurück bekommt?" fragte ich und überlegte, ich helfen konnte.

„Nein. Wir müssen abwarten und sehen, was die *Apu*s befehlen."

Etwas an Antonios Antwort ärgerte mich doch. Warum sollten die *Apu*s ihnen Befehle erteilen? Ich hatte es noch nie ausstehen können, wenn andere Menschen mir sagten, was ich tun sollte - von Geistern in der Dunkelheit ganz zu schweigen. Dann brachte ich mir in Erinnerung, dass ich hier war, um aus einer ungewöhnlichen Situation zu lernen und nicht um meine Wertvorstellungen darüber zu stülpen.

Inzwischen waren wir bei der *Mesa* angelangt und wurden gleich zu Ricardo geführt. Er schüttelte mir die Hand und gratulierte mir. Weiter sprach er nicht, sondern begann, die *Mesa* für die Ankunft der „Engel" vorzubereiten. Die anderen Gruppenmitglieder versammelten sich, hießen mich mit dem obligatorischen *Beso* willkommen und sagten mir, dass sie sich über meine Rückkehr freuten.

Ich hatte die Fotos vom Ritual am Ojai mitgebracht. Sie waren noch immer im Umschlag des Fotoladens und in der Innentasche meiner Weste verstaut, wo ich immer alles Wertvolle verwahrte.

In meiner Aufregung hatte ich ganz vergessen, sie Antonio zu zeigen, ja, ich hatte sie ihm gegenüber bei unserer Unterhaltung nicht einmal erwähnt.

Die Türen und Fenster wurden mit Decken verhängt, und alle setzten sich hin. Ich war nervös und mir meiner Gefühle hinsichtlich des Phänomens immer noch nicht sicher. Ich stellte das Ganze in Frage und hoffte gleichzeitig, die mir übertragene Aufgabe zur allgemeinen Zufriedenheit gelöst zu haben. Ich fühlte mich irgendwo zwischen Ralph Nader und Little Bo Peep gequetscht.

Ricardo sprach sein Gebet, und Señor Pampahuallya und Señor Sollacasa materialisierten sich sofort mit mächtigem Flügelschwingen von der Decke.

„Tochter Elizabeth", sprach Señor Pampahuallya. „Sei beglückwünscht. Du hast deine Sache gut gemacht. Wir sind stolz auf dich. Ich möchte dich der Mamita Wakaypata vom Hauptplatz Cuzco vorstellen."

Plötzlich erhob sich ein Windstoß aus dem Boden vor dem Altar, gefolgt von einem lauten Plumps auf dem Altartisch. Eine sehr hohe Stimme ließ sich vernehmen: *„Mamita Wakaypata, Hauptplatz Cuzco"* - so als melde sie sich zum Dienst.

„Sie spricht nur Quechua", flüsterte Antonio mir zu und übersetzte mir dann, was sie sagte. „Vierhundert *Apus* sind glücklich über die Zeremonie, die du für sie durchgeführt hast, Tochter. Dank dir kam eine Kommunikation zwischen *Apus* zustande, die viele Jahre nicht miteinander gesprochen hatten." Ich fühlte, wie mir die Röte ins Gesicht stieg. Mein Stolz und meine Verlegenheit hielten einander die Waage. Es war eine nachhaltige Bekräftigung meiner Erfahrung. „Du hast fünfundzwanzig nordamerikanische *Apus* mitgebracht. Sie nehmen an einer Konferenz auf dem heiligen Berg Ausangate teil."

„Bitte ...", sagte ich und meine Stimme bebte. „Ich würde gerne mit den nordamerikanischen *Apus* reden. Kannst du sie bitten, zur *Mesa* zu kommen?" Ich war mir sicher, dass ich ein besseres Verständnis von den *Apu*s gewinnen könnte, wenn ich die nordamerikanischen Wesen Englisch sprechen hören würde.

„Sie werden in ein paar Tagen eintreffen und sich mit dir unterhalten. Sie haben lange auf diesen Tag gewartet. Sie senden dir ihre Grüße und sagen, dass sie traurig sind, dich in deinem Zimmer weinen zu sehen." Ich war geschockt. Niemand wusste von meinen heimlich vergossenen Tränen. In der Tat hatte ich mich immer versichert, dass mich niemand hören konnte, wenn ich mich zuweilen in meinem Zimmer verkrochen und geweint hatte. Wie konnten sie das überhaupt wissen?

Alle waren für einen Augenblick still. Dann ertönte ein weiterer explosionsartiger Laut von der Decke und Señor Potosí aus Bolivien verkündete seine Ankunft. *„Ave María Purísima"*, murmelten die im Raum Versammelten und begrüßten die bolivianische Berggottheit.

„Tochter Elizabeth", sprach er mich an, „wir sind froh, dich zurückzuhaben. Aber wir müssen uns an die Arbeit machen."

Antonio übersetzte für mich und erklärte flüsternd: „Sie werden jetzt die Nierentransplantation vornehmen." Es gab eine Menge Geraschel, als die kranke Frau nach vorne geführt und dann angewiesen wurde, sich bäuchlings auf den Altartisch zu legen.

„Tochter Elizabeth", wandte sich Señor Potosí erneut an mich, „deine Gebete sind außerordentlich stark. Nimm einen der Kräfte und bete für die Heilung dieser Frau."

Jemand schob mir einen großen Quarzkristall in die Hand, und ich schloss die Augen und begann aus ganzem Herzen zu beten. Ich spürte, dass mich ein wunderbares, warmes Gefühl durchdrang, wie es gewöhnlich der Fall war, wenn ich eine Heilung durchführte. Ich war von einem Gefühl der Liebe erfüllt und dehnte diese Liebe nun auf die Frau aus.

Plötzlich ließ sich Mamita Wakaypata vernehmen. „Tochter Elizabeth, lächle nicht, wenn du betest. Mach ein ernstes Gesicht!" befahl sie. Erst da merkte ich, dass sich mein Mund zu einem breiten Lächeln verzogen hatte.

Sofort hörte ich auf zu lächeln und wurde ernster. In Sekundenbruchteilen prasselte ein ganzer Wust von Gedanken und Empfindungen über mich herein: „Oh nein. Da habe ich einen Fehler gemacht und diese Wesen irgendwie beleidigt. Aber warum sollte ich nicht lächeln? Das ist doch ganz natürlich, wenn man sich gut fühlt. Oh mein Gott, sie können in dieser pechschwarzen Dunkelheit mein Gesicht sehen. Das bedeutet, dass sie wirklich existieren!"

Ich stand vor dem Altar und hielt den Kristall in beiden Händen. Die Frau, die operiert werden sollte, lag ausgestreckt auf dem Altartisch. Señor Potosí schien sich mir direkt gegenüber zu befinden, mir zugewandt, während er über der Frau schwebte. Er betete laut und besprühte sie anscheinend mit geweihtem Wasser. Ein paar Tropfen landeten auf mir.

„Denk daran, Tochter", sagte er zu der Frau. „Sorgen töten. Wisse, dass du nichts weißt und dass es dir gut geht", sprach er mit sehr warmer aber entschiedener Stimme. Eine Welle der Zuneigung erfüllte mich für dieses Wesen. Ich fing an, Señor Potosí sehr gern zu haben. Er war bei Weitem der mir liebste *Apu*.

„*Gracias Papíto, gracias*"; krächzte die liegende Frau. Sie war so demütig und bescheiden, so verletzlich. Wieder nahm sie mein Herz in Beschlag.

„Tochter Elizabeth, komm her", sagte Señor Potosí zu mir. „Er möchte, dass du die Operation bestätigst", übersetzte Antonio.

„Und wie stelle ich das an?" fragte ich Antonio. „Du musst deine Hand auf die Wunde legen", erklärte er.

Ich ging näher an den Tisch heran und tastete mich im Dunkeln vor. Ich hörte ein scharfes Luftholen, als meine kalte Hand den Rücken der Frau berührte. Ich ertastete eine große Bandage etwa in Höhe ihrer Nieren.

„So!" rief Señor Potosí, als meine Hand die Bandage berührte. „Jetzt bist du Zeugin einer unserer Operationen geworden, Tochter." Ich kehrte zu meinem Sitzplatz zurück und hatte nicht das Gefühl, mit Sicherheit behaupten zu können, „Zeugin einer Operation" gewesen zu sein.

Die *Apus* kümmerten sich nun um den Rest der Anwesenden. Ich entsann mich, dass Antonio mir erzählt hatte, dass die Ärzte ihre sterbenskranken Patienten zu den *Apus* schickten, wenn sie nichts mehr für sie tun konnten. Und er hatte auch gesagt, dass diese in vielen Fällen wieder genasen. Ich wollte versuchen, den Fall dieser Frau mit der Nierentransplantation zu verfolgen.

Die *Mesa* näherte sich ihrem Ende. Nachdem sich fast alle *Apus* verabschiedet und den Altar verlassen hatten, blieben nur noch Señor Pampahuallya, Señor Sollacasa und Señor Potosí übrig. Ersterer rief mich zum Tisch zurück.

„*Sí, Papíto*", erwiderte ich, nun bestens geschult.

„Hast du Fotos von dem Ritual gemacht, wie wir dich angewiesen haben?" fragte er, obwohl er es mit Sicherheit wusste.

„Ja, *Papíto*. Ich habe sie hier."

„Tritt näher", sagte er. Ich holte die Fotos hervor und stolperte zum Tisch, dorthin, woher die Stimme kam.

„Gib sie mir", befahl er. Ich hielt die Fotos vor mir hoch. Ich hörte Trippelschritte über den Tisch auf mich zukommen und am Tischrand verharren. Mir stockte der Atem, als mir die Fotos aus der Hand gezupft wurden. Es war eine plötzliche Bewegung, so als ob eine kleine Hand hervor schoss und sie mir entriss. Ich konnte hören, wie Señor Pampahuallya die Fotos rasch durchsah, ein Geräusch, wie von winzigen Händen, die sich schnell und präzise bewegten.

Er und die anderen *Apus* tauschen Bemerkungen in Quechua aus. „*Muy bien, muy bien*", lobten sie dann. „Was sagtest du hier auf dem Foto, auf dem du deine Hände offen dem kleinen Berg entgegen streckst?" fragte er. Plötzlich konnte ich das Foto vor meinem inneren Auge sehen und mich auch mehr oder weniger an meine damaligen Worte erinnern.

„Ich habe für den kleinen Berg gebetet, damit er dem großen vergibt, Papíto", antwortete ich.

„Sehr gut, Tochter - und auf dem, wo du den Kopf senkst?"

Die *Apus* gingen auf diese Weise fünf oder sechs Aufnahmen mit mir durch. Und wieder war es schlichtweg ein Wunder, dass diese Wesen jedes Fotomotiv genau sehen und beschreiben konnten. Zwar wollte ein Teil von mir immer noch glauben, dass die Materialisierungen der *Apus* ein Trick waren, aber es häuften sich rasch die Beweise, die dagegen sprachen. Allerdings blieb ich, selbst wenn sie real waren, nach wie vor auf der Hut. Viele Dinge, die die *Apus* taten, waren ganz eindeutig gut, aber ich wusste nicht viel über sie, und dies kam alles so plötzlich und war mir so fremd.

Andererseits liebte ich den heilerischen Aspekt ihres Tuns und glaubte daran. Auch stimmte ich Señor Potosí zu, als er der Frau sagte, dass ihr Wohlbefinden überwiegend mit ihrem Glauben, dass es ihr gut gehe, zu tun habe. Ich war mit der Vorstellung vertraut, dass unsere Gedanken und Überzeugungen sich direkt auf unseren Körper und unsere Gesundheit auswirken. Der *Apu* schien mit dem gleichen Prinzip zu arbeiten.

„*Muy bien,* Tochter", gratulierte mir Señor Potosí zu den Fotos. „Du musst morgen zur *Mesa* kommen. Es ist nämlich ein ganz besonderer Tag, der Geburtstag von Mamita Wakaypata. Du musst deine Viola mitbringen und für uns singen." Ich nahm an, er meinte meine Gitarre. Interessanterweise schien ihr Vokabular in bestimmten Bereichen begrenzt zu sein.

„*Sí, Papíto*", erwiderte ich gehorsam. Die *Apus* verabschiedeten sich von uns und machten sich mit heftigem Flügelschlagen davon.

Draußen fragte Ricardo mich: „Elizabeth, was hättest du gerne? Wie viele *Apus* sollen morgen zur *Mesa* kommen?"

„Ich weiß es nicht", sagte ich in einem plötzlichen Anfall von Schüchternheit. „Wie wäre es mit dreißig?" fragte ich dann aber im Spaß.

„In Ordnung, dreißig *Apus* werden morgen zur *Mesa* kommen. Aber nur, wenn du versprichst, deine 'Viola' mitzubringen", gab Ricardo in humorvoller Anspielung auf die *Apus* zurück.

An diesem Abend dachte ich in meinem Zimmer über die letzten Ereignisse nach. Nichts war mehr schwarz oder weiß, und auf die Fragen, die wie wilde Pferde durch meinen Kopf galoppierten, gab es keine einfachen Antworten. Das neue Leben, das ich führte, war aufregend, aber meine zunehmende Sensitivität brachte auch einige Nachteile mit sich. Ein paar Dinge, die sich in den Staaten ereignet hatten, quälten mich noch immer. Zum Beispiel wusste ich, nachdem ich den Bauch einer meiner schwangeren Freundinnen berührt hatte, dass sie ihr Baby verlieren würde und dass das Nächste ganz gesund sein würde. Wie sollte ich mit einer solchen Information umgehen? Mit Sicherheit konnte ich ihr nichts davon sagen, sondern lediglich versuchen, in ihrer Nähe zu sein, wenn sie die Fehlgeburt hatte.

Eine weitere Vorahnung hatte ich, als ich eines Tages am Strand joggte. Plötzlich wurde der Wind kalt, und jegliche Farbe wich aus der Welt. Ich sah alles in Schwarz und Weiß. Und als ich zu Boden blickte, war die einzige Farbe um mich herum Rot. Ich lief in Blut ... Ich watete bis zu den Knöcheln in Blut. Ich blickte hinaus auf den Ozean und sah hingemetzelte menschliche Körper und hörte die Worte: „Viele unschuldige Menschen werden sterben." Ich kniete auf der Stelle nieder und betete, weinte und klagte und bat Gott, dies nicht zuzulassen - nicht geschehen zu lassen, was ich da sah.

Warum? Fragte ich mich. Warum nahm ich diese Dinge wahr, wenn ich sie doch nicht aufhalten konnte? Einen Monat später sah ich eben diese Szene in den Abendnachrichten: die Leichen … das Blut. Ein Reporter berichtete aus China und sagte, dass viele unschuldige Menschen bei der brutalen Niederwerfung des Studentenaufstands auf dem Tiananmen-Platz in Peking ums Leben gekommen seien. Die Entwicklung dieser Sensitivität, die ich mir so sehr ersehnt hatte, wurde von Aspekten begleitet, die mitunter absolut peinigend waren.

Und nun rügte mich die *Mamita* des Hauptplatzes von Cuzco und sagte mir, ich solle beim Beten nicht lächeln! Diese „astrale Operation“ der *Apus* schien mir ein ausgewachsener Schwindel zu sein. Und es gab andere Dinge an den *Apus*, die mir, ehrlich gesagt, Schauer über den Rücken jagten. Gleichzeitig war es ein absolut faszinierendes Phänomen. Ich tappte im Nebel und fand keine klaren oder einfachen Antworten.

Am nächsten Tag holte mich Antonio ab, um mit mir gemeinsam zur *Mesa* zu gehen. „Heute ist Mamita Wakaypatas Geburtstag. Sie wird 287 Engelsjahre alt“, erzählte er mir, während wir den mir mittlerweile bekannten Bahngleisen folgten. Er konnte mir allerdings nicht erläutern, wie lange ein Engelsjahr im Verhältnis zu einem Menschenjahr dauerte. Er berichtete, dass es eine große Feier geben würde; alle würden da sein, einschließlich der „ganzen Gruppe“, und noch viele andere, die Mamita Wakaypata Ehre erweisen wollten. „Sie ist die mächtigste aller *Santas Tierras* von Cuzco.“ Er sagte auch, die *Apus* hätten der Gruppe erklärt, wie ein Engel geboren werde, aber niemand habe wirklich verstanden, wie und warum das geschehe. Dies sei eines der Dinge, welche die „Gruppe“ untersuchen wolle, wenn sie Geld bekämen, um ein Forschungszentrum einzurichten.

In der Gruppe ging man davon aus, dass ich dabei behilflich sein würde. Sie erhofften sich von mir die Kontaktaufnahme zu einer reichen Person in den USA, die bereit wäre, bei diesem Projekt als Mäzen zu fungieren. Und ich hatte in der Tat eine entsprechende Verbindung geknüpft: zu einer Privatperson, die an alternativen Heilweisen interessiert war. Ich musste nur noch eine Projektbeschreibung formulieren.

Ich erinnerte mich an eine Vision, die ich gleich zu Beginn meines Aufenthaltes in Cuzco hatte. Ich sah, wie eine Regenbogenbrücke Cuzco und Kalifornien miteinander verband und dass viele Menschen nach Peru kamen, um hier spirituell initiiert zu werden. Ich hatte das Gefühl, dass ich bei diesem Geschehen eine entscheidende Rolle spielen würde. Gleichzeitig verstärkte sich in mir allmählich der Eindruck, dass diese „Gruppe" eine Art Geheimgesellschaft war, in die ich Schritt für Schritt integriert werden sollte. Ich hatte jedoch für solche Geheimnistuerei nicht all zu viel übrig und gab dies Antonio gegenüber auch zu verstehen.

„In gewisser Hinsicht hast du recht, Elizabeth. Aber denk einmal darüber nach. Die Andenvölker haben ihre Lehren sorgsam gehütet, und ihr Wissen wurde über Hunderte von Jahren streng geheim gehalten. Dass du, eine *Gringa*, eingeladen bist, diesen Weg zu beschreiten, ... nun, das ist ein historisches Ereignis." Seine Bemerkungen lösten in mir ein zwiespältiges Gefühl aus. Einerseits fühlte ich mich als etwas Besonderes, als privilegiert, als auserwählt, und das schien mir gefährlich zu sein. Zum anderen begann ich dadurch einen immensen Druck zu empfinden, dass ich etwas Wichtiges tun oder für jemanden von Bedeutung sein müsste.

Antonio und ich hatten eine Weile auf einer Bank im Hof gesessen, miteinander geschwatzt und darauf gewartet, dass wir hineingehen konnten. Plötzlich brach ein heftiger Lärm aus. Wir hörten wütende Stimmen. Raul, einer der Mitglieder aus der Gruppe, schimpfte lautstark mit einem etwa siebenjährigen Jungen. In dem Stimmgewirr von Spanisch und Quechua konnte ich nicht ausmachen, worum es ging. Antonio konnte es mir nicht erklären, denn es war an der Zeit, sich in die Hütte zu begeben.

Die *Apus* materialisierten sich an jenem Tag mit weniger Kraft als am Tag zuvor. Die Stärke, mit der sie Gestalt annahmen, schien zu variieren - abhängig wovon? Ich war mir nicht sicher und fragte mich auch, warum ich nach der Zeremonie vom Vortag einen so heftigen Hunger verspürt hatte. "Das kommt daher, dass uns *Los Papitos* eine ungeheure Menge Kraft abziehen, um sich zu materialisieren", hatte Antonio erklärt.

„Warum haben sie denn nicht ihre eigene Kraft?" hatte ich gefragt, aber er war mir die Antwort darauf schuldig geblieben, und wir beschlossen, die *Apus* danach zu fragen.

Ricardo eröffnete die *Mesa*, und nacheinander materialisierten sich Señor Pampahuallya, Señor Sollacasa und Señor Potosí in rascher Folge. Wieder verspürte ich ein Herz erwärmendes Gefühl, als Señor Potosí auf dem Tisch landete. Ich schien mich allmählich in ihn zu verlieben. Der Gedanke bei einer Versammlung von Engeln zugegen sein zu können, war wundervoll. Ich fühlte mich als etwas Besonderes.

Señor Potosí forderte einen kleinen Jungen auf, zum Altar zu kommen. Der Junge trat vor, und plötzlich hörte ich das zischende und schnappende Geräusch einer Lederpeitsche, die anscheinend vom Arm des *Apu* erhoben wurde und immer wieder auf den Jungen herab sauste. Ich brauchte einige Augenblicke, bis mir klar wurde, dass dieser sogenannte Engel gerade ein Kind auspeitschte. Und er schien einen sehr starken Arm zu haben. Ich war so schockiert, dass ich nicht einmal protestieren konnte. Die Strafaktion war schon fast vorbei, bevor ich wirklich begriffen hatte, was sich hier abspielte. Was war das? Irgendeine archaische Sitte?

„Was zum Teufel passiert hier?" flüsterte ich Antonio wütend zu. Ich fürchtete mich, die Zeremonie zu unterbrechen, aber dieses Geschehen hielt ich definitiv für *Unrecht*.

„Das Kind ist Ricardos Sohn. Ich erkläre es dir später." In mir brach ein emotionaler Konflikt aus, Ich war hier, um etwas über Sitten und Gebräuche zu lernen, die sich von denen meines Kulturkreises unterschieden. Aber ein Kind zu schlagen hatte nicht das Geringste mit Spiritualität zu tun. Ich wusste, dass die Indios kulturell gesehen das Verprügeln von Ehefrauen nicht weiter tragisch nahmen; sie nannten es *„amor serrano"* - „Liebe im Stil der Berge". Doch war ich mir nicht sicher, in welchem Ausmaß das, was ich als Kindesmisshandlung bezeichnen würde, verbreitet war.

Danach kehrten die *Apus* zur Tagesordnung zurück, nahmen verschiedene Heilungen vor und beantworteten die Fragen der Ratsuchenden. Ich war immer noch schockiert und begann mich zu fragen, was hier genau geschehen war; sie hatten doch sicher dem Kind keinen wirklichen physischen Schaden zugefügt? Sollte diese Bestrafung den Jungen demütigen? Beinhaltete sie eine wichtige Lektion? Das Verprügeln von Kindern gilt in den Staaten als nicht akzeptabel; dafür können Eltern sogar ins Gefängnis kommen. Ich diskutierte in meinem Inneren das Problem. Aber ganz egal, von welcher Seite ich es betrachtete, das Auspeitschen hielt ich für falsch. Gewalttätigkeit bewirkt nichts weiter als Gewalt.

Die *Mesa* endete, die Tür wurde aufgestoßen, und was sich dann ereignete, vertrieb alle anderen Gedanken.

Während der *Mesa* hatte sich draußen eine Anzahl von Frauen versammelt. Nun kamen sie mit großen Platten voller Speisen, die mit Folie bedeckt waren. Sie setzten sechs oder sieben dampfende Gerichte sowie einen hohen Tellerstapel samt Besteck auf dem Altartisch ab. Der Duft frisch gekochten Essens erfüllte den Raum. Danach stellten sie noch weiteres Bier zu den bereits vorhandenen Flaschen.

Neben die Speisen wurden umsichtig große Löffel gelegt. Ich war mehr als überrascht, als Ricardo seine Helfer anwies, die Türen und Fenster wieder zu verhängen. Inzwischen hatten sich mehr als fünfzig Menschen in den winzigen Raum gequetscht. Viele saßen zusammengerückt auf den Bänken, während andere standen oder auf dem Boden kauerten.

Ricardo stand vor dem Altar. Dreißig *Apus*. Richtig, Elizabeth?" sagte er und lächelte mich an. Ich nickte schüchtern und verlegen, weil er mich aus der Menge heraus gepickt hatte.

Als Ricardo mit seinen Vorbereitungen fertig war, wichen alle vom Altar zurück. Er nahm seinen gewohnten Sitz rechts vom Altar ein, und die Glühbirne wurde herausgeschraubt. Ricardo stimmte sein Gebet an, und die Gruppe schloss sich ihm am Ende jedes Satzes mit einem „Hayzoos" (Jesus) an.

Die *Apu*s materialisierten sich für diese zweite Sitzung des Tages mit ungeheurer Kraft. „Señor Pampahuallya de Abancay Prima, *muy buenos días*."

„Señor Sollacasa, *muy buenos días*."

„Señor Potosí de Bolivia zu euren Diensten."

„Euch allen einen guten Morgen wünscht Mamita Wakaypata, Plaza de Armas, Cuzco."

Ricardo ratterte eine Liste von *Apus* herunter, die zur Geburtstagsfeier eingeladen waren, und Señor Potosí rief ihre Namen und ließ dabei jedes Mal die Glocke ertönen.

„Señor Huaskaran, Señor Ruma, Señor Qorichaska, Señor Saqsaywaman, Señor Volcán Misti, *Apu* Huayna Ausangate, Mamita Chachapollas ..." So ging es in einem fort.

Während Ricardo die Namen nannte und die Glocke läutete, trafen die *Apu*s einer nach dem anderen ein. Die männlichen Gottheiten senkten sich von der Decke herab, und die weiblichen Gottheiten stiegen aus der Erde auf. Sie alle landeten mit einem gewaltigen Plumps und stellten sich vor, bevor sie Mamita Wakaypata zu ihrem Geburtstag gratulierten.

Als alle *Apus* anwesend waren, begrüßten die Gruppenmitglieder Mamita Wakaypata, gratulierten ihr zu ihrem Geburtstag und bedankten sich für ihre Hilfe während des vergangenen Jahres. Ich hatte bei all den Namen nicht mehr folgen können, wusste aber, dass sich nun mindestens dreißig *Apus* auf dem Tisch versammelt hatten.

„Bedient euch", sagte Ricardo. Ich hörte, wie im Dunkeln Bierflaschen geöffnet wurden und sich ihr Inhalt auf den Boden ergoss.

„*Salud*!" sagten die *Apu*s einer nach dem anderen.

„*Salud*!" antworteten die Anwesenden.

„*Señores*, warum esst ihr nicht?" forderte Antonio sie auf. Darauf hörten wir, wie die Folien von den Tellern entfernt wurden und Essbesteck klapperte, während das Essen in absoluter Finsternis serviert wurde.

„*Papítos*", begann ich, unfähig, noch länger stillzuhalten. Ich platzte schier voller Fragen zu dieser merkwürdigen Geburtstagsfeier, die ich ihnen stellen wollte. Und außerdem wollte ich unbedingt mit den *Apus* sprechen, denen ich bisher noch nicht begegnet war, vor allem mit *Apu* Volcán Místi.

„Schschsch!" brachte mich Antonio zum Schweigen. „Sie essen!" Im Raum herrschte Stille, bis auf das Klappern von Tellern und Besteck und die gedämpften Kaugeräusche.

Ich stand sehr nah beim Altar und war mir sicher, irgendwelche Bewegungen von einer Person in unmittelbarer Nähe des Altars hören oder fühlen zu können. Aber soweit mein scharfes Hörvermögen und mein kinästhetischer Sinn es wahrzunehmen vermochten, hatte seit dem Verlöschen der Glühbirne kein menschliches Wesen seine Position verändert. Das Klappern von Essbesteck ertönte auf dem Altartisch von überall her.

„Tochter Elizabeth", ließ sich die Stimme von Mamita Wakaypata vernehmen. „Bediene dich".

„Sie bietet dir den ersten Teller mit Essen an", klärte mich Antonio auf. „Geh zum Altar und strecke die Hand aus."

Ich tat, wozu er mich aufgefordert hatte, und staunte, wie viel Lärm ich machte, als ich in der Dunkelheit zum Altar stolperte. Ich streckte meine Hand aus. Sofort wurde mir ein Teller mit warmem Essen in die ausgestreckte Hand geschoben.

„*Gracias Mamita, gracias*", murmelte ich und zog mich vom Altar zurück

Nun wurden in völliger Dunkelheit Teller mit Essen herumgereicht. Und nachdem alle ihren Teller erhalten hatten und zu essen anfingen, verließen auf die gleiche geheimnisvolle Weise Bierflaschen den Altartisch und wurden im Raum verteilt. Schließlich wurden uns von allen Seiten des Altars unter großem Gelächter der *Apus* Kekse und Bonbons zugeworfen.

„Tochter Elizabeth, deine Viola", sagte Mamita Wakaypata. „Du hast doch nicht etwa geglaubt, dass wir es vergessen haben, oder?" sagte sie und las dabei haargenau meine Gedanken.

„Nein, *Mamita,* log ich, nachdem nun meine Hoffnungen, davon zu kommen, zunichte gemacht worden waren. Ich seufzte und zog den Reißverschluss meiner Gitarrenhülle auf. Und wieder fiel mir auf, wie viel Lärm dieses Geräusch in dem winzigen Raum machte.

„Wir haben dich in deinem Zimmer singen gehört", sagte sie und begann eine fröhliche Melodie zu summen, wobei sie mich nachahmte. „Sing jetzt für uns."

Ich zog meine Gitarre heraus und durchsuchte mein Gehirn nach einem Lied - nach irgendeinem. Die Melodie, die sie summte, erinnerte mich an ein Lied von Elton John, und so gab ich es in der Dunkelheit für die Engel der Gebirgsketten zum Besten.

„The words I have to say may well be simple but they're true. If you don't give your love, there's nothing more that we can do..." (Die Worte, die ich zu sagen habe, sind zwar einfach, aber wahr. Wenn du nicht deine Liebe gibst, bleibt uns nichts mehr zu tun.)

Sie waren ein perfektes Publikum, die *Apus* und die Menschen gleichermaßen. Sie lauschten schweigend. Und als ich geendet hatte, bedachten sie mich mit einem herzlichen Applaus. Mamita Wakaypata sprach wieder zu mir, und Antonio übersetzte. „Sie sagt, du hast eine Menge Liebe in dir, und sie werden einen Ehemann für dich aussuchen."

„Danke Mamita. *Gracias*", sagte ich, verlegen durch ihre letzte Bemerkung.

Als die „Party" vorüber war, verabschiedeten sich die *Apus* und *Santas Tierras* namentlich von uns und verließen nacheinander den Altartisch auf der gleichen Weise, wie sie gekommen waren.

Sobald die Tür geöffnet war und Licht hereinströmte, warf ich einen Blick auf meinen Teller, den ich sorgsam in einer Ecke abgestellt hatte, bevor ich meine Gitarre aufnahm. Darauf lagen perfekt angeordnet ein *Cui*, ein geröstetes Meerschweinchen, die lokale Spezialität, ein wunderbarer Salat und Kartoffeln.

Ich schaute zum Altartisch und sah die großen Servierplatten, die Alufolien ordentlich zurückgeschlagen, und auch verschiedene andere Platten mit sorgfältig arrangierten Speisen. Die Mahlzeit der *Apus* befand sich noch auf ihren Tellern, weil diese Geister der Berge nur die Essenz der Nahrung zu sich nehmen, wie mir Antonio erklärte. Nicht ein Essenskrümel lag irgendwo herum. Alles war makellos sauber, nur ein paar Kekse und Bonbons, die die *Apus* uns zugeworfen hatten, lagen auf dem Boden.

5. KAPITEL

Pilgerschaft der Initiation

Nach der „Geburtstagsfeier“ nahm meine Verwirrung noch weiter zu. Mittlerweile existierten zu viele Beweise, als dass ich an der Existenz der *Apus* noch hätte zweifeln können. Aber waren sie wirklich Engel? Eine Woche später hatte mich Señor Sollacasa bei einer *Mesa* gefragt, wie es um meinen Hals stünde. Seine Stimme jagte mir immer noch Angst ein, und ich wunderte mich, warum dieser „Engel“ vorhin gesagt hatte, dass die Menschen rauchen und trinken sollten. Zumindest glaubte ich, ihn das sagen gehört zu haben. Verflixte Sprachbarriere!

Ich beschloss, mein Urteil vorerst auszusetzen und mehr Informationen zu sammeln. Als mich Señor Sollacasa nach der Befindlichkeit meines Halses gefragt hatte, war bei mir alles in Ordnung. Doch am nächsten Morgen konnte ich kaum "*Buenos días*" herauskrächzen. Zum ersten Mal seit ewigen Zeiten blieb ich zu Hause und legte mich mit schrecklichen Halsschmerzen und einer Erkältung ins Bett.

Am Nachmittag statteten mir einige Mitglieder der „Gruppe“ einen Besuch ab. Sie kamen in mein Zimmer, hielten ihre Hüte in den Händen und brachten mir Orangen und ihre Genesungswünsche. Sie waren sehr lieb und sagten, es täte ihnen leid, dass ich krank sei. Antonio erzählte, dass am Morgen ein nordamerikanischer *Apu* zum Altartisch gekommen sei und dass er es auch war, der sie von meiner Krankheit in Kenntnis gesetzt hatte. Der *Apu* hatte sie sogar angewiesen, sich besser um mich zu kümmern, und darauf bestanden, dass sie mich besuchten.

„Verdammt!" dachte ich. „Ausgerechnet an dem Tag, an dem ein nordamerikanischer *Apu* auftaucht, liegst du zu Hause krank im Bett!" Die Gruppe schlug vor, dass ich zu *Mesa* kommen sollte. Sie sagten, dass eine der „kranialen Injektionen" der *Apus* mich sofort wieder gesund machen würde.

Am nächsten Morgen ging ich zur *Mesa*. Nachdem sich die *Apus* materialisiert hatten, wiesen sie mich an, zum Altar zu kommen. Ich spürte, wie Señor Potosís Hand, eine winzige Hand wie die eines kleinen Kindes, mich am Scheitel berührte und dann den Stich der Nadel, als er mir eine Substanz in den Schädel injizierte. Ein bisschen Flüssigkeit lief mir den Nacken hinunter.

Als die *Mesa* vorüber war, verließ ich zusammen mit Antonios Bruder den Raum. Ich hatte das Gefühl, von Feuer durchströmt zu werden, und dann wurde mir überaus schlecht. Als die Übelkeit nachließ, fühlte ich, wie erneut Energiewellen meinen Körper durchkreisten. Die Wellen bewegten sich entgegen dem Uhrzeigersinn von der Peripherie meines Körpers auf mein Herz zu. Auf einmal verspürte ich einen Druck und dann ein Gefühl, als ob ein kleiner Dolch in mein Herz eingedrungen sei. Ich hatte das Bedürfnis zu weinen, konnte aber nicht, weil Miguel neben mir stand. Er schien meine emotionale Verletzlichkeit zu spüren und legte liebevoll die Arme um mich. Da konnte ich nicht mehr an mich halten. Ich setzte mich auf ein Büschel Gras und brach direkt vor allen Leuten in Tränen aus. Ich weinte heftig über zwanzig Minuten lang, ohne zu wissen, was diese Emotionen verursacht hatte. Miguel war reizend und lieb, lächelte mich einfach nur an und hielt meine Hand. Dann, ganz plötzlich, war es vorbei, und ich fühlte mich wieder besser. Binnen einer halben Stunde nach der Injektion waren meine Erkältung und die Halsschmerzen erheblich zurückgegangen. Anscheinend verfügten die *Apus* über ein Heilmittel für ganz gewöhnliche Erkältungen!

Ich hatte wegen des Auspeitschens des kleinen Jungen und der Tatsache, dass sie zur ihrer Materialisierung menschliche Energie absorbieren mussten, an den *Apus* gezweifelt. Sie schienen mir zunehmend weniger Engeln zu gleichen. Nach dieser kranialen Injektion verflüchtigten sich jedoch meine Zweifel für eine Weile. Obwohl sie immer weniger dem glichen, was ich mir unter Engeln vorgestellt hatte, konnte ich doch nur schwer glauben, dass sie mich zu täuschen versuchten, da weder sie noch Ricardo je den Wunsch zeigten, etwas aus mir herauszuholen.

Bei den *Mesas* wiederholten die *Apus* oft, was sie mir schon bei unserem ersten Treffen gesagt hatten: dass ich mit einer starken „Sehergabe" ausgestattet sei und lernen müsse, sie zu nutzen. Sie zeigten mir, wie ich mit geschlossenen Augen „Dinge sehen" üben konnte. Doch wenn ich die Augen schloss, um die Berggipfel rund um Cuzco zu visualisieren, erblickte ich riesige Vögel aus Licht, die mit gefalteten Flügeln hoch aufragend dastanden und gleißend hell erstrahlten. Ob das dieselben Wesen waren, denen ich immer bei Ricardos *Mesa* begegnete?

„Elizabeth, begreifst du denn nicht, was für ein außergewöhnliches Ereignis dies ist?" fragte Antonio mich am nächsten Morgen. „Dir wird eine seltene Gelegenheit geboten."

„Antonio, verlangt Ricardo Geld von dir?" fragte ich unvermittelt.

„Was?" Antonio sah verwirrt drein.

„Ich meine, bezahlen du und der Rest der Gruppe ihn für das, was er euch beibringt?"

„Nein. Wir bezahlen für unsere Heilungen durch die Engel, so wie alle anderen auch." Meine Zweifel waren mit aller Macht zurückgekehrt.

„Wie viel?" bohrte ich weiter, entschlossen, endlich die Schwachstelle im System ausfindig zu machen.

„So viel wie jeder, eintausend Intis."

Ich rechnete rasch aus. „Das sind etwa zwei Dollar. Okay, es kann also nicht das Geld sein. Auf was ist er dann aus? Warum vermittelt euch Ricardo alle diese Belehrungen umsonst?" fragte ich ganz direkt.

„Weil *Los Papítos* gesagt haben, dass unsere Gruppe die Kraft erhalten soll, sie zu rufen. Wenn wir das tun, kann sich Ricardo eins oder zwei Jahre ausruhen. Siehst du, die Arbeit mit den Engeln ist nicht einfach. Wenn sie sagen, 'stehe um vier Uhr morgens auf und führe eine Heilung für einen Mann am anderen Ende der Stadt durch', dann muss sich Ricardo auf den Weg machen. Er arbeitet seit mehr als zwanzig Jahren mit ihnen und ist nun müde", erklärte mir Antonio. Seine Worte weckten mein Mitgefühl für Ricardo, dessen Hingabe ich bewunderte.

„Das erinnerte mich daran, dass *Los Papítos* gesagt haben, dass wir an der Einheit unserer Gruppe arbeiten müssen" berichtete mir Antonio. „Die Kraft, die *Apus* zu rufen, ist vorher noch nie einer Gruppe gegeben worden. Sie wurde immer vom Meister an einen Schüler weitergegeben, nachdem dieser dem Meister mindestens drei Jahre gedient hat. Wie ich versucht habe, dir zu erklären, ist dies eine einmalige Situation. Die *Apus* haben entschieden, dass sich die ganze Gruppe um der Sache willen auf eine Pilgerreise begeben muss. Die Erste wird den Fluss Saphy hinaufführen."

„Großartig ... wann?" fragte ich aufgeregt. Niemand liebte eine ausgedehnte Wanderung mehr als ich, und mir gefiel die Vorstellung von der Arbeit an der Einheit der Gruppe; es fühlte sich spirituell korrekt an.

„Morgen", erwiderte Antonio. „Wir kommen morgen um neun Uhr früh zu deinem Haus."

Ein kleiner Stein prallte auf die Holzläden vor meinem Fenster und ich kämpfte mich aus meiner Alpakafelldecke. Sie hielt mich als Einziges in den eiskalten Nächten Cuzcos warm, denn im ganzen Haus gab es keine Heizung. Unter diesem Fell konnte ich binnen zehn Sekunden von null Grad zu wohligster Wärme gelangen. Ich öffnete die Läden und sah hinaus.

„*Buenos días,* Elizabeth", sagte Antonio und winkte.

„Wie spät ist es?" fragte ich und rieb mir den Schlaf aus den Augen.

„Es ist Zeit, loszugehen", antwortete Antonio.

„Ich bin noch nicht einmal wach, gib mir ein paar Minuten."

„Natürlich, wir warten hier auf dich."

Ich tastete nach meiner Armbanduhr. Es war erst acht. Ich hatte es noch nie erlebt, dass Peruaner früher als verabredet erschienen. Irgendetwas musste passiert sein. Ich raste die Treppe zum Badezimmer hinunter und bespritzte mein Gesicht mit kaltem Wasser. Auf dem Weg durch den Innenhof und zur vorderen Eingangstür winkte mich Panchita, die Haushälterin, zur Küche. „Und dein Frühstück?" mahnte sie mütterlich.

„Aber Panchita, meine Freunde stehen dort draußen."

Sie schüttelte den Kopf. „Die können noch ein paar Minuten warten. Setze dich hin, dein Tee ist fertig."

Peruaner sind die geduldigsten Menschen, denen ich je begegnet bin. Hier gab es nicht diesen Zeitdruck wie in unserer nordamerikanischen Kultur. Niemand war hier pünktlich, also erwarteten sie es auch nicht von anderen und es machte ihnen tatsächlich nichts aus, ein oder zwei Stunden auf einen Freund zu warten. Trotzdem schluckte ich meinen Tee rasch hinunter, stopfte das Brot mit selbstgemachter Marmelade in mich hinein und eilte zur Haustür.

Draußen standen Maria, Raul und Antonio. *„Hola"*, sagte ich und tauschte den *Beso* mit meinen Gruppenmitgliedern aus.

„Elizabeth, erinnerst du dich an die Steinschale, die du bei unserem ersten Treffen gesehen hast?" fragte Raul.

„Wie könnte ich sie vergessen?"

„Los Papítos sagen, sie sollte eine Weile bei dir bleiben", sagte er und hob einen Leinensack mit gewichtigem Inhalt hoch. Er hatte die Schale mitgebracht. Darum ging es also.

„Ach, du meine Güte", sagte ich geschmeichelt. „Ja, gerne." Ich streckte die Hand aus, um sie in Empfang zu nehmen.

„Sie wiegt acht Kilogramm, lass mich dir helfen", sagte Raul und trug den schweren Sack in mein Zimmer hinauf. Als wir ihn sicher unter meinem Bett verstaut hatten, wandte er sich zum Gehen. Ich konnte jedoch nicht widerstehen, zog den Sack wieder hervor und machte ihn auf, um die Schale zu betrachten.

„Raul, was sagen die *Apu*s über diese Schale?" fragte ich.

Er drehte sich um, warf mir einen kurzen Blick zu und erwiderte beiläufig: „Sie sagen, sie sei eine Brücke zum Kosmos." Dann verschwand er durch die Tür.

Sorgsam darauf bedacht, sie nicht zu berühren, strich ich in etwa dreißig Zentimeter Abstand über die Schale und spürte die warme Energie von ihrer Mitte aus aufsteigen. Ich drehte sie um und führte die Hand über die Rückseite. Nichts. Die Energie floss nur in eine Richtung: nach oben.

Nachdem wir uns zum Rest der Gruppe gesellt hatten, wanderten wir die rechte Seite des Flussbettes entlang. Der noch in der Nähe von Cuzco gelegene Teil des Flusses glich mehr einer Müllhalde als sonst etwas. Ich war versucht, mir die Nase zuzuhalten, als wir an Abfallhaufen der unterschiedlichsten Arten vorbeikamen, die das Flussufer bedeckten.

Nachdem wir den Hauptbereich dieser Müllhalde hinter uns gelassen hatten, stießen wir auf kleine Familien - Männer in zerrissenen Jogginganzügen, Frauen mit langen schwarzen Zöpfen und ihren traditionellen zylinderförmigen Hüten, barfüßige Kinder mit schmutzigen Gesichtern. Sie alle gingen hier den verschiedensten Aktivitäten nach. Manche kochten etwas über kleinen Feuerstellen, andere wuschen ihre Kleider. Sie lächelten und lachten uns an, aber sie grüßten nicht in ihrem gewohnten Quechua, sondern mit „*Buenos días*", wenn wir an ihnen vorbei gingen. Mit Ausnahme von mir sprachen alle in der Gruppe Quechua. Da sie jedoch als Akademiker nicht die traditionelle einheimische, sondern westliche Kleidung trugen, wurden sie in Spanisch angesprochen.

Unterwegs erklärte mir Raul: „Der Saphy ist einer der vier heiligen Flüsse, die durch Cuzco fließen. In der Zeit der Inkas war der ganze Fluss mit Mauern eingefasst und wurde mittels Standbildern verehrt, die überall an Schlüsselpunkten in Nischen aufgestellt waren." Wir konnten zu beiden Seiten die Überreste der Mauern sehen, und vom Fluss ging immer noch eine Kraft aus. Während ich mir meinen Weg zwischen den Flusssteinen suchte, merkte ich, dass ich in einen leichten Trancezustand fiel. Das Gefühl, das der Fluss vermittelte, war wunderbar, und es war leicht zu verstehen, warum er den Inkas als heilig gegolten hatte.

Wir gingen etwa vierzig Minuten lang weiter, bis wir an eine Stelle gelangten, wo wir nur unter Schwierigkeiten vorankamen. Die Atmosphäre war immer dichter und schwerer geworden, sodass ich schließlich kaum mehr meine Füße zu heben vermochte. Instinktiv wollte ich umkehren.

Ich hatte schon einmal ein ähnliches Gefühl gehabt, als ich damals mit Cyntha und den Küstenschamanen in Trujillo, einer Stadt an der Nordküste Perus, arbeitete. Cyntha hatte uns zu einem Besuch in Chan Chan mitgenommen, dem Ort, wo der berühmte Don Eduardo Calderón seine schamanische Karriere begonnen hatte. Er war Bildhauer und arbeitete an der Restaurierung von Chan Chan mit, als sich ihm die Geisterwelt eröffnete.

Chan Chan war die größte intakte Ausgrabungsstätte Südamerikas. Als wir uns dem vorderen Eingangstor näherten, um diesen riesigen Komplex der präinkanischen Chimú-Kultur zu besichtigen, wurden meine Füße zunehmen schwerer. Diese Ruinen stießen mich gefühlsmäßig ab. Ein ganzes Panorama von Gedanken und Empfindungen entfaltete sich in mir. Ich hatte das Gefühl, dass hier ein großer Krieg stattgefunden hatte und viele Gefangene gemacht worden waren, aber nicht im physischen Sinn. Mit der Hilfe meines Freundes David wurde uns bald klar, dass die Ruinen ein astrales Gefängnis waren. Ich berichtete Cyntha von unseren Eindrücken, die sie für unseren esoterischen Führer Eliazar übersetzte.

Dieser war ein sehr geheimnisvoller Mensch, der offensichtlich alles über das esoterische Wissen der Inka und Chimú wusste, aber sehr wenig redete. Er blinzelte mich an, sagte aber nichts. Als wir durch das Tor traten, was mir sehr schwer fiel, winkte er mich zu sich. Er zeigte mir Symbole, die in die Innenseite der Mauern eingeritzt waren. „Diese Symbole sind ein machtvoller Bann der Chimú, um die Inkas fernzuhalten", erklärte er mir. Mich schauderte. „Die *Brujos* in dieser Gegend glauben, dass hier viele Seelen gefangen sind. Man kann sie nachts weinen hören", fuhr er fort. Für mich war es eine große Erleichterung, eine plausible Erklärung für meine Wahrnehmungen zu bekommen. Meine Fantasie bordete nicht über, ich war auch nicht verrückt. Ich war nur sensitiv.

Hier am Saphy hatte ich ein ähnliches, wenn auch weniger intensives Gefühl, so als ob wir auf eine subtile Energiebarriere gestoßen wären. Antonio deutete auf einen Felsen, der über die Enge des Tals emporragte, und auf dem ein Gemäuer aus der Inkazeit stand.

„Das ist ein Wachturm oder eine Wachstation der Inkas. Niemand kann hier vorbei gehen, ohne zuvor um Erlaubnis zu bitten." Die ganze Gruppe blieb stehen und beugte im Gebet die Köpfe. Auch ich bat schweigend die örtliche *Santa Tierra* um Erlaubnis, passieren zu dürfen. Während wir beteten, spürte ich, wie die Energie sich veränderte und wie der Atem wieder freigesetzt wurde. Die Gruppe ging weiter, und plötzlich war die Atmosphäre wieder leicht, heiter und einladend; wir konnten ungehindert weitergehen. Ich staunte über die Kraft, die diesem

Bitten um Erlaubnis innewohnte. Das hatte ich in Chan Chan nicht erlebt. Diese medialen Barrieren waren im Grunde energetische Pforten, die sich mit ganz speziellen Schlüsseln, Gebete genannt, beiseite räumen ließen.

Beim Weitergehen durchschritten wir noch verschiedene andere mediale Pforten, die ich jedes Mal deutlicher spüren konnte. Dann hielt die Gruppe in Bestätigung meiner Wahrnehmung an und begann zu beten. Dann wurde die Erlaubnis erteilt, und wir wanderten weiter. Ich merkte langsam, dass wir unseren Weg auf heilige Weise gingen und in eine andere Art von Zeit und Raum eintraten. Ich bin sicher, dass ich an diesem Fluss hätte entlang wandern und diese subtilen Energiepforten durchbrechen können, ohne sie überhaupt zu bemerken.

Doch mit unserer Vorgehensweise betraten wir eine andere Realität, in der wir uns in Harmonie mit der Landschaft befanden, in der wir die energetischen Veränderungen der Umwelt zur Kenntnis nahmen, sie respektierten und darauf reagierten. Die Erfahrung lehrte mich, auf einen anderen Teil meines Selbst zu achten, auf eine direktere Wahrnehmung der Energie, die mich umgab. Nach zwei Stunden Wanderung im Flussbett gelangten wir zu einer wunderschönen Mauer aus der Inkazeit unterhalb eines Wasserfalls. „Achtung", sagte Raul warnend, „der weibliche Wassergeist dieser Gegend ist bekannt dafür, dass sie die Herzen schlafender Männer stiehlt." Das klang mir nach männlicher Paranoia. „Vor allem liebt sie Musik", erzählte er weiter. „Ich kenne zwei Musiker, die hierher kamen, um ein Picknick zu machen. Sie schliefen ein, und ihre Gitarren lagen am Uferrand. Der eine erzählte mir, dass, als er aufwachte, der Wassergeist an den Saiten seiner Gitarre zupfte."

Ich starrte ins Wasser und dachte an den Wassergeist. Der Ort fühlte sich für mich überhaupt nicht furchterregend an - im Gegenteil. Er entspannte mich. Kühle grüne Weidenzweige filterten funkelndes Sonnenlicht auf die Wasseroberfläche. Mein Blick blieb auf dem Wasser haften. Ich betrachtete die Spiegelungen der Bäume, des Himmels und der Sonnenstrahlen und konnte gleichzeitig bis hinunter auf die Steine auf dem Grund sehen. Ich saß sinnend da, als ich plötzlich eine silbrige weibliche

Stimme vernahm. „Bald wird die Zeit kommen, in der der Mensch wieder mit den Nixen spricht."

„Was?" fragte ich Antonio und war verlegen, weil er mir offensichtlich etwas erzählte und ich nicht zugehört hatte. „Wer hat etwas über Nixen gesagt?"

„Niemand hat etwas gesagt", erwiderte Antonio. „Aber vielleicht hat die Nixe mit dir gesprochen. Was hat sie gesagt?"

„Also...", stotterte ich, von diesem Gedanken überrascht. „Sie sagte, dass die Menschen und Nixen bald wieder miteinander kommunizieren können." Einige im Kreis nickten zustimmend.

„Ja, das haben uns die *Apus* angekündigt. Aber du scheinst besonders empfänglich für sie zu sein." Auf dem Rückweg stellte ich mir vor, dass ich, statt sensitiv zu sein, lediglich eine „besondere Wahrnehmungsgabe" hätte. Der Gedanke gefiel mir.

Der Ausflug war wunderschön gewesen, doch am nächsten Tag kamen wir wieder zur *Mesa*, um unsere Arbeit zu tun. Die *Apus* materialisierten sich kraftvoll von der Decke und fingen mit ihren Heilungen an. Da war ein Mann, der von einem zornigen Dschungelgeist besessen war. Er sah ziemlich ungepflegt aus, und seine Frau gestand, dass er sich oft mitten in der Nacht seine Kleider vom Leib riss und nackt schreiend draußen umher rannte.

Ricardo sagte, es sei nötig, den Señor Salkantay zur Mesa zu rufen. Ich wusste, dass der schneebedeckte Gipfel des Salkantay von der Straße nach Machu Pikchu aus zu sehen war. Salkantay bedeutete in Quechua „der Unbezähmbare".

Die Frau, bei der die Nierentransplantation durchgeführt worden war, hatte sich seitdem nicht mehr bei der *Mesa* blicken lassen. Leute, denen sie in der Stadt über den Weg gelaufen war, erzählten, dass sie sich bewegte, als ob ihr überhaupt nichts fehlte, ungeachtet der Tatsache, dass ihr die Ärzte im Krankenhaus gesagt hatten, dass sie sterben würde.

Mittlerweile hatte ich mitbekommen, dass Ricardo vorrangig mit drei *Apus* arbeitete: Señor Pampahuallya, Señor Sollacasa und Señor Potosí. Nachdem sich die Drei materialisiert hatten, wandte sich Señor Potosí an mich: „*Buenos días*, Tochter Elizabeth."

„*Ave María Purísima*, begrüßte ich den *Apu*.

„Wir freuen uns, dass du mit der Gruppe arbeitest. Heute möchte ich, dass du etwas Besonderes tust. Ich möchte, dass du Mamita Wakaypata, Plaza de Armas, Cuzco, rufst."

„Ich?“ fragte ich entsetzt. „Aber wie … was … soll ich tun?“

„Mach dir keine Sorgen. Deine kleine Kraft liegt auf dem Tisch. Sie wird dir helfen. Bete einfach.“ Ich hatte zuvor einen kleinen mit Rutilnadeln durchsetzten Rauchquarz, etwa in der Größe meines kleinen Fingers, auf den Altartisch gelegt. Unsere Wirtin in Ojai hatte ihn mir geschenkt.

„Sí, Papíto“, antwortete ich.

Obwohl es stockdunkel war, schloss ich die Augen, um mich zu konzentrieren. „Mamita Wakaypata, Plaza de Armas, Cuzco“, sprach ich innerlich und versuchte, all meine Gedanken und Gefühle zu einem Energiestrahl zu bündeln. Wir warteten. Nichts geschah. Ich nahm all meinen Mut zusammen und betete erneut, diesmal laut.

Ein leises Dröhnen war zu hören, und plötzlich bekam die Erde zu meinen Füßen Flügel. Ein Plumpslaut auf dem Tisch, und dann sagte eine hohe weibliche Stimme: „ Mamita Wakaypata, Plaza de Armas, Cuzco“. Die Menschen im Raum applaudierten.

„*Muy bien*, Elizabeth. Gut gemacht, Tochter“, gratulierten die *Apus*.

„Tochter Elizabeth“, sprach mich Mamita Wakaypata an. „Ja, schöne Mutter“, erwiderte ich, wie ich es von den anderen Frauen gehört hatte.

„Ich möchte, dass du jemand Besonderes triffst, die *Santa Tierra* deines Viertels. *La Mamita de las Niwas.*“ Ich wusste dass *Niwa* das Quechua-Wort für ein leichtes dem Bambus ähnliches Schilfrohr war, aus dem die indianischen Kinder ihre Drachen zu basteln pflegten.

Wieder waren aus der Erde aufsteigende Flügelschläge zu hören. Eine sehr hohe weibliche Stimme sagte: „Guten Morgen allerseits, guten Morgen, Elizabeth. Ich bin *Mamita de las Niwas* und ich komme von dem Ort, den ihr *Sapantiana* nennt.“ Das war eine inkanische Ruine direkt unter meinem Fenster im Haus der Señora. Man hatte mir gesagt, der Name bedeutete „Meditationssitz“. Jäh wurde mir die aufregende Tatsache bewusst, dass dies meine *Santa Tierra* war!

„Du kannst mich jederzeit zu Hilfe rufen, wenn du mich brauchst“, bot sie mir an.

„*Gracias, Mamita*“, sagte ich.

Danach widmeten sich die *Apus* Ricardos Patienten. Offensichtlich konnten sie sich jeweils nur eine halbe Stunde lang materialisieren. Dann verabschiedete sich ein jeder mit Namen und verschwand auf der gleichen Weise, wie er gekommen war. Normalerweise wurden außer sonntags drei oder vier Sitzungen am Tag abgehalten. Am Sonntag ruhten sich die *Apus* und Ricardo aus.

Als es im Raum wieder hell war, holte Ricardo etwas vom Tisch und winkte mich zu sich heran. „Deine Kraft", sagte er und überreichte mir das, was von meinem Quarzkristall übrig geblieben war. „Die Kraft deines Gebetes hat den Kristall zerbrochen", sagte er.

„Tut mir leid", erwiderte ich im Glauben, etwas Schreckliches angerichtet zu haben.

Ricardo lachte. „Es muss dir nicht leidtun, dass deine Gebete eine solche Kraft haben."

Während wir draußen im Hof saßen und auf die nächste *Mesa* warteten, dachte ich über alle meine neuen Erfahrungen nach. In Nordamerika hatte man mich den Großteil meines Lebens wegen meiner Tagträumereien und meines imaginativen, intuitiven und sensitiven Wesens stets geneckt und ausgelacht. Aber hier in Cuzco wurden Tagträumerei, Intuition und Sensitivität unterstützt und als „besondere Fähigkeit" gewürdigt. Die weibliche Seite meines Wesens wurde bewundert, und man schätzte mich eben wegen meiner sensitiven Fähigkeiten, die für mich ganz natürlich waren. Durch diese Bestärkung entfaltete sich meine Sensitivität zunehmend mehr. Die Peruaner leben nach anderen Wertmaßstäben, und das schien hier Dinge zu ermöglichen, die in den USA nicht erreichbar waren.

Wir wurden zur *Mesa* zurückgerufen. Als Señor Salkantay zum Altartisch kam, wirkte er noch größer als Señor Potosí. Wie immer war es im Raum stockdunkel, doch einen Moment lang glaubte ich, ihn zu sehen. Eine Gestalt, die einen kleinen Lichtstab mit zwei sich um ihn windenden Schlangen hielt. Señor Salkantay widmete sich ausgiebig dem Mann, der besessen war, sprach mit großer Inbrunst besondere Gebete in Quechua und besprühte ihn mit geweihtem Wasser. Ein paar Tropfen fielen auch auf mich. Ich sah, wie sich der kleine Lichtstab einige Male hob und senkte, bevor die Zeremonie beendet war.

Als es im Raum wieder hell war, lag ein Leinensäckchen auf dem Altartisch, in dem sich irgendetwas krümmte und wand. Zu meinem Entsetzen erklärte Ricardo, dass der böse Geist aus dem Mann heraus geholt und in ein Meerschweinchen geschickt worden war. Das Tier wurde nun in dem Sack gelassen, um dort zu sterben.

Bevor sich Señor Salkantay verabschiedete, wandte er sich noch an mich. „Elizabeth, du kamst auf die Welt, um mit den *Apus* zu arbeiten. Du wurdest für uns geboren." Seine Worte bewegten mich tief, rührten aber auch an einer Angst in mir - die Angst, den Sinn meines Lebens nicht zu finden und zu erfüllen. Über all die Jahre hatte ich nach diesem Sinn gesucht, bis ich nach Kalifornien kam, um dort Psychologie zu studieren. Erst dort fühlte ich, dass ich auf der richtigen Spur war - bis ich dann von der Fügung des Schicksals hierher geleitet worden war. In den ersten drei Monaten meines Aufenthaltes in Cuzco hatte ich jeden Tag darum gebetet, ich möge meinem höchsten Ziel dienen. Und meine Begegnung mit den *Apu*s hatte sicherlich meinen tiefsten Träumen und lang gehegten höchsten Hoffnungen Auftrieb gegeben: etwas über die Geisterwelt zu lernen und befähigt zu sein, in Harmonie mit der Natur zu arbeiten und zu leben. Und bei einem Wandlungsprozess mitzuhelfen ... einer Geburt ... der Geburt einer neuen Weltart. Hatte ich schließlich meine lang ersehnte spirituelle Berufung gefunden?

Im nächsten Monat fanden nur wenige Aktivitäten der Gruppe statt, da Ricardo von den *Apu*s in eine Stadt in Bolivien geschickt worden war, um dort zu arbeiten. Nachdem wir wochenlang nicht von ihm gehört hatten, erhielt Raul schließlich einen Brief von ihm mit Anweisungen von den *Apu*s, wonach sich die Gruppe zu einer weiteren Pilgerreise aufmachen sollte - diesmal zu Mama Simona.

„Welcher Berg ist Mama Simona?" fragte ich Antonio, als wir die hohen Gipfel betrachteten, von denen die Stadt umsäumt wurde.

Er drehte sich um und deutete hinter uns. „Siehst du den hohen grünen Gipfel?"

„Den, der wie eine Pyramide aussieht?" Ich schüttelte ungläubig den Kopf.

„Richtig", erwiderte er, als wir beide zu ihm hinauf sahen und unsere Augen mit der Hand vor den Strahlen der untergehenden Sonne schützten.

„Aber Antonio, ich dachte, alle Berggipfel seien *männlich.*"

„Ja, das sind sie normalerweise auch. Mama Simona ist die Ausnahme. Sie ist die einzige weibliche der zwölf heiligen *Apus* im Tal von Cuzco. Das war verblüffend.

„Antonio, erinnerst du dich, wie ich dir zum ersten Mal von meiner Vision von den *Apu*s erzählte ... damals im Institut?"

„Ja, natürlich", erwiderte er lächelnd.

„Ich sah drei: Ausangate, Saqsaywaman - und sie." Ich deutete auf den grünen Gipfel. „Sie war einer der drei Berge, denen ich mich automatisch zuwandte, und ich wusste, dass sie weiblich ist. Ich sah *sie.*" Ich war emotional so bewegt, dass meine Augen feucht wurden.

„Elizabeth überrascht dich das? Wirklich?" Er sah mich mit lächelnden Augen an. Ich hatte eine Bestätigung nach der anderen erhalten und glaubte es immer noch nicht. „Ihr Nordamerikaner seid sehr skeptisch. Ihr setzt euer Vertrauen in die merkwürdigsten Dinge und glaubt an sie, aber an das, was direkt vor eurer Nase liegt - eure eigene Erfahrung - an das glaubt ihr nicht.

Was ist dieses Ding, wovon mir ein Nordamerikaner einmal erzählt hat - wie nennt ihr das? Den estock marrket?" Er meinte die Aktienbörse. Sein Akzent ließ die Worte tatsächlich sehr merkwürdig klingen. „Das ist etwas, das man nicht sehen oder berühren kann, und doch geratet ihr darüber in große Aufregung. Viele von euch denken tagelang darüber nach und machen sich Sorgen, ja beten sogar dafür. Aber ihr seht nicht ein, dass es euer kollektiver Glaube ist, der ihm seine Kraft verleiht.

Hier in den Anden praktizieren wir einen anderen kollektiven Glauben. Es ist der Glaube an die Macht der Natur. Für uns hat die Pachamama große Bedeutung. Wir verwenden Zeit darauf, für sie zu sorgen. Wir denken an sie und beten zu ihr. Sie ist unsere Mutter, und wir wissen, dass alles Gute von ihr kommt. Wir erhalten von ihr, also müssen wir ihr auch etwas zurückgeben. Das ist *Ayni,* das heilige Gesetz der Gegenseitigkeit, des gegenseitigen Austauschs. In eurer Kultur glaubt ihr, dass euch das, was ihr braucht, von eurem *estock marrket* gegeben wird, und so betet ihr zu ihm. Aber er kann niemals eure Mutter sein, euch Nahrung und Kleidung geben und eure Seele mit ihrer Schönheit nähren. Das kann nur Pachamama, der Geist der Erde. Zu ihr beten wir", endete Antonio.

Am nächsten Morgen brachen wir früh auf und fuhren mit dem Auto zum westlichen Stadtrand. Acht Gruppenmitglieder hatten sich von anderweitigen Verpflichtungen freimachen können, Maria, Felipe, Raul, Miguel, Judith, Americo und natürlich Antonio. Obwohl diese Akademikerinnen und Akademiker an nordamerikanischen Verhältnissen gemessen arm waren, besaßen sie einen inneren Reichtum, der jeder ökonomischen Schwierigkeit trotzte. Wir redeten, lachten und tauschten tiefgründige philosophische Betrachtungen aus. Und sie waren nie verknöchert oder langweilig wie so viele nordamerikanische Professoren, mit denen ich zu tun gehabt hatte.

Gemeinsam mit diesen wunderbaren Gefährten begab ich mich auf die Wanderung durch die tiefe Schlucht eines fast ausgetrockneten Bachs. Wir waren angewiesen worden, uns immer nur links zu halten. Es gab keinen Weg, und wir mussten über Zäune klettern und Privatgrundstücke durchqueren. Offensichtlich schuf das keine Probleme, denn die Besitzer lächelten nur und winkten uns zu, wenn wir an ihnen vorübergingen. Wir trugen Rucksäcke mit Proviant, und Miguel hatte ein *Despacho,* eine traditionelle Opfergabe, als Geschenk für Mama Simona mitgebracht.

Während der Autofahrt hatte sich die grüne Pyramide deutlich abgezeichnet. Doch jetzt, da wir den Berg erklommen, konnte ich sie nicht mehr sehen. Raul hatte gesagt, es sei eine kurze Wanderung, nur ein paar Stunden oder so, aber trotzdem betete ich zu Mama Simona und bat sie um Kraft für diesen Aufstieg. Ich war die einzige Person, die Bergstiefel trug. Alle anderen hatten abgetragene Straßenschuhe oder alte Tennisschuhe an.

Wir wanderten vier Stunden lang ohne Unterbrechung. Die Peruaner unterhielten sich und lachten. Sie legten ein mörderisches Tempo vor. Ich blieb zurück und rang manchmal mühsam nach Luft. „Man sagt, das Herz und die Lungen von uns Bergbewohnern sind anderthalbmal so groß wie die von euch

Flachlandmenschen. Jetzt verstehe ich, was das bedeutet", frotzelte Raul.

Nachdem wir noch einige Stunden gewandert waren, erreichen wir einen Hügelkamm, von dem aus wir endlich den hohen Gipfel sehen konnten. Mama Simona erhob sich majestätisch in ihrer ganzen Pracht vor uns. Ich setzte mich atemlos hin und zog meinen Fotoapparat aus dem Rucksack. Die Gruppe sah mir verblüfft zu. „Ich möchte nur ein Foto machen", sagte ich in aller Unschuld und wollte den Auslöser drücken. Nichts geschah. Ich versuchte es wieder, immer noch nichts. Ich schüttelte den Fotoapparat. „Er ist kaputt, oder vielleicht ist die Batterie leer", vermutete ich. Die anderen betrachteten mich mit einer Mischung aus Mitleid und unterdrückter Heiterkeit. „Warum steckst du ihn nicht einfach wieder weg, Elizabeth?" schlug Antonio vor. „Wenn die *Apus* nicht wollen, dass du Fotos von ihnen machst, kannst du gar nichts dagegen tun", erklärter er mir wie einem störrischen Kind. Und genau wie ein störrisches Kind weigerte ich mich, ihm zu glauben. Ich nahm die Batterien aus dem Apparat und legte sie wieder ein, aber er funktionierte immer noch nicht.

Schweigend nahmen wir unser Mittagessen ein. Dann setzten wir unseren Aufstieg im gleichen Wahnsinnstempo fort. Einige Male blieb ich absichtlich etwas zurück, zog meinen Fotoapparat wieder heraus und versuchte es erneut, wenn ich glaubte, dass niemand es sah. Doch nichts. Der Fotoapparat hatte wohl tatsächlich seinen Geist aufgegeben.

Bald gelangten wir in ein Tal, das sehr viel grüner war als die trockene und steinige Landschaft, die wir den ganzen Tag durchquert hatten. „Dies nennt man das Tal der Dinosaurier", erklärte Raul. „Schau, kannst du die Tiere dort in dem Felsen sehen?" Er deutete auf einen großen hervorstehenden Felsen. Ich starrte ihn überrascht an. „Das ist ein *Sapo*", sagte er. „Ihr bezeichnet das als eine Kröte", erklärte Antonio. Er riss die Augen auf und ahmte das züngelnde Reptil nach, was uns alle zum Lachen brachte.

Jeder zeigte nun auf Tiergestalten: Hunde, Löwen, Pumas, Elefanten, riesige Insekten. Sie waren überall, so als ob Medusa persönlich durch dieses Tal geschritten sei, auf all diese Riesen ihrer Spezies geblickt und sie in Stein verwandelt hätte. Die

„Tierskulpturen“ waren klar zu erkennen. Man brauchte seine Fantasie nicht einmal zu bemühen.„Wie kamen die denn hierher?“ fragte ich, denn sie konnten meines Erachtens unmöglich ein natürliches Phänomen sein.

„Es gibt im ganzen Tal von Cuzco nur wenige Orte, wo sie zu finden sind. Niemand weiß, warum sie hier so konzentriert auftreten. Vielleicht, weil wir immer näher zur Mama Simona kommen“, sagte Raul.

Wir durchquerten das Tal und erklommen am anderen Ende einen weiteren Aussichtspunkt. „Dort ist er ... der Altar“, flüsterte Antonio. Ich sah hoch und erblickte den pyramidenförmigen Gipfel. Er war mit niedrigem Gestrüpp bedeckt, und nahe der Spitze, dort wo das Buschwerk endete, ragte ein riesiger rechteckiger Stein empor.

„Dort? Der da?“ Ich deutete auf ihn und strengte meine Augen an.

„Ja. Das ist sie“, sagte Raul in stiller Ehrerbietung. Dann stieß er plötzlich den Freudenschrei eines triumphierenden Helden aus und lief mit höchster Geschwindigkeit den Berg hinauf dem Altar entgegen. Das löste geradezu einen Massenaufbruch der Gruppe aus. Jeder stürzte los, um als Erster den Altar zu erreichen. Ich schloss mich dem Spaß an, doch nach fünf Minuten beklagten sich meine ungeübten Lungen bitterlich. Ich verlangsamte meine Schritte und beschränkte mich auf die Beobachtung dieser „Prozession“. Raul kam als Erster an, dicht gefolgt von Antonio, Miguel, Maria und Felipe. Judith und Americo bildeten die Nachhut. Als ich schließlich beim Stein anlangte, hatte sich die ganze Gruppe schon ausgeruht.

„Wir müssen die Opfergabe darbringen“, verkündete Antonio. Miguel griff in seinen Rucksack und zog ein weißes Papierbündel heraus, das er Antonio übergab. Ich hatte schon viele Male *Despachos* auf dem Altartisch bei Ricardos *Mesa* gesehen, jedoch noch nie beobachtet, wie sie gemacht wurden. Fasziniert sah ich zu, als Antonio sein Säckchen mit Cocablättern leerte und sechsunddreißig auswählte, die die zwölf *K'intus* bilden würden. Jedes *K'intu* wurde einem der zwölf Berge, die das Tal von Cuzco umgaben, jeder ein heiliger *Apu,* dargeboten.

Der riesige Altarstein war leicht geneigt, so als sei er durch ein Erdbeben aus seiner ursprünglichen Position gerissen worden.

Wir saßen an der südlichen Seite des Steins direkt unter dem Gipfel. Der Stein selbst wies eindeutig menschliche Bearbeitungsspuren auf. Zwar handelte es sich nicht um die feine inkanische Steinmetzarbeit des Qorikancha, doch war er allem Anschein nach von Menschenhand zu einem Altar gemacht worden.

Antonio entfaltete das Papierbündel und breitete zahlreiche winzige Päckchen mit den merkwürdigsten Gegenständen aus, die zur Ausstattung eines *Despachos* gehörten: Samen, Arme von Seesternen, Lamafett, Zucker und farbige Fäden. Eine Muschel und ein Holzkreuz sollten die Mitte des *Despachos* bilden. Antonio füllte die Muschel mit Lamafett, platzierte sie im Zentrum des *Despacho*- Papiers und das Kreuz über der Mitte der Muschel. Ich rätselte über die Bedeutung der Gegenstände. Die *K'intus* wurden mit etwas Lamafett „zusammengeklebt", und dann wurde ein jedes *K'intu* in die Richtung des Berggeistes, der gerade gerufen wurde, hoch gehoben.

Als Antonio sich in die Richtung eines *Apus* wandte und ein Gebet in Quechua sprach, schloss sich ihm die ganze Gruppe an, beschwor die Macht des Berges herbei und bot ihm in Respekt und Wertschätzung für alles, was uns die Berggottheit so großzügig zukommen ließ, das *K'intu* dar. Am Ende blies er dreimal auf das *K'intu*. Danach wurde es in einen Kreis um die Muschel gelegt.

Nachdem alle Berggeister angerufen worden waren und der Kreis vollendet war, wurden die Samen, Pflanzen, Steine und Geschenke für die verschiedenen Naturgeister platziert. Die winzigen Bleifiguren, die Körperteile oder persönliche Wünsche symbolisierten, wurden von Gruppenmitgliedern, die um Hilfe oder Heilung baten, in das *Despacho* gelegt. Schließlich wurden noch Süßigkeiten hinzugefügt, um die Geister zu besänftigen, die die zum Himmel aufsteigenden Gebete eventuell noch auf irgendeine andere Weise behindern könnten.

Als das *Despacho* fertig war, wickelte Antonio es in das Papier ein, dass er zu einem traditionellen Rhombenmuster faltete und mit roten und weißen Fäden umwickelte. Dann wurden Gebete an die *Santas Tierras* der Straße jeden Gruppenmitglieds auf das Päckchen geschrieben.

Während Antonio, Miguel und Raul noch mit dem *Despacho* beschäftigt waren, sammelten die anderen trockene Zweige und entzündeten ein kleines Feuer auf dem Altar. Sie sangen und sprachen Gebete in Quechua über dem *Despacho,* und dann übergab mir Antonio das Bündel, damit ich es in das Feuer legte. Als wir uns auf das Verbrennen vorbereiteten und zum Himmel blickten, sahen wir zwei große Kondore über uns kreisen. Sie warfen im Flug große Schatten auf uns. Und sie blieben über uns, bis wir das *Despacho* dem Feuer übergeben hatten.

„Lasst uns gehen", sagte Raul.

„Wohin?"

„Wir haben den *Apus* eine Opfergabe angeboten. Das ist für sie wie eine Mahlzeit. Wir müssen den Platz jetzt verlassen, damit sie kommen und die Mahlzeit zu sich nehmen können", erklärte mir Antonio geduldig. Die Gruppe begab sich auf die andere Seite des Felsens außer Sichtweite des zeremoniellen Feuers und des verbrennenden Despachos.

„Wenn es vollständig verbrennt, ist unsere Opfergabe angenommen worden", erklärte Raul.

„Und wenn nicht?" fragte ich besorgt.

„Dann mangelt es unserer Opfergabe an genügend spiritueller Energie, und wir müssen es noch einmal versuchen"; erwiderte er. Nach etwa fünfzehn Minuten gingen wir wieder zurück, um nachzusehen. Unser *Despacho* war ganz und gar vom Feuer verzehrt worden.

Am späteren Nachmittag waren wir auf dem Rückweg nach Cuzco. In der Ferne sahen wir eine Frau, die eine Lamaherde vor sich her trieb. Sie kam näher. Die Frau war das erste menschliche Wesen, das wir seit Stunden zu Gesicht bekamen. Sie trieb ihre Herde denselben Zickzackweg hinauf, den wir hinunter kamen. Maria ging voraus, um sie zu begrüßen, und die beiden waren schnell in ein lebhaftes Gespräch vertieft. Als wir näher kamen, sah ich, dass sie acht Lamas bei sich hatte. Die Beine eines Lamas waren mit wunderschönen vielfarbigen Flicken umwickelt, die farbenprächtigen Socken ähnelten. Ich beschloss, das Lama „Socken" zu nennen.

Etwas an der alten Frau erregte meine Aufmerksamkeit. Wegen ihrer Bewegungen und ihrer lauten Stimme fragte ich mich, ob sie betrunken war. Sie trug ein rotes Tuch um ihre

Schultern und den für Quechua-Frauen typischen Rock mit den vielen Unterröcken. Aber statt des zylinderförmigen Huts zierte ihren Kopf ein reich besticktes, oben ganz abgeflachtes Gebilde, das einer umgestülpten Schüssel ähnelte.

Maria und die Frau unterhielten sich angeregt in Quechua, während wir auf die beiden zugingen. Dann begrüßten die anderen nacheinander im Vorbeigehen die Frau und schüttelten ihr die Hand. Und obwohl ich mich ein wenig vor ihr ängstigte, fand ich mich beim Näherkommen von einem seltsamen Glücksgefühl erfüllt. Als ich ihre Hand nahm, war es das Weichste, das ich jemals gefühlt hatte, und auch ein wenig klebrig, so als hätte sie ihre Hand schon eine Weile lang nicht mehr gewaschen.

„*Buenos días*", sagte ich.

„*Buenos días, Mama Linda*", sagte sie und begann in Quechua auf mich einzureden. Mir fiel auf, dass sie mir nicht in die Augen sah, und das bestärkte mich in meinem Verdacht, dass sie betrunken sei. Doch ich schüttelte ihr herzlich die Hand und ging dann rasch weiter. „Socken" schritt an mir vorüber, und wieder bewunderte ich die flotten Farben. Alle Lamas waren wunderschön - vielleicht die schönsten, die ich je gesehen hatte. Die Frau wollte weiterreden und hielt Maria noch längere Zeit auf. Ich hatte das Gefühl, dass sie auch mich festgehalten hätte, wenn ich sie hätte verstehen können.

Nach einer Weile holte uns Maria ein. „Was für eine interessante Frau. Sie wollte gar nicht aufhören zu reden!"

„Aber mit mir wollte sie nicht sprechen", sagte Raul ein wenig verstimmt.

„Hmmm ... das ist richtig", erwiderte Maria nachdenklich. „Sie hat mit keinem von euch Männern gesprochen."

„Was macht sie?" fragte Raul.

„Sie erzählte, sie käme von da, wo sie wohnt, hoch oben auf dem Berg." Die Gruppe blieb stehen und versammelte sich um Maria. „Sie bat um Essen, und ich gab ihr ein paar Orangen. Sie sagte, sie ginge zu einem Begräbnis", fuhr Maria fort.

„Aber sie trug keinen schwarzen Trauerumhang - sie trug Rot!" rief Antonio aufgeregt.

Raul sank auf die Knie. „*Madre Santísima*", betete er laut und bekreuzigte sich. „Wir sind gerade zutiefst geehrt worden."

„Antonio, was bedeutet das?“ fragte ich verunsichert.

Doch es war Raul, der mich mit Tränen in den Augen ansah.

„Das war keine alte Frau. Das war Mama Simona persönlich!“

Nun sank die ganze Gruppe auf die Knie und sah zurück in die Richtung, in der die Frau verschwunden war. Alle beteten inbrünstig und bekreuzigten sich, und einige weinten leise.

Antonio erklärte. „Es ist bekannt, dass sich die *Apus* manchmal zu ganz besonderen Anlässen in menschlicher Gestalt materialisieren. In all den alten Geschichten und Mythen darüber heißt es, dass die *Apus* immer sagen „Ich lebe hoch oben auf dem Gipfel des Berges“, also an einem Ort, wo es keiner Häuser gibt. Sie geben sich oft den Anschein, arm oder betrunken zu sein, um das Mitgefühl der fraglichen Initianden zu überprüfen.

„*Uns*!“ rief ich aus.

„Richtig“, sagte Antonio. „Die Initianden müssen ihren Verstand beisammen haben, müssen die Ungereimtheiten der Geschichte erkennen und den *Apu* mit Namen ansprechen. Man sagt, dass du in einem solchen Fall den *Apu* um ein Geschenk bitten darfst.“

„Ich schätze, wir hatten unseren Verstand nicht beisammen“, sagte ich niedergeschlagen.

„Du solltest eine andere Einstellung dazu haben, Elizabeth. Es war allein schon eine Ehre, dass sie sich uns gezeigt hat. Abgesehen davon haben wir es nicht ganz so schlecht gemacht. Gott sei für Maria gedankt“, sagte Raul und stand auf, um sie herzlich zu umarmen. „Wenigstens hast du uns davor bewahrt, als totale Idioten dazustehen, die sie völlig ignorierten. Ich schäme mich so. Ich dachte, sie sei betrunken.“

„Macht nichts, wir lernen eben noch“, sagte Felipe bescheiden.

„Wenn wir verstanden hätten, was da passiert, hätten wir sie bitten können, zur *Mesa* zu kommen“, ließ sich Miguel vernehmen.

„Aber ganz offensichtlich sind wir noch nicht so weit!“ entgegnete Antonio.

„Es ist wundervoll zu wissen, wie nahe wir schon dran sind“, sagte Maria mit fröhlichem Ausdruck in den Augen. Sie hatte die Gruppe durch ihre sensitive Interaktion mit diesem übernatürlichen Wesen gerettet und war mit allem Recht sehr stolz darauf.

Einige Tage nach diesem Ereignis kehrte Ricardo von seiner Reise nach Bolivien zurück. Er rief uns umgehend zusammen, um ein außerordentliches Treffen mit den *Apus* abzuhalten. Wir vereinbarten, uns in Antonios Haus zu versammeln, da Ricardos üblicher Treffpunkt nicht zur Verfügung stand. Ich kam früh, um bei der Vorbereitung des Raumes zu helfen. Wir rückten Tische und Stühle zurecht, um das Wohnzimmer in eine *Mesa* zu verwandeln. Ricardo traf ein und begrüßte uns herzlich. *„Los Papítos* sagen, dass ihr die Sache auf eurer Pilgerreise gut gemacht habt."

„Das hoffen wir", erwiderte Antonio.

Ricardo kümmerte sich noch rasch mit letzten Handgriffen um den Altartisch, und dann wurde der Raum verdunkelt. Nach einer Wiederholung des Gebets und einem tiefen Pfeifton trafen die ersten beides *Apus* mit Flügelrauschen und einem weichen Plumpslaut ein; aber dieses Mal kamen sie merkwürdigerweise nicht durch die Decke, sondern aus einem gerahmten Bild aus der Wand.

Señor Pampahuallya meldete sich mit Namen, und kurz darauf wünschte uns Señor Sollacasa einen guten Morgen. "Die Gruppe macht gute Fortschritte", sagte Señor Pampahuallya. Antonio übersetzte und sagte, die *Apus* hätten das Gefühl, dass wir bald versuchen könnten, sie ohne Ricardo zu rufen. Doch wir bräuchten noch mehr Einheit. Plötzlich war die Ankunft eines weiteren *Apus* zu hören, eine sehr hohe, sehr weibliche Stimme begrüßte uns.

„Mama Simona, zu euren Diensten", sagte die weibliche Gottheit. Ich war erstaunt. Mama Simona war persönlich gekommen! *„Grupo"*, sagte sie, „ihr seid gekommen, um mich in meinem Haus zu besuchen."

„Sí Mama Linda", antwortete Antonio voller Respekt.

„Ihr habt mir sogar meine Hand geschüttelt, aber ihr habt mich nicht erkannt." Den Gruppenmitgliedern stockte der Atem.

„Ich wusste es!" murmelte Antonio vor sich hin.

„Entsinnt ihr euch der acht Lamas, die ihr gesehen habt?" fragte sie.

„Sí Mama Linda", antwortete Raul. „Acht von euch, *El Grupo* und acht von uns." Und das Lama mit den farbigen Socken, das Elizabeth so sehr mochte, war ein nordamerikanischer *Apu*." Mir stand vor Überraschung der Mund offen. Aber irgendwie ergab es einen Sinn, dass dieses Lama so anders war, als alle, die ich vorher gesehen hatte. „Die zwei Kondore, die ihr über euch gesehen habt - das waren Señor Potosí und Señor Rio de Janeiro." Nach einigen Augenblicken geschockten Schweigens der Gruppe fuhr sie fort: „Die Gruppe möge nun den Versuch unternehmen, uns von sich aus zu rufen. Dieser Versuch soll heute Abend um neun Uhr in Elizabeths Haus stattfinden."

„Bitte, warum mein Haus?" fragte ich.

„Weil du immer noch nicht ganz an uns glaubst, Tochter."

An diesem Abend sollte sich die Gruppe, dreizehn Mitglieder insgesamt, im Hof des Hauses der Señora treffen. Wir waren für acht Uhr verabredet, um noch Zeit zu haben, den Raum und uns selbst vorzubereiten. Ich hatte intuitiv eine weiße Tunika aus den Staaten mitgebracht, da ich das Gefühl hatte, ich würde in Peru eine Art Initiationszeremonie durchmachen. Da dies mir die perfekte Gelegenheit zu sein schien, zog ich sie unter meiner Jacke an. Nachdem die Gruppe fast vollständig in meinem Zimmer versammelt war, demselben Zimmer, in dem ich vor über sechs Monaten meine erste Vision von den *Apu*s gehabt hatte, dunkelten wir alles ab und bauten, achtsam Ricardos Anweisungen befolgend, den Altar auf.

Um halb neun waren alle bis Antonio eingetroffen. Wir ließen uns auf dem kalten Holzboden im Kreis nieder. Die winzige elektrische Kochplatte, unsere einzige Wärmequelle, vermochte nichts gegen die kalte Nachtluft Cuzcos auszurichten.

„Ein paar Minuten vor neun sagte Raul: „Fangen wir an."

„Aber Antonio ist noch nicht da", protestierte ich.

„Wir müssen pünktlich sein. Antonio ist zu spät dran", sagte Raul. Tief bekümmert schloss ich die Tür und drehte den Schlüssel um. Wir schalteten das Licht aus und ließen nur eine einzige Kerze brennen. Das Ganze erinnerte mich an unsere Pyjamapartys in jungen Jahren, bei denen wir bei Kerzenschein im Kreis saßen und uns gegenseitig mit Gespenstergeschichten Schauer über den Rücken zu jagen versuchten.

Wir hatten uns geeinigt, dass Raul als Erster die *Apus* rufen sollte, dann Felipe und schließlich Miguel. Raul begann mit dem Gebet der „Öffnung von Jesus Christus", durch das sich die *Apus* materialisieren konnten. Wir unterstützten ihn mit dem „Vaterunser" und beendeten gemeinsam jedes Gebet mit „Hayzoos" (Jesus). Wir warteten. Nichts geschah. Raul versuchte es über zwanzig Minuten lang, wiederholte das Gebet - manchmal gut, manchmal schlecht. Er vergaß ein paar Worte oder fügte ein paar hinzu. Felipe probierte es als Nächster. Wenn er sich auch nicht halb so gut an die Worte des Gebets erinnern konnte wie Raul, wiederholte er es mit mehr Inbrunst und Konzentration. Ich hatte ein gutes Gefühl bei ihm. Doch wieder geschah nichts. Danach war Miguel an der Reihe. Er verfügte auf jeden Fall über die Gefühlsintensität, derer es laut Ricardo bedurfte. Nach etwa zehn Minuten war der Raum plötzlich von einem Duft von Rosen und Blütenwasser erfüllt. Ein seltsamer Geruch, der immer die Materialisierung der *Apus* bei Ricardos Mesa begleitete. Die Gruppe fasste Mut, aber es geschah nichts weiter.

Nach fast zwei Stunden tiefster Konzentration waren wir erschöpft. „Nun, ich nehme an, wir sind noch nicht so weit", konstatierte Felipe vernünftigerweise. Wir tauschten *Besos* aus, und ich begleitete die Gruppe zur Tür. Ich war mir sicher, dass Antonios Abwesenheit etwas mit unserem Fehlschlag zu tun hatte, und erwähnte das auch gegenüber Raul.

„Auf Antonio ist kein Verlass", erwiderte er kalt. Er verzichtete auf den obligatorischen Wangenkuss und ging gereizt, fast wütend, davon.

Am nächsten Morgen kamen Maria und Felipe zu mir, um mit mir zu reden. „Wir haben das Gefühl, dass du etwas über Raul wissen solltest", sagte Maria, nachdem wir es uns im oberen Wohnzimmer bei etwas Tee und Brot gemütlich gemacht hatten. „Raul ist ein sehr guter Mensch, aber er hatte in der Vergangenheit Schwierigkeiten."

„Welche Schwierigkeiten?" fragte ich, wohl ahnend, dass sich da etwas zusammenbraute. Felipe und Maria wechselten Blicke. Er nickt ihr zu und bedeutete ihr, fortzufahren.

„Vor ein paar Jahren arbeitete Raul mit einem anderen Lehrer."

„Einem andinen Priester?" fragte ich.

„Nein, mit jemandem, der behauptete, ein spiritueller Lehrer zu sein. Er war eine sehr kraftvolle Persönlichkeit. Inzwischen gibt Raul offen zu, dass sie sich mit Schwarzer Magie beschäftigt haben. Und einer seiner besten Freunde starb dabei."

„*Wow!*" Ich senkte den Kopf und dachte, dass das genau die Art von Dingen war, mit denen ich nichts zu tun haben wollte. Ich visualisierte Raul vor meinem geistigen Auge, und sein Gesicht nahm einen diabolischen Ausdruck an. Mich schauderte.

„Danach hat sich sein Leben verändert", erzählte Maria weiter. „Er hat sich seitdem viel stärker zu Gott gewandt, wurde ein gläubiger Katholik. Aber manchmal denke ich, dass er immer noch auf Macht aus ist."

Im Laufe der nächsten Wochen brachen unter den Gruppenmitgliedern plötzlich und unerwartet Feindseligkeiten aus. Diese internen Streitigkeiten passten mir gar nicht, schon deshalb nicht, weil ich einen Kontakt wegen der finanziellen Unterstützung unserer Forschungsarbeit geknüpft hatte. Ich stand mit einer Stiftung in den Vereinigen Staaten in Verbindung, die daran interessiert war, die Forschung im Bereich alternativer Heilungsmethoden zu unterstützen. Man hatte mich um einen Antrag gebeten, in dem ich erläuterten sollte, welcher finanzieller Betrag für das Projekt der Gruppe benötigt wurde und wie das Geld verwendet werden würde. Eines Nachts hatte ich bis zur Morgendämmerung diesen Antrag formuliert und immer wieder umgeschrieben. Gegen acht Uhr morgens klopfte Antonio an meine Tür. Eine Krisenkonferenz der Gruppe war einberufen worden. Ich zog mich rasch an, und Antonio begleitete mich zu dem Treffen.

Ich betrat ein mir unbekanntes Haus, wo sich Raul, Maria, Felipe, Judith, Americo, Miguel und Liliana bereits versammelt hatten. Es wurden keine *Besos* ausgetauscht, und in dem stillen Raum lag Ärger wie ein Gewitter in der Luft.

„Was ist los?" Ich sah sie aus trüben, noch verschlafenen Augen an. „Ich habe hier den Antrag ..." Ich hielt ihn vor mir hoch, fast so, als wollte ich mich verteidigen.

„Genug von deinem Gequatsche", sagte Raul brutal. „Wir wissen, dass du uns verrätst."

„Was?" fragte ich entgeistert. Die Intensität seiner Emotionen ließ mich sofort hellwach werden. Raul blickte mich finster an.

„Du hast dich geweigert, Stühle für unseren Versammlungsraum zu kaufen", sagte Judith mit wütendem Blick.

„Du hast uns nicht zur Arbeit mit der kosmischen Schale eingeladen. Du hast sie uns in den letzten Wochen geradezu verwehrt", schloss sich Maria an.

„Ihr habt sie mir doch gegeben!" erwiderte ich. „Und überhaupt, was ist denn mit euch allen los?" wollte ich verärgert wissen. Offensichtlich war ich für sie alle zur Feindin geworden.

„Warum sagt ihr solche Dinge?" trat Antonio für mich ein.

„Sei du still!" funkelte in Raul an. „Wir wissen, dass du mit ihr unter einer Decke steckst."

„Wobei, Raul? Wovon redest du?" Ich sah sie an, hoffnungslos verwirrt.

„Du warst ja so schlau. Du hast vorgegeben, unsere Freundin zu sein. Aber jetzt haben wir einiges über dich herausgefunden. Wegen solcher Leute wie dir war der andine Weg so lange verschlossen. Ihr verkauft andine Geheimnisse an die CIA und werdet gut dafür bezahlt!" zischte Raul. Diese Unterstellung war so paranoid und unfassbar, dass ich mir nur mit großer Mühe einen Lachanfall verkneifen konnte.

„Das könnt ihr doch unmöglich wirklich glauben" Ich sah sie völlig entsetzt an. Ihre Gesichter blieben eisern, ihre Münder waren wie Schlitze in unendlichem Zorn zusammengepresst. Sie glaubten tatsächlich, was sie da sagten!

Ich wusste nicht, wie ich mich verteidigen sollte. Ich war erschöpft, und die Vorstellung, dass ich um ihretwillen gerade die ganze Nacht wach geblieben war, und jetzt so behandelt wurde, war mehr als schrecklich. Ich war so verletzt, dass mich Selbstmitleid übermannte. Und ich, die ich nie vor anderen Menschen weinte, war nun dabei, große Tränen zu vergießen. Ich war mir sicher, dass sie in meinen Tränen einen Beweis für meine Unschuld sehen würden. Doch ich musste schockiert und überrascht feststellen, dass sie bei ihnen rein gar nichts bewirkten. Sie blickten mich unbewegt, ungerührt an. Ich fühlte mich noch ohnmächtiger.

Unter großer Anstrengung bemühte ich mich, meine Tränen zurückzuhalten. Und nun verwandelte sich meine Verletzlichkeit in helle Wut. „Ihr seid ein Haufen paranoider Verrückter!" brüllte ich, völlig außer Kontrolle geraten. „Damit ihr es wisst, ich war die ganze Nacht auf und habe an diesem Antrag getippt, damit *ihr euer* Projekt finanziert bekommt. Und jetzt behandelt ihr mich so?" Ich kam immer mehr in Fahrt. „Glaubt ihr ernstlich, ich wäre hier, ohne Familie oder Freunde, hätte einen Job aufgegeben, bei dem ich locker achtzig Dollar pro Stunde hätte verdienen können, nur um mit einem Haufen Einfaltspinseln in einem dunklen Zimmer herumzusitzen? Sagt mir doch, wie viel Geld habe ich von der CIA bekommen? Ich hoffe, es war genug dafür, dass ich mich diesem Scheiß hier aussetzen muss!" Ich schmiss den Antrag auf den Boden stürmte aus dem Zimmer. Mit einiger Befriedigung stellte ich fest, dass sich mein Spanisch erheblich verbessert hatte.

Am nächsten Tag ließ mir die Gruppe eine offizielle Entschuldigung zukommen, aber der Schaden war nun einmal angerichtet. Es kam zu einer Spaltung. Antonio, sein Vater, sein Bruder und dessen Freundin standen auf meiner Seite; Raul, Maria, Felipe, Judith, Americo und ihre Verwandten auf der anderen

6. KAPITEL

Die kosmische Schale

Im Laufe der nächsten Wochen eskalierte die Situation weiter. Enrique, Maria und Felipes Sohn, sind krank geworden. Und die beiden beschuldigten mich und behaupteten, ich hätte den Jungen durch irgendeine Art von Schwarzer Magie verhext. Das war für mich besonders schmerzlich, und da ich eine ganz spezielle Zuneigung für Enrique hegte, war mir der bloße Gedanke, ich könnte ihm absichtlich Leid zufügen, einfach entsetzlich. Während dieser ganzen Zerreißprobe blieben mir die Ursprünge der seltsamen Verdächtigungen seitens der Gruppe ein Rätsel.

Ich wurde wütend auf alle, die *Apus* eingeschlossen. Ich hatte den Eindruck, dass diese „Engel" die zwei Fraktionen der Gruppe gegeneinander ausspielten. Einerseits sagten sie, wir sollten zu mehr Einheit in der Gruppe finden, hielten aber andererseits mit jeder Partei private *Mesas* ab. Dieses unterminierende Verhalten war typisch für zerrüttete Familienverhältnisse. Aber konnte ich eine solche Situation nach nordamerikanischen psychologischen Maßstäben beurteilen? Vielleicht ließen sie sich auf schamanische Erfahrungen nicht anwenden. Welche Regeln gab es im Umgang mit den *Apus* aus der unsichtbaren Welt? Wer schuf eigentlich all diese Probleme, die *Apus* oder wir?

Aus Büchern wusste ich, dass viele schamanische Initiationen „Tests" waren, bei denen es schwierige Konflikte zu lösen oder außerordentliche Mutproben zu bestehen oder auch verwirrende Situationen zu klären galt. Und oft mussten die Initianden sich behaupten und zu kämpfen lernen, wollten sie diese Tests erfolgreich bestehen. In den Geschichten, die ich gelesen hatte, wurden die Initianden von ihren Lehrern geprüft und manchmal sogar in lebensbedrohende Situationen versetzt, um festzustellen, ob sie imstande waren, ihre Angst zu überwinden und spirituelle Stärke zu entfalten. Das war die Frage, die ich mir nun stellte: Wurde ich im Versuch, mich zu unterrichten, von Ricardo und den *Apus* geprüft? Oder war ich lediglich ein Faustpfand in ihrem unergründlichen Spiel?

Ich hasste Streitereien und Konflikte jeder Art und hatte sie in meinem bisherigen Leben meist zu meiden versucht. Ich konnte es auch nicht ausstehen, wenn ich merkte, dass ich eingeschüchtert oder manipuliert wurde. Ricardo hatte mich verschiedene Male gebeten, zur *Mesa* eines seiner anderen Schüler, die ihn „verraten" hatten, zu gehen und sie zu stören. Doch erst, als sich auch noch die *Apus* in die Sache einmischten, fühlte ich mich wirklich bedrängt.

Während einer von Ricardos *Mesas* sprach mich Señor Potosí in derselben Sache an. „Liebst du Engel, Elizabeth?" fragte er mich. Und als ich dies bejahte, befahl er: „Dann wirst du das für uns tun." Anfänglich willigte ich ein; aber ich fühlte mich manipuliert und empfand zugleich Schuldgefühle; weil ich nicht ausführen wollte, wozu sie mich aufforderten. Ich war nicht nach Peru gekommen, um mich mit Ricardos anderen Schülern auseinanderzusetzen, sondern um etwas über das Heilen zu lernen. In dieser ganzen verworrenen Situation fing ich sogar an, Ricardos Absichten in Zweifel zu ziehen. Das Ganze glich allmählich mehr einer Seifenoper, einem seltsamen spirituellen „Peyton Place".

Ich bat eine Freundin meiner Mutter, eine exzellente Hellseherin, um Rat. „Denk daran", sagte sie nachdrücklich. „Höhere Wesen vermitteln dir *nie* ein schlechtes Gefühl oder Schuldbewusstsein." Aber ich hatte ein schlechtes Gefühl *und* fühlte mich schuldig. Ich stand kurz davor, die ganze Sache aufzugeben und nach Hause zurückzukehren. Aber ein so großer Teil meines Lebenstraums und all dessen, was ich als mein Schicksal betrachtete, war mit meinem Aufenthalt hier in Peru verknüpft. Ich konnte nicht so einfach davonrennen.

Inmitten dieses ganzen Wirrwarrs nahm mich Antonio zu einer *Mesa* mit, die deutlich machte, dass die Situation so ziemlich außer Kontrolle geraten war. Die *Mesa* war in vollem Gange. Die üblichen *Apus* waren anwesend, einschließlich meiner persönlichen *Santa Tierra,* La Mamita de las Niwas, als mich plötzlich Mama Simona ansprach: „Tochter Elizabeth, du musst dich auf eine Reise begeben. Du musst die Schale nehmen und mit ihr nach Argentinien fahren!" Die *Apus* wollten, dass ich die Schale für sie verkaufte. Sie hatten sogar schon einen Käufer und einen Verkaufspreis im Sinn. Ich sollte sie für umgerechnet etwa fünfzigtausend Euro verkaufen, und zwar an den Mann, der meinen Freund Carlos damals mit dem Stab der Macht initiiert hatte. Mit diesem Geld könnte die Gruppe dann die *Mesa* von Ricardo kaufen, und uns würde auf längere Sicht die Kraft verliehen werden, die *Apus* zu rufen.

Mir kam jener Tag vor einigen Jahren in Kalifornien in den Sinn, als ich in Rebs Bibliothek ging und ein Buch über den Heiligen Gral aus dem Regal zog. Konnte diese Steinschale, dieses ungewöhnliche Artefakt, das ich in den letzten Monaten unter meinem Bett verstaut hatte, etwas mit dem Heiligen Gral zu tun haben? Und konnte der Auftrag, diese Schale zum Hüter dieses Stabs zu bringen, etwas mit der Prophezeiung zu tun haben, von der mir Carlos vor so vielen Monaten berichtet hatte? Ein prickelndes Gefühl von Schicksalhaftigkeit durchlief mich. Wenn sich Kondore in diesem kleinen Zimmer materialisieren konnten, dann war nichts unmöglich. Aber *war* dieses Phänomen der *Apus* denn real? Das war die Frage die ich mir in Wirklichkeit stellte.

Irgendetwas klickte in mir. Ich musste herausfinden, ob da wirklich etwas auf diesem Altartisch war. Wie ich wusste, konnten die *Apus* im Dunkeln sehen. Also erhob ich mich plötzlich und tat so, als ob ich stolperte oder nach vorne fiel, streckte die Hand aus und tastete, vermeintlich nach Halt suchend, auf dem Altartisch herum. Sofort traf meine Hand auf etwas Warmes, Festes und Fleischiges, auf so etwas wie ein Hühnerbein, nur dass es sehr viel größer war. Und es fühlte sich lebendig an. „Fass meinen Fuß nicht an!" kreischte La Mamita de las Niwas. Da war also etwas Physisches. Ich hatte gerade einen *Apu* berührt.

„Oh, entschuldige bitte", stotterte ich. Verlegen aber befriedigt, setzte ich mich wieder hin und willigte ein, Mama Simonas Auftrag auszuführen. Ich tat es, weil ich, so wie ich die Sache sah, die kosmische Schale einer lang erwarteten Begegnung zuführen würde. Ich würde nach Argentinien fahren, Señor

Martinez, den Hüter des Stabs der Macht, aufsuchen und diese beiden uralten Kraftobjekte wieder zusammenbringen. Ich würde die Prophezeiung erfüllen, von der mir Carlos vor so vielen Monaten erzählt hatte. Abgesehen davon würde mir das die Gelegenheit bieten, den verrückten Machtkämpfen der Gruppe und der *Apus* zu entfliehen und nachzudenken.

Meine Zugfahrt nach Buenos Aires dauerte sechs Tage und war sehr strapaziös. Nachdem ich dort angekommen war, tat sich zunächst nichts, das maßgeblich zur Lösung des Problems hätte beitragen können. Ich machte Señor Martinez ausfindig, einen großen, würdig aussehenden Herrn von fünfundsiebzig Jahren mit silberweißem Haar. Ich erzählte ihm ein wenig von meiner Geschichte und auch, dass diese Schale mit dem Stab zusammengebracht werden sollte, dass ich aber nicht wisse, wie sich dies bewerkstelligen ließe. Zu meiner Überraschung machte Señor Martinez selbst den Vorschlag, dass wir uns in einer Woche mit der kosmischen Schale, dem Stab und ein paar handverlesenen Schülern von ihm treffen sollten.

Ich traf pünktlich zur verabredeten Stunde ein. Martinez stellte mir vier seiner Schüler und Schülerinnen vor, die ihm bei der Sitzung zur Hand gehen würden. Ich entdeckte, dass er ein esoterischer Lehrer war, der in regelmäßigen Abständen seine Schüler mit dem Stab der Macht in eine Geheimgesellschaft initiierte. Dieser Stab lag bei meiner Ankunft schon auf dem Tisch. Er war wunderschön, genau so, wie Carlos ihn beschrieben hatte: etwa dreißig Zentimeter lang und aus pechschwarzem Basalt.

Es war Nachmittag. Martinez begann die Sitzung, indem er die Jalousien herabließ, wodurch im Raum eine Art Dämmerlicht herrschte. Er und seine Schüler schlossen die Augen. Martinez fing an, rhythmisch trommelnd auf die hölzerne Armlehne seines Sessels zu klopfen, was wohl einen Zustand der Trance herbeiführen sollte. Die Atmosphäre wurde sehr dicht und drückend. Ich fand es seltsam, dass kein einleitendes Gebet und kein Dank gesprochen wurden und dass keine Anrufung des Göttlichen stattfand. Wir stiegen direkt mitten hinein.

Nach einer Weile fing Martinez an, mit einer merkwürdig krächzenden Stimme sprechen: „Ich sehe sieben Zauberer in den

Bergen ... in Peru ... sie geben dir den ...". Er gurgelte etwas Unverständliches. Dann schrie er fast: „Die kosmische Schale!" Er machte eine Geste zur Schale hin. „Ja, die kosmische Schale ist eine alte Freundin des heiligen Stabs."

Als Martinez in den Sessel zurücksank und verstummte, hörte man einen anderen gurgelnden Laut, der jetzt von der anderen Seite des Raumes kam. Eine seiner Schülerinnen begann zu reagieren. Sie brummte und knurrte und wand sich hin und her. Plötzlich stand sie vor mir und schrie: „Parzival ... Parzival ... Parzival!"

Parzival war der Hüter des Heiligen Grals gewesen! Warum sprach sie mich mit diesem Namen an? Dann begann sie, mich mit leiser Stimme drängend zu bitten: „Sing für den Stab ... sing die Farben des Stabs. Sing Parzival, sing!" Schließlich befahl sie es mir immer und immer wieder mit lauter werdender Stimme. Die Frau schien völlig verrückt zu sein.

Trotz meiner mentalen Reaktion stieg auf unheimliche Weise ein Ton in meiner Kehle auf, der nur darauf gewartet hatte, freigesetzt zu werden. Ich begann versuchsweise, den Ton zu entlassen, zum Stab zu „sprechen". Ich ließ noch ein bisschen mehr los, und es kamen lange reine Töne heraus, wie Frequenzen. Noch nie in meinem Leben hatte ich derartige Töne von mir gegeben. Zu diesen Tonfrequenzen konnte ich Farben sehen, und es schien, dass diese beiden Kraftobjekte zu einem leuchtend farbigen Netz von Tönen zusammengewebt wurden. Ich sang immer weiter diese Töne, die langsam für mich verständlich wurden und sich zu Worten formten. „Aus der Dunkelheit ... aus der Dunkelheit ... wird das Licht kommen." Und als diese Töne zu Worten geworden waren, endete das Lied.

Für eine Weile entschwand mir das Bewusstsein, und als ich die Augen wieder öffnete, bemerkte ich, dass ich von der Couch geglitten war und auf den Boden saß. Meine Brust war auf Tischhöhe. Die Spitze des Stabes berührte tatsächlich meine Brust. Auf einmal spürte ich ein brennendes Gefühl, als ob der Stab in meinen Körper eindrang, mein Herz durchbohrte und sich ganz durch mich hindurchbewegte. Ich wusste, dass dies ein energetisches Phänomen war, doch es fühlt sich so an, als würde der Stab tatsächlich eine Öffnung in mich hineinbohren. Es war beängstigend und wunderbar zugleich; ein überaus köstliches

Durchbohrtwerden, wie Sex, nur auf einer spirituellen und emotionalen Ebene.

Erst in diesem Moment wurde mir klar, was von Anfang an offensichtlich gewesen war: Die beiden Artefakte waren ein männliches und ein weibliches Kraftobjekt. Der durchbohrende, durchdringende Stab der Kraft war stark, männlich; und die Schale mit ihrer empfangenden, bewahrenden Qualität war weiblich. Mir kam der Gedanke, dass der Hüter des Stabs möglicherweise zu männlich werden konnte und des ausgleichenden weiblichen Aspektes bedurfte. Und vielleicht brauchte ich den laserartigen Fokus des Stabs.

Im gleichen Moment, in dem die Sitzung beendet war, ertönte ein ungeheuer lauter Donnerschlag. Draußen ging ein sintflutartiger Regenguss nieder. Die Natur selbst gab ihren Kommentar zu unserer Arbeit.

Señor Martinez ließ lächelnd die Jalousien hoch. Er schien mit der Sitzung sehr zufrieden zu sein. Ich musste nun auf der Stelle eine Entscheidung treffen. Bei unserem ersten Treffen hatte er mir erzählt, dass er die Schale nicht kaufen könne. Wie die meisten spirituellen Lehrer hatte er keinen Pfennig übrig. Und obwohl meine Anweisung lautete, die Schale zu verkaufen, wollte ich es nicht, fürchtete mich aber zugleich davor, den *Apus* nicht zu gehorchen. Ich wollte richtig handeln, das moralisch und spirituell Richtige tun.

„Sie soll fürs Erste bei Ihnen bleiben", sagte ich zu Martinez und legte die Schale in seine Hände. „Sie und Ihre Schüler werden sie nutzen können."

Nach ein paar Tagen wurde ich unruhig. Die Entscheidung, die Schale bei Martinez zu lassen, rief bei mir ein mulmiges Gefühl hervor. Ich wollte keinesfalls, dass sie in falsche Hände geriet, und zog deshalb Erkundigungen über seine Person ein. Dabei erfuhr ich, dass Martinez als ein von Machthunger getriebener Fanatiker galt. Ich dachte mir einen etwas fadenscheinigen Vorwand aus und holte die Schale zurück.

In den nächsten Wochen durchstreifte ich ganz Buenos Aires und sprach mit spirituellen Lehrern, Hellsehern und sonstigen Leuten, die mir mehr Informationen über die kosmische Schale oder die *Apus* geben könnten. Keiner von ihnen hatte von beiden je gehört, bis mir eines Tages von einem spirituellen Lehrer berichtet wurde, der als sehr machtvoll galt. Er hielt einmal im Monat Beratungen ab, und die Synchronizität wollte es, dass ich einen Termin bei ihm bekam. Ich traf mit der kosmischen Schale in den Händen dort ein und musste in einer langen Menschenschlange neun Stunden lang warten.

Als ich schließlich sein Sprechzimmer betrat, die Schale auswickelte und ihm etwas von meiner Geschichte erzählte, brachte er mich mit einer Handbewegung zum Schweigen. Er zog eine Münze aus der Tasche und warf sie in die Schale. Die Münze verschwand. Und nun sah ich statt des Inneren der Schale Hunderte von Sternschnuppen. Er fasste mit der Hand hinein und holte die Münze zurück. „Was ... wie ... ?" stotterte ich.

„Diese Münze ist aus demselben Material wie der Heilige Gral", sagte er in sachlichem Ton. Ich fühlte mich wie hypnotisiert und fragte mich, ob dieser Mann ein Meisterhypnotiseur war.

„Aber die Schale ... die *Apus* haben mir gesagt, ich soll sie verkaufen."

„Heilige Gegenstände können nicht verkauft werden", erklärte er kategorisch. Eine Welle der Erleichterung und Freude durchströmte ich, als seine Worte das bestätigten, was ich tief in meinem Inneren empfand.

„Bitte, ich brauche Ihre Hilfe. Kennen Sie die *Apus*?"

„Ich kenne sie."

„Die *Apus* haben mir gesagt, ich sei um ihrer Willen geboren worden."

„Nein, sie wurden um ihrer selbst Willen geboren", erwiderte er mit Bestimmtheit. Ich saß da, niedergeschmettert von seinen einfachen und so nüchtern ausgedrückten Worten. Und sie fingen an, einen Energieknoten in meinem Bauch zu lösen. Auf irgendeine Weise befreiten sie mich. Die Beratung hatte nicht länger als fünfzehn Minuten gedauert, aber ich hatte ganz klar das erfahren, was ich mir von diesem Treffen erhofft hatte. Ich bedankte mich bei ihm und ging.

Draußen wurde mir allmählich klar, dass ich ganz unbewusst die wunderbaren herrlichen mystischen Erfahrungen der letzten Monate mit den Geschöpfen in der Dunkelheit in Verbindung gebracht hatte. Nachdem die *Apus* mir gesagt hatten, ich sei um ihrer Willen geboren worden und dazu bestimmt, für sie zu arbeiten, war in mir der Glaube gewachsen, dass ich ihnen mein neu erwachtes spirituelles Leben und meine sensitiven Fähigkeiten zu verdanken hätte. Ich erkannte, dass ich alle Ereignisse unbewusst miteinander in Verbindung gebracht und den *Apus* die Verantwortung für meine visionären Erfahrungen und meine Macht übertragen hatte. Ich fühlte mich in ihrer Schuld. Aber noch mehr als das, ich hatte mich allmählich versklavt gefühlt!

Das war definitiv nicht richtig. „Selbst wenn die *Apus* Kräfte der Natur sind, sollte ich nicht das Gefühl haben, ihre Sklavin zu sein. Ich sollte mit ihnen zusammenarbeiten", argumentierte mein Verstand. Doch das konnte ich nicht, weil ich mich vor ihnen fürchtete. Irgendetwas war hier schiefgelaufen und musste wieder in Ordnung gebracht werden, und zwar bald! Ich war noch nicht bereit, nach Peru zurückzukehren und mich Ricardo und der Gruppe zu stellen. Mit diesem Rätsel hatte es mehr auf sich, als ich ergründen konnte. Und ich wollte in Argentinien bleiben, bis ich mehr Klarheit gewonnen hatte.

Nach weiteren Wochen des vergeblichen Bemühens um klare Antworten wachte ich eines Morgens voller Verzweiflung auf. Ein Teil von mir wollte diesen ganzen Hokuspokus über Bord werfen, nach Nordamerika zurückkehren und wieder „normal" werden. Vielleicht konnte ich einen Job als Hausmeisterin bekommen oder irgendwo Toiletten schrubben oder einfach nur eine schlichte Psychologin sein, die ganz gewöhnlichen Menschen auf profane Weise half. Die Dinge waren zu kompliziert geworden, voller Intrigen, und sie waren irgendwie aus dem Gleichgewicht geraten.

Ich wollte zu meinem früheren kleinen Ich, meinem naiven Ich, zurückkehren, diesem Ich, das nie irgendwelche Visionen gehabt, nie einen spirituellen Ruf vernommen hatte, nie vor den eigenen Augen die unsichtbare Welt sich manifestieren gesehen hatte, nie das Unmögliche erlebt hatte. Dann würde mich vielleicht das Unmögliche in Ruhe lassen. Ich hatte das Gefühl, als würde eine Vielzahl von Wesen, Menschen und Energien an mir zerren, sich um meine Aufmerksamkeit bemühen, um alle möglichen Dinge bitten und mir alle möglichen Dinge versprechen. Doch ich wollte nur noch innere Ruhe und Frieden.

Ich brach ohne Ziel oder eine bestimmte Absicht zu einem Spaziergang auf, ging nur, um zu gehen, um die Bewegung meines Körpers zu spüren und mich von der Spannung meiner inneren Kämpfe abzulenken. Bald darauf fand ich mich vor der Kathedrale von San Isidro wieder. Unbewusst hatte ich den Trost dieser Kirche gesucht, obwohl ich mir sicher war, dass dieser Trost nicht von der Kirche ausging. Für mich war dies ein Kraftort, und ich fragte mich, ob diese Kathedrale nicht, wie so viele andere auch, über einer einheimischen Stätte errichtet worden war. Ich war zuvor schon einige Male hier gewesen, und der Ort vermittelte mir ein wunderbares Gefühl.

Der Regen hatte für eine Weile ausgesetzt, und das tief bernsteinfarbene, goldene Licht des Sonnenuntergangs stahl sich durch die Wolken. Ein Vorhang aus grünem Blattwerk, der vor der Kathedrale herabhing, färbte sich golden, und in diesem Augenblick wurden ein Dutzend Trauerweiden zu etwas Heiligem. Ich hätte ewig hier stehen und die Bäume ansehen können. Sie linderten die Qual meiner Seele.

Rasch zog sich der Himmel wieder zu. Die Dämmerung brach herein, und es begann, zu regnen. Und zwar gewaltig. Ich machte mir Sorgen, bis auf die Haut durchnässt zu werden. In der sicheren Annahme, dass die Kathedrale verschlossen sei, war ich gar nicht erst bis zu ihrem Eingangsportal gegangen. Ich wusste, dass sie um fünf Uhr zugesperrt wurde, und es war jetzt schon halb sechs. Doch da es immer heftiger regnete, wollte ich es zumindest auf einen Versuch ankommen lassen.

Ich ging zu dem riesigen Portal und drückte dagegen. Es war unverrückbar wie ein Fels. Dann kam mir der Gedanke, den Türknauf zu drehen. Die Tür ließ sich ganz leicht öffnen, und ich trat ein. Bis auf einen Kirchendiener, der am anderen Ende das Wachs vom Boden entfernte, hatte ich den Ort für mich allein. Ich näherte mich dem Altar und suchte mir dann auf etwa halber Höhe in einer Kirchenbank einen Platz. Obwohl ich mich nicht als Katholikin betrachtete, bekreuzigte ich mich, vielleicht um des Kirchendieners willen. Dann senkte ich den Kopf und begann zu beten.

Während ich betete, überkam mich ein ungeheurer Frieden. Ein Wärmegefühl breitete sich in meiner Brust aus. Mein ganzer Körper entspannte sich, und der Sturm meiner Gefühle legte sich.

Nach ein paar Minuten spürte ich eine Präsenz, die mich aufblicken und zum Altar sehen ließ.

Da schwebt zu Linken des Altars eine Gestalt zwei Meter über dem Boden. Sie ist von eleganter und erlesener Schönheit und über zweieinhalb Meter groß. Sie ist in elfenbeinfarbenen Satin gekleidet, und zarte Pflanzen auf ihrem Kleid bilden ein herrliches Muster. Ihr Körper ist sinnlich und außerordentlich fein. Riesige braune Augen, die kein Weiß zeigen, beherrschen ihre Gesichtszüge, und von ihrem Kopf gehen lange Antennen aus. Sie ist wie eine Pflanze, ein Insekt und eine überaus wunderbare Fee zugleich. Sie ist ein weiblicher Naturgeist, die Verkörperung der Schönheit und zarten Anmut der Natur, die alles überstrahlende Königin dieses Landes. Sie strömt ein Gefühl von reinster Liebe und Schönheit aus, wie ich es noch nie erfahren habe. Meine Aufmerksamkeit richtet sich auf die rechte Seite des Altars, und dort schwebt eine andere, ebenso große und überwältigende Gestalt über dem Boden. Sie trägt ein blaues Gewand mit einer weißen Kapuze und einem weißen Umgang. Ein Strahlen geht von ihrem Gesicht aus. Ihre Hände sind zu einer bittenden Geste ausgestreckt. Um ihren Kopf kreisen im Uhrzeigersinn zwölf strahlende und blinkende Sterne. Sie ist wunderschön. Sie ist die Jungfrau Maria, die kosmische Mutter. Sie ist die Emanation der göttlichen weiblichen Energie. Ich starre sie gebannt an. Mein Herz trinkt ihre Liebe, ihre Schönheit, ihre reinste und höchste Essenz, ihre weibliche Macht in sich hinein. Ich bewege mich nicht. Ich kann es gar nicht. Plötzlich wird meine Aufmerksamkeit zur Mitte des Altars gelenkt. Mir wird klar, dass ich eine Vision habe und meine Augen sind weit geöffnet. Vor mir materialisiert sich in der Mitte des Altars, quasi in Zeitlupe und zum Klang einer einzigen Glocke ein goldener Kelch. Und dann höre ich heilige Engelchöre, heiliger Gesang und die Glocke. Und dann erscheint SIE immer und immer wieder. Die kosmische Schale, der Heilige Gral, erscheint. Er erscheint auf Hunderten … Tausenden ...nein auf jedem Altar einer jeden Kirche dieser Welt. Sie kehrt zurück. Singend. Sie kehrt zurück.

Ich konnte die Intensität der Vision nicht länger ertragen. Die Tränen strömten mir über das Gesicht. Ich sah an meinem Körper herunter, zitternd unter dem wuchtigen Eindruck dessen, was ich gerade erlebt habe. Ich hörte das Rascheln von Kleidern und sah aus den Augenwinkeln einen Priester, der gerade hereingekommen war. Er stand vor dem Altar. Ich sah hoch. *Sie sind immer noch da, und auch der Kelch erstrahlt genau in der Mitte des Altars. Er kann sie nicht sehen, aber sie sind immer noch da.* Die weiblichen Gestalten verweilten reglos und strahlten ihr Licht aus. Sie sahen mich nicht, denn dies war keine persönliche Vision. Ich war einfach nur Zeugin eines sehr viel größeren Ereignisses.

Ich erzählte niemandem von dieser Vision, aber sie hat sich für alle Zeiten in meine Seele eingebrannt. Bis auf den heutigen Tag kann ich vor meinen geschlossenen Augen diese weiblichen Gestalten sehen. Ursprünglich war diese Erfahrung so machtvoll, dass mein Bewusstsein sie kaum aufzunehmen vermochte. Auch kam ich nicht umhin, mich zu fragen, ob das Zusammentreffen des Stabs mit der kosmischen Schale etwas damit zu tun hatte. In den folgenden Tagen kehrten meine Gedanken ständig zu dieser Vision zurück, aber ich wusste nicht, wie ich sie deuten sollte. In Worten ließ sich ihre transformierende Kraft nicht beschreiben. Ich konnte nur eine kurze Eintragung in mein Tagebuch machen, als Bezugspunkt, der diese wertvolle Erfahrung an irgendetwas in der konkreten Welt verankerte.

Doch nur allzu bald nahmen andere Sorgen meine Aufmerksamkeit in Anspruch. Ich überprüfte die Ergebnisse meiner Recherchen. Viele der spirituellen Lehrer, die ich aufgesucht hatte, vertraten die Theorie, dass die *Apus* möglicherweise Elementargeister- und im Gegensatz zu höheren Wesen weniger weit entwickelt waren. Oder dass sie vielleicht „niedrige astrale Wesen" waren, verlorene oder bestrafte Seelen von Toten, die auf einer niedrigen Stufe der Astralebene fest saßen. Ich hatte gehört, dass man, um auf die höhere spirituelle Ebene vordringen zu können, durch die niedrigeren Astralbereiche, durch eine Welt der Täuschung, List und Illusion, reisen musste. Einiges an dieser Beschreibung schien zu passen - aber nicht alles.

Ich glaubte nicht wirklich an die von der New-Age-Bewegung propagierte Spaltung in „lichte Wesen" und „dunkle Wesen". Das schien mir eine zu oberflächliche Formel für eine komplexe und rätselhafte Welt zu sein. Ich neigte in dieser Hinsicht eher der

Auffassung der Jungianer zu, der Vorstellung, dass wir am Integrieren unseres „Schattens", der schwierigen, unbewussten Aspekte unserer menschlichen Natur, arbeiten. Wie Carl Gustav Jung glaubte ich, dass das Böse nichts weiter als die projizierten Aspekte unseres eigenen Schattens sind. Und wenn das Integrieren dieses Schattens gelang, gewann man den Zugang zur Lebenskraft des Unbewussten. Aber stimmte das auch? Jung war von den alten Vertretern psychologischer Theorien, von denen ich gelesen hatte, der Einzige, der über ein sich Verbünden mit dem Unbewussten, dem unbekannten oder rätselhaften Aspekt unseres menschlichen Wesens sprach und es respektierte, anstatt es zu bekämpfen oder den Versuch zu unternehmen, es zu „amputieren". Die Theorie von Carl Gustav Jung beruhte mehr auf einer „schamanischen" Basis. Im traditionellen jüdisch-christlichen Denken wurden die „niederen Triebe" wie Sex und Aggression in eine einzige Kategorie eingeordnet: in die des Bösen. Das war keine sehr befriedigende Antwort für einen kritischen Verstand und ein kritisches Herz.

Bevor ich nach Peru kam, hatte ich nicht an das Böse geglaubt. Jetzt war ich mir da nicht mehr so ganz sicher. Und doch konnte ich Ricardos *Apus* nicht einfach als böse abtun. Ich hatte eine Menge von ihnen gelernt. Auch sie waren Teil der großen Schöpfung. Mein Gefühl sagte mir, dass ich lernen musste, mit ihnen umzugehen. Doch hatte ich so meine Zweifel, ob ihnen immer an *meiner* Entwicklung im besten Sinne gelegen war. Die *Apus* schienen ihren eigenen Beweggründen zu folgen, und da ich nicht länger auf ihre Wünsche einging, fürchtete ich mich vor dem, was mir da möglicherweise blühen könnte.

Nach einigen Monaten meines Aufenthalts in Buenos Aires war ich nun bereit, eine Entscheidung zu treffen und fühlte mich in meiner neuen Perspektive genügend gefestigt, Ich hatte die Geisterwelt zwar als Realität anerkannt, mir jedoch einen kritischen Blick auf dieses „Phänomen" bewahrt. Ich wusste, dass nun meine Zeit in Argentinien dem Ende entgegen ging und ich nach Cuzco zurückkehren und den *Apus* ihre kosmische Schale zurückgeben musste. Schließlich gehörte sie mir nicht, und diese Vorstellung empfand ich als absolut befreiend. Auch wenn ich mich davor fürchtete, ließ sich meine Rückkehr durch nichts mehr aufschieben. Ich kaufte ein Busticket von Buenos Aires nach Nordchile.

Die lange Fahrt durch die Wüste gab mir Zeit, über meine Erlebnisse nachzudenken und mich auf das einzustellen, was kommen könnte. Ich bemühte mich, meine Ängste im Zaum zu halten. Ich fing gerade an zu verstehen, wie ich meine eigenen Bewusstseinszustände erzeugte, vor allem die der Angst und des Schuldgefühls. Und es war sehr schwierig, zwischen einer projizierten Angst oder Fantasie und wahrer Intuition zu unterscheiden. Meine mediale Öffnung, die ich zum ersten Mal in Peru und dann in San Francisco erfahren hatte, und all die bisherigen Visionen, die ich seitdem hatte, haben mich gelehrt, dass nicht alles davon meine persönlich projizierte Fantasie war. Doch ich wusste auch, dass nicht alles was ich auf mediale Weise wahrnahm der Wirklichkeit entsprach. Wie gesagt, es war schwierig, zwischen realer Intuition und projizierter Fantasie zu unterscheiden.

Ich konnte, während ich nun über meine unausweichliche Begegnung mit den *Apus* nachgrübelte, meinen Gefühlen nicht vertrauen. Gründeten sich meine Vorahnungen und Ängste auf eine klare mediale Wahrnehmung der Zukunft, oder befand ich mich in einem emotionalen Zustand, den ich aus meinen tiefen Befürchtungen heraus selbst erzeugt hatte? Ich bewegte mich auf einem schmalen Grat zwischen Fantasie und Realität. Wie interagieren Gedanken und Materie, um das zu erschaffen, was wir als Realität wahrnehmen?

Das war eine Frage, die mich seit Monaten faszinierte und die ich doch nicht in den Griff bekam. Vor meiner Erfahrung mit den sich materialisierenden *Apus* war der Unterschied zwischen Gedanken und materieller Realität durch eine klare und konkrete Trennungslinie gekennzeichnet. Aber hier in Südamerika hatten sich die Grenzen zwischen der materiellen und der spirituellen Welt irgendwie verwischt. Bei meinen Nachforschungen in Argentinien hatte ich erfahren, dass einer spiritistischen Lehre zufolge, die in Brasilien praktiziert wird, die Geister menschliches Ektoplasma oder eine bioenergetische Kraft benutzen, um sich zu materialisieren. Ließ sich auf diese Weise das Phänomen der *Apus* erklären? Oder war Ricardo ein sehr mächtiger Sensitiver, der menschliches Ektoplasma in jeder ihm beliebenden Form sammeln und projizieren konnte?

Psychologisch betrachtet, so überlegte ich, könnten die *Apus* materialisierte Projektionen von Ricardos Unterpersönlichkeiten sein. Wie immer die Erklärung auch aussehen mochte, ich wusste jedenfalls, dass Gedanken und Überzeugungen die Kraft haben, auf die materielle Welt einzuwirken, und ich musste nun achtsam mit meinen eigenen Gedanken und Glaubensvorstellungen umgehen. Ich brauchte acht Tage, um mit dem Bus nach Cuzco zurückzukommen. Acht Tage voller Angst. Als ich schließlich ankam, stellte ich zu meiner Überraschung fest, dass ich entzückt war, wieder in dieser schönen Stadt zu sein. Ungeachtet all meiner Probleme hatte Cuzco etwas so Wunderbares und Freudvolles an sich, dass ich für eine Weile meine Erwartung eines herannahenden Verhängnisses vergaß und ein paar fröhliche Tage mit Freunden verbrachte. Ich fragte mich sogar schon, ob ich die Schale nicht einfach in Rauls Haus abliefern und damit die Sache beenden konnte. Aber dazu sollte es nicht kommen.

Ein paar Tage nach meiner Rückkehr ging ich eines Nachts auf dem Heimweg von einer Diskothek eine meiner liebsten Straßen, der Calle Loretto, entlang. Diese Straße hatte fast völlig ihr Aussehen aus der Inkazeit bewahrt und war zu beiden Seiten mit noch intakten Mauern aus der Zeit der Inkas eingesäumt. Darin waren noch die Nischen zu sehen, in denen damals angeblich goldene Statuen gestanden haben. Dies alles erinnerte mich an die Größe der Kultur der Inkas und füllte mich mit der Gewissheit, dass in ihr mehr Spiritualität existiert haben musste, als ich bisher erfahren hatte.

Wie als eine Reaktion auf meine Gedanken erschien in einer der Nischen eine Gestalt: ein Mann mit einem Kopfschmuck, der mit Fransen versehen war. Seine Haut war dunkel, sein Körper groß und mächtig, seine Haltung königlich. Diese beeindruckende Gestalt strahlte Kraft aus. Doch dies war keine Angst einflößende Macht. Es war eine kontrollierte Kraft. „Denk daran", sagte er zu mir gleichsam wie zu einer Kollegin, „es war der Inka, der die *Apus* kommandierte. Es waren nicht die *Apus*, die den Inka kommandierten." Dann löste sich die Gestalt auf.

„Natürlich!" schrie ich fast, als mir plötzlich etwas klar wurde. Instinktiv hatte es mich von Anfang an gestört, dass Ricardos *Apus* sagten, was man zu tun hatte. Und nun verstand ich auch mein Unbehagen auf allen Ebenen, psychisch, esoterisch und aus dem Bauch heraus. Man kann Kinder einfach nicht den Zoo regieren lassen. Als Therapeutin hatte ich dieses Familienmuster häufig beobachtet. Wenn in einer Familie den Kindern zu viel Kraft eingeräumt wird, ist das mit katastrophalen Folgen verbunden, weil die Kraft der Eltern geschwächt wird und die Familienstruktur zusammenbricht. Ebenso leidet die ganze Familie darunter, wenn die Kinder ignoriert oder schlecht behandelt werden. Ich ging von der Annahme aus, dass dieses Muster zweifellos auch für unsere eigenen unbewussten Impulse galt. Wenn wir uns von unseren niedrigeren Impulsen dirigieren lassen, ist Chaos die Folge. Wenn wir diese Impulse jedoch unterdrücken, verlieren wir unsere Lebenskraft. Vielleicht bestand das Geheimnis darin, dafür zu sorgen, dass unsere Lebenskraft von einem fest und bestimmt agierenden Bewusstsein geführt und kanalisiert wurde. Natürlich sind diese Kinder nicht schlecht oder böse. Sie haben einfach nur eine ihnen nicht angemessene Rolle inne.

Von diesem Standpunkt aus betrachtet konnten diese Kräfte der Natur, die *Apus* nicht das Kommando führen, so wie es Ricardos *Apus* zu tun schienen. Das entwickelte menschliche Bewusstsein – **der Inka** – sollte diese Kräfte der Natur dirigieren und leiten. Historisch gesehen waren wir einst von der Natur beherrscht und der Gnade ihrer überwältigenden Kraft ausgeliefert. Dann versuchte die Gesellschaft des Westens in Reaktion auf diese Erfahrung der Hilflosigkeit, die Natur zu beherrschen oder zu unterdrücken. In meiner nordamerikanischen Kultur war dadurch eine Gemeinschaft „nicht lebendiger“ Menschen entstanden, die sich vor ihrem Körper und ihren eigenen spontanen Impulsen fürchteten.

Doch keines der beiden Extreme funktionierte. Wirklich notwendig war eine starke führende Hand, die zuließ, dass die Macht des Unbewussten konstruktiv genutzt und kanalisiert wurde. Was Ricardo anging, so waren ihm die Dinge eindeutig aus der Hand geglitten. Er wurde von seinen eigenen *Apus* „aufgefressen“.

Am nächsten Morgen, genau vier Tage nach meiner Ankunft in Cuzco, erschien Ricardo bei mir zu Hause. Er wurde von einigen Personen begleitet, die ich nicht erkannte. Ich sah von meinem Fenster aus sein Auto und hätte Panchita fast gebeten, ihm zu sagen, ich sei nicht da. Doch in letzter Minute änderte ich meinen Sinn. Etwas in mir schien zu rebellieren. Ich musste mich Ricardo stellen. Der Augenblick war gekommen.

„Elizabeth", rief Ricardo vom Hof herauf. Ich war auf den Balkon getreten und sah zu ihm hinunter. Ich ging nicht nach unten und würde ihn auch ganz gewiss nicht zu mir nach oben einladen. „*Los Papítos* wollen mit dir sprechen", sagte er. Er lächelte nicht, sah aber auch nicht ärgerlich aus, wie ich eigentlich erwartet hatte.

„Ja, Ricardo", sagte ich mit fester, doch gleichmütiger Stimme. „Ich werde morgen mit ihnen sprechen. Wann ist die *Mesa*?"

„Um elf Uhr am Vormittag."

„Sehr gut, dann bis morgen." „Bis morgen", sagte er und beugte den Kopf, als er durch Tür zur Straße ging.

An diesem Abend sah ich Antonio zum ersten Mal wieder. „Seit deiner Abreise nach Argentinien haben sich seltsame Dinge, ereignet, Elizabeth", berichtete er. Er sah aus, als stünde er neben sich. „Seitdem habe ich kaum noch an der *Mesa* teilgenommen. Es passierten mehr und mehr Dinge, die mir nicht gefielen."

Ich nickte. „Diese *Apu*s sind keine höheren Wesen. Du darfst dich nicht von ihnen herumkommandieren lassen", sagte ich. "Antonio, letzte Nacht sah ich den Inka." Ich deutete auf meine Stirn, um darauf hinzuweisen, dass es sich um eine Vision gehandelt hatte. „Er hat mir gesagt, dass die Inkas die *Apus* kommandieren und nicht umgekehrt."

„Das ist richtig", erwiderte Antonio und seine Augen funkelten, als ob er soeben aus einem tiefen Schlaf erwacht wäre. „Mir kam ebenfalls schon der Gedanke, dass Ricardo zwar kraftvoll war, aber seine Kraft nun verdorben ist."

„Genau", pflichtete ich ihm bei. „Antonio, komm morgen mit mir zu *Mesa*. Ich habe etwas vor und möchte, dass du dabei bist."

„Das würde ich um nichts in der Welt verpassen wollen", grinste er.

Antonio, Miguel und seine Freundin Elena waren am nächsten Morgen gegen halb elf bei mir. Es wäre eine Lüge zu behaupten, dass ich keine Angst hatte. Ich war mir nicht sicher, warum, aber ich wusste, dass ich mich mit den *Apus* auseinandersetzen und diese direkt ansprechen musste. Dieser Sache war ich mir gewiss, und das gab mir Zuversicht. Und da sich mein Spanisch in den letzten fünf Monaten enorm verbessert hatte, würde die Sprache nicht länger ein Hindernis sein.

Wir fuhren in einem Lastwagen fast eine Stunde lang in die Außenbezirke der Stadt, wo sich das Haus befand, in dem die *Mesa* abgehalten wurde. Wie stets mussten Ricardo und seine Schüler erst das Wohnzimmer ausräumen, um Platz zu schaffen, und dann die Türen und Fenster abdunkeln. Während dieser Zeit hatte ich die Muße, erst vollkommen nervös zu werden und mich dann völlig zu entspannen. Als sie schließlich mit allem fertig waren, war auch ich bereit.

„Tochter Elizabeth, warum hast du deine Mission nicht ausgeführt?" wollte Señor Pampahuallya wissen, nachdem er sich materialisiert hatte.

„Weil, wie du weißt, Señor Pampahuallya, geheiligte Gegenstände nicht verkauft werden können", erwiderte ich und meine Stimme vibrierte vor Wut, Wahrheitsempfinden und auch ein wenig Angst. Es war erstaunlich, wie anders ich mich nun fühlte. Ich war mir meiner selbst sehr viel sicherer.

„Das ist richtig", antwortete er zu meiner Überraschung.

„Und nun, *Papíto,* habe ich einige Fragen an dich, wenn du nichts dagegen hast." ich zitterte, denn ich war mir nicht sicher, wie die *Apus* oder die anderen Anwesenden auf die Wendung des Geschehens reagieren würden.

Man hörte die wütende Stimme eines der Schüler Ricardos: „Du brauchst ihre dummen Fragen nicht zu beantworten, *Papa Lindo.*"

„Wir werden antworten", erwiderte Señor Pampahuallya.

„Seid ihr Lichtwesen?" begann ich meinen Fragenkatalog, wobei mir klar wurde, dass ich vor sechs Monaten viel zu eingeschüchtert gewesen wäre, um solche Fragen überhaupt nur in Gedanken zu formulieren.

„Nein, wir sind dunkel", kam ganz direkt seine Antwort.

„Gehört ihr der dritten Dimension oder einer anderen Dimension an?"

„Wir gehören dieser Dimension an."

Ein Schweigen trat ein. Also fuhr ich fort. „Warum seid ihr hier? Worin besteht eure Mission oder Aufgabe?"

„Wir sind hier, um Menschen zu helfen, die nicht zu einem regulären Arzt gehen können."

„Warum saugt ihr den Menschen Energie ab?" fragte ich.

„Um zu essen, um uns zu ernähren."

„Weshalb? Könnt ihr eure Energie nicht direkt von Gott beziehen?" bohrte ich weiter.

„Nein. Das ist nicht gestattet", antwortete Señor Pampahuallya in neutralem, sachlichem Ton.

„Und um mit uns zu arbeiten, müsst ihr leiden", fügte Señor Sollacasa mit ganz besonders boshafter Stimme hinzu.

„Nun, ich nehme an, ich arbeite nicht mehr für euch", sagte ich triumphierend. „Ich bin gekommen, um euch eure kosmische Schale zurückzugeben. Ich danke euch vielmals. Lebt wohl."

„*Ciao*", sagte Señor Sollacasa. „*Ciao*", sagte Señor Pampahuallya, und damit verflüchtigten sie sich flügelschlagend durch die Decke.

Als es im Raum wieder hell wurde, ging ich schnurstracks zu Ricardo und schüttelte ihm die Hand. Er zeigte weder Ärger noch überhaupt irgendeine sichtbare Reaktion. Er erwiderte lediglich höflich meinen Händedruck. Die anderen Schüler weigerten sich, mir die Hand zu geben. So winkte ich Lebewohl und rannte fast zur Tür. Antonio, Miguel und Elena folgten mir auf den Fersen. Wir machten uns auf den Weg zu Elenas Haus, das nur ein paar Straßen weit entfernt war. Ich sprang herum, hüpfte und jubelte aus schierer Freude und Erleichterung.

„Mensch, bin ich froh, dass das vorbei ist. Jetzt wissen wir, was das alles auf sich hatte. Habt ihr das gehört? 'Um mit uns zu arbeiten, müsst ihr leiden', imitierte ich die Stimme Señor Sollacasas. „Wie gruselig", lachte ich. „Na, das erklärt mir alles."

„Ja, mir auch", sagte Antonio und blickte ein wenig traurig drein.

„Enttäuschend. Nicht wahr?" fragte ich.

„Ja, sehr. Ich nehme an, du kehrst jetzt nach Hause zurück", sagte er und sah verloren aus.

„Ja, das ist richtig. Aber mach die keine Sorgen, Antonio. Ich liebe Cuzco. Ich werde ganz bestimmt zurückkommen."

Ich ahnte nicht, dass bis zu meiner Rückkehr nach Cuzco mehr als zwei Jahre vergehen sollten. Doch die Wiederaufnahme meines Lebens in den Vereinigten Staaten gestaltete sich nicht so einfach. Tatsache war, dass die Trostlosigkeit mich voll im Griff hatte. Ich konnte mich mit dem normalen nordamerikanischen Leben nicht abfinden. Die Leute hier schienen so leblos, so farblos, so gelangweilt. Selbst die teuersten ökologisch angebauten Nahrungsmittel schmeckten nun für mich nach dem Genuss der reichhaltigen kraftvollen Gemüse und Früchte aus dem heiligen Tal der Inkas nach Plastik.
Am Schlimmsten empfand ich, dass die Pachamama überall, wohin ich auch ging, überdeckt war. Ihre Kraft wurde von Beton, Gebäuden, Straßen und Häusern niedergehalten. Im Gegensatz zu Cuzco konnte ich hier die von der Erde ausströmende Lebensenergie nicht spüren. Meine Therapeutin nannte es einen schlimmen Fall von „Kulturschock". Ich bezeichnete es als einen schweren Fall kultureller Schizophrenie.

Als wir auf dem Rückweg nach San Francisco den Flughafen von Miami anflogen, hatte ich ein Gefühl, als lege sich ein großer medialer Helm über meinen Kopf, der mein höheres Bewusstsein abblockte. Vielleicht war das ganz gut so. Vielleicht hatte ich mich zu sehr geöffnet. Während meines Zwischenaufenthalts in einem texanischen Flughafen beobachtete ich die Menschenmengen, die die langen Korridore entlangliefen. Irgendetwas stimmte mit ihren Körpern nicht. Aber das, was da „nicht stimmte", war mir so vertraut, dass ich es zunächst nicht enträtseln vermochte. Dann sah ich es! Vor meinem geistigen Auge sah ich eine Gruppe von Quzqueños und die Art und Weise, in der sie alle mit einer so natürlichen Anmut auf dem Erdboden standen. Ihre Körper schienen durch einen unsichtbaren Energiekanal mit der Erde verbunden zu sein. Diese Menschen sahen aus, als gehörten sie zu dem Land, auf dessen Boden sie standen, und es existierte eine offensichtliche und natürliche Beziehung zwischen ihren Körpern und der Pachamama. Eine Liebesbeziehung.

Im Gegensatz dazu wirkten diese „Flughafenkörper" bindungslos. Es gab keine Energiekanäle, die durch sie hindurch und in die Erde führten. Keine wie auch immer geartete Beziehung zwischen ihren Körpern und dem Boden, auf dem sie standen. Sie machten den Eindruck, als könnten sie aufgelesen und irgendwo auf diesem oder irgendeinem anderen Planeten wieder abgesetzt werden, ohne dass dadurch irgendwelche Bindungen zerstört wurden. In diesem Moment erkannte ich den Wert dessen, was ich hinter mir gelassen hatte und wurde von Kummer überwältigt.

7. KAPITEL

Kurak Akulleq: Priester der vierten Ebene

In den beiden Jahren nach meiner Rückkehr arbeitete ich wieder als Familientherapeutin. An meinen freien Tagen saß ich, schützend von meiner Alapakafelldecke bedeckt, in meinem Haus und versuchte, das, was mir in Peru geschehen war, zu verstehen. Eine neue Welt hatte sich mir eröffnet. Eine Welt, die in den Vereinigten Staaten keinen Platz hatte. Ich kümmerte mich erneut um meine Zulassung als Psychotherapeutin. Und da ich nun Spanisch sprach, konnte ich jetzt auch lateinamerikanische Familien betreuen. Das half mir, die Schmerzen meines Kulturschocks zu lindern. Aber ein Teil von mir befand sich noch immer in jener anderen Welt.

Ich träumte fast jede Nacht von Cuzco und hatte dabei das Gefühl, dass ich, von einer unsichtbaren Kraft angezogen, tatsächlich dort war. Es fiel mir schwer, meine Aufmerksamkeit auf den nordamerikanischen Kontinent zu richten.

Um mir ein praktisches Verständnis von der Funktionsweise der linken Gehirnhälfte anzueignen, begann ich Bücher über die Inkas zu lesen und mich über Archäologie zu informieren. Erst versuchte ich in San Francisco zu leben, aber der Beton war zu viel für mich.

Nach wenigen Monaten zog ich zusammen mit einer wunderbaren Gruppe von Psychotherapeuten nach Mill Valley um. Ich beendete meine Ausbildung als Familientherapeutin, war aber nicht mehr mit dem Herzen bei meiner Arbeit. Ich war für eine völlig andere Realitätsebene aufgeschlossen worden, die mich nun verfolgte.

Als ich eines Abends die Arbeit mit meinen Klienten im Beratungszentrum des Missionsbezirks von San Francisco beendet hatte, spürte ich, wie sich auf einmal ein warmes Gefühl in meinem Körper ausbreitete. Ich blickte auf und sah eine große goldene Kugel, eine wunderbare Präsenz, über meinem Schreibtisch schweben. Ich lud sie ein, näher zu kommen. Sie schien mir mitzuteilen, dass sich alle Geschehnisse in Peru aus einem bestimmten Grund ereignet hatten, den ich noch nicht verstehen konnte, und dass ich weiter an meinem Buch arbeiten müsste, etwas, wozu ich mich seit meiner Rückkehr in die Staaten gedrängt gefühlt hatte. Das Schreiben war meine einzige Rettung, die einzige Möglichkeit, wie ich die so überaus unterschiedlichen Welten, in denen ich vor und nach Peru gelebt hatte, unter einen Hut bringen konnte. Nach einer Weile zog sich die goldene Präsenz zurück, und mein Entschluss zu schreiben wurde stärker denn je.

Ich fragte mich, ob ich verrückt wurde. In Peru war eine Unterhaltung mit goldenen Kugeln gar nicht so ungewöhnlich, aber hier in den Staaten galt es doch ganz entschieden als sehr seltsam. Ich stand vom Schreibtisch auf und balancierte eine gerade Linie entlang. Ich band mir die Schuhe zu und schnürte sie wieder auf und las dann meine Notizen über einen Klienten erneut durch. Die Notizen waren logisch zusammenhängend und nachvollziehbar. Obwohl ich gerade ein „anderweltliches" Erlebnis gehabt hatte, schien ich in der „regulären" Welt durchaus gut zu funktionieren. Auf der Fahrt nach Hause fragte ich mich, ob vielleicht nicht ich, sondern meine Ansicht dessen, was es bedeutet, ein Mensch zu sein, verrückt war. Vielleicht waren visionäre Erfahrungen ein normaler und gesunder Bestandteil der menschlichen Entwicklung. Vielleicht war das, was ich da erlebte, „evolutionärer Stress". Um was auch immer es sich handelte, es war alles andere als angenehm.

Mein extremes Unbehagen hielt an, bis ich erneut umzog, zurück in die Natur an einen Ort, an dem ich die Stimme der Pachamama wieder hören konnte. Im Februar 1992 zog ich in ein Haus in San Geronimo Valley von West Marin, wo die Klänge der Natur noch lauter waren als das Getöse der Stadt. Da wurde mir klar, dass es an der Zeit war, nach Cuzco zurückzugehen. Gleichzeitig begannen einige Teilnehmerinnen an einer Frauengruppe, die ich seit einem Jahr leitete, mich mit der Bitte zu bedrängen, dass ich sie nach Peru mitnehme.

Kurz darauf hatte ich ein Reisebüro angerufen und für Juni Flugtickets von San Francisco nach Cuzco reserviert. Ich telefonierte mit Señora Clemencia und fragte, ob ich kommen und einige Wochen bleiben könne. Sie und ihr Mann freuten sich sehr, von mir zu hören und versicherten mir herzlich, dass mein Zimmer auf mich wartete und dass sie immer noch an ihrem Projekt einer Pensión arbeitete – was hieß, dass noch eine Menge anderer Zimmer für Freundinnen zur Verfügung standen.

Anfang Juni 1992 flog unsere kleine Gruppe nach Cuzco. Wir wanderten auf alten Inka-Pfaden und widmeten uns touristischen Unternehmungen. Es war wundervoll, meine peruanischen Freunde wiederzusehen und die großartige Landschaft um Cuzco abermals zu erleben. Der Kummer in meinen Herzen ließ allmählich nach.

Wir näherten uns dem Ende unseres zweiwöchigen Aufenthaltes, als eines Morgens auf dem Weg zum Hauptplatz mein Blick auf ein Plakat fiel. „Erster Weltkongress über andinen Mystizismus". Die Konferenz fand in drei Tagen statt, und wir sollten schon in zwei Tagen zurückfliegen! Rasch lief ich zum nächsten Telefon und rief mein Büro in Kalifornien an, um zu fragen, ob ich noch eine weitere Woche bleiben konnte. Glücklicherweise war dies kein Problem. Auch mein Ticket ließ sich ohne Weiteres umbuchen. Und so sagte ich zwei Tage später meinen Reisegefährtinnen Lebewohl!

Ich war auf die Konferenz so gespannt, dass ich ihren Beginn kaum erwarten konnte. Vielleicht würde ich endlich Antworten auf meine Fragen erhalten. Mit Notizblock und Kassettenrekorder bewaffnet, begab ich mich dann zum ersten Konferenztag. Mein großer Enthusiasmus verwandelte sich allerdings rasch in Missvergnügen. Die Redner sprachen einer nach dem anderen mit faden akademischen Fakten über die Inkas und ihre Mythologie. Die *Apus* wurden allerdings nur als Mythos und Legende erwähnt. Keiner sprach über irgendetwas von der Art, wie es meinen

Erfahrungen entsprach. Zutiefst niedergeschlagen machte ich mich auf den Heimweg. „

Du siehst enttäuscht aus", sagte eine tiefe Stimme mit englischem Akzent. Ich blickte auf und sah in die funkelnd blauen Augen, die zu der Stimme gehörten.

„Peter! Wie geht es dir?" rief ich glücklich, einen alten Freund zu sehen, während wir zwei Westler den traditionellen peruanischen *Beso* austauschten. Peter und ich hatten uns erst gegen Ende meines zweijährigen Aufenthaltes in Cuzco kennengelernt, doch er arbeitete bereits seit über zwanzig Jahren als Führer für Abenteuerreisende in Cuzco.

„Mir geht es gut, aber das ist eine ziemlich langweilige Konferenz. Zu schade, dass die Person, die über all das hier am meisten weiß, nicht da ist", erwiderte er.

„Bitte sag mir, wer das ist. Schau, es ist sehr wichtig, dass ich jemanden finde, der etwas über die *Apus* weiß."

Er lächelte mich an. „*Apu*s, was? Na gut, das wäre Juan. Juan Nuñez del Prado." Er kritzelte eine Telefonnummer auf ein Stück Papier. „Hier. Ruf ihn an. Wenn er deine Fragen nicht beantworten kann, kann es niemand."

„Peter erzähle mir doch mehr über ihn. Wer ist dieser Juan?"

„Er ist Anthropologe, ein Mestize. Er lehrt hier an der Universität. Sein Vater, Oscar Nuñez del Prado, war ein sehr bekannter Anthropologe. Er entdeckte die Gruppe von Indios, die von sich behaupten, direkte Nachkommen der Inkas zu sein.

„Tatsächlich? Wie faszinierend. Aber Peter, ein Akademiker?" fragte ich und rümpfte die Nase bei dieser Vorstellung. Peter und ich hatten lange Diskussionen über die Schwierigkeit des rigiden Denkens in der akademischen Welt geführt.

„Oh nein. So ist er nicht. Mach dir keine Sorgen. Juan hat jahrelang mit den Indios gearbeitet. Dann bekam er von Indios selbst die Initiation zum andinen Priester. Außerdem ist er mehr als zehn Jahre bei dem berühmtesten indigenen Heiler des Tals von Cuzco, Don Benito Qoriwaman in die Lehre gegangen. Juan wurde von Don Benito selbst ausgewählt, die Unterweisungen in der Tradition fortzusetzen."

Das klang vielversprechend. „Vielen Dank, Peter", sagte ich und umarmte ihn. Das Papier mit der Telefonnummer hielt ich fest umklammert, als wäre es eine Art Rettungsleine. Ich lief nach

Hause und dort schnurstracks zum Telefon. Ich wählte die Nummer, halbwegs darauf gefasst, dass niemand antworten würde.

„*Alló*", hörte ich eine menschliche Stimme am anderen Ende.

„*Juan Nuñez del Prado, por favor*", fragte ich mit meinem besten spanischen Akzent.

„*Sí*, hier ist Juan." Ich war so verblüfft, dass ich nicht wusste, was ich sagen sollte. Ich hatte nicht geglaubt, dass ich ihn so leicht erreichen würde.

„Juan, ich ... es tut mir leid, sie zu belästigen", stotterte ich.

„Sie belästigen mich nicht. Wie kann ich Ihnen helfen?" fragte er freundlich.

„Sie kennen mich nicht, ich heiße Elizabeth. Ich bin eine Freundin von Peter Frost. Er hat mir Ihren Namen gegeben. ... Sehen Sie ... äh ... ich hatte ein Erlebnis mit den *Apus*. Peter sagte, dass Sie in der Lage wären, mir zu helfen."

„Ja. Welche Art von Erlebnis?" fragte er.

„Es tut mir leid. ... Ich weiß, Sie müssen sehr beschäftigt sein. ... Aber ich hätte ein besseres Gefühl, wenn ich persönlich mit Ihnen sprechen könnte", sagte ich und war mir sicher, dass er irgendwie durchs Telefon mein Gesicht rot werden sehen konnte.

„Ja, es ist besser, persönlich über diese Dinge zu sprechen", pflichtete er mir bei. „Können Sie mich um sechs Uhr am Hauptplatz treffen?"

„Ich würde mich sehr freuen", erwiderte ich, erleichtert darüber, wie einfach das Gespräch war. Ich hatte gerade noch genug Zeit, um etwas zu essen und lief dann die Pumakurku, die „Schulter des Pumas" genannte Straße hinunter zum Hauptplatz. Atemlos kam ich dort ein paar Minuten nach sechs an.

Auf der verabredeten Parkbank saß ein Mann mit einem schon von grauen Haaren durchzogenen Bart. Er trug Jeans, ein braunes Jackett und einen kleinen weißen Filzhut, der ihn wie ein Pilz aussehen ließ.

„Juan?" fragte ich.

„*Sí*, Elizabeth, ich bin es", erwiderte er und streckte mir die Hand entgegen. Mit einem gewissen Gefühl der Vorsicht ließ ich mich neben ihm auf der Bank nieder. Er schien in nichts Ricardo zu gleichen. Aber dennoch war mir unbehaglich zumute. Er besaß etwas, was ich verzweifelt brauchte - Wissen. Und somit war ich im Nachteil.

Juan schien Ende Vierzig zu sein. Seine dunklen Augen funkelten, wenn er lächelte, aber er hatte einen direkten und starken Blick. Allmählich lockerten sich die Knoten in meinem Magen ein wenig. „Nun, sehen Sie, vor ein paar Jahren habe ich hier gelebt", begann ich zögerlich. „Hier in Cuzco?" fragte er überrascht. „Ja ... ich ... nun ... ich habe mit einem andinen Priester gearbeitet." Juan schien meine Anspannung zu spüren und sah mich mit sehr großen, ernsten Augen an. „Tatsächlich? Ich auch!" Und dann brach er in Gelächter aus, als sei dies das Komischste der Welt. Sein Lachen war ansteckend, und bald lachte ich auch, vor allem über mein eigenes Verkrampftsein. In nur wenigen Augenblicken hatte mir Juan auf meisterliche und sehr entwaffnende Weise einen Weg zur Überwindung eines meines größten Hindernisses gezeigt: meine Überheblichkeit.

Ich erzählte Juan nun alles, berichtete ihm von meiner ersten Erfahrung mit der Ei-Diagnose, meiner Vision von den *Apus* allein in meinem Zimmer, von den *Mesas* mit Ricardo und den *Apus* und meiner Verwirrung wegen der Gruppe und ihrem seltsamen Verhalten mir gegenüber. Juan hörte mir äußerst aufmerksam zu und nahm mich sehr ernst. Aus seinem Gesichtsausdruck entnahm ich, dass er weder überrascht noch erstaunt war, sondern vielmehr genau verstand, wovon ich sprach. Dass mir inzwischen unendlich wohler zumute war, wurde mir klar, als ich feststellte, dass ich über zwanzig Minuten lang ununterbrochen zu jemandem, den ich eben erst kennengelernt hatte, über ein Thema sprach, das ich selbst mit meinen engsten Freunden nur selten diskutierte. Schließlich verstummte ich.

Juan sah mich durchdringend an. Dann sagte er in sehr ernstem Ton: „Sie haben einen sehr starken Kontakt mit dem Weg. Das ist wunderbar! Doch meine ich, dass Ihre erste Erfahrung, Ihre Vision von den Berggeistern ... das Allerwichtigste war."

„Aber ... was ist mit Ricardo und den Geschöpfen, die sich im Dunkeln materialisierten? Wissen Sie etwas darüber? Haben Sie das jemals erlebt?" protestierte ich.

Juan blieb völlig gelassen. „Das ist nicht so wichtig. Wenn Sie verstehen wollen, wer und was Ihr Meister ist, müssen Sie sich ansehen, was um ihn herum passiert. Alles, was Sie mir von

Ricardo erzählt haben, sagt mir, dass er sehr kraftvoll ist, aber dass er nicht die vierte Ebene erreicht hat.

Er ist kein *Kurak Akulleq*.

„Kein was?"

„Ricardo ist ein *Altomisayoq*. Das bedeutet 'Hohepriester' in Quechua, wie Sie wissen. Aber es gibt viele Variationen eines Hohepriesters. Die Dinge, die Sie beschrieben haben, die Kämpfe und Konflikte, die Angst und die Bestrafungsaktionen seiner *Apus* ... Diese Dinge gehören alle der dritten Ebene an. Ein *Kurak Akulleq* ist ein Priester der vierten Ebene", erklärte er geduldig.

„Die dritte Ebene ... die vierte Ebene? Was ist das, was meinen sie?" fragte ich neugierig und erleichtert, dass ich endlich jemanden gefunden hatte, der nicht nur wusste, wovon ich sprach, sondern auch Klarheit in meine Verwirrung bringen konnte.

„Es gibt viele kraftvolle Hohepriester auf dem andinen Weg. Und lassen Sie mich Ihnen sagen, dass es nur sehr wenige Menschen, die Einheimischen Cuzcos eingeschlossen, vergönnt ist, solche Erfahrungen zu machen, wie Sie sie hatten! Ich kenne Ricardo nicht persönlich, aber mir sind viele Geschichten von Initianden bekannt, die ihre Ausbildung bei Lehrern wie ihm begonnen haben. Sehen Sie, ich hatte das große Glück, mit meiner Ausbildung für diesen Weg bei dem Besten zu beginnen. Es gibt nur sehr wenige Priester der vierten Ebene. Don Benito Qoriwaman, mein Meister, war einer von ihnen. Don Benito war ein unglaublicher Heiler. Alle kannten ihn. Und in der Tat hat man mir gesagt, dass eine eurer Schauspielerinnen, Shirley MacLaine, in einem ihrer Bücher von ihm geschrieben hat." Juan sprach von Don Benito mit solcher Liebe und Zärtlichkeit, dass sich in seinen Augenwinkeln kleine Tränen bildeten.

Ich wollte vor Freude schreien und zugleich weinen. Ich wusste es, ich wusste es! Tief in meinem Inneren war ich mir immer sicher gewesen, dass es noch etwas gab, was über das, was ich von Ricardo gelernt hatte, weit hinaus ging. Ich war sehr aufgeregt, brachte meine Gefühle aber unter Kontrolle. „Aber Juan, die *Apus*! Diese Dinger im Dunkeln – wenn sie die *Apus* sind, dann mag ich die *Apus* nicht", sagte ich sehr entschieden.

„Ja", sagte Juan, extreme Geduld mit seiner neuen Schülerin zeigend. „Auf der dritten Ebene werden *Apus* als bestrafende Wesen gesehen. Aber verwechseln Sie nicht den Meister mit dem

Weg. Ricardos *Apus* können nur in der Weise in Erscheinung treten, wie es seine Ebene zulässt. Der Übergang von der dritten zur vierten Ebene ist außerordentlich wichtig. Auf der dritten Ebene begegnet der Initiand der unsichtbaren Welt. Und die dortigen Kräfte werden als beängstigend, ja als schreckenerregend erfahren. Sie müssen lernen, mit ihnen zu ringen. Sie müssen lernen, mit ihnen zu kämpfen und zu siegen – und damit über ihre eigene Angst. Wenn Ihnen das nicht gelingt, dann bleiben Sie ihr für immer ausgeliefert. So wie Ricardo.

„Die vierte Ebene bedeutet einen völlig anderen Bewusstseinszustand. Sie werden frei. Die *Apus* werden Ihre Freunde und Sie lernen, in Harmonie mit der unsichtbaren Welt zu arbeiten. Meine *Apus* sind lieb. Bezaubernd. Den Prophezeiungen zufolge ist der Übergang von der dritten zur vierten Ebene das wichtigste Ereignis unserer Zeit!" schloss er seine Ausführungen.

Ich holte tief Atem. Was er sagte, ergab Sinn. Er lieferte mir einen Kontext für meine eigenen Erfahrungen. Ich war grenzenlos erleichtert. „Prophezeiungen?" fragte ich, aber Juan schob meine Frage beiseite.

„Wer ist Ihr *Itu Apu*?" wollte er wissen.

„Was ist ein *Itu Apu*?"

„Ihr 'Leitstern'. Oder wie ihr Nordamerikaner sagt, Ihr geistiger Führer." Wir hier in den Anden haben einen Lehrer auf physischer Ebene, wie Don Benito, und einen Leitstern in der Welt der Energien. Peruanische Initianden haben traditionell den Berggeist als den sie beschützenden Geist, der ihrem jeweiligen Geburtsort am nächsten ist. Ihr Fortschritt als *Paqo,* als Initiand oder Initiandin auf dem Weg steht unter dem Schutz des *Apus,* unter dem sie geboren wurden oder dem sie in einer Vision begegnen. Im Verlauf des Vorankommens auf dem Weg ändert sich mit der Ebene, auf der sie sind, auch ihr Leitstern.

Als ich Don Benito fand, arbeitete ich mich sehr rasch, in weniger als einem Jahr, durch die ersten drei Ebenen. Ich dachte, ich würde die Initiation in die vierte Ebene in unmittelbarem Anschluss daran schaffen. Aber da irrte ich mich. Ich war noch nicht bereit. Ich musste weitere zehn Jahre auf die Initiation in die vierte Ebene warten!

Seine Worte machten meine Hoffnung zunichte. Ich wollte doch so dringend so viel mehr lernen - aber wer war ich? Nur eine blutige Anfängerin.

„Die höchsten Priester der dritten Ebene stehen im Allgemeinen unter der Führung des *Apu* Ausangate. Als Sie zum ersten Mal nach Cuzco kamen, hatten Sie eine Vision von *Apu* Ausangate. Das bedeutet, dass Sie beim höchsten Rang der dritten Ebene angefangen und damit das Recht erlangt haben, von einem Priester dieser Ebene unterrichtet zu werden", erklärte Juan.

„Wie zum Beispiel ... Ricardo?" fragte ich. Juan nickte.

„Wer ist der Leitstern für die Priester der vierten Ebene?" wollte ich, altklug wie immer, wissen.

„Die Initianden des andinen Weges fangen damit an, dass sie mit Bächen, kleinen Flüssen, niedrigen Hügeln sprechen. Während sie die erste, zweite und dritte Ebene durchlaufen, gelangen sie allmählich in eine deutliche Resonanz mit den größeren und mächtigeren Aspekten der Pachamama, dem Geist von Mutter Erde. Auf dem höchsten Punk der dritten Ebene angelangt, kann der andine Priester direkt mit den höchsten Bergen wie dem Ausangate oder mit dem Ozean, mit *Mama Qocha*, sprechen. Auf der vierten Ebene hat der Initiand direkten Kontakt mit spirituellen Wesen, welche die *Hanaq Pacha* bewohnen."

„Was ist die *Hanaq Pacha*?" fragte ich.

„Das ist die höhere Welt, ähnlich eurer westlichen Vorstellung vom 'Himmel'. Um die Inkas verstehen zu können, muss man zunächst wissen, dass sie ihre Realität als eine übergroße Fülle verschiedener Lebensenergien begriffen. Diese Realität ist in drei Existenzebenen unterteilt, die sich aufgrund der jeweils dort vorgefundenen Energiequalitäten voneinander unterscheiden. Die 'Unterwelt' ist eine Ebene dichter oder schwerer Energien. Die 'mittlere Welt' oder die Ebene des materiellen Bewusstseins - die Welt unseres Alltags - beherbergt sowohl feine als auch schwere Energien. Daher ist der 'Himmel', wie ihr ihn nennt, ein Bereich sehr subtiler, feiner Energien und wird von höchst geläuterten spirituellen Wesen bewohnt. Die Priester der vierten Ebene haben Visionen von diesen Wesen; zum Beispiel Visionen von bestimmten Inkas, die in der oberen Welt wohnen, von Buddha oder auch von Jesus Christus."

Ich stieß unwillkürlich einen Schrei aus und sprang von der Parkbank auf. Juan sah mich erschrocken an. „Elizabeth sind Sie in Ordnung? Habe ich etwas gesagt, was Ihnen Angst gemacht hat?"

„Nein ... nein ... Es tut mir leid." Ich setzte mich wieder hin. Mein Herz klopfte. „Juan, ich muss Ihnen etwas erzählen." Er nickte mir aufmunternd zu, und ich schilderte ihm eine Begegnung, die sich auf meiner ersten Reise nach Peru zugetragen hatte.

Ich hatte die Szene noch bestens in Erinnerung. Als ich das erste Mal in Peru war, kam ich mit meiner besten Freundin, Cyntha Gonzales, nach Cuzco. Eines Nachmittags gingen wir zum Markt und kauften dort Masken aus dem Urwald und ein paar Figuren aus schwarzem Serpentin. Cyntha hatte mich gewarnt und gesagt, ich solle die Masken sehr sorgfältig auswählen, weil ihnen oft Geister anhafteten. Dank der Schamanen in Trujillo wusste sie über alle diese Dinge Bescheid.

„Weißt Du, Lizcita", sagte sie eines Tages zu mir, als wir über ihre Studien sprachen, „ich habe eine Menge von diesen Küstenschamanen gelernt. Aber was ich nicht mochte, war, dass sie schrien und brüllten, um den Geist, der ihre Patienten quälte, auszutreiben. Doch sie haben nie diesem Geist geholfen. Der Plagegeist sprang einfach aus einem Körper in den nächsten. Ich denke, man muss den Geistern dabei helfen, ihr Schicksal zu erleichtern." Und da ahnten wir noch nicht, dass wir bereits in der kommenden Nacht die Gelegenheit dazu erhalten würden.

Ich war achtsam, was die Masken anging, suchte aber die Figuren hastig und in letzter Minute aus. Erst als wir wieder im Hotel waren, merkte ich, dass eine Figur mit den Konturen eines Pumas etwas Unheimliches an sich hatte. Vor dem Einschlafen stellte ich sie auf das Nachttischchen zwischen unseren beiden Betten.

Etwa um zwei Uhr morgens wurde ich aus einem schlechten Traum geweckt, und zwar durch das Getrippel kleiner Füße, die im Zimmer umher rannten. Zuerst hatte ich es in meinem Traum gehört. Ein wütendes, erregt klingendes Geräusch, Als ich dann aufwachte und mich im Bett aufsetzte, war es immer noch zu hören.

„Cyntha", flüsterte ich.

„Ja, Lizcita, ich höre es auch." Sie war ebenso hellwach wie ich. „Der Puma", sagte sie. Praktische Person, die sie war, langte sie hinüber und knipste das Licht an. Das Geräusch verstummte. „Plagegeister", erklärte sie. Ich nickte.

„Was machen wir jetzt?" fragte ich.

„Beten", sagte sie schlicht. Wir wissen, dass dieser kleine Geist nicht zu uns gelangt wäre, wenn er nicht unsere Hilfe bräuchte. Bete für seine Befreiung", wies sie mich an. Wir begannen zu beten, und ich spürte dabei, wie sich etwas, das ich nur als einen Vorhang aus Licht beschreiben kann, herabsenkte und das Zimmer allmählich einhüllte. Als jedoch Angst in mir hoch kam, wich der Vorhang zurück. Ich bekam meine Angst unter Kontrolle, und der Vorhang senkte sich wieder herab und hüllte Cyntha, mich und den Raum völlig ein.

Anscheinend war der Geist in die Pumafigur gefahren und so in unser Zimmer gelangt. Dann hatte er eine Art Wutanfall bekommen, um unsere Aufmerksamkeit auf sich zu lenken. Aber warum?

Als sich dieser Lichtvorhang in seinem ganzen Licht und seiner ganzen Fülle ausgebreitet hatte, „sah" ich etwas Schattenhaftes auf diesen Vorhang zugehen und darin verschwinden. Nach etwa fünfzehn Minuten stießen wir gleichzeitig einen Seufzer aus. Die Atmosphäre im Raum, in dem noch wenige Minuten zuvor ein Klima voller Angst und Furcht geherrscht hatte, war nun ganz eindeutig mit einer warmen, Leben spendenden Energie aufgeladen.

„Auftrag ausgeführt", sagte Cyntha lachend. Wir schüttelten uns die Hand in dem Bewusstsein, dass wir unsere Sache gut gemacht hatten. Wir fühlten uns ruhig und glücklich und schalteten das Licht wieder aus. Ich war schon am Einschlafen, als ich eine andere Präsenz über meinem Bett spürte. Nur war es dieses Mal eine ungeheuer warme, liebevolle pulsierende Präsenz. Mir wurde von Kopf bis Fuß warm, und mein Herz war so voll, dass es zu schmerzen begann, als wollte es aufbrechen.

Jesus sieht auf mich herab, die Hände zu einer Geste des Segnens ausgestreckt. Spontan erhebe ich meine Hände unter der Decke. Ich öffne sie, seine Geste spiegeln und empfangend. Mein Körper wird warm, und ich fühle seine Moleküle rascher vibrieren. Ich höre Jesus' tiefe liebliche Stimme: „Wie du diesem jüngeren Bruder geholfen hast, so werde ich dir helfen. Wie du dein Herz geöffnet und ohne Furcht gegeben hast, will ich mein Herz öffnen und dir geben. Dies ist die große Kette der Liebe, die alle Existenz miteinander verbindet."

„Bis zu diesem Augenblick hatte ich mich als Buddhistin betrachtet", erklärte ich Juan lachend. „Das Christentum jagte mir kalte Schauer über den Rücken, und ich war auch nicht einmal an Jesus interessiert. Ich habe nie die Bibel gelesen … Ich ..."

Juan unterbrach mich. „Das ist ausgezeichnet." Seine Augen funkelten mich an. „Aus Ihrer Geschichte höre ich etwas sehr Wichtiges, dass Sie schon mit der vierten Ebene in Berührung bekommen und vielleicht fast schon bereit sind, die Initiation der vierten Ebene zu erhalten." Er betrachtete mich prüfend. „Aber zunächst müssen Sie ihre Verbindung mit Ricardo kappen."

„Was?" platzte ich heraus und war mir nicht sicher, welche seiner Aussagen schockierender war. „Meine Verbindung mit Ricardo kappen - was soll das heißen? Ich habe ihn seit über zwei Jahren nicht mehr gesehen."

Juan sah mich mit intensivem Blick an. „Das ist wahr", erwiderte er. „Aber stimmte es nicht auch, dass Sie sich unfähig fühlten, in Ihrem Leben weiter voranzugehen. Und ist das nicht der eigentliche Grund, warum Sie hierher zurückgekommen sind?" Er las in mir wie in einem Buch.

„Ja", sagte ich mit gesenktem Kopf, und schämte mich wegen meiner bloßgestellten Verletzlichkeit.

„Das liegt daran, dass Ricardo noch immer etwas von Ihrer Energie hat. Das Erreichen der vierten Ebene ist mit der Entwicklung des Astralkörpers verbunden. Haben Sie, als Sie in den Staaten waren, oft von Cuzco geträumt?" fragte er.

„Ja", erwiderte ich wiederum überrascht von seinem Wissen.

„Das liegt darin begründet, dass Ricardo einen Teil Ihres *Poq'pos* eingefangen hat", erklärte er.

„Meinem *Poq'po*?"

„Ja, das ist das Feld der Lebensenergie, das den physischen Körper umgibt. Die andinen Meister nennen das den *Poq'po*, die 'Blase'."

„Aber Juan, wie kriege ich ihn zurück?"

Juan sah mich an und sagte schlicht: „Wir müssen Ricardo aufsuchen."

Nun war eine Begegnung mit Ricardo das Allerletzte auf Erden, was ich wollte. Doch zufälligerweise war ich ein paar Tage vor diesem Treffen mit Juan Maria über den Weg gelaufen, einer der Akademikerinnen aus Ricardos Gruppe. Sie hatte sich freimütig für ihre Verdächtigungen und Unterstellungen und für die Konflikte und Probleme, die ich mit der Gruppe gehabt hatte, entschuldigt. Ihrem Sohn Enrique ging es gut, wie sie mir sagte. Die Unterhaltung hatte mich sehr erleichtert und einen Schlusspunkt unter dieses alte Kapitel gesetzt. Maria sah Ricardo noch gelegentlich und erwähnte, dass er nun seine *Mesas* in der Calle Pardo abhielt, einer kleinen Seitengasse, die von der Avenida del Sol abging. Ich hegte nicht die geringste Absicht, mich auch nur in die Nähe dieses Ortes zu begeben. Doch nun fand ich es seltsam, dass ich, ob es mir gefiel oder nicht, *wusste*, wo ich ihn antreffen konnte.

Auf seine weiteren Fragen hin erzählte ich Juan, dass Ricardo morgens arbeitete. Also fassten wir den Plan, uns am nächsten Tag kurz vor dem Ende der *Mesa* bei Ricardo einzufinden. Juan holte mich wie verabredet ein paar Minuten vor Mittag in seinem kleinen gelben Volkswagen vom Hauptplatz ab. Ich hatte den Ort, wo Ricardo seine *Mesa* abhielt, auf einen Bereich von zwei Blocks eingekreist. Wie es in Cuzco üblich war, gab es keine genaue Adresse, und heimlich hoffte ich, dass wir das Haus nicht finden würden und ich aus dem Schneider war. Aber ich hatte kein Glück. Als wir an den fraglichen Häusern vorbei fuhren, konnte ich spüren, wie Juan seine mentalen Antennen ausfuhr.

„Das ist das Haus", sagte er und deutete auf eine braune Garagentür.

„Aber Sie kennen Ricardo nicht, wie können Sie sich so sicher sein?" fragte ich in der Hoffnung, er irre sich.

„Ich bin mir sicher. Wenn man so lange mit diesem Weg gearbeitet hat wie ich, weiß man es", erwiderte er in zweifelsfreiem Ton.

Immer noch gegen alle Wahrscheinlichkeit hoffend, dass er sich doch geirrt hatte, stieg ich aus dem Wagen und ging zur Tür. Kurz vor dem kleinen Durchgang neben der Garagentür stand ein Mann. „Entschuldigen Sie bitte, arbeitet Ricardo hier? Hält er hier seine *Mesas* ab?“ fragte ich höflich. Inzwischen hatte Juan den Wagen geparkt und überquerte nun die Straße, um sich zu mir zu gesellen. Der Mann sah mich und dann Juan durchdringend und prüfend an. Dann nickte er und bedeutete uns mit einer Geste, hineinzugehen.

„Achtet auf den Hund“, warnte er mit ernster Stimme. Wir gingen durch einen kurzen Gang, wandten uns dann nach links und kamen in einen kleinen Warteraum, in dem ein riesiger Schäferhund lag, der sich als überaus freundlich erwies. Meine Spannung steigerte sich zur blanken Panik. Ich wollte aus dem Zimmer rennen. „Wenn sie uns etwas zu trinken anbieten, lehnen Sie es ab“, sagte Juan in bestimmten und väterlichen Ton. Ich nickte und fühlte mich sehr klein. Wir ließen uns in den beiden verfügbaren ausgebleichten und zerschlissenen Lehnstühlen nieder.

Die *Mesa* im angrenzenden Raum war im vollen Gange. Ich konnte das Flügelschlagen der *Apus* hören, die sich nebenan materialisierten. Was immer da drin vor sich ging, ich wollte nichts damit zu tun haben. Meine Knöchel wurden weiß, als ich die Lehnen umklammert hielt. Nur so konnte ich mich davon abhalten, aus dem Raum zu stürzen. Juan dagegen schien völlig gelassen zu sein, so als würde er zu Hause in seinem Wohnzimmer sitzen. Nonchalant schnippte er ein Staubkörnchen von seinem Jackett und machte es sich bequem. Dann betrachtete er mich mit mitfühlendem Blick. „Öffnen Sie Ihren Qosqo“, wies er mich an.

„Meinen was?“ Er sah mich überrascht an. „Ihren spirituellen Magen. Hat euch Ricardo nicht beigebracht, wie ihr euren spirituellen Magen öffnet und schwere Energie verspeist?“ Ich schüttelte den Kopf.

„Fühlen Sie die Energie nebenan. Sie ist sehr stark, aber sehr schwer“, fuhr Juan mit leiser Stimme fort.

Ich konnte nicht umhin, die „schwere Energie“ zu spüren. Aber allein die Tatsache, dass ich hier war, versetzte mich in Furcht und Schrecken, und es war mir buchstäblich unmöglich, auch nur irgendetwas in mir zu öffnen. Das Gefühl von Angst und unmittelbarer Gefahr schlug alle Türen in mir zu. Dann tat ich etwas, das ich noch nie zuvor in meinem Leben getan hatte. Ich bat Jesus, mich zu beschützten. „Lieber Jesus“, murmelte ich, „bitte hilf mir. Lieber Herr Jesus, bewahre mich vor Unheil und Schaden." Und langsam fühlte ich ein mich verhüllendes warmes Glühen, das den weißen Frost meiner Angst, der sich inzwischen über meine inneren Organe gelegt hatte, zu durchdringen begann. Für einen Augenblick konnte ich wieder atmen. Es war das Einzige, das gegen meine Angst etwas vermochte. Langsam begann ich, aufzutauen.

Nach ein paar Minuten öffnete sich die Tür und die Leute kamen heraus. „Ist das die letzte *Mesa* für heute?" fragte Juan völlig unbekümmert in die Menge hinein. Er erhob sich nicht einmal von seinem Sessel.

„Ja", sagte ein Mann, bevor er zur Tür hinaus eilte. Er hielt eine Tüte mit Kräutern in der Hand, zweifellos ein Heilrezept, das ihm die *Apu*s gegeben hatten. Er strömte den vertrauten Geruch von Blütenwasser aus. Mir stellten sich die Nackenhaare auf.

„Juan müssen wir das tun?" fragte ich und stand auf. Ich kämpfte, um meine Panik niederzuhalten.

„Warten Sie", befahl er schroff und hob die Hand, um mich zu stoppen, wobei er mich praktisch mit der Kraft seiner Geste wieder in meinen Sessel zurück beförderte. Und während Juan mich nun anblickte, verebbte meine Panik allmählich, fühlte ich mich plötzlich viel ruhiger. Ich fragte mich, ob er gerade *meine* schwere Energie verspeiste.

Eine große Menschenmenge kam heraus, aber kein Ricardo. In einem letzten Moment des Aufflackerns wilder Hoffnung dachte ich, dass wir irrtümlicherweise zur falschen *Mesa* gekommen waren. Dann hörte ich seine Stimme im angrenzenden Raum. Angezogen und abgestoßen zugleich stand ich auf. Juan erhob sich ebenfalls, und gemeinsam gingen wir zur Tür des inneren Raumes. Als wir die Schwelle überschritten, gab Ricardo gerade seinem letzten Patienten die Hand. Er blickte auf und ließ, als er mich sah, sein typisches leises Kichern hören.

„Elizabeth, es ist lange her", sagte er und streckte mir die Hand entgegen. Jetzt, da ich ihn eingehender betrachtete, sah ich ihn in einem völlig anderen Licht. Er kam mir gar nicht mehr kraftvoll vor. Er sah verletzlich aus, wie ein kleiner Junge. Ich verlor meine Angst und empfand Mitgefühl, ja sogar Zuneigung für ihn. Ich fing sogar schon an zu denken, dass ich verrückt gewesen sein musste, mir je vorzustellen, dass er mir Schaden zufügen könnte. Ich spürte, wie sich mein ganzes Mitgefühl und meine Zuneigung auf ihn richteten, als Juans Stimme mich wachrüttelte.

„Sie arbeiten also mit den *Apus*", sagte er in ungewöhnlich scharfem Ton.

„Ja", erwiderte Ricardo und sah mich an, die Augenbrauen fragend hoch gezogen.

„Oh, Entschuldigung, das ist Juan, ein Freund von mir", platzte ich heraus und stellte die beiden einander vor. Sie gaben sich die Hände. Beim Klang von Juans Stimme war meine Vorsicht vor Ricardo zurückgekehrt.

„Sagen Sie mir ... wer sind Ihre Lehrer?" fragte Juan nun freundlich, aber ich hatte das unheimliche Gefühl, dass er sozusagen die Krallen ausfuhr und Ricardo taxierte.

„Don Henrique Malches aus Ayacucho ... Don Arturo ... Ricardo rasselte eine Reihe von Namen herunter, von denen Juan keinen kannte.

„Waren Sie je in Q'eros?" fragte Juan im selben freundlichen Ton.

„Ja. In der Tat habe ich in Q'eros gearbeitet", erwiderte Ricardo lächelnd.

„Mit wem?"

„Allein. Ich arbeite nur mit den größten und wichtigsten *Apu*s, wie Elizabeth Ihnen gesagt haben wird", erklärte Ricardo, wobei er es irgendwie fertigbrachte, nicht überheblich zu klingen. Das war offensichtlich die Antwort, auf die Juan gewartet hatte.

Plötzlich schien Juan einen halben Meter größer zu werden. Er warf Ricardo einen furchterregenden Blick zu und sagte: „Tatsächlich? Nun, *jetzt arbeitet Sie mit mir*." Seine Worte waren nicht laut, aber jedes einzelne schien eine gewaltige Kraft in sich zu tragen. Mir kam es vor, als hätte Juan Ricardo an beiden Armen gepackt und hielte ihn in einem Doppelnelson gefangen. Physisch gesehen hat keiner von den beiden auch nur mit einem Muskel gezuckt.

Ricardo atmete tief aus. Ich hatte die vage Empfindung, dass irgendetwas um mich herum passierte. Ricardo schien plötzlich sehr weit weg. Er sah nicht mehr verletzlich aus, wirkte aber auch nicht wütend. Er sah aus wie ein Ballon, aus dem alle Luft entwichen war. Juan sprach nun mit Ricardo in einem normalen

Ton. „Ich war in Q'eros. Don Benito Qoriwaman und Don Andres Espinoza waren meine Meister. Wenn Sie jemals nach Q'eros kommen möchten, werde ich Sie nach dorthin mitnehmen."

„Ja, danke", erwiderte er und schüttelte erst mir und dann Juan die Hand.

„*Adiós*", sagte Juan mit einer Geste des Grußes zu Ricardo.

„*Adiós*", gab dieser zurück.

Wir stiegen in Juans gelben Volkswagen und fuhren schweigend zum Hauptplatz zurück. Ich konnte es mir zwar nicht erklären, ich fühlte mich jedoch ganz entschieden anders als zuvor. Juan hielt den Wagen an und wir saßen noch einen Moment schweigend da. „Sehr gut, sehr gut", murmelte er vor sich hin und schien überaus erfreut zu sein. Dann sah er mich direkt an. „Also, Elizabeth, was denken Sie?"

„Ich bin nicht sicher. Was genau ist da drin passiert?" fragte er vorsichtig.

„Was haben Sie gesehen?" gab er die Frage zurück.

„Na ja, es schien eine Art Kampf stattzufinden, fast so, als ob Sie und Ricardo miteinander gerungen hätten oder so was. Obwohl Sie sich nicht einmal berührt haben", antwortete ich und kam mir dabei dumm vor.

„Ja, sehr gut, Elizabeth", sagte Juan ermunternd. „Sehen Sie, in meiner Tradition ist es normal, dass sich zwei *Paqos,* wenn sie sich begegnen, gegenseitig herausfordern, so wie wir es gerade getan haben. Aber es geht dabei nicht darum herauszufinden, wer physisch über mehr Kraft verfügt, sondern wessen *Poq'po* stärker ist. Als er sagte, dass er in Q'eros allein gearbeitet hat, wusste ich, dass er nicht meine Ebene erreicht haben konnte. Niemand arbeitet in Q'eros allein. Das bedeutet, dass er nie einem Lehrer aus Q'eros begegnet ist. Und das ist so, als wäre er nie dort gewesen. Alle noch tätigen Priester der vierten Ebene kommen aus Q'eros."

„Was ist Q'eros?" fragte ich und kam mir wieder dumm vor.

Juan lachte. „Heute ist das eine andine Nation der Indios. Sie leben in einer Höhe von etwa viertausendfünfhundert Meter Höhe und sind die direkten Nachfahren der Inkas." Das musste der Ort sein, den Peter Frost erwähnt hatte! Juan bemerkte meine Verwirrung. „Lassen Sie es uns einfach das Oxford der andinen Priester nennen", erklärte er.

„Die haben Ihnen … das beigebracht?“

„Richtig. Die Priester von Q'eros und Don Benito Qoriwaman.“

„Also spielte sich dieser 'Kampf' mit Ricardo auf … energetischer Ebene ab?“

„Genau.“

„Und Sie haben … gesiegt?“ Ich probierte das Wort versuchsweise aus, um zu sehen, ob es passte.

„In gewisser Weise. Aber nicht so, wie ihr Westler das Siegen versteht. Sehen Sie, wenn sich in meiner Tradition zwei Initianden gegenseitig herausfordern und der eine beweist, dass er eine höhere Ebene hat, ist er als 'Sieger' verpflichtet, den anderen darin zu unterrichten, auf welche Weise er gewonnen hat. Darin besteht für uns die Bedeutung von Wettstreit, und deshalb habe ich ihm angeboten, ihn nach Q'eros mitzunehmen. Ich habe Ricardo übertroffen. Jetzt muss ich ihm anbieten, ihn das zu lehren, was ich weiß und wie ich es gelernt habe“.

„Das ist eine sehr interessante Ansicht von Wettstreit“, sagte ich. Juans Unterweisungen in der andinen Philosophie gefielen mir zunehmend besser. „Juan, ich weiß wirklich nicht, wie ich Ihnen danken soll“, fügte ich hinzu und umarmte ihn.

„Oh, aber ich weiß, wie“, erwiderte er. „Jetzt sind Sie bereit für die Initiation in die vierte Ebene. Ich komme auf meinem Weg am besten weiter, wenn ich unterrichte. Ich muss alles was ich weiß an andere weitergeben. Das ist das Gesetz von *Ayni*, der heiligen Gegenseitigkeit. Wenn Sie nun für mich und ihr eigenes Vorankommen etwas tun wollen, dann kommen Sie mit einer Gruppe von zwölf nordamerikanischen Initianden nach Cuzco zurück. Wenn Sie das tun, werde ich Ihnen und Ihrer Gruppe die zehntägige *Hatun Karpay* geben. Das ist die große Initiation, die ich durch meinen Meister Don Benito vor fünf Jahren erhielt.“ Ich fühlte mich geehrt.

„Und noch eines, Elizabeth“, sagte er und blickte mich an. „Mein Leitstern sagt mir, dass Sie alle Ihre Erfahrungen mit dem andinen Weg aufschreiben müssen, damit andere daran teilhaben können.“ Seine Worte ermutigten mich sehr.

„Wirklich, Juan? Um die Wahrheit zu sagen, das habe ich schon getan. Und Sie denken, das ist in Ordnung? Ich meine … Sie haben nichts dagegen, dass ich über all das schreibe?“

Er sah mich tief bewegt an und fragte: „Elizabeth, wissen Sie, warum ich das gerne hätte?"

„Nein. Warum?"

„Weil das meinem Meister, Don Benito, Ehre erweisen würde."

Ich war von Juans tiefer Hingabe an seinen Lehrer sehr berührt und wusste, dass Don Benito etwas sehr Besonderes gewesen sein musste. „Aber Juan, warum wollen Sie, wenn Sie zehn Jahre brauchten, um für die Initiation in die vierte Ebene bereit zu sein, nun diese Initiation Menschen geben, die sogar noch nie hier waren?"

„Das hat verschiedene Gründe. Erstens sind diese Ebenen universeller Natur und können durch jede Art spiritueller Arbeit erreicht werden, nicht nur über den andinen Weg. Viele von euch Nordamerikanern haben sehr wahrscheinlich schon die ersten drei Ebenen durchlaufen. Zweitens sind in der Struktur der *Hatun Karpay* Initiation alle vorangegangenen Ebenen enthalten. Aber der noch zwingendere Grund ist der, dass gemäß der andinen Prophezeiung die Welt gegenwärtig eine sehr kritische Phase durchmacht."

„Ja, bitte erzählen Sie mir mehr über diese Prophezeiungen, Juan", bat ich, und mein Pulsschlag erhöhte sich. „Ich spüre irgendwie, dass sie unter Umständen etwas damit zu tun hat, dass ich mich überhaupt von Peru so angezogen fühle!"

„Ich habe mich während der letzten zwölf Jahre mit der Erforschung dieser Prophezeiungen befasst. Die nächste Periode von neunzehn Jahren, also von 1993 bis 2012, ist eine sehr wichtige Zeit der Transformation. Es ist eine Zeit, die wir in unserer andinen Tradition *Taripay Pacha* nennen. Don Benito und meine anderen andinen Meister haben mich gelehrt, dass wir für etwas arbeiten müssen, das ein künftiges Goldenes Zeitalter der menschlichen Fülle werden könnte. *Taripay Pacha* heißt wörtlich übersetzt das 'Zeitalter der Wiederbegegnung mit uns selbst'. Dies ist eine Zeit, in der die Menschen wirklich anfangen müssen, zusammenzuarbeiten.

Der 1. August 1993 markierte das Ende des *Pachakuti* – einer kosmischen Umwandlung – den Beginn der ersten Phase des *Taripay Pacha.* Diese Anfangsphase soll von 1993 bis zum Erscheinen der fünften Ebene des Bewusstseins, einer Gruppe von

Heilern oder Priestern mit außerordentlichen Kräften, andauern. Mit dem Zeitpunkt ihres Erscheinens werden wir in die zweite Phase des *Taripay Pacha* eingetreten sein.

Die zweite Phase des *Taripay Pacha* wird bis zur Manifestation - der Rückkehr - des *Sapa* Inka, eines Priesters der sechsten Ebene, andauern. Das ist die Bewusstseinsebene der alten Inka-Herrscher. Die Person, die über die Bewusstseinsebene des Inka verfügt, muss ein außergewöhnlicher politischer und spiritueller Führer sein, der über die Fähigkeit verfügen wird, das Reich der alten Inka wieder zu erschaffen und noch zu übertreffen. Das *Taripay Pacha* in seiner ganzen Entfaltung wird beginnen, wenn die Priester der sechsten Ebene erscheinen, was etwa um 2012 der Fall sein könnte. Die Daten sind ungewiss, weil es sich hier nur um eine Gelegenheit, eine Möglichkeit handelt. Wir - die Menschheit - müssen die Arbeit tun.

Die Zeitspanne von 1993 bis 2012 stellt das dar, was die westliche Entwicklungspsychologie eine 'kritische Phase' in der Entwicklung des menschlichen Kollektivbewusstseins nennen würde. Diese neunzehn Jahre bedeuten eine Zeit, in der ein signifikanter Prozentsatz der Menschheit von der dritten zur vierten Ebene überwechseln muss und kann. Wir müssen fähig sein, die Angst hinter uns zu lassen und lernen, unsere kulturellen Talente und Errungenschaften miteinander zu teilen und eine freundschaftliche Beziehung mit der unsichtbaren Welt und den Kräften der Natur einzugehen. Es liegt an den Menschen auf Erden, an uns, aus dieser kritischen Phase das Beste zu machen, um das *Taripay Pacha* herbeizuführen", sagte Juan mit Nachdruck.

„Ja, ich verstehe", erwiderte ich benommen. Ich fühlte mich vollkommen überwältigt. Ich betrachtete die verrostete Beule an der Tür von Juans kleinem gelbem Käfer mit den profillosen Vorderreifen. Während Juan sprach, schien das ganze Auto in einen gehobenen Zustand zu geraten. Ich war schon halb darauf gefasst zu erleben, dass wir einen Meter über der mit Kopfsteinen gepflasterten Straße schwebten.

„Sehen Sie, Elizabeth, wir legen einfach nur das Fundament oder schaffen durch unsere kollektive spirituelle Arbeit die Bedingungen für die nächsten Schritte der menschlichen Evolution", sagte er schlicht.

„Juan, ich … ich bin nicht … ich ..."

„Elizabeth", brachte mich Juan mit einer Geste zum Schweigen, als lese er meine Gedanken. „Warum, glauben Sie, sitzen wir jetzt hier? Denken Sie, Sie hatten diese Vision von dem Berggeist ohne jeglichen Grund?"

„Aber Juan ... es klingt alles so ... so ... so groß", und ich fühlte mich sehr klein und verletzlich.

„Jede Person muss ihren Teil dazu beitragen. Nicht mehr, nicht weniger. Lassen Sie sich von der Energiewelt führen. Tun Sie nur, was Ihr Herz als das Richtige empfiehlt." Ich umarmte Juan noch einmal, dankte ihm für sein Angebot und versicherte ihm, dass ich darüber nachdenken würde.

Ich kehrte in die USA zurück. Im Laufe der nächsten sechs Monate begann ich, mich wieder „normal" zu fühlen. Seltsamerweise war ich allerdings unfähig, über die Prophezeiung, von der mir Juan erzählt hatte, auch nur nachzudenken. Aber ich fragte mich doch, ob das Wiedererlangen meines Gleichgewichts etwas mit dem Zurückholen jenes Teils meines *Poq'pos,* meiner Energieblase, der von Ricardo eingefangen worden war, zu tun hatte. Ich war mir tatsächlich sehr sicher, dass da eine Verbindung bestehen musste. Deshalb rief ich Juan an, um mich bei ihm zu bedanken.

„Das freut mich für Sie, Elizabeth", sagte er, „und ich glaube, dass Sie sich jetzt autonomer fühlen." - „Autonom!" Das war genau das Wort. Juan brachte mir sein Angebot in Erinnerung. Ich dankte ihm, ohne ein Versprechen abzugeben und legte den Hörer auf. Die Wahrheit war, dass ich mich nach meinen vorangegangenen Erfahrungen fürchtete, weitere spirituelle Arbeit in Cuzco zu tun. Der Gedanke, die Stadt nur als Touristin zu besuchen, machte mir nichts aus. Aber die Vorstellung, mich dort wieder esoterisch zu beschäftigen, jagte mir Angst und Schrecken ein.

Einige Wochen später hörte ich, dass man in Nordperu eine neue Entdeckung gemacht hatte: Ein Grab mit einer größeren Menge Gold, als man in Tutanchamuns Grab gefunden hatte, war an einem Ort namens Sipan entdeckt und freigelegt worden - und das Los Angeles Art Museum stellte die Schätze aus. Ich fuhr dort hin, um sie mir anzusehen. Nachdem ich ganze dreißig Minuten in der Ausstellung verbracht hatte, bekam ich eine solche Gänsehaut, dass ich gehen musste. Für mich hatte diese Chimú-Kultur etwas ungeheuer Furchterregendes, und dies schien mit meiner Angst vor einer Rückkehr nach Peru zusammenzuhängen. Ich dachte wieder an diese enervierende Erfahrung, die ich mit Cyntha und meinem Freund David in der riesigen Ruinenstätte von Chan Chan gemacht hatte.

Wir drei waren von den Hilferufen der dort gefangenen Seelen überwältigt worden. Dieser Ort hatte sich als perfektes Beispiel für mediale Kräfte, die für einen bösen Zweck eingesetzt worden waren, präsentiert. Es war ein astrales Gefängnis. Für mich war die Vorstellung, jemandes Seele einzusperren oder zu foltern, noch schlimmer als körperliche Torturen.

Auf dem Rückflug von Los Angeles wurde mir klar, dass ich von Angst verfolgt gewesen war. Genau, wie Juan es beschrieben hatte, hatte die Angst von mir Besitz ergriffen und übte Kontrolle über mich aus - die Herausforderung der dritten Ebene. Das weckte die Kämpferin in mir. Und als ich wieder zu Hause in West Marin eintraf, hatte ich eine Entscheidung getroffen. Ich würde diese Angst erforschen. Und schneller, als ich erwartet hatte, bot sich mir dazu die Gelegenheit.

Einige Tage später, ich war gerade bei meiner Morgenmeditation, erstand vor meinem geistigen Auge eine Gestalt. Ich bekam eine Gänsehaut. Die Härchen auf meinen Armen richteten sich auf. Ich starrte in das Gesicht der grauenhaftesten Kreatur, die ich jemals gesehen hatte. Diese Gestalt erweckte in mir ein abgrundtiefes Gefühl von Entsetzen. Grobe wulstige Gesichtszüge, eine kohlefarbene graue Haut überspannte den haarlosen Schädel. Die Augen glotzten gelb. Ein schmutziges ockerfarbenes Licht hüllte Kopf und Schultern ein, und der Körper war mit einem dicken grauen Lederpanzer bedeckt. Um den Hals trug dieses Geschöpf eine Kette mit riesigen Eisendornen. Ein sadistischer Ausdruck kroch über seine verzerrten Gesichtszüge, als er mich in einem Ton ansprach, der unmittelbare Gefahr signalisierte.

„Ich bin das intelligente organisierte Böse", sagte es mit dunkler, schnarrender Stimme. Die Atmosphäre, die dieses Wesen umgab, war zutiefst bedrohlich. Es sah aus wie eine Figur aus der Sipan- Ausstellung. Vor Entsetzen lief mir der Schweiß an den Seiten herunter. Was war da von mir herbei beschworen worden?

Ich wusste, dass mein Geist diese Gestalt geschaffen hatte, doch war ich mir auch sicher, dass sie irgendwo und irgendwann eine manifestierte Existenz besaß. Dieses Geschöpf was es sagte reflektierte meine tiefsten Ängste.

In der Vergangenheit hatte ich prinzipiell daran geglaubt, dass das Böse eher eine Angelegenheit des Missverständnisses sei, dass die Menschen im Grunde einander nichts Böses antun wollten, sondern dass sie durch schlechtes Beispiel dazu gebracht wurden. Dies hier war etwas völlig anderes. Hier hatte ich es mit einem Geschöpf zu tun, das ganz bewusst und absichtlich grausame und gewalttätige Handlungen beging und Energie dadurch gewann, dass es anderen Schaden zufügte.

Ich versuchte, mich zu schützen. Ich stellte mir vor, dass ich das Geschöpf wegschob oder eine Barriere zwischen uns beiden errichtete. Nichts funktionierte. Dann wurde mir auf einmal klar, dass ich diese Kreatur gar nicht hätte sehen können, wenn sie nicht ein Teil von *mir* gewesen wäre, der auf sie reagierte. Plötzlich durchfluteten mich Erinnerungen an Zeiten, in denen ich absichtlich Dinge getan hatte, um anderen Schaden zuzufügen und sie zu verletzen. Von kleinen törichten Dingen bis hin zu größeren und wichtigeren Gelegenheiten in meinem Leben, die mich nun vor Verlegenheit erröten ließen.

Ich erinnerte mich an das, was Juan mir gesagt hatte: dass nämlich den andinen Meistern zufolge die Welt aus verschiedenen Lebensenergien besteht, manche von ihnen sind schwer, andere subtil. Bei Ricardos *Mesa*, so hatte er mir gesagt, wenn die Energie sehr stark und sehr schwer sei, solle ich meinen Qosqo, meinen spirituellen Magen, öffnen und diese Energie in meinen *Qosqo* aufnehmen und essen. Damals kam mir dieser Gedanke verrückt vor. Doch in diesem Moment schien es mir die einzige gangbare Möglichkeit zu sein. Dieses Geschöpf, ob es nun meiner Vorstellung entsprach oder nicht, verflüchtigte sich nicht. Vor allem jetzt schon gar nicht, wo es mir gezeigt hatte, dass es ein Aspekt, ein Teil von mir war. Nachdem ich mich dieser Tatsache einmal gestellt hatte, überkam mich ein Gefühl wie Gnade.

Meine Perspektive verlagerte sich. Statt Angst zu verspüren, war ich nun von Mitgefühl für diese elende Kreatur erfüllt. Und ohne weiter darüber nachzudenken, breitete ich die Arme aus und zog es in mich hinein, in meinen Qosqo. Ich umarmte es. Und mit ihm umarmte ich jenen Teil meiner eigenen Dunkelheit. Ich umfing es ganz und gar. Zärtlich. Wie eine Mutter.

Das Gesicht des Geschöpfs sah zunächst ziemlich verwirrt aus, und dann nahm es plötzlich einen entzückten Ausdruck an. Und es begann, auseinanderzubrechen. Die Gewalt seiner sich auflösenden Energiestruktur schickte buchstäblich Schockwellen durch meinen Körper und die Freisetzung dieser Energie ließ mich unwillkürlich auf meinem Meditationskissen vor und zurückwiegen.

Binnen weniger Wochen nach dieser befreienden Erfahrung wusste ich, dass es an der Zeit war, die Mitglieder für meine Gruppen zu finden. Ich war für die vierte Ebene bereit.

2. Teil

Hatun Karpay: Die große Initiation

8. KAPITEL

Samenkörner des Inka

„Hier fangen wir an" – verkündete Juan unserer Gruppe, die nach dem zwanzigstündigen Flug und der Landung am Tag zuvor immer noch verschlafen drein blickte. Der schmerzliche Ausdruck in ihren Gesichtern sagte mir, dass fast alle unter irgendeiner Form der Höhenkrankheit litten.

„Hier?" fragte ich erstaunt. Wir standen in etwa dreitausendfünfhundert Meter Höhe auf dem Hauptplatz vor der zentralen Kathedrale Cuzcos und fröstelten in der kalten Morgenluft eines andinen Frühlings. Die von den Spaniern zuerst Mitte des fünfzehnten Jahrhunderts erbaute Kirche war danach im Laufe der Jahrhunderte verschiedene Male durch Erdbeben zerstört worden, während das darunter liegende erdbebensichere Inka- Mauerwerk unversehrt geblieben war. Der Himmel über der Kathedrale war leuchtend blau, und schneeweiße Wölkchen krönten die rings um Cuzco aufragenden Berggipfel. Wir standen da und sorgen die reine dünne Luft in unsere nach Sauerstoff dürstenden Lungen.

Über ein Jahr war vergangen, seit ich Juan zum letzten Mal gesehen hatte. Und in dieser Zeit war es mir gelungen, seine Bitte zu verwirklichen. Ich hatte eine Gruppe zusammengebracht, genauer gesagt, die Gruppe hatte sich fast von selbst gebildet, um nach Peru zu gehen und dort die Initiation, von der Juan mir erzählt hatte, zu durchlaufen. Die Mitglieder der Gruppe, eine Mischung aus weiblichen und männlichen Kollegen und Freunden, wussten so gut wie nichts über diese peruanische spirituelle Traditionen. Sie hatten nur ein paar bruchstückhafte

Erläuterungen und Geschichten gehört, die ich ihnen im Zusammenhang mit meinen eigenen Abenteuern erzählt hatte. Doch jede Person war von einer tiefen Ehrfurcht vor der Erde und einem gesunden Respekt vor dem Prozess der spirituellen Initiation beseelt. Merkwürdigerweise hatte jeder auf seine Art zum Ausdruck gebracht, dass sie auf seelischer Ebene einen rätselhaften Drang verspürten, an dieser Reise teilzunehmen – als ob hier etwas am Wirken wäre, das weit über ihre persönlichen Beweggründe hinaus ging. Auch ich vermochte all diese Dinge nicht zu erklären, wusste nur, dass ein tiefes instinktives Drängen mich an den Ort geführt hatte, wo ich nun stand.

„Ich musste über zehn Jahre warten, um diese Initiation zu erhalten", erklärte Juan seinem aufmerksamen Publikum. „Aber selbst *ich* war schockiert, als mein Meister Don Benito mich *hierher* führte, um mit dem ersten Tag der großen Initiation der *Hatun Karpay* zu beginnen.

„Wer ist Don Benito, Juan?" fragte Nina, eine große, schlanke rotblonde Massagetherapeutin.

„Don Benito", begann Juan mit seiner Erklärung, und wieder bemerkte ich, dass seine Augen feucht wurden, „war einer der bedeutendsten und geachtetsten Heiler im ganzen Tal von Cuzco. Er war ein kleiner Indio. Etwa so groß." Juan hob die Hand und zeigte ein Größenmaß von nicht ganz anderthalb Metern an. „Und er war ein erstaunlicher Mann.

Als ich Don Benito zum ersten Mal traf, gehörte ich zum harten Kern der äußerst rational denkenden Anthropologen. Ich hatte ein Stipendium der Ford Foundation, um die religiösen Glaubensvorstellungen der Bewohner der Anden zu erforschen, und man schickte mich zu Don Benito, einem andinen Priester, der meine primäre Informationsquelle sein sollte. Damals sprach ich nicht sehr gut Quechua und wurde daher von einem meiner Studenten begleitet, der Spanisch und Quechua fließend beherrschte. Wir fuhren zu Don Benitos Dorf und brachten ein kleines Päckchen Cocablätter und eine kleine Flasche Schnaps mit, die traditionellen Geschenke, die man einem andinen Priester anbieten muss. Und Don Benito lud uns in seine bescheidene Behausung ein.

Wir ließen uns an einem kleinen Tisch nieder, und er holte drei winzige Becher, um uns etwas von dem mitgebrachten

Schnaps anzubieten. Dieser kleine Indio war sehr arm, aber ein äußerst kultivierter Herr. Wir tranken jeder ein Schnäpschen, und Don Benito und ich begannen mit Hilfe des Dolmetschers unsere Unterhaltung. Dann lud uns Don Benito zu einer weiteren Runde Schnaps ein und begann, direkt mit mir in einem Gemisch aus Spanisch und Quechua zu sprechen. Das ermutigte mich, und ich antwortete ihm im gleichen Sprachgemisch. Don Benito kredenzte uns eine dritte Runde Schnaps, und bald merkte ich, dass er weiterhin direkt mit mir sprach, aber nicht in Spanisch oder Quechua oder Chinesisch oder irgendeiner für mich erkennbaren Sprache.

Das Seltsame daran war, dass ich nicht nur alles verstand, was er sagte, sondern dass ich zugleich auch alles in deutlichen Bildern vor mir sah. Irgendwie konnte ich ihm sogar in derselben Sprache antworten! Und noch seltsamer war, dass mir dies zu diesem Zeitpunkt völlig normal erschien. Auf solche Weise unterhielten wir uns fast zwei Stunden lang, bis Don Benito schließlich das Gespräch beendete. Als wir aufstanden, um uns zu verabschieden, stellte ich fest, dass mein Dolmetscher, bekannt für seine Fähigkeit, ungeheure Mengen Alkohol zu vertragen, völlig betrunken war. Und nicht nur das. Er hatte von unserer Unterhaltung nicht ein Wort verstanden!

Während des folgenden Monats hatte ich so etwas wie einen Nervenzusammenbruch. Mit meiner bisherigen rationalen Herangehensweise an die Dinge ließ sich dieses Erlebnis nicht im Geringsten erklären. Schließlich gab ich auf und wurde Don Benitos Schüler. Ich arbeitete zehn Jahre lang mit ihm." Juan wischte eine Träne weg, die seine Wange hinunter in seinen dichten Bart gekullert war.

Juan hatte mit seiner Geschichte nicht nur unsere ganze Aufmerksamkeit, sondern auch unsere Herzen gewonnen. Die Authentizität seiner Erzählung und seine entzückende Beschreibung von Don Benito hatten unsere Herzen erobert. Ganz klar war das, was wir hier lernen würden, der echte Stoff! Der von Juans Geschichte ausgehende Zauber hatte uns fast vergessen lassen, dass wir auf dem Hauptplatz von Cuzco standen.

Ich wusste bereits, dass diese Kathedrale an der Stätte des vormaligen Wiraqocha-Tempels erbaut worden war; doch das, was uns Juan als Nächstes erzählte, war mir nicht bekannt gewesen. „Für die andinen Priester, und ganz besonders für Don Benito, blieb und bleibt diese Stätte ein Schlüsselort der heiligen Geografie der Andenregion. Dieser Tempel ist ein energetisches Tor zur höheren Welt, der Welt der feinen, subtilen Energien." Die im engen Kreis stehende Gruppe wandte sich geschlossen um, um einen Blick auf die Kathedrale zu werfen. Ich hatte schon gehört, dass viele Kathedralen und Kirchen in den Vereinigten Staaten ebenfalls an Orten errichtet worden waren, die den indianischen Stämmen als heilig galten.

„Juan, was meinst du mit einer „Welt der feinen Energien"?" fragte Sam, ein hochgewachsener und gut aussehender Computerprogrammierer aus Florida. Sam war ein strikt rational denkender Wissenschaftler und hatte erst kürzlich entdeckt, dass sein Urgroßvater ein reinrassiger Lakota-Indianer gewesen war.

„Seht ihr, die andinen Priester sind nie dazu ausgebildet worden, wie die Westler zu denken. Sie konzentrieren sich nicht auf Gebäude, Autos, Häuser, Straße oder auch Symbole. Ihre Aufmerksamkeit ist mehr auf Energie gerichtet. Meine Meister leben nicht in einer Welt, die sich aus soliden Objekten zusammensetzt. Für uns" - und damit bezog sich Juan auf die andinen Priester - „setzt sich die Welt aus lebendigen Energien in ihren vielen Variationen zusammen, die insgesamt *Kausay* genannt werden."

„Aber sie leugnen doch wohl sicher nicht die Existenz der materiellen Welt?" protestierte Sam ein wenig perplex.

„Überhaupt nicht", erwiderte Juan mit sanfter Stimme. „Wir alle erfahren die Welt des materiellen Bewusstseins, auch die andinen Priester, aber für sie stellt sie nicht die einzige und ganz gewiss nicht die vorrangige Welt dar. Jeder materielle Gegenstand besitzt ebenfalls einen Geist, beziehungsweise einen energetischen Aspekt. Die Berge, Bäume, Steine, Pflanzen, Flüsse, jedes Gebäude und alle Städte haben für sie ein energetisches Bewusstsein. Jedes Geschöpf - vom winzigsten Einzeller bis hin zum Menschen, Elefanten und Wal - besitzt dieses gleiche energetische Bewusstsein, eine 'Blase' mit lebendiger Energie, einen *Poq'po,* der den materiellen Körper umhüllt und durchdringt. Wenn ihr in die Welt des andinen mystischen Priesters eintreten wollt, müsst ihr lernen, direkt mit dieser Welt der lebendigen Energien und mit den *Poq'pos* anderer Menschen, Wesen und Orten zu kommunizieren und zu interagieren."

Man hörte Hüsteln, Seufzer und verunsichertes Scharren mit den Füßen. Zwar waren den meisten von uns diese Gedanken nicht völlig neu, aber sie stellten mit Sicherheit die Realität infrage, an die zu glauben man uns erzogen hatte. Eine Realität, die uns unsere Welt ordnete und zu einem für uns sicheren und vertrauten Ort machte. Sicher war es, dass die Theorien der modernen Physik, die Quantentheorie und Einsteins Relativitätstheorie eingeschlossen, den Weg dafür geebnet hatten, dass diese Vorstellungen ins westliche Denken Einzug halten konnten. Doch sie blieben deshalb nicht weniger schwierig. Das intellektuelle Begreifen einer Idee unterscheidet sich gewaltig von der Erfahrung der lebendigen Wirklichkeit.

Ich hatte in Peru meine eigenen unmittelbaren Erfahrungen mit der Dehnbarkeit der Begriffe aus der materiellen Welt gemacht, als ich Zeugin der Materialisierung der *Apus* geworden war; und obwohl sie faszinierend waren, hatte sie mich doch in Angst und Schrecken versetzt. Ich wusste, was es bedeutet, wenn die eigenen Glaubensvorstellungen bis in die Grundfesten erschüttert werden. Und ich fragte mich, wie wohl die anderen in der Gruppe, die noch nie mit solchen persönlichen Erfahrungen konfrontiert worden waren, auf diese Gedanken reagieren würden.

Juan fuhr damit fort, die fundamentalen energetischen Prinzipien des andinen Mystizismus zu erläutern. „Zunächst müsst ihr begreifen, dass für die andinen Priester in der Welt der lebendigen Energien keine positiven oder negativen Energien existieren. Es gibt nur Abstufungen von feineren und geläuterten lebendigen Energien und Energien, die dichter oder schwerer sind. Die verschiedenen Formen und Abstufungen der jeweiligen lebendigen Energien bilden die Grundordnung der andinen Kosmologie.

Der andine Kosmos ist in drei Existenzebenen aufgeteilt, die jeweils ihre eigenen spezifischen und energetischen Qualitäten aufweisen. Die erste Ebene ist die höhere Welt, die *Hanaq Pacha*, oder was die Ureinwohner Nordamerikas die 'Obere Welt' nennen. Es ist eine extrem spirituelle Ebene, die von den feinsten Energien besiedelt ist und auf der sich auch verschiedene spirituelle Wesen aufhalten, wie etwa Jesus, die Jungfrau Maria, verschiedene Inkas und eine Menge lokale Heilige. Die zweite Ebene, die *Kay Pacha,* ist der Bereich der Menschheit und der Welt des materiellen Bewusstseins, und sie besteht aus einer Mischung von sowohl feinen als auch schweren Energien. Sie ist auch als die 'mittlere Welt' oder die Welt unseres Alltagsdaseins bekannt. Auch unsichtbare und mystische Wesen, wie zum Beispiel die *Apus,* bewohnen diese Ebene. Die dritte Ebene, die *Ukhu Pacha,* ist die innere oder 'untere Welt'. Aus der Sichtweise der andinen Priester ist die innere Welt die Ebene, die innerhalb der Erde und auch im Inneren eines jeden Individuums existiert. Sie ist zwar weitgehend von schweren Energien besetzt, aber sie ist keine Art Hölle, sondern ein Ort, an der der Geist beginnt, die heilige Kunst des *Ayni,* die Kunst der Gegenseitigkeit und des gegenseitigen Austauschs, zu erlernen."

Juan kündigte uns an, dass wir mit unserem ersten Ritual mit dem Spektrum der feinen Energien der höheren Welt in Verbindung kommen werden, und zwar durch die Teilnahme an einer traditionellen katholischen Messe. „Die Inkas betrachten heilige Objekte als Pforten zu den feinen Energien der höheren Welt. Als die Spanier nach Peru kamen, verstanden sie deren Verehrung der Heiligenbilder von Jesus und Maria als eine Methode zum Absorbieren feiner männlicher und feiner weiblicher Energien, die sie in sich aufnahmen, indem sie sich mit den *Poq'pos* dieser höchst spirituellen Wesen verbanden." Juan erklärte uns nun, dass wir zwar an einer katholischen Messe teilnehmen werden, dass wir jedoch dabei unsere Verehrung der christlichen Ikonen auf inkanische Weise vornehmen werden. Wenn wir wollten, könnten wir zur Kommunion gehen.

Einige aus der Gruppe gaben ihrer Besorgnis darüber Ausdruck, dass wir durch den Katholizismus eine Erfahrung machen sollten, die doch einzig dem andinen Weg vorbehalten war. Jedenfalls hatten sie das bisher geglaubt. Juan zerstreute jedoch dieses Argument, indem er auf die extreme Flexibilität und Anpassungsfähigkeit des andinen Systems hinwies. „Das Allerwichtigste dabei ist, dass dieses System inklusiver Natur ist. Es hat zwar eine Struktur, aber dennoch gibt es keine starren Regeln oder Dogmen. Und es gibt nur ein einziges Gesetz: *Ayni.* Ihr müsst wissen, dass das Inka-Reich mehr als zwölf Millionen

Einwohner hatte, die über hundert ethnischen Gruppen angehörten, die sich in mehr als zwanzig verschiedenen Sprachen verständigten.

Die Inkas waren unter anderem deshalb so erfolgreich, weil sie jedem Volksstamm seine religiöse Identität ließen, wobei alle durch eine einende Gottheit verbunden waren: die Sonne. Die Inkas glaubten an den Austausch und das Integrieren von neuem Wissen, das spirituelle Wissen eingeschlossen. Mein Meister Don Benito war selbst ein tief gläubiger Katholik. Wir sind sehr gläubige Menschen, und für uns kann keine Form religiöser Verehrung falsch sein. Tatsächlich werdet ihr heute sehen, dass die andine Tradition auf Initianden verschiedener religiöser Traditionen zugeschnitten ist, die dann ihr Wissen über das Vehikel des größten gemeinsamen menschlichen Faktors, nämlich die *Kausay Pacha,* das Universum der Energie, austauschen können. Lasst Euch von den äußeren Formen einer Religion nicht in die Irre führen. Hier ist nichts obligatorisch. Wenn ihr euch danach fühlt, geht zur Kommunion; wenn nicht, dann lasst es bleiben."

Durch die Kombination von Schlafmangel, nicht akklimatisierte Höhe und den Zustrom so vieler neuer Gedanken verwirrt und benommen, aber dennoch entschlossen, „die Energien auszuprobieren", wie Juan sagte, betraten wir die Kathedrale durch das Hauptportal. Wir folgten Juan zu einem kleinen Altar nahe dem rückwärtigen Teil der Kirche, wo vielleicht zwanzig Peruaner, die Hüte in ihren Händen haltend, auf zerkratzten Kirchenbänken saßen und an der Morgenmesse teilnahmen. Als wir näher kamen, bat der Priester gerade seine kleine Gemeinde, etwas mehr Enthusiasmus zu zeigen. Während wir uns setzten, fingen sie gerade an zu singen, aber selbst ihr Gesang konnte die trostlose dumpfe Atmosphäre nicht aufhellen. Es war mittlerweile neun Uhr morgens, und in der Kathedrale war die Luft eisig kalt. Die dicken Mauern und hohen Deckengewölbe ließen ihr Inneres dunkel und unheilvoll erscheinen. Und der riesige, imposante Altar aus massivem Silber schuf alles andere als eine gemütliche Atmosphäre. Die einzige Wohltat in dieser das Mark gefrieren lassenden Trostlosigkeit waren die starken Strahlen der Inka-Sonne, die durch das bunte Glasfenster über uns einfielen und die Kirchenbänke zu unserer Linken in herrliche

Farben tauchten. Die Natur sendet Hoffnungsstrahlen in diese düstere von Menschen erschaffene Welt - dies war die vollendete Metapher für unsere Initiation. Die Kathedrale selbst beschwor lediglich Bilder von der spanischen Eroberung und den Massakern an den Indios herauf. Ich saß da und zitterte, wurde durch zwei Arten von Kälte zum Frösteln gebracht.

Ich blickte zum zweieinhalb Meter hohen pechschwarzen Kruzifix auf, das über dem vor uns befindlichen Seitenaltar herab hing. Das großflächige Antlitz des Erlösers zeigte einen traurigen und menschlich sehr verletzlichen Ausdruck. Auf dem Kopf trug er eine überdimensionale Dornenkrone.

Juans Worte durchdrangen mich und lockerten die festgefahrenen Ideen über den Katholizismus und die katholische Ikonografie, die ich mit mir herumtrug; Vorstellungen, die noch nie zuvor - oder jedenfalls nicht in diesem Maße - angefochten worden waren. Ich konzentrierte mich auf das Kruzifix und versuchte, es mir als eine Zugangspforte zu feinen, geläuterten männlichen Energien der höheren Welt vorzustellen. Schon allein der Gedanke, subtile vergeistigte Energie von oben in mich aufzunehmen, fühlte sich gut, reinigend und erdend an, als würde ich der Kathedrale damit tatsächlich reinere Luft zuführen.

Ich konzentrierte mich, und allmählich nahm ich eine Bewusstseinsveränderung in mir wahr, als sich meine Aufmerksamkeit von diesem zweidimensionalen Symbol auf die energetische Präsenz des Schwarzen Christus verlagerte. Ein starkes und warmes Strahlen, so durchdringend wie die Sonne, durchströmte mich und durchwärmte buchstäblich meinen Körper. Das stand in scharfem Kontrast zur bedrückenden Kälte der Kirche. Ich versuchte, mehr und mehr von dieser feinen männlichen Energie in mich hineinzuziehen, und sie durchflutete mich geradezu.

Eine für mich nicht messbare Zeit verging, und ich spürte gleichsam nebenbei, dass die Gruppe zum Ende gekommen und bereit war, weiterzugehen. Doch ich befand mich immer noch in tiefer Trance. Ein Gefühl tiefen Friedens erfüllte mich und das Wissen, dass ich endlich spirituell meine Heimat gefunden hatte. Von weit weg erreichte mich der Gedanke, dass ich aufstehen und mich der Gruppe anschließen sollte, aber er übersetzte sich nicht in Bewegungen. Mein Körper reagierte einfach.

„Bleib, bis der Energiefluss endet", flüsterte Juan mir zu, der irgendwie wahrnehmen konnte, was in mir vorging.

So verstrichen lange Minuten, bis ich schließlich die Augen öffnete und sah, dass sich die Peruaner zum Empfang der Kommunion vor dem Altar aufgereiht hatten. Zu meiner Überraschung stellte ich fest, dass alle Mitglieder meiner Gruppe sich ihnen nun doch dazu gesellt hatten. Wir erlebten buchstäblich am eigenen Leib das Nebeneinander der Rituale, von dem Juan uns erzählt hatte. Unverständlicherweise empfand auch ich keinen Widerspruch, keine Reibung und kein Problem beim Praktizieren dieser beiden anscheinend so unterschiedlichen spirituellen Traditionen, die in den letzten fünfhundert Jahren Seite an Seite existiert hatten.

Schweigend begaben wir uns gemeinsam zu dem riesigen Bild der Jungfrau, das gleich hinter dem Eingangsportal der Kathedrale hing. Beim Betreten der Kirche war mit aufgefallen, dass viele Peruaner dort für eine längere Zeit niederknieten und mit gesenktem Kopf zur Jungfrau beteten. Als wir nun unseren Platz vor dem Bild einnahmen, registrierte ich eine unheimliche Empfindung, so als ob die heilige Mutter der Liebe und Vergebung tatsächlich diesen Bereich der Kirche bewohnte. Ich fragte mich, ob der Grund darin lag, dass dem Ort selbst eine besondere Kraft innewohnte, wie Juan gesagt hatte.

Ich kniete nieder und versuchte, zu beten. Aber meine Gedanken über mein gegenwärtiges Tun, über das Bildnis und meine Vorstellungen von der Jungfrau lenkten mich ab. Nach einigen Minuten wurde ich innerlich ruhig. Wieder konzentrierte ich mich auf meine Absicht und versuchte, die energetische Emanation des Bildnisses wahrzunehmen. Ich spürte den Fluss, das Einströmen sehr feiner aber umhüllender Energie, die sich deutlich von meiner Erfahrung vor dem Schwarzen Christus unterschied. Ich wurde in einen Mantel sanfter magnetischer Liebe eingehüllt. Und irgendwie nahm ich ein sich ausdehnendes Gefühl des Friedens, des Mitgefühls und der Vergebung wahr, das ich so noch nie empfunden hatte. Unwillkürlich stiegen mir Tränen in die Augen, als mir dieses Geschenk göttlicher weiblicher Energie zuteil wurde. Wieder schienen Stunden vergangen zu sein, aber es waren nur wenige Minuten verstrichen, als wir uns nun erhoben, um weiterzugehen.

Juan deutete mit einer Geste nach links auf einen sandfarbenen eiförmigen, etwa einen Meter hohen Stein, der unauffällig in einer Ecke der Kathedrale stand. Selbst wenn mir seine Existenz bereits bekannt gewesen wäre, hätte ich ihn niemals bemerkt, wenn Juan ihn uns nicht gezeigt hätte. „Im sechzehnten Jahrhundert", erklärte er mit gedämpfter Stimme, „fertigte Juan de Santa Cruz Pachakuti eine Zeichnung vom Hauptaltar der Inkas an, auf der auch das Pantheon der Götter der Inkas zu sehen war. In der oberen Mitte der Zeichnung ist ein Ei zu sehen, das die Inkas Wiraqocha nannten. Und dieses auf dieser Zeichnung dargestellte Ei steht nun hier in der Kathedrale." Er zeigte auf den eiförmigen Stein.

Einige von uns holten hörbar Luft, überrascht, hier ein so gänzlich unauffällig aufgestelltes, original inkanisches Relikt vorzufinden. „Dies ist das dritte religiöse Symbol, und mit ihm werden wir dieses Ritual vervollständigen." Nach einer so unerwartet bewegenden Erfahrung vor dem Bildnis der Jungfrau Maria erschien es mir seltsam, wieder gesprochene Worte zu vernehmen. Doch gleichzeitig waren diese Erklärungen irgendwie beruhigend und lieferten meinem Verstand eine Basis, auf die er sich stützen konnte

„Dieses große Stein-Ei ist, wie, auch der Schwarze Christus, ein *Khuya*, was wörtlich 'leidenschaftliche Liebe' bedeutet. Doch der Begriff bezieht sich in seiner mystischen Interpretation auf die Liebesenergie, mit der ein Gegenstand, meist ein Stein, aufgeladen und dem Schüler von seinem Meister geschenkt wird. Diese Liebesgabe überträgt die Kraft des Meisters auf den Schüler. Dieses Stein-Ei ist das *Khuya* von Wiraqocha aus der höheren Welt. Der volle Name dieses Stein-Eis bedeutet 'der große Einiger aller Dinge' und diesen Zweck hat es hier ganz gewiss erfüllt." Wir betrachteten dieses dritte Symbol mit großer Ehrfurcht. Da war es. Ein einfacher, eiförmiger Stein, der aussah, als könnte er als Türstopper benutzt werden.

„Auch nach der Niederwerfung der Inkas", so erklärte Juan weiter, „diente diese Kathedrale den andinen Priestern weiterhin als Initationstempel, was bedeutet, dass katholische und andine Priester in den letzten fünfhundert Jahren ihre Rituale unter demselben Dach durchgeführt haben.

Vergangenen Dezember hatte Abran Valencia, ein Freund von mir, ein Buch publiziert, in dem er die inkanische Tradition beschreibt. Nach dem Erscheinen des Buchs versuchten die katholischen Priester diese Praxis zu unterbinden, indem sie das Ei aus der Kathedrale entfernten. Zu jenem Zeitpunkt befand sich der Erzbischof nicht in der Stadt. Aber nach seiner Rückkehr wurde er sehr schnell von vielen Menschen aufgesucht, und ein paar Tage später brachte man das Ei an seinen rechtmäßigen Platz zurück." Die Gruppe stieß hörbare Seufzer der Erleichterung aus, als Juan für einen Moment in seiner Erzählung innehielt. Wie traurig, dass wir Menschen uns von unserer Verschiedenartigkeit so bedroht fühlen, dass sie uns solche Angst macht, dachte ich.

„Dieses Ei hat die Funktion, 'schwere Energie zu verspeisen'. Das ist ein weiterer wichtiger Gedanke der andinen Tradition hinsichtlich der Bewahrung der energetischen Ökonomie. Und zwar nicht nur in Bezug auf die eigene Person, sondern auch bezogen auf unsere Umwelt. Dazu ist es notwendig, zunächst feine Energie aufzunehmen und dann unsere schwere Energie abzugeben. Im ersten Teil unseres Rituals haben wir feine männliche Energie aus der höheren Welt über das Kruzifix, anschließend feine weibliche Energie über das Bild der Jungfrau Maria empfangen. Jetzt sind wir bereit, die schwere Energie, unsere *Hoocha,* zu entlassen. Und das können wir tun, indem wir unsere ganze schwere Energie an das Stein-Ei abgeben.

Das Quechua kennt viele Worte zur Beschreibung von Energie, wie zum *Hoocha* und *Sami,* wie ich euch bereits erzählt habe. Das Quechua-Wort für das Feld lebendiger Energie, das den menschlichen Körper umgibt, ist *Kausay Poq'po,* was wörtlich übersetzt 'Energieblase' bedeutet. Das war es! Dachte ich aufgeregt.

Das war es, was ich angesichts der Christusfigur und der Jungfrau Maria gespürt hatte, das Gefühl, als wäre ich eine Blase, die aufgefüllt wurde! Erstaunlicherweise sprach Juan meine Gedanken laut aus. „Wir beginnen damit, dass wir unsere Energieblase, unseren *Poq'po,* mit feiner Energie auffüllen, denn wenn wir zuerst unsere *Hoocha* ablassen würden, könnten wir kollabieren und ausgelaugt und energielos zurückbleiben. Also füllen wir zuerst unseren *Poq'po* mit feiner Energie und geben dann unsere schwere Energie an das Ei ab. Ihr braucht keine

Bedenken zu haben, wenn ihr ihm eure schwere Energie überlasst. Denn es verspeist eure *Hoocha* mit Vergnügen", erklärte er lächelnd.

Dieser Teil schien ziemlich schwierig zu sein. Zwar fiel es leicht, feine Energie in sich aufzunehmen - aber schwere Energie freisetzen? Das fühlte sich für uns irgendwie nach Umweltverschmutzung an. Juan musste all seine Überredungskünste anwenden, um uns davon zu überzeugen, dass es in Ordnung war, wenn wir unsere schwere Energie auf das Ei übertrugen. „Denkt daran, *schwere* Energie ist *nichts Schlechtes*. Abgesehen davon kann das, was für euch schwere Energie ist, für jemand anderen feine Energie sein. Ihr scheint wirklich an die Erbsünde zu glauben, was? Dieses Ei wurde eigens für diesen Zweck geschaffen: Es möchte eure schwere Energie verspeisen."

Dermaßen bestärkt trat nun eine Person nach der anderen vor das Ei und kniete nieder, ähnlich wie wir es vor dem Kruzifix und der Jungfrau Maria getan hatten. Doch dieses Mal baten wir das Ei, unsere schwere Energie in sich aufzunehmen. In dem Gefühl, die Schafhirtin (oder sollte ich Lamahirtin sagen) der Gruppe zu sein, wartete ich, bis alle geendet hatten, und kniete dann mit großer Ehrfurcht vor diesem letzten verbliebenen heiligen Symbol der Inka-Kultur nieder. Sofort fühlte ich ein natürliches Ausfließen von Energie, so als ob das Ei auf magnetische Weise etwas aus mir heraus sauge. Ich formulierte eine Absicht und machte aus meiner schweren Energie eine Opfergabe für das Ei. Verlegen, weil ich im Mittelpunkt der Aufmerksamkeit der Gruppe stand, verharrte ich nur ein paar Minuten. Dann stand ich auf und schickte mich an, zur Gruppe zurückzukehren. Doch da fühlte ich, wie mich eine ungeheuer starke Anziehungskraft zum Ei zurückzog. Es war mit mir noch nicht fertig. Juan schickte mich mit einer Handbewegung zurück und sagte lachend zur Gruppe: „Ihr seht, sie hat massenweise schwere Energie."

Die Gruppe saß, unter dem Eindruck des machtvollen Rituals verstummt, vor der Kathedrale und wartete auf den Bus, der uns an die Stätte für unser nächstes Rituals bringen würde. Nach langem Schweigen wurden noch ein paar Bemerkungen ausgetauscht, aus denen sich ersehen ließ, wie sehr die Gruppe von dieser Philosophie fasziniert war, die sich in ihrer uralten

Praxis auf die modernsten Theorien der Quantenphysik zu gründen schien.

Auf der Fahrt von Saqsaywaman zu den Ruinen von Q'enko lösten sich die Zungen weiter, und es wurden verschiedene Kommentare zu den unheimlichen und greifbaren Energieempfindungen abgegeben, die die Mitglieder der Gruppe an sich wahrgenommen hatten. Diese Ritualpraxis erweckte eine völlig neue und unbekannte Vorstellung von uns selbst. Wir hatten nun nicht mehr einfach einen physischen Körper, sondern hatten „Energieblasen" oder *Poq'pos*, die ihre schweren und feinen Energien mit heiligen Orten und Gegenständen austauschten. Das war eine angenehme Vorstellung. Und das Überraschendste daran war, dass das Ganze eigentlich ziemlich einfach war. So hatte es die Gruppe auch am meisten beeindruckt, dass das, was sich zunächst wie eine überaus fremdartige, mysteriöse und komplizierte Theorie anhörte, in der Praxis ganz leicht, natürlich und problemlos ablief. Und unter Verwendung von Juans Terminologie ließ sich sogar leicht darüber reden.

Nachdem der Bus direkt oberhalb der Ruinen von Q'enko angehalten hatte, überquerten wir die Straße und kletterten über einen Stacheldrahtzaun. Wir durchquerten einen kleinen Hain mit Eukalyptusbäumen und gelangten zu einem grasbewachsenen Abhang, auf dem verschiedene, etwa doppelt mannshohe graue Felsblöcke herausragten. Zwischen zweien dieser Gesteinsbrocken bildete ein etwa halb so hoher, flacher geschwärzter Stein ein Sims oder eine Felsbank, die beiden Blöcke verband. Die Oberfläche dieses Steins und der Felsblock dahinter sahen aus, als ob sie regelmäßig für rituelle Feuer genutzt würden.

„Diese Kultstätte heißt Illia Pata, was 'Plattform des Lichts' bedeutet", erklärte uns Juan. „Ihr könnt sehen, dass sie noch immer ständig in Gebrauch ist." Er deutete mit einer Geste auf die frische Asche auf dem Stein. „Mein Meister Don Benito hat mir erklärt, dass diese Stätte dem Qorikancha, dem alten Zentraltempel der Inka in Cuzco, gleich an der Avenida del Sol, als gleichwertig gilt. Man glaubt, dass sich die andinen Priester hierher zurückgezogen haben, als der Qorikancha von den Spaniern eingenommen wurde. Dies ist eine sehr alte Stätte und war vielleicht sogar schon vor der Erbauung des Qorikancha der vorrangige Tempel der Inkas, wo die Opfergaben dargebracht wurden."

Ich fragte mich, ob sich die „Plattform des Lichts" auf den flachen Altarstein bezog. Und schon ging Juan darauf zu, legte die Hand auf den Stein und sagte: „Das Gestein dieses Altars nennt man 'wachsendes Gestein', weil es als lebendig betrachtet wird. Die Kraft der Pachamama ist darin konzentriert. Den weiblichen Teil des Rituals werden wir mit dem Altarstein und den männlichen Teil des Rituals werden wir mit den *Apus* durchführen.

Ich zuckte zusammen. Dies würde seit meiner letzten Begegnung mit Ricardos *Mesa* mein erstes Zusammentreffen mit den *Apus* sein. Aber nun fiel es mir schwer, mich zu fürchten, da die Voraussetzungen grundverschieden waren. Erstens befand ich mich nicht in einem verdunkelten Raum, und zweitens wurden die *Apus* hier als Teil eines lebendigen Natursystems angesehen und nicht als Orakel und Autoritäten. Abgesehen davon war ich mit einer Gruppe von Leuten zusammen, denen ich vorbehaltlos vertraute - von unserem exzellenten Führer ganz zu schweigen.

Juan fuhr mit seinen Erklärungen weiter fort: „Die *Apus* sind, allgemein gesprochen, männliche Energien der Natur oder Gottheiten, die die höchsten Berggipfel bewohnen. Hier an dieser Stätte werden wir mit der hohen Ebene der materiellen Welt und mit der männlichen Kraft der *Apus* und der weiblichen Kraft der Pachamama arbeiten."

Seine lächelnden Augen wurden plötzlich ernst, als er nun sagte: Bei der Arbeit mit der *Kay Pacha* - der Welt des materiellen Bewusstseins - lernen wir, unsere persönliche Kraft wechselseitig auszutauschen; wohingegen wir bei der Arbeit mit der höheren Welt, der *Hanaq Pacha,* lernen, Kraft zu empfangen. Durch das Ritual mit den *Apus* und die Arbeit mit diesem Altarstein werdet ihr das Austauschen persönlicher Kraft durch euren spirituellen Magen, euren *Qosqo,* erlernen. Ihr müsst also als Erstes lernen, euren *Qosqo* einzusetzen", sagte er und tätschelte seinen „Magen" im Bereich des Solarplexus, ein paar Zentimeter über der Hüftlinie.

Er holte ein kleines farbenprächtiges Bündel aus einer weißen Segeltuchtasche und legte es auf den Altarstein. „Don Benito erklärte es mir folgendermaßen. Ihr habt einen Magen, um Nahrung aufzunehmen und zu verdauen. Und euer Energiekörper, euer *Poq'po,* hat einen spirituellen Magen, um Energie aufzunehmen und zu verdauen. *Qosqo* ist die Quechua-Bezeichnung für die Stadt Cuzco und bedeutet 'Nabel der Erde'. Das ist einer der Gründe, warum diesem Ort hier solche Kräfte innewohnen - er ist der *Qosqo* von Pachamama, der Bauch unseres Planeten. Der andinen Tradition zufolge sind wir Menschen ein integraler Bestandteil der Natur, und unsere Körper sind nach dem Bild der Pachamama geschaffen. Wie ihr also seht, ist es von zentraler Bedeutung, dass ihr dieses Zentrum beherrschen lernt, denn durch dieses Zentrum", Juan klopfte auf seinen Bauch und sah speziell Nina an, „lernt ihr, Energie zu spüren, schwere Energie zu 'verspeisen', Kraft aus den Kräften der Natur zu beziehen und Verbindung mit den Kultstätten aufzunehmen."

Juan hielt einen Augenblick inne und ließ die Bedeutung seiner letzten Worte wirken. „Der Grund, warum ihr euren Qosqo einzusetzen lernt, ist der, dass ihr die Fähigkeit erlangen sollt, schwere Energie auf meisterhafte Weise zu verspeisen. Wenn ihr dies erst einmal beherrscht, werdet ihr mit jeder Situation zurechtkommen, weil ihr euch dann nie gegen 'negative Energien' verteidigen müsst. Ihr braucht sie einfach nur zu verspeisen. Je mehr schwere Energie vorhanden ist, desto opulenter ist eure Mahlzeit, und umso kraft- und machtvoller werdet ihr. Aber ihr müsst fähig und willens sein, schwere Energie zu verdauen. Ihr müsst lernen, sie durch euch hindurchzulassen. Ihr Westler seid so sehr in der Vorstellung von gut und böse - negativ und positiv - verfangen, dass euch diese Konzeption große Schwierigkeiten bereitet. Ihr müsst *Ayni,* das wechselseitige Austauschen von Energie, erlernen. Ihr braucht euch vor diesem Austauschprozess nicht zu fürchten, müsst alle Energien geben und empfangen."

Juan wies uns nun an, eine Hand vor unseren Qosqo zu halten, bis wir die Energie spürten. Dann sollten wir die Hand näher heranführen und anschließend weiter weg bewegen. Als ich meine Hand über meinen Qosqo hielt, spürte ich sofort Wärme und ein Kitzeln in meinem Bauch. Dieses Gefühl nahm zu oder ab, je nachdem, ob ich meine Hand näher heran oder weiter wegführte. Plötzlich kam mir eine Reihe von Redensarten in den Sinn, wie „aus dem Bauch heraus handeln" und „das kann ich nur schwer verdauen". Ich fragte mich, ob diese sich nicht eigentlich mehr auf das Wahrnehmungsvermögen des *Qosqo* als auf den physischen Magen bezogen. „Benutzt euren *Qosqo* wie die Blende einer Kamera. Öffnet und schließt ihn und versucht, die Energie mit ihm zu spüren", leitete Juan uns an.

Dann nahm er das Bündel auf, trat zu uns und erklärte uns, dass dies seine *Mesa* sei, ein kleines rituelles Bündel, das er immer mit sich trage, und dass es die *Khuyas* enthalte, all die von seinen Meistern gesegneten Steine. Mich zwickte die Neugier und ich hätte gerne das Bündel geöffnet und hineingesehen. Juan ging zum Steinaltar zurück und platzierte mit leiser Stimme betend seine *Mesa* auf dem Altar. Er verharrte einige Minuten lang darüber in Andacht. Anschließend nahm er die *Mesa* wieder auf und kam auf mich zu. Er schob meine Hand beiseite und hielt seine *Mesa* gegen meinen *Qosqo*, wobei er weiterhin laut betete.

„Gib deine ganze schwere Energie meiner *Mesa*", flüsterte er mir zu. Wie schon in der Kathedrale spürte ich, dass Energie aus meinem *Qosqo* floss. Abrupt zog Juan dann seine *Mesa*, die an meinem *Qosqo* fast zu kleben schien, zurück und trug sie wieder zum Altar. Ich glaubte einen Moment lang, einen dünnen Faden zwischen meinem *Qosqo* und dem Altar gespannt zu sehen. Ich blinzelte und er war verschwunden.

Er nahm diese Handlung auch bei allen anderen vor. Verschiedene Male sah ich diese Fäden. Als er geendet hatte, erblickte ich in einem Augenblick außergewöhnlicher Wahrnehmung etwas, das einem Spinnennetz ähnelte. Alle zwölf *Qosqos* waren durch hauchzarte Lichtfäden mit dem Altarstein verbunden. Ein weiterer Blick auf den Altar zeigte mir einen blauweißen Lichtschleier, der ihn nun bedeckte und sich nicht ganz zwei Meter nach oben hin erstreckte. Juan sah mich mit einem forschenden Ausdruck in den Augen an, den Kopf zur Seite geneigt. „Nun weißt du, warum das hier die 'Plattform des Lichts' heißt", sagte er so leise, dass nur ich ihn hören konnte.

Wir gingen einen kurzen Abhang hinunter und gelangten unterhalb der Illia Pata zu einer flachen Ebene mit einigen Inka-

Steinsitzen. Dort ließen wir uns in der heißen Sonne nieder. Wir würden ein *Despacho* anfertigen und die Kraft des Windes anrufen. Juan entfaltete eines der weißen Papierpäckchen, die er auf unserem Weg aus der Stadt auf dem Hauptmarkt gekauft hatte. Er nahm eine Muschel und ein Kreuz aus Blei heraus. Dann reichte er die Muschel als das Symbol des Weiblichen und das Kreuz als das Sinnbild des Männlichen herum und forderte uns auf, unsere innigsten Gebete auf diese Gegenstände zu übertragen. Danach nahm er sie wieder an sich und legte zuerst die Muschel in die Mitte des *Despachos* und dann das Kreuz darüber. Jeder von uns wählte drei perfekt geformte Cocablätter aus. Und dann begannen wir, 'das *Despacho* auszurüsten', indem wir aus jeweils drei Blättern *K'intus* formten. Juan wies uns an, dreimal auf die *K'intus* zu blasen und unsere Energie den *Apus* zu offerieren, während wir jeden *Apu* der umliegenden Berge mit Namen anriefen. Anschließend legte er die Cocablätter in spezifischer Anordnung um die in der Mitte befindlichen Gegenstände.

Das fertige *Despacho* war ein wunderschönes Kunstwerk. Die sternförmig sich um die den Mittelpunkt bildende Muschel platzierten zwölf *K'intus* ergaben ein anmutiges, der Natur entnommenes Mandala. Nun bat uns Juan, in aller Stille die Kraft des Windes herbeizurufen und sie dann dazu zu benutzen, unsere Gewahrsein - und damit unseren Energiekörper, unseren *Poq'po* - auszudehnen und in dieser Weise jeden der eben angerufenen *Apus* zu berühren. Ich schloss die Augen, um mich zu konzentrieren und stellte fest, dass ich keineswegs irgendetwas Angsterregendes spürte, sondern durch diese Verbindung mit den Berggeistern einen medialen Eindruck der Freude von den *Apus* empfing. Unser Tun schien ihnen ausnehmend gut zu gefallen. Mir fiel wieder ein, dass Juan mir erzählt hatte, seine *Apus* seien 'lieb und bezaubernd'. Dies hier ließ sich mit meiner Erfahrung bei Ricardo keineswegs vergleichen. Und ich spürte, dass dies der Beginn der Heilung meiner Beziehung zu den *Apus* war.

Als ich die Augen wieder öffnete und das Mandala betrachtete, stellte ich überrascht fest, dass die leichte Brise, die die umstehenden Büsche ein wenig in Bewegung brachte, nicht an eines der zarten Cocablätter in unserem *Despacho* rührte.

Juan faltete nun das Papier des *Despachos* über den Blättern und der Muschel zusammen, schnürte alles zu einem ordentlichen kleinen Päckchen, umwickelte es mit einem Silberfaden und verstaute es in seiner *Mesa*. Er hielt einen Moment inne und sagte dann: „Merkwürdigerweise ist dieses Ritual, obwohl es sich gegenwärtig um die wichtigste Initiation innerhalb der andinen Tradition handelt, eine der bei Weitem einfachsten Darbringungen.

Für das *Despacho* an die Sonne begaben wir uns zu einer anderen Stätte, wobei wir diesmal einen über und noch etwas hinter der Illia Pata gelegenen Ort aufsuchten, ebenfalls ein ebenes und offenes Gelände. Dort lag ein glatter, flacher, grauer Stein, der sich nur ein paar Zentimeter vom Boden abhob, aber eindeutig von Menschenhand bearbeitet worden war. Juan setzte sich daneben nieder, legte seine *Mesa* auf den Stein, um ein weiteres *Despacho* anzufertigen. Ich konnte nur mutmaßen, dass auch dies ein Altar war.

„Bei diesem *Despacho* werden wir die Energie der *Apus* in uns hineinziehen und sie konzentrieren", erklärte er. Wir begannen wieder damit, Gebete über der Muschel und dem Kreuz zu sprechen und dann die *K'intus* in der Mitte des *Despachos* zu platzieren. Wie zuvor wählte jede Person drei perfekte Cocablätter aus, um sie zu *K'intus* zu formen. Doch diesmal zogen wir während der Anrufung der lokalen *Apus* die Energie in das *Despacho* hinein, indem wir unsere Blätter dem jeweiligen *Apu* entgegenhielten, ihn beim Namen nannten und dann die Cocablätter an unsere Stirn und hinunter zum Herzen führten, die Energie also konzentrierten, statt sie auszudehnen.

Während wir damit beschäftigt waren, wurde mir bewusst, dass wir hier einen Mikrokosmos des Gleichgewichts zwischen Menschen, Erde und Universum schufen. Das Kreuz und die Muschel repräsentierten die kosmischen männlichen und weiblichen Energien. Unsere Gebete standen für den menschlichen Faktor. Und die Cocablätter standen für die Kräfte der Natur. Die Konzentration, das Gebet und die auf jedes Detail gerichtete Aufmerksamkeit, die die Anfertigung eines *Despachos* beinhalteten, waren wirklich sehr beeindruckend. Als wir fertig waren, umwickelte Juan das Päckchen mit einem goldenen Faden und verstaute es in seinem Bündel.

Als nächstes folgte das *Ayni Karpay*, der gegenseitige Austausch persönlicher Kraft, wie uns Juan erklärte. Wir gingen zurück zur Illia Pata, wo Juan unser erstes *Despacho*, die Opfergabe an den Wind, aus seinem Beutel nahm und uns dann anwies, uns oben hinter dem Altarstein aufzustellen. Wir kletterten einer nach dem anderen, mit Händen und Füßen im Felsgestein Halt suchend, nach oben und entdeckten eine freie Fläche hinter den Felsblöcken, auf der wir stehen konnten.

Die *Mesa* mit den *Khuyas* seiner Meister in den Händen haltend, sprach Juan Gebete über uns und erklärte, dass nun jeder von uns der Reihe nach auf den Altarstein treten und mit ihm einen Austausch persönlicher Kraft vornehmen werde. Zunächst sollten wir an die höchste Erfahrung, die wir jemals gemacht hatten, denken und damit unseren *Poq'po* füllen. Danach sollten wir unsere Hände auf seinen Scheitel legen und ihm diese Erfahrung energetisch übermitteln. Er werde diese Energie empfangen, dann seine Hände auf unsere Schultern legen und jedem von uns die Kraft der Tradition übermitteln. Der Rest der Gruppe sollte dabei nur eine unterstützende Haltung einnehmen.

Niemand rührte sich. Ich spürte Nervosität in der Gruppe und bot mich an, als Erste zu gehen. Ich trat auf den Altarstein und stellte mich vor Juan hin. Dann schloss ich die Augen, versuchte meinen Geist zu leeren und hoffte, dass eine Erinnerung oder Erfahrung in mir aufstiege. Nach einem Augenblick kam mir ganz natürlich die Erinnerung an eine Erfahrung aus meiner Kindheit, bei der ich eine fast explodierende Lebenskraft meinen Körper durchströmen gefühlt hatte - die pure Freude, am Leben zu sein. Ich gab mich dieser Erinnerung hin, ließ mich ganz von ihr erfüllen.

Dann legte ich meine Hände auf Juans Scheitel und formulierte für mich die Absicht, ihm diese Erfahrung „zu geben". Es war ein wunderbares Gefühl, sie mit Juan zu teilen. Nach einiger Zeit nahm ich die Hände weg, und nun erfüllte mich eine wunderbare Empfindung, als Juan seine Hände auf meinen Scheitel legte. Großartige Bilder aus der Natur strömten sogleich in mein Bewusstsein ein: Wunderschöne grüne Täler, silbrige Flüsse und riesige Berggipfel zogen an meinem inneren Auge vorüber, als wäre ich ein hoch in den Lüften über allem schwebender Kondor, der in innigster Beziehung zur großen

Natur stand. Ich öffnete die Augen und blickte in die strahlenden Augen eines Kindes. Juan und ich kicherten spontan und verbeugten uns die Zeremonie beendend voreinander.

Bei dieser Arbeit schienen sowohl Juan als auch die jeweiligen Initianden starke Erfahrungen zu machen, denn im Moment des Empfangens schwangen ihre Körper vor und zurück wie Zweige im Wind. Die *Ayni-Karpay*-Zeremonie hatte etwas Zärtliches und Nährendes an sich. Ich liebte das inhaltsreiche Schweigen, das sich entwickelte. Noch nie hatte ich ein religiöses Ritual beobachtet, bei dem Lehrer und Schüler eine Erfahrung auf energetischer Ebene *austauschten*. Dies hier war ein ausgleichender Vorgang, bei dem die Kraft und das Wissen des Lehrers *und* des Schülers geehrt wurden.

Schließlich nahm Juan an uns eine rituelle Reinigung vor. „Ihr setzt eine Menge *Hoocha* frei, wenn ihr diese Zeremonie durchführt. Es kommt an die Oberfläche eures *Poq'pos,* und der muss nun gereinigt werden", erklärte er und benutzte das Wind-*Despacho,* um *Hoocha* von uns abzuschaben. „Die *Apus* werden die schwere Energie verspeisen, wenn das *Despacho* verbrannt wird."

Während wir das *Ayni-Karpay*-Ritual abschlossen, sagte Juan: „Schau, du stehst auf dem Altar", und deutete auf die Füße eines der weiblichen Mitglieder. der Gruppe. Alarmiert und leicht verlegen drein blickend wollte sie schnell vom Altar herunter treten, aber Juan hielt sie davon ab. „Nein, ich mache nur Spaß", sagte er lachend. „Hast du nicht bemerkt, dass ich während der ganzen Zeit auf dem Altar stand? Wir in den Anden müssen das Heilige berühren. Tatsache ist, dass wir immer auf dem Altar der Pachamama, der heiligen Mutter Erde, stehen. Könnt ihr euch ausmalen, was geschehen würde, wenn ihr auf dem Altar einer katholischen Kirche stündet?" fragte er und brach in ein solch schallendes Gelächter aus, dass der Rest von uns ebenfalls mitlachte. Es war eine lustige Vorstellung. Er kicherte weiter vor sich hin, während er Reisig für das Feuer aufsammelte, in dem wir unser *Despacho* verbrennen und es in etwas verwandeln würden, das die Berg- und Windgeister verspeisen konnten.

Wir kletterten wieder in unseren Bus und fuhren eine weitere halbe Stunde zur nächsten Kultstätte, Amaru Mach'ay, die

Schlangenhöhle. Der Bus hielt bei einer großen Felsformation aus Granit, die sich zu unserer rechten Seite erhob und in der flachen Umgebung, wie ein riesiger Pilz, herausragte. Sie war schätzungsweise achtzehn Meter breit und neun Meter hoch. Wir stiegen aus und gingen zur anderen Seite des Felsens, wo eine perfekte Inka-Treppe in solides Gestein gehauen war, die zu einem schmalen, schlitzförmigen Spalt im Felsen hinaufführte. Die Öffnung vermittelte den Eindruck einer Vagina. Wir klettern die Stufen hoch und sahen, dass die Öffnung den Eingang zu einer Höhle bildete.

Links und rechts vom Eingang befanden sich zwei kaum erkennbare Pumas in Form eines Flachreliefs, die Symbole der *Kay Pacha*. Nachdem wir den Höhlentempel betreten hatten, zeigte uns Juan die Schlangen an der Wand, die ebenfalls im Flachrelief abgebildet waren. „Die Schlangenhöhle" flüsterte jemand. Wir begaben uns in den hinteren Teil der etwa sechs Meter langen Höhle, wo sich ein großer Altarstein und eine Lichtquelle befanden. Als sich unsere Augen an das Dunkel gewöhnt hatten, konnten wir ganz hinten, direkt über dem Altar, eine kleine Öffnung zum Himmel hin sehen. Dieser Höhlentempel glich sehr einem weiblichen Schoß.

Wieder sollten wir uns auf den Altar stellen. Dann gab uns Juan folgende einfache Anweisung: „Haltet Rückschau auf euer Leben und gebt, während ihr das tut, eure *Hoocha* an die Höhlenwände ab. Seht eure Mutter und euren Vater sich in Liebe vereinen und versucht zum Augenblick eurer Empfängnis zurückzukehren. Und nehmt dabei so viel feine Energien wie möglich aus der höheren Welt auf und entlasst gleichzeitig das *Hoocha* aus jedem Teil eures *Poq'pos*. Diese Höhle ist eine sehr machtvolle Verschlingerin von schwerer Energie. Lasst den Stein die *Hoocha* aus euch heraussaugen."

Ich schloss die Augen und versuchte mir meine Mutter und meinen Vater in liebender Vereinigung vorzustellen, aber es gelang mir nicht. Ich war achtzehn, als sie geschieden wurden, und ich hatte sie mein ganzes Leben lang nie eine liebevolle Geste austauschen sehen. Frustriert gab ich den Versuch auf. Stattdessen konzentrierte ich mich darauf, meine schwere Energie an die Höhle abzugeben und feine Energie in mich hineinzuholen. Tief atmend reiste ich geistig so weit in meine Vergangenheit zurück, wie es mir eben möglich war. Bei jedem tragischen oder traumatischen Erlebnis meines Lebens schien meine Aufmerksamkeit zu stoppen oder festzusitzen, bis ich geduldig die schwere Energie dieser jeweiligen Erfahrung in die Wände der Höhle entlassen hatte. Das schien mich zu befreien und mir zu erlauben, weiter zurückzureisen - so als wäre meine Vergangenheit ein riesiger, mich an den gegenwärtigen Augenblick anbindender Schwanz. Und indem ich diesen Schwanz auskämmte, glättete und löste ich die Energieknoten meiner Vergangenheit.

Plötzlich verlagerte sich mein Gewahrsein, und ich hatte das Empfinden, frei und hoch über der Erde zu schweben. Ich durchstreifte den Raum in dem Gefühl von herrlicher Freude und Grenzenlosigkeit. Ich hatte keinen Körper! Ich sah hinunter und erblickte ein intelligent wirkendes und gut aussehendes Paar. Beide verfügten über einen sehr starken Willen. Ich schien mit ihren Energiekörpern direkt zu kommunizieren. Ungläubig stellte ich fest, dass dies meine Eltern waren! Mich an Juans Worte erinnernd visualisierte ich, dass sie mit mir in die Höhle kamen. Ich lud sie ein, ihre schwere Energie freizugeben. Sie taten das voller Hingabe und überließen ihre *Hoocha* der Pachamama. Tränen strömten mir übers Gesicht, als ich nun meine Eltern sah wie nie zuvor, als zwei Seelen im Zustand vollständiger Reinheit und Schönheit.

Jetzt konnten auch sie beide die Schönheit des Anderen erkennen und vereinten sich spontan in einer liebenden Umarmung. Plötzlich sah ich ein riesiges fruchtbares Ei und Zellen, die sich immerfort teilten, um jegliches Leben in diesem Universum mit all seinen verschiedenen Formen zu erschaffen. Wieder verschob sich meine Perspektive, und ich war das fruchtbare Ei im Uterus meiner Mutter, das bald zu einem Körper werden würde. Völlig verwundert über das, was ich gerade gesehen und gefühlt hatte, saß ich stumm auf dem kalten Altarstein.

Die Mitglieder der Gruppe konnten ausnahmslos die von der Höhle ausgehende kraftvolle Sogwirkung bestätigen, die wir bei der Durchführung dieses Rituals erlebt hatten. Unser Fahrer Eduardo, der freudig eingewilligt hatte, sich an unseren Ritualen zu beteiligen, wurde von der Sogkraft des Felsgesteins körperlich so stark nach hinten geschleudert, dass er fast vom Altar fiel. Schließlich leitete uns Juan an, feine Energie aus der höheren Welt durch unseren Scheitel in uns aufzunehmen. Seine *Mesa* an unser Steißbein haltend wies er uns an, *Hoocha* aus unserem Kreuzbein zu entlassen. Ich stolperte aus der Höhle, blinzelte im Sonnenlicht, ganz so, als wäre ich aufs Neue aus dem Schoß von Pachamama hervor gekommen.

Während wir im Bus unterwegs zur nächsten Stätte waren, erklärte uns Juan, dass wir gerade die andine Initiation des Erwachsenwerdens erfolgreich abgeschlossen hätten. Als wir die *Hoocha* des Augenblicks unserer Empfängnis, die spirituellen Unreinheiten unserer Mutter und unseres Vaters, aus uns entließen, transferierten wir unsere „energetische Nabelschnur" und damit unsere psychische und energetische Abhängigkeit von unserer biologischen Mutter auf Pachamama, Mutter Erde. Wir waren nun in Pachamama als die Quelle des Lebens „eingestöpselt", was sämtliche Menschen zu unseren Brüdern und Schwestern mache, da wir alle gemeinsam die gleiche Mutter, die Erde haben. Mein Verstand konnte es nicht begreifen, aber mein *Poq'po* summte geradezu vor erneuerter Energie.

Für das letzte Ritual dieses Tages fuhren wir etwa eine halbe Stunde lang bis zu einem See, wo der letzte Inka, Huaskar, geboren wurde. Es war etwa sechs Uhr nachmittags, und die Sonne begann gerade unterzugehen. Der Himmel leuchtete in wunderschönen, intensiv goldenen und rosa Farben, als wir bei dem von hohem Schilf umstandenen tiefblauen See ankamen. Wir stiegen aus dem Bus und gingen an einem alten weiß getünchten Haus vorbei, wo zwei herrliche, aus Binsen geflochtene Boote lagen. Es war eine magische Szene.

Wir umrundeten das südliche Ende des Sees und gelangten zu jener Stelle, an der wir das Ritual durchführen wollten. Zwischen dem Schilf und den Büschen am Rand des Wassers befand sich wiederum ein inkanischer Steinsitz. Er sah einladend aus, und ich nahm auf ihm Platz. Der Rest der Gruppe suchte sich ebenfalls Sitzgelegenheiten und wartete auf Anweisungen. Aber ich war irgendwie nicht bei der Sache. Eine innere Unruhe hatte mich seit dem Moment unserer Ankunft hier erfasst. Ich spürte, dass irgendetwas passieren würde.

„Was wisst ihr über die Geschichte der Inkas?" fragte Juan zunächst. Alle blickten verlegen drein. Manche schüttelten den Kopf. „Huaskar und Atahualpa waren Halbbrüder, die Söhne des letzten Inkas. Ihr Vater, Manco Capac, teilte das Reich. Atahualpa herrschte im heutigen Quito, Ecuador, und sein Bruder Huaskar hier in Cuzco. Atahualpa war mit nur einer Hälfte des Reichs nicht zufrieden und wollte auch Cuzco haben. So befanden sich die beiden Inka-Brüder mitten in einem Kampf um die Alleinherrschaft, als die spanischen Eroberer unter Führung von Pizarro eintrafen.

Atahualpa befand sich zu jenem Zeitpunkt im Gefängnis in Cuzco, und Pizarro, der ein sehr schlauer Mann war, ließ ihm eine Botschaft zukommen, die besagte, dass Huaskar plane, ihn zu ermorden. Darauf hin befahl Atahualpa seinen Anhängern, Huaskar zu töten, was sie auch taten. Nachdem nun die beiden Inka-Herrscher aus dem Weg geräumt waren, konnte Pizarro die Macht übernehmen. Die Inkas sagen, dass Atahualpa und Huaskar, weil sie das Gesetz des *Ayni* nicht befolgten - was heißen will, dass sie ein Reich erbten, aber an ihre Kinder kein Reich weitergaben - nun in der *Ukhu Pacha,* der inneren Welt, leben. Dort müssen sie den Wesen der inneren Welt *Ayni* lehren. Doch es heißt auch, dass die beiden Inkas auf den Tag warten, an dem sie wieder in diese Welt, das *Kay Pacha,* zurückkehren. An diesem See, an diesem Ort, wo damals der Inka Huaskar in die *Kay Pacha* hinein geboren wurde, werden wir seine Präsenz herbei beschwören", verkündete Juan.

Die Luft war reglos und unnatürlich still, während wir seine Worte verarbeiteten. Noch bevor Juan geendet hatte, war bereits die Präsenz des Inka Huaskar deutlich zu spüren. Die vom See ausgehende Energie war so stark, dass mich ein Frösteln überkam.

„Hab keine Angst", lachte mich Juan aus. „Das ist nichts Gefährliches. Du wirst nicht das Bewusstsein verlieren. Wir werden vielmehr etwas üben, was 'Einverleibung' genannt wird. In der andinen Tradition bedeutet das nicht, dass ihr von einem Geist überwältigt werdet. Es bedeutet lediglich, dass ihr den Geist von Huaskar anruft und ihn bittet, in euch einzutreten, um eurem *Poq'po* mit der Kraft des Inka zusätzliche Energie zu verleihen."

Das schien zwar ein unkompliziertes Ritual zu sein, doch ich hatte in den letzten Minuten buchstäblich zu zittern angefangen. Ohne es zu wissen, war es genau das, wovor ich mich fürchtete. Mich befiel die merkwürdige Vorahnung, dass etwas - vielleicht der Geist von Huaskar - in mich eintreten würde. „Ich verspreche dir, es wird nicht weh tun", sagte Juan und zwinkerte mir zu.

Er wies uns an, die Lebensenergie aus dem See in uns aufzunehmen. Dann nahm er seine *Mesa* und begann den Geist von Huaskar zu rufen. „*Hampui. Hampui.* Komm, Huaskar Inka!" rief er mit leiser Stimme. Plötzlich begann rechts von mir ein Büschel hoher Schilfgräser an, leise zu schwanken, und ich spürte eine enorme Präsenz über dem Wasser und um uns herum. Tief in mir ertönte eine Stimme. Und jedes Wort erschütterte mich bis in meine Wurzeln.

„Es ist mir nicht möglich, mein Werk zu beenden. Ich wurde aus der *Kay Pacha* genommen, bevor ich es zu Ende bringen konnte", sprach die Stimme. Die Präsenz war von einer tiefen, heftigen und überschäumenden *Liebe*. Ich fühlte mich gezwungen, die Worte laut auszusprechen, als sie nun sagte: „Ihr Menschen auf der Erde müsst vorangehen und mein Werk zur Vollendung bringen."

Mein Herz klopfte wie wild. In meinen Handflächen sammelte sich der Schweiß, als ich die Worte zunächst an Juan gerichtet in Spanisch aussprach. Dann war die Präsenz plötzlich verschwunden. Mein Atem wurde ruhiger, und mein Körper entspannte sich, als ich dann die Worte für die Gruppe ins Englische übersetzte. Juan sah mich überrascht an, nickte und sagte: „Ja, das ist die Botschaft des Inka Huaskar."

Als sich mein Herzschlag wieder normalisiert hatte, holte Juan das Sonnen-*Despacho* heraus, das wir an unserer ersten Kultstätte angefertigt hatten. „Wenn ihr dieses Ritual vollzieht, setzt ihr eine Menge *Hoocha* frei", erklärte er und bedeutete mir mit einer Geste, sich neben ihn zu stellen. „Ich werde euch mit diesem *Despacho* reinigen, und dann werden wir es dem Geist des Sees übergeben."

Wir stellten uns der Reihe nach neben Juan auf, und er reinigte uns sorgfältig von unserer schweren Energie, indem er die gesamte Peripherie unserer Körper mit dem Sonnen-*Despacho* abschabte. „Wir haben lebendige Energie vom See erhalten. Jetzt müssen wir etwas zurückgeben", sagte er. Er nahm das Sonnen-

Despacho und trat an den Rand des Wassers. Er rief den Geist des Sees an und bat ihn, zu kommen und unsere Opfergabe anzunehmen. Er verband das *Despacho* mit einem kleinen Stein und warf es ins Wasser.

Danach kam Juan zurück und auf mich zu, legte einen kleinen quadratischen Stein in meine Hand, seine *Mesa* auf meinen Kopf und begann intensiv zu beten. Dann führte er die *Mesa* erst zu meiner rechten, dann zu meiner linken Schulter, während er weiterhin rasch auf Quechua betete. Ich hatte ein Gefühl, als würde ich zum Ritter geschlagen - nur dass es mit einer *Mesa* und nicht mit einem Schwert geschah. Ich hielt die Augen fest geschlossen und merkte erst, als ich sie einige Minuten später wieder öffnete, dass er gegangen war. In meiner Hand lag der kleine quadratische Stein, meine erste *Khuya*.

Ich sah, dass er die gleiche Zeremonie mit jedem Gruppenmitglied durchführte, und konnte nicht umhin, wieder an das Ritual der Erhebung in den Ritterstand zu denken. Als Juan damit fertig war, ließ ich meinen Blick über die Gesichter der anderen schweifen. Sie reflektierten im bernsteinfarbenen Licht der untergehenden Sonne einen weichen Glanz. Mich durchzuckte eine tiefe Liebe zu all diesen Menschen und empfand eine innige und dankbare Zuneigung zu ihnen, weil sie eingewilligt hatten, mit mir hierher zu kommen, in das Unbekannte.

„Mit diesem Ritual haben wir den ersten Tag der großen Initiation vollendet." Juans Gesicht strahlte tiefe Befriedigung aus. „Jetzt seid ihr zu Inka-Samenkörnern geworden und tragt nicht nur die Energie der Anden in euch, sondern auch etwas vom intellektuellen Wissen ihrer Tradition. Wir empfangen viele Besucher aus Tibet. Es sind tibetische Mönche, und sogar der Dalai Lama ist zu uns gekommen. Ich hatte das Glück, mit einem der Assistenten des Dalai Lama zu sprechen. Er erzählte mir, dass die tibetische Tradition eine Tradition der Berge im männlichen Sinne ist. Die tibetische spirituelle Tradition hat ihre Samenkörner überall in der Welt ausgestreut, so sagte er, aber sie werden in der reichen, fruchtbaren Erde des weiblichen Zentrums, welches die Anden sind, wurzeln und dort wachsen."

Dies bestätigte, was ich bereits viele Male in den Jahren meiner spirituellen Nachforschungen in Peru gehört hatte: nämlich dass die

Anden der Ort sind, wohin sich die Menschen begeben werden, um eine Initiation in die weiblichen Mysterien zu erhalten

9. KAPITEL

Wiñay: Keimen

Früh am nächsten Morgen holte uns Juan von Señora Clemencia's Haus ab. Im Jahr meiner Abwesenheit hatte die Señora Wunder bei der Verwandlung ihres Hauses zu einer Vierzehnbettenherberge vollbracht, der sie den Namen Apu Wasi, Heim der *Apus*, gegeben hatte. Ich freute mich sehr, mein peruanisches Zuhause und die Familie mit der Gruppe zu teilen, und die Señora kümmerte sich liebevoll um uns. Etliche von uns hatten, wenn überhaupt, nicht viel geschlafen, eine Nebenwirkung der Höhe. Ich entsann mich, dass eine meiner Dozentinnen einmal gesagt hatte, dass ein bisschen Schlafmangel „die Egostrukturen aufweicht". Das konnte sich für uns als ganz günstig erweisen. Ganz sicher war niemand von uns unglücklich, manche waren nur sehr „aufgeweicht".

Auf den dringenden Rat der Señora hin rieben wir uns zum Schutz vor der intensiven Sonne der Anden mit einer Sonnenschutzcreme ein, setzten breitkrempige Hüte auf und klettern dann in den Minibus, um uns auf den Weg zu machen. Von meinen früheren Aufenthalten in Cuzco wusste ich, dass wir auf einer Nebenstraße zur Festung Saqsaywaman fuhren, der größten Inka-Ruinenstätte von Cuzco. Als wir um die letzte Kurve der gewundenen Straße bogen, hielten einige von uns staunend über die Aussicht den Atem an.

Vor uns breitete sich ein weites grünes Feld aus, das rechts von drei Reihen gigantischer Inka-Steinwälle eingegrenzt wurde. Diese Mauern waren so perfekt konstruiert, dass die unterschiedlich geformten Steinquader, von denen manche zwei

Tonnen wogen, wie Mosaikteilchen derart fest ineinandergefügt waren, dass nicht einmal ein Haar zwischen die Fugen passte. Für den Zusammenhalt der Steine war keinerlei Mörtel benutzt worden, und der kunstvolle Aufbau der Mauern sorgte auch für ihre Erdbebensicherheit. Die Mauern, geformt wie die Zähne von Zickzackscheren, zogen sich rechts von uns den Hügel hinauf. Man sagt, dass die Inkas die Stadt Cuzco in der Gestalt eines Pumas anlegten und diese drei Zickzackmauern die Zähne des Pumas bildeten. Parallel zur gegenüber liegenden Seite des Feldes verlief eine niedrige und geradlinige Steinmauer, hinter der ein riesiger Felsen aufragte. Er hatte etwas an sich, das meine Haut kribbeln ließ und meinen Geist in einer anderen Zeit, in einem anderen Traum umherschweifte. Dies war eindeutig ein Kraftort, und im Gestein pulsierte das Leben.

Juan, der seinen kleinen weißen Filzhut trug, war schon vorausgegangen und winkte uns zu sich herüber. „Hier drüben!" rief er. Wir überquerten das Feld, hüpften über die niedrige Mauer und kletterten den kleinen Hügel hoch und folgten Juan, der bereits hinter dem großen Felsen verschwunden war. Auf der Hügelspitze angekommen, sahen wir einen dreiteiligen Sitz in den Fels eingemeißelt - den „Thron der Inkas". Juan war inzwischen die andere Seite des Hügels hinab gestiegen und verschwand gerade hinter einer weiteren Felsengruppe. Wir waren außer Atem, als wir ihn schließlich einholten, denn schon das Erklettern eines kleinen Hügels bedeutet in dieser Höhe eine enorme Anstrengung. Juan stand innerhalb einer kreisrunden Vertiefung von etwa drei Meter Durchmesser, die von Inka-Steinmetzarbeiten umgeben war.

„Dies ist der Ort von Pachakuteq, dem neunten Inka-Herrscher, und das alles", Juan umschloss mit einer Geste die ganze Ruinenstätte, „soll von ihm erbaut worden sein. Der achte Inka gab seinem Sohn diesen Namen, nachdem er die Macht ergriffen und das Inka-System revolutioniert hatte. Pachakuteq bedeutet wörtlich 'auf den Kopf gestellte Welt'.

Pachakuti hat eine andere Bedeutung. Die Indios begreifen Zeit anders als die Westler. Sie sehen Geschichte als eine Reihe einzelner Epochen, zwischen denen jeweils eine Pachakuti oder 'kosmische Umwandlung' erfolgt. Pachakuteq verdiente sich in der Folge seinen Namen, weil er und sein Sohn, Inka Yupanki, innerhalb von nur zwei Generationen das kleine Königreich der Inkas, dessen Ausdehnung gerade einmal vierzig Kilometer um Cuzco herum betrug, in ein Reich verwandelte, das sich über den größten Teil der westlichen Seite des südamerikanischen Kontinents erstreckte.

Wir in den Anden glauben, dass ein Ort die Energie oder den Geist der Person beherbergt, mit der er in Verbindung steht. Dies ist der Ort von Pachakuteq, weil er hier lebte und wirkte und seine Lebensenergie zurückließ. Gestern waren wir am Geburtsort des Inka Huaskar, des Urenkels von Pachakuteq, wo wir seinen Geist in uns aufnahmen. Seid euch bewusst, dass wir uns heute in Pachakuteqs Domäne befinden, und versucht, seinen Geist in euren *Poq'po* aufzunehmen."

„Juan, was ist das? Eine Art von Bädern?" fragte jemand aus der Gruppe und deutete auf ein wunderschönes Inka-Mauerwerk, das irgendeine Art von Aquädukt zu bilden schien.

„Genau", bestätigte Juan lächelnd. „Nun helft mir, von der Geschichtslektion zu unserer Arbeit des heutigen Tages zu kommen. Dies ist ein Wassertempel, und wir werden heute unser erstes Ritual mit dem Geist des Wassers durchführen. Ihr entsinnt euch, dass wir gestern bei der Illia Pata mit der Energie der Erde arbeiteten, in dem wir unseren *Qosqo*, unseren 'spirituellen Magen', mit dem Altarstein und der Lebensenergie der Pachamama verbanden. Im Kreis wurde heftig mit dem Kopf genickt. Einigen von uns tat noch immer der *Qosqo* von den Anstrengungen des Vortags weh.

„In unserer Tradition", fuhr Juan in seiner Rede fort, „arbeiten wir mit der lebendigen Energie der fünf Elemente, um sie in unserem Körper in harmonische Balance zu bringen.

Der *Qosqo* ist das Zentrum, durch das wir uns mit dem Geist der Erde, mit Pachamama, verbinden. Das Steißbein ist das Zentrum, durch das wir uns mit dem Geist des Wassers verbinden. Wenn wir vom „Geist" eines Elementes reden, meinen wir den sehr verfeinerten Aspekt oder die Essenz dieses Elements. Wasser hat einen physischen Aspekt, aber gemäß der andinen Philosophie hat es auch einen nicht physischen, einen subtilen oder energetischen Aspekt. Und wir werden nun mit diesem sehr subtilen und verfeinerten Aspekt des Wasserelements arbeiten. Hier in diesem Wassertempel werde ich meine *Mesa* benutzen, um euch zu helfen, das Zentrum an der Spitze des Steißbeins zu öffnen, und wir werden den Geist des Wassers bitten, durch dieses Zentrum in euch einzugehen."

Wie es allmählich schon zur Gewohnheit wurde, erkor mich Juan zu seinem ersten Versuchskaninchen. „Schick deine ganze schwere Energie in meine *Mesa*", wies er mich an, während er das farbenprächtige Bündel hervor holte und es unter leisem Murmeln von Gebeten der *Hanaq Pacha* darbot. Dann presste er seine *Mesa* fest an mein Steißbein und begann lauter und inbrünstiger zu beten. Ich fühlte einen Energiefluss zu meinem Steißbein strömen und erlebte dann ein deutliches und plötzliches „Plopp", als wäre mein Steißbein-Zentrum entkorkt worden.

„Gut!" rief Juan. „Jetzt, da dein Zentrum offen ist, musst du dir vorstellen, dass du eine Wurzel nach unten aussendest, um den Geist des Wassers in dein Steißbein-Zentrum aufzunehmen." Während er zur nächsten Initiandin schritt, lehnte ich mich an die Steinmauer des Wassertempels und konzentrierte mich ganz und gar auf mein Steißbein-Zentrum.

Seit diesem „Plopp" spürte ich dort ein feuriges und kitzelndes Gefühl. Und es schien mir nun ganz entschieden Linderung versprechend, wenn ich den Geist des Wassers zu mir einlud. Ich visualisierte eine weiße, schlauchförmige Wurzel, die sich von meinem Steißbein aus in einen Teich mit klarem Wasser senkte. Kaltes, silbriges Nass stieg in einem dünnen Strom hoch, füllte meinen gesamten Bereich um das Steißbein und stieg dann mein Rückgrat hoch, was in mir ein Gefühl erfrischender feuchter Kühle auslöste. Als der dünne Strom mein Gehirn erreichte, wurde er zu einem See und schließlich zu einem Ozean. Mein wahrnehmendes Bewusstsein schlug zwischen den sich auftürmenden Ozeanwellen auf und nahm mich dann tief hinunter in mein Inneres, wo bunte Fische durch meine Rippen schwammen und Versteck spielten.

Dieses innere Bild geriet ins Wanken, so als blickte ich allmählich durch einen Zeitvorhang in eine Vergangenheit genau an diesem Ort des Wassertempels.

Ich stehe bis zur Hüfte im Wasser innerhalb des von der Steinmauer des Wassertempels umschlossenen Rundes. In den Wandnischen sind zahlreiche goldene Figuren aufgestellt. Ich blicke über das Wasser auf zwei Priester in kurzen weißen Tuniken und mit hohem Federschmuck auf dem Kopf, die in einem Bad mit zwei verschiedenen Ebenen sitzen. Ein stetiger Strom goldenen Lichts aus der Hanaq Pacha ergießt sich über Kopf und Schultern des älteren Priesters, der im oberen Wasserbecken sitzt und betet. Ein Leuchten geht von seinem ganzen Körper aus, und erstreckt sich von seinem Energiekörper in das silberne Wasser, das ihn umfließt und lässt es golden aufscheinen. Der Initiand sitzt im Wasserbecken darunter und hält in einer Geste des Empfangens die Hände auf, während das schimmernde Wasser vom höher gelegenen Becken durch die Steinrinne fließt und sich über den Kopf des jüngeren Priesters ergießt.

Ich holte tief Atem. Meine Augenlider zuckten. Einen Augenblick lang war das Bild scharf und deutlich zu sehen, im nächsten hatte es sich verflüchtigt. Ich öffnete die Augen und blickte in Juans Gesicht. Er sah mich neugierig an, den Kopf zur Seite geneigt, als ob er in meinem Gesicht eine Antwort suche. Die anderen Initianden standen alle an die Mauer gelehnt und hielten die Augen geschlossen, so wie ich einige Minuten zuvor. „Juan, ich habe sie gesehen - Priester", flüsterte ich, um die anderen nicht zu stören. Was hatte dieser Ort an sich, dass hier innere Visionen so leicht aufstiegen?

Juan nickte. „Danke. Das war die Sache, die ich vergessen hatte", flüsterte er mir rätselhaft zu. Wir warteten geduldig, bis alle wieder ihre Augen geöffnet hatten. „Das sind Inka-Bäder", erklärte Juan. „Bei einer Initiation hoch oben in den Bergen lernte ich von einem meiner Meister aus Q'eros, wie sie benutzt wurden. Seht ihr den großen Kreis dort drüben?" Juan deutete auf eine große kreisrunde Vertiefung hinter uns. Sie sah ebenso aus wie die, in der wir standen, nur war sie unendlich größer. Sie war so groß, dass sie mir gar nicht weiter aufgefallen war. „Das ist die Zisterne, die einst den Wasservorrat für ganz Cuzco enthielt. Seht ihr die Nischen in den Mauern?" Etwa alle viereinhalb Meter waren die klassischen Inka- Nischen in das Mauerrund eingelassen. „Bei dieser Initiation musste ich in einen Gletschersee eintauchen, der an einen höher gelegenen See grenzte. Ich hatte gar nicht bemerkt, dass mein Meister in den oberen See gestiegen war, bis ich einen Kraftstrom von seinem See in den meinen fließen spürte."

„Unglaublich", rief Barbara, eine groß gewachsene leitende Konzernangestellte. „Weißt du, Juan, das ist genau das, was ich gesehen habe. Ich schloss die Augen und sah drei Priester eine Zeremonie ausführen, wie du sie beschrieben hast, nur fand sie hier in diesen Bädern statt." Liebe Barbara - ihrem beharrlichen Wunsch, ich möge sie mit nach Peru nehmen, war es in erster Linie zu verdanken, dass die Gruppe zustande gekommen war. Und aufgrund ihrer Ausdauer waren wir nun alle hier in Cuzco. Einige andere hatten ebenfalls Priester gesehen. Seltsamer und seltsamer. Persönliche Visionen waren eine Sache. Aber hier hatten fast alle in Variationen genau das gleiche Thema wahrgenommen. Ich empfand Erleichterung. Wenigstens war ich nun nicht mehr die Einzige, die Dinge sah.

Juan erzählte weiter. „Weil ich sein Schüler war, hatte ich das Recht, die feinste Energie meines Meisters zu empfangen, so wie euch das Recht zusteht, von mir *Sami* zu erhalten. In Verbindung mit den natürlichen Kräften der Seen wird dies zu einem ungeheuer wirkungsvollen Reinigungsritual.

Wie alles bei den Inkas üben die Bäder zwei Funktionen aus: eine praktische zum Waschen und Säubern und eine mystische zur Reinigung von Energie. Don Benito lehrte mich, dass die Inkas dieser Bäder zu zeremoniellen Zwecken, zur Initiation ihrer Priester, nutzten. Das heißt, dass ich bestätigen kann, was ihr bereits 'gesehen' habt. Diese Zeremonie wurde auch durchgeführt, um das Wasser für die Stadt Cuzco zu segnen." Ich versuchte mir vorzustellen, wie die Priester den Wasservorrat einer ganzen Stadt segneten, und wie es wohl wäre, im Cuzco der Inkas zu leben, wo jede alltägliche Handlung auch ein Ritual mit einer heiligen Bedeutung war.

Die Gruppe ließ sich nieder, um Juans tröstlichen Erklärungen für das, was für manche die alarmierende erste Erfahrung mit einer Vision war, zuzuhören. „*Huaca* ist ein Wort, das in den Anden zur Beschreibung vieler Dinge gebraucht wird, aber im Grunde bedeutet es 'heilig'. Die Nischen waren *Huacas*, das heißt Orte, in denen goldene Abbilder der Götter aufbewahrt wurden. Doch diese dienten nicht nur dekorativen Zwecken. In ihnen sammelte und speicherte sich heilige Energie. Die Priester segneten diese Statuen, die über dem Wasser aufgestellt wurden, damit ein ständiger Fluss feinster Energie sich über den Wasservorrat ergoss und so auch zu den Einwohnen Cuzcos gelangte. „Zu Zeiten der Inkas war das 'Alltägliche' heilig", sagte Juan und sprach damit aus, was alle dachten.

Plötzlich erinnerte ich mich an einen Nachmittag, den ich mit Cyntha in der Carmel-Mission in Kalifornien verbracht hatte. Ich erlebte meine erste katholische Messe und sah während der Kommunion einen Lichtstrahl von oben herabkommen und sich über den Priester und dann den Wein und den Kelch legen. Mir wurde klar, dass jede Person, die herantrat und die Kommunikation empfing, ein wenig von dieser Energie in sich aufnahm. Sogar das katholische Ritual hatte eine mystische Bedeutung, die dem Verständnis der Inkas sehr ähnlich war, dachte ich und wandte dann meine Aufmerksamkeit wieder Juan zu.

„Es heißt, dass der herrschende Inka von so heiliger Kraft und Macht erfüllt war, dass seine Untertanen zu Boden geworfen wurden, wenn sie mit der puren energetischen Kraft seines *Poq'pos* in Berührung kamen", sagte er und bedeutete uns mit einer Geste, uns allmählich auf den Weg zurück zum Bus zu machen.

Cuzco hinter uns lassend, fuhren wir fast eine Stunde, um von Cuzco in das heilige Tal der Inkas und in die Stadt Pisaq zu gelangen. Zwar war ich bereits einige Male auf dem Sonntagsmarkt des Dorfes Pisaq gewesen und hatte die inkanischen Terrassenanlagen oben an den Berghängen aus der Ferne gesehen, hatte aber nie die Ruinen dieser Bergfestung besichtigt. Wir folgten so weit es ging einer bergauf führenden ungepflasterten Straße und stiegen dann aus dem Bus, um zu Fuß weiterzugehen. Das heilige Tal wurde seinem Namen absolut gerecht. Rings um uns waren atemberaubend leuchtend grüne, eisenrote und zerklüftete schwarze Berge mit schneebedeckten Gipfeln zu sehen, während wir eine Terrassenanlage entlang gingen, die zur Ruinenstätte führte. Die frühe nachmittägliche Sonne wärmte das saftig grüne Blattwerk, und von den Feuerstellen der Leute, die hier lebten und sich um den Ort kümmerten, stieg Rauch auf. Wie es schien, bearbeiteten Bauern noch immer einige dieser uralten Terrassen, dieses ackerbauliche

Wunder der Inkas. Jede Terrasse schuf ihr eigenes Mikroklima für den Anbau bestimmter Nahrungsmittel.

An einem bestimmten Punkt verließ Juan den Pfad. Wir folgten ihm und schlugen uns durch dichtes Gestrüpp und versuchten, mit ihm Schritt zu halten. Als wir uns zur anderen Geländeseite vorgearbeitet hatten, sahen wir eine rote Felswand vor uns, die von merkwürdigen spaltförmigen Öffnungen oder Löchern zerfurcht war. „Grabräuber", war Juans nüchterne Erklärung. Offensichtlich handelte es sich hier um Begräbnishöhlen der Inkas, die entdeckt und geplündert worden waren. Wie hatten die Inkas diese Löcher in die Felswand bohren und darin ihre Toten bestatten können? Uns blieb nicht viel Zeit, um darüber nachzudenken, denn Juan war schon wieder verschwunden.

„Hier drüben!" rief jemand. Zweige eines riesigen Busches wurden beiseite gedrückt, um den Blick auf eine wunderschöne und vollkommen versteckte Höhle direkt unter diesem Begräbnisberg freizugeben. Juan war schon in die mit Farnwedeln verdeckte flache Höhle gegangen und saß bereits hinten in Meditationshaltung da. Wir versammelten uns im Inneren der Höhle, setzten uns und spürten ihre Kraft. Manche von uns begannen unwillkürlich, zu zittern. „Dies ist ein weiterer Ort der Begegnung mit der Pachamama. Ihre Kraft ist hier, um berührt zu werden. Gebt die schwere Energie aus eurem gesamten *Poq'po* ab und nehmt die Kraft der Pachamama durch euren *Qosqo* auf", wies Juan uns an.

Wir saßen schweigend da. Obschon überaus kraftvoll, war dieser Ort zugleich absolut bezaubernd. Als ich meine schwere Energie entließ, fühlte ich mich wieder von einer liebevollen Präsenz eingehüllt, die sehr geerdet war – als säße ich im riesigen Schoß einer gigantischen Mutter. Ich entspannte mich völlig und schlief beinahe ein. Ich wurde wieder hellwach, als die neben mir sitzende Maryann, eine große und schöne afroamerikanische Krankenschwester aus Oakland, anfing, gewaltig zu zittern. Ich blickte auf und sah, dass ihr dicke Tränen über die Wangen liefen. Maryann war eine sehr gefühlsbetonte und starke Person, die sich um frühgeborene Babys kümmerte. Bei ihrer Arbeit war sie täglich mit dem Tod konfrontiert. Als sie jetzt wie eines ihrer Babys, für die sie zu sorgen hatte, weinte, setzte sich die Gruppe instinktiv um sie herum und hüllte sie schützend in einen Kokon der Liebe ein.

Nach einigen Minuten legte sich der Sturm der Emotionen. Und als Maryann uns mit ihrem tränenverschmierten Gesicht anlächelte wie ein Kind, war es, als sei die Sonne wieder zum Vorschein gekommen. „Ich ... Meine Vorfahren kommen vom Land, waren tief mit der Erde verbunden, aber noch nie in meinem Leben habe ich eine solche Kraft und Macht gefühlt. Sie lebt, die Pachamama lebt!" Maryann schrie es fast heraus. Ihre überraschten Gefährtinnen und Gefährten purzelten beiseite, als sie, groß wie sie war, plötzlich aufsprang und aus der Höhle schoss. Diese Frau brauchte Platz zum Tanzen. In einem Gewirbel von Armen und Beinen begann sie ihren spontanen rituellen Tanz, hüpfte auf und ab und schrie aus Leibeskräften: „Pachamama lebt!" Wir schlossen uns ihrem Enthusiasmus an, und aus ihrem Tanz wurde eine Gruppenfete zusammen mit Juan, dem Ausgelassensten von allen.

„Wir müssen unsere Freude zum nächsten Ort mitnehmen", sagte er nach dieser tollen Tanzparty. Trunken vor Energie und schwer atmend hüpften wir nun trotz der Höhe hinter Juan her, der uns zu unserer nächsten Kultstätte führte.

Bald gelangten wir durch ein steinernes Inka-Tor und gingen durch einen schmalen höhlenartigen Tempel. Als wir auf der anderen Seite herauskamen, erblickten wir etwa dreißig Meter unter uns die Ruinen eines großartigen Tempels aus grauem Stein.

Heute haben wir bereits mit dem Geist des Wassers und danach mit dem Geist der Erde gearbeitet", sagte Juan. „Mein Meister Don Benito hat mich hier in diesem Tempel gelehrt, dass die Inkas nicht nur eine Zeremonie durchführten, um zur Wintersonnenwende 'die Sonne an die Erde zu binden', sondern dass die Priester auch ein Initiationsritual durchführten, um den Geist der Sonne und die konzentrierte Energie des Feuers in die Herzen der Initianden zu bringen.

Im andinen System benutzen wir nicht den hinduistischen Begriff 'Chakra', um auf die Energiezentren des Körpers zu verweisen. Wir gehen in unserer Sichtweise vielmehr davon aus, dass der *Poq'po*, die 'Energieblase' des Menschen, von einer Reihe von Energiegürteln oder Energiebändern umgeben ist. Jeder Gürtel besitzt an einem bestimmten Punkt im Körper ein Zentrum oder ein Auge. Diese 'Augen' befinden sich im *Qosqo*, im Steißbein, im Herzen und an der Kehle. Jeder Energiegürtel mit seinem Auge wird mit einem Element assoziiert. Hier an diesem Altar werde ich mit meiner *Mesa* euer 'Herzzentrum' öffnen, während ihr versucht, eure Herzen mit dem Feuer und dem Geist der Sonne zu verbinden. Wir bezeichnen die Sonne als Vater Sonne, weil wir hier in den Anden die Natur nicht verdinglichen. Wir haben einer persönliche, eine intime Beziehung mit den Kräften der Natur.

Nacheinander traten wir zum Altarstein, um einen persönlichen Kontakt zu Vater Sonne herzustellen. Juan hielt seine *Mesa* an einen Punkt über dem Herzen einer jeden Person, betete und zog schwere Energie heraus. Dann zog er die *Mesa* langsam weg und hob sie mit einer Geste der Sonne entgegen. Wieder sah ich so etwas wie winzige zarte Ranken oder wie Fäden von einem Spinnennetz, die aus dem Herzen einer jeden Person gezogen und zur Sonne hinauf geschickt wurden.

Als ich an der Reihe war, kam es mir vor, als hätte ich das Ritual bereits zwölfmal erlebt. Mein Herz wollte bersten, als Juan seine *Mesa* auf meine Brust legte. Und ich „sah", wie eine Ranke aus Licht aus meinem Herzen hervor schoss und sich fest im Zentrum der Sonne verankerte.

Ich werde aus meinem Körper gefegt, und mein Alltagsbewusstsein entschwindet. Ich bewege mich mit unendlicher Anmut und Präzision fort. Es gibt keine Zeit, keine Eile. Ich reise auf einem Lichtstrahl. Mein Ziel ist klar. Ich bewege mich, ohne mich zu bewegen, an einer Lichtschiene entlang. Ich bin schwerelos. Ich reise zu einem größeren, helleren Licht, von dem ich auf ewig ein Teil bin. Ich gehe nach Hause. Ich erreiche dieses große helle Licht und begrüße mit Freude Vater Sonne. Ein Tor öffnet sich. Ich reise in das Zentrum der Sonne Ich komme zu einem Thron aus Licht, auf dem ein groß gewachsener Indianer sitzt. Er ist jemand, den ich sehr gut kenne. Er umarmt mich, und das Feuer seiner Liebe, strahlend und rein, dringt in mein Herz und meinen Körper ein. Ich bin voller Güte und Stärke. Die Sonne scheint im Inneren meines Herzens. Die Erde dreht sich in meinem Herzen. Die Planeten umkreisen die Sonne in meinem Herzen.

"Yugh!" rief ich aus und hatte ein Gefühl, als sei mir gerade ein Schlag in den Magen versetzt worden. Ich öffnete die Augen und sah Juan, der seine *Mesa* über meinen Kopf hielt und besorgt dreinblickte. Mein ganzer Körper tat mir weh. Und ich kam mir vor, als sei mein Bewusstsein gerade mit Lichtgeschwindigkeit durch ein winziges Loch expediert worden.

„Bist du in Ordnung?" fragte Juan, und sein besorgter Ausdruck milderte sich etwas.

„Yugh!" rief ich wieder. Es schien das einzige Wort zu sein, das ich kannte.

„Du bist ein bisschen zu weit gereist, Elizabeth. Ich war in Sorge, du würdest nicht zurückkommen.

„Yugh", wiederholte ich mit einem Nicken.

Nach einem guten peruanischen Mittagessen und einer Pause hatte ich meinen gesamten Sprachschatz wiedergefunden. „Juan, ich sah einen Indianer in der Sonne". Er nickte und reinigte seine Zähne mit einem Zahnstocher. Wir saßen im Innenhof eines reizenden Restaurants in Calca in der Sonne zu Füßen hoch aufragender Berggipfel. Ein winziges Affenpärchen, das an einen Baum angebunden war, kreischte und einige farbenprächtige Papageien in einem Käfig neben unserem Tisch brabbelten und ahmten mich nach.

„Aber Juan, ich erinnere mich an ihn. Er war der Indianer, mit dem ich als kleines Mädchen immer sprach. Nur dachte ich damals nicht, dass er ein Indianer sei, weil unsere Indianer, die ich später im Fernsehen sah, anders aussahen als er."

„Das liegt daran, dass in euren Westernfilmen nie südamerikanische Indianer vorkommen", erwiderte er. „Die Inkas pflegten zu sagen, dass sich der Inka Pachakuteq nach seinem Tod aufmachte, um bei seinem Vater, der Sonne, zu leben. Du weißt, dass die Inkas als 'Kinder der Sonne' bekannt waren", sagte er in beiläufigem Ton.

„Wow", war alles, was ich darauf erwidern konnte. Ich war immer noch etwas benebelt von meiner Begegnung mit der Sonne. Peru schien nicht nur ein Schlüssel für meine Weiterentwicklung und Zukunft, sondern auch für meine Vergangenheit in sich zu bergen.

„Wir müssen aufbrechen, sonst kommen wir zu spät, um unser letztes Ritual auszuführen", sagte Juan und scheuchte alle, die noch bei den Resten ihres Nachtischs saßen, in Richtung Bus.

„Wohin fahren wir jetzt?" fragte ich ihn.

„Ollantaytambo", war die Antwort.

Während meines langen Aufenthaltes in Cuzco hatte ich bereits beobachtet, dass die Peruaner ganz allgemein die unheimliche Fähigkeit besitzen, und Juan besaß sie in besonderem Maße, in dem Augenblick, in dem sie in irgendeinem sich bewegenden Vehikel sitzen, in den Schlaf zu sinken. Das vereitelte jedes Mal meine Absicht, Juan über unser nächstes Ritual zu befragen und damit schon einmal auf dem Laufenden zu sein. Allmählich fing ich an zu glauben, dass er absichtlich einschlief.

Dann merkte ich, welch eine ärgerliche nordamerikanische Angewohnheit es von mir war, dass ich immer wissen wollte, was als Nächstes kam. Warum musste ich das wissen? Hegte ich ein solches Misstrauen gegenüber dem Leben, dass ich meine Erfahrungen sich nicht einfach entfalten lassen konnte? Als ich damals in Peru lebte, war es das, was ich an den Menschen am meisten liebte - keine Eile, keine Sorgen, keine ständige Angst oder ständige Beschäftigung mit der Zukunft. Es machte mich traurig festzustellen, dass ich unbewusst in diese nordamerikanische Neurose zurückgefallen war. Nun unternahm ich einen bewussten Versuch mich zu entspannen, mich zurückzulehnen und die Fahrt zu genießen.

Wir kamen fünf Minuten vor Torschluss bei den majestätischen Ruinen von Ollantaytambo an. Glücklicherweise kannte der Wächter Juan und winkte uns hinein. Wir alle verstummten vor dem Zauber dieses uralten Inka-Ortes. Ollantaytambo, eine völlig intakte Inka-Siedlung aus sandfarbenem Stein mit ihren Inka- Aquädukten, Steinhäusern und kopfsteingepflasterten Gassen, liegt eingebettet in die üppige Vegetation einer Patchworklandschaft. Das Ergebnis dieser inkanischen Architektur und Stadtplanung war, dass sie ein Gefühl tiefen Friedens und der völligen Harmonie mit der umgebenden Landschaft auslöste. Ein überaus bezaubernder Ort. Touristen können sich kaum wieder von ihm trennen, ohne zu wissen, warum.

Wir kletterten die riesige Steintreppe zum unvollendeten Sonnentempel hinauf. Sechs gigantische, herrlich geschliffene Monolithen aus rötlichem Granit bildeten das Zentrum dieses Sonnentempels, und ich vermutete, dass hier unser letztes Ritual für diesen Tag stattfinden würde. Doch Juan ging daran vorbei bis über den Rand dieser Stätte hinaus, wo er seinen kleinen weißen Hut gut festhalten musste, damit er im Wind nicht davon flog. Auf einem Felsvorsprung stehend, von dem aus man das heilige Tag überblicken konnte, schien er es zu genießen, vom Sturm der Windstärken umbraust zu werden. Ich war schon mehrfach hier gewesen, aber nie hatte ich dieses Windphänomen bemerkt.

„Schaut da hinunter", schrie Juan, um den Wind zu übertönen, der nur in diesem Teil der Anlage zu wehen schien. Tief unter uns lag das heilige Tal wie ein unregelmäßiger Flickenteppich ausgebreitet, durch den sich ein silberner Streifen zog - der Urubamba, der heilige Fluss der Inkas. Am fernen Ende des Tals war zwischen zwei aufragenden Berggipfeln ein Gletscher zu sehen. Juan deutete darauf. „Das wird die 'Windschleuse' genannt", erklärte er und begab sich aus dem starken Windkanal, um in normalem Ton mit uns sprechen zu können. „Dies ist der Ort, an dem wir unser Kehlzentrum öffnen und uns mit dem Geist des Windes verbinden werden."

Wir stellten uns in einer Reihe auf und achteten darauf, dass wir nicht direkt in die Bahn dieser außergewöhnlichen „Windschleuse" gerieten. Juan öffnete seine Tasche und entnahm ihr einen kleinen zerknitterten Plastikbeutel mit Cocablättern. Er stellte sich der Reihe nach vor jeden von uns, gab uns eine Handvoll Cocablätter und flüsterte jeder Person Anweisungen zu. Ich konnte nicht umhin, mich zu fragen, ob er uns allen das Gleiche sagte. Aber ich wusste, wenn wir uns erst einmal in der Windschleuse befanden, konnte niemand mehr ein Wort von dem verstehen, was er sagte.

Als Juan vor mich trat und seinen Beutel mit Cocablättern öffnete, stieg mir der stechende Geruch in die Nase, und ich spürte ein plötzliches Verlangen, einige von diesen Blättern zu kauen. „Du kommst und stellst dich in die Windschleuse, und ich werde dein Kehlzentrum mit meiner *Mesa* öffnen. Dann musst du deine innigsten Gebete zum Geist des Windes in deine Cocablätter legen und wenn du soweit bist, die Blätter dem Wind darbieten. Wirf sie über den Kopf und überlasse sie den Windgeistern, die sie an sich nehmen. Dann lasse den Wind deine *Hoocha* reinigen." Ich nickte zum Zeichen, dass ich verstanden hatte, während Juan wie ein stolzer Vater auf mich herunter blickte.

Die Gruppe begann mit dem Ritual, und eine Person nach der anderen stellte sich in den reinigenden Strom der Windschleuse und richtete ihre Gebete an den Geist des Windes. Im Anblick der untergehenden Sonne hoben sich Arme und wirbelten Cocablätter auf, die dann in dem unermesslich weiten und rasch immer dunkler werdenden Himmel verschwanden.

Bis zu diesem Augenblick hatte ich mich noch nie bewusst und mit Absicht *in* einen tosenden Wind begeben. Während ich dem Ritual zusah, wurde mir nun klar, dass ich ganz im Gegenteil unbewusst dazu erzogen worden war, die Naturgewalten zu meiden, mich nicht dem Regen oder starkem Wind auszusetzen, immer gegen Sonne, Schnee oder Hagel gewappnet zu sein und irgendwie und um jeden Preis dafür zu sorgen, dass die Natur mir nicht zu nahe kam. Aber die Naturgewalten aktiv aufsuchen, an ihnen teilhaben, ja sogar in ihnen zu schwelgen? Nur mein schon vor langer Zeit unterdrücktes kindliches Ich wusste von die Ekstase, wenn es *in* einen Regenguss geriet.

Es war schon fast dunkel, als ich an der Reihe war. Und als ich ging, um mich in den Windkanal zu stellen, stieg in mir eine mir bisher unbekannte Wut über die unbewusste soziale Konditionierung auf, die mich nicht an den Naturgewalten teilhaben, ja mich sogar ihnen gegenüber eine Verteidigungshaltung einnehmen ließ. Ich wollte meine Wut herausschreien, aber stattdessen legte ich meine Intensität in ein Gebet zu Wayra, dem Geist des Windes. Ich betete mit aller Macht um die Kraft, mein Kehlzentrum zu öffnen und die Wahrheit sagen und meine tiefsitzende Angst vor einem freien Heraussprechen überwinden zu können.

Plötzlich fühlte ich in der Dunkelheit und dem Brausen des Windes die beruhigende Berührung von Juans *Mesa* an meiner Kehle. Und sie erfüllte mich mit Energie und Entschlusskraft. Der Wind fuhr heulend durch mein Fleisch und Blut, drang in meine Knochen und spülte die schwarze Angst von mir ab, die dort wie Teer klebte, wehte sie hinweg. Juans *Mesa* zog und zerrte an meiner Wut und der Angst, bis nichts mehr davon in mir war, nur eine tiefe und leere Traurigkeit über den schrecklichen Verlust: den Verlust meines Geburtsrechts, den Verlust meiner innigen Beziehung mit Pachamama. Als Juan seine *Mesa* von meiner Kehle nahm, begann aus meinem Körper ein tiefer und unbekannter Kummer auszuströmen. Erst ein Wimmern, das zu einem langen lauten Klagelaut anschwoll, gefolgt von einem herzzerreißenden Schluchzen, das aber, und dafür war ich dankbar, im Tosen des Windes nicht zu hören war. Alles das übergab ich dem Wind, damit er es wegtrug.

Spontan und anscheinend an dem Platz, den meinem Kummer besetzt gehalten hatte, füllte sich mein Herz mit einem Gebet an Wayra. „Geist des Windes, lass meine wahre Stimme ihren Weg aus meinem Herzen in die Welt finden und lass sie frei und ungehindert reisen, wie du es tust, und der Welt Pachamamas Botschaft bringen." Ich sprach die Worte in die trockenen grünen Blätter und warf sie hoch in die Luft, wo sie für den Bruchteil einer Sekunde tanzten und dann verschwanden.

Ein Gefühl tiefen Wohlbefindens überkam mich, und ich hatte eine kühle Empfindung in meiner Kehle, als Lachsalven ertönten, und eine wie ein vertrocknetes Herbstblatt knisternde Stimme sagte: „Geh, Schwester und sag, was du weißt. Wir freuen uns, dass du uns hören kannst. Du sollst wissen, dass wir an deiner Seite sind." Wayra, der Geist des Windes, sprach zu mir. Plötzlich wurde meine Aufmerksamkeit auf mein Herz gelenkt, wo ich Vater Sonne spüren konnte, der mich warm anlächelte und mich unterstützte. Aus meinem Bauch erstreckte sich eine lange Nabelschnur hinunter in die Erde und ich fühlte die machtvolle Gediegenheit und Zuverlässigkeit von Pachamama. Ein silbrig kühl-nasses Gefühl im Steißbeinbereich sagte mir, dass auch der Geist des Wassers anwesend war. Eine fantastische Erfahrung, mit allen Elementen verbunden zu sein und von ihnen unterstützt zu werden, erfüllte mein Gewahrsein - es war, als trüge ich einen gigantischen, natürlichen Sicherheitsgurt, der mich auf zarte Weise zwischen Erde und Himmel fest verankert hielt. Große Tränen der Dankbarkeit liefen mir über die Wangen.

Hochstimmung, Erleichterung und ein Moment der Verwirrung durchfluteten mich, als ich mich fragte, was an diesem „natürlichen Sicherheitsgurt" so tröstlich war. Langsam und vielleicht zum ersten Mal in meinem Leben und auf zutiefst körperlicher Ebene begriff ich, dass ich dieser Erde angehörte. Ich hatte gerade entdeckt, dass es möglich ist, nein, für meine Identität und mein Wohlergehen lebensnotwendig war, zu fühlen, dass ich mit den natürlichen Kräften der Erde verbunden und in Einklang bin. Mein Körper besaß nun das unwiderrufliche Wissen, dass er und ich Teil einer einzigen, unermesslich großen und glorreichen Schöpfung waren. Endlich und zum ersten Mal wusste ich es ohne jeden Zweifel: ich gehörte hierher.

10. KAPITEL

Phutuy: Blüten

Der Zug ratterte langsam seines Weges, während wir uns eng zusammengepresst und zwischen unserem Gepäck eingeklemmt, endlose Minute um endlose Minute langsam der Stätte meines Herzens näherten. „Machu Pikchu!" rief nach scheinbarer Ewigkeit der junge Schaffner, obwohl es nur vier Stunden Fahrt in einem Touristenabteil der ersten Klasse gewesen waren. Ich war bereits mindestens zehnmal in Machu Pikchu gewesen, auf dem Pferderücken, zu Fuß oder in einem der berüchtigten Lokalzüge, wo ich mein Abteil nicht nur mit Peruanern, sondern auch mit peruanischen Hunden, Schweinen, Hühnern und Meerschweinchen teilte. Dies war meine erste Erfahrung mit einem Touristenabteil. Und aus dieser Perspektive gesehen, saß ich geradezu im Schoße des Luxus.

Für meine Reisegefährten hingegen war dies eine beschwerliche und strapaziöse Fahrt, was jedoch mein Mitgefühl nicht im Geringsten zu wecken vermochte. Ich schilderte ihnen plastisch und detailliert, was es hieß, auf einer Fahrt, die eigentlich nur drei Stunden dauern dürfte, zehn lange Stunden in einem Abteil dritter Klasse eines zusammengebrochenen Zuges festzusitzen, wo sich auf den für vier Personen gedachten Sitzen noch weitere sechs Menschen und die verschiedensten und mannigfaltigsten Vertreter der Tierwelt breitmachten. Als ich dann noch auf die Zustände der Toiletten zu sprechen kam, begannen sie allmählich, fröhliche Blicke in die Runde zu werfen und Bemerkungen über die schöne Landschaft auszutauschen, während wir durch die subtropische Vegetation des unteren Bereichs von Machu Pikchu fuhren.

Die Dampflokomotive kam zischend zum Stehen. Wir schnappten unser Gepäck und verließen geradezu fluchtartig den Zug. Ich hatte die Gruppe gewarnt, dass wir nur ein paar Minuten zum Aussteigen hatten, bevor der Zug seine Fahrt tiefer in den Dschungel hinein nach Quillabamba fortsetzte.

Nachdem uns der Bus die endlose Zickzackstraße hinauf zum Touristenhotel von Machu Pikchu gebracht hatte, nahmen wir schweigend unser Mittagessen ein. Wir alle verstummten vor der stillen Majestät der üppig grünen und samtschwarzen Berge, die die uralte Ruinenstätte von Machu Pikchu umsäumten, als würden sie von den wärmenden Armen der Pachamama umschlossen.

Die Luft enthielt reichlich Sauerstoff und Feuchtigkeit, als wir nun nach dem Mittagessen der Reihe nach durch das Eingangstor der Anlage traten und dem Wächter unsere Tickets gaben. Hier, in dem etwa zwölfhundert Meter tiefer als Cuzco gelegenen Ort, war das Klima sehr viel wärmer. Auf Anweisung Juans öffneten wir unsere *Qosqos,* um die feine Energie dieses Sitzes uralter Kraft und der Harmonie mit den Kräften der Natur zu „schmecken".

Als wir um die letzte Kurve des Weges bogen und zu einer Terrasse kamen, die uns einen ersten umfassenden Blick auf die Festungsanlage gewährte, bekamen viele von uns feuchte Augen. Von irgendwo tief in unseren Zellen oder vielleicht aus der Tiefe des kollektiven Bewusstseins stieg eine Erinnerung hoch, die Erinnerung an eine andere Lebensweise. Ein Leben, in dem jeder noch so einfache und profane Akt des Alltagslebens eine heilige Bedeutung hatte.

„Vor zwei Tagen wurdet ihr in der Schlangenhöhle Kinder der Pachamama", sagte Juan. „Wir in den Anden meinen das ganz buchstäblich, weil wir glauben, dass unsere Körper nach dem Bild der Pachamama geschaffen sind. Die Stadt Cuzco ist der *Qosqo* des Planeten Erde. Und wie wir hat auch die Stadt Machu Pikchu einen *Qosqo* - und zwar dort drüben." Juan deutete auf ein großes, rundes, turmartiges Gemäuer, eine kunstvolle inkanische Steinmetzarbeit, die sich nahe beim Zentrum der gesamten Anlage befand. „Dieser Turm ist der Ort, an dem unser erstes Ritual stattfindet." Wir gingen auf diesen Turm zu. Als wir uns dem

Gebäude näherten, fiel mir auf, dass es das einzige runde Bauwerk innerhalb des gesamten Komplexes war.

Das Glück war uns hold, denn hinter uns tauchte plötzlich der Oberaufseher von Machu Pikchu auf, ein sehr freundlicher Mann, der den alten Traditionen seiner Vorfahren höchst wohlgesinnt war. Er spürte, was wir vorhatten und bedeutete uns, ihm zu folgen, während er uns den versperrten Einlass zur inneren Kammer des Tempels aufschloss. „Still", mahnte er. Er sah sich um, und als er sah, dass sich kaum Touristen in unserer Nähe aufhielten, sperrte er hinter uns wieder zu und folgte uns hinein. Inmitten äußerst kunstvoller Steinmetzarbeiten stand ein Altar aus einem großen Naturstein, der natürliche Vertiefungen für Kopf, Ellbogen und das Gesäß aufwies, so als sei er angefertigt, um sich darauf zu legen.

„*Gracias Hermano*", sagte Juan und blickte ihn einen Moment lang intensiv an. „Bitte schließe dich unserem Ritual an." Zu meiner großen Überraschung zog dieser sein eigenes Päckchen mit Cocablättern heraus, formte ein *K'intu*, blies auf die Blätter, wie ich es Juan oft hatte tun sehen, und murmelte in Quechua ein Segensgebet für die *Apus* und für Pachamama. Es erfüllte mich mit unglaublicher Freude, zu sehen und zu wissen, dass der Oberaufseher von Machu Pikchu tatsächlich ein in seinen alten einheimischen Traditionen tief verwurzelter Mann war.

Juan holte ebenfalls seine *Mesa* heraus. Wie immer beschwor er mit dem Hauch seines Atems einen Kreis um die Gruppe und bot seine lebendige Energie der Pachamama dar. „Dieser Teil des Tempels ist mit dem Himmel verbunden. Es ist ein Ort männlicher Energie. Öffnet eure *Qosqos* und nehmt die feine männliche Energie dieses Teils des Tempels in euch auf", wies er uns an. Wir saßen eine Weile da und zogen die Energie in uns hinein, die köstlich war und sich überaus konzentriert anfühlte. Als nach einigen Minuten die Mitglieder der Gruppe ihre Augen wieder öffneten, sagte ich: "Juan, dieser Ort fühlt sich anders an, irgendwie saftiger."

„Das liegt daran, dass ihr im Zentrum einer kraftvollen Konzentration von lebendiger Energie der Erde sitzt. Blickt euch um. Seht ihr, dass alle Berggipfel, wenn ihr euch eine von ihnen ausgehende Linien denkt, am Punkt dieses zentralen Turm zusammen kommen?" Wir stellten uns auf die Zehenspitzen, betrachteten über den Mauersims hinweg die Landschaft und sahen, dass wir in der Tat von den Berggipfeln umringt waren. Und jetzt sah ich auch, was vor einigen Augenblicken nur eine körperliche Empfindung gewesen war: Die Berge selbst gossen Lebenskraft in diesen zentralen Tempel. "Aber Juan, wie wussten die Inkas, dass hier der *Qosqo* ist?"

„Schaut euch um und fühlt mit eurem eigenen *Qosqo*. Fühlt mit euren ganzen *Poq'po*, mit eurem Energiekörper. Wisst ihr es nicht auch?" Seine Worte nahmen sich nun für mich auf so schmerzliche Weise offensichtlich und natürlich aus, dass ich mir gar nicht mehr vorzustellen vermochte, wie ich es mein ganzes bisheriges Leben lang geschafft hatte, nie die Stimmigkeit einer Landschaft wahrzunehmen, nie zu hören, was sie so deutlich aussagte. Sicher, ich hatte schon immer die Schönheit der Natur geschätzt, aber aus der Distanz heraus, als handle es sich um ein Gemälde in einem Museum. Nie hatte ich dieses tiefe persönliche Einbezogensein in die Landschaft gespürt, nie wirklich verstanden, dass ich ein Teil von ihr war oder wie stark ich von ihr beeinflusst wurde. Bis jetzt hatte hier eine beschämend große Lücke in meiner Erziehung geklafft.

Als Nächstes führte uns Juan zu einer absteigenden Reihe von Steinkammern, die wie im Wassertempel von Saqsaywaman durch Kanäle verbunden waren. „Das waren die Bäder der Inkas. Wie ihr sehen könnt, nimmt das Wasser hier seinen Anfang und fließt dann den Bergabhang hinunter. Bei diesem Ritual werden sich immer je zwei Personen in einer Zelle aufhalten. Lasst euren *Poq'po* sich mit diesem Ort verbinden, lasst dann über euren Scheitel die Energie aus der *Hanaq Pacha* in euch einfließen und schickt sie zu den Personen im Bad unter euch."

In kürzester Zeit hatte unsere frisch ausgebildete Initiandengruppe ein sehr greifbares Energieband und somit eine Verbindung zwischen den einzelnen Bädern geschaffen. Wir hatten das Gefühl, uns alle im Inneren einer einzigen langen Energieschlange zu befinden.

Diese Energie zur spüren, war aufregend, aber ich war auch neugierig, zu sehen, wie diese Wasserkanäle funktionierten. Geradezu als Antwort darauf fing es plötzlich an zu regnen und ich wollte keinesfalls weggehen. Wir beschlossen in stillschweigendem Einvernehmen, zu bleiben. Innerhalb von

Minuten füllten sich die Wasserkanäle und ein kleines Rinnsal floss die lange Kette der miteinander verbundenen Bäder hinab. Wie es aussah, würde es noch eine Weile regnen. Aber wir mussten weiter.

Wir kletterten aus unseren Bädern und folgten Juan. Wegen des zunehmend stärker werdenden Regengusses mussten wir uns nun beeilen. Wir stiegen in geduckter Haltung eine lange Steintreppe hinab, liefen durch einen schmalen Gang und standen dann auf einer großen steinernen Plattform mit drei Steinsitzen. „Dies ist der Kondortempel", erklärte Juan und blickte auf etwas hinab, das wie der Schnabel und der weiße steinerne Halskragen eines Kondors aussah. Aus unserem Blickwinkel gesehen schienen wir auf dem Rücken des Riesenvogels zu stehen, genau zwischen seinen Schwingen.

„Der Kondor verkörpert den kollektiven Geist der Anden. Versucht, euch hier im Kondortempel mit dem kollektiven Geist der Anden zu verbinden", sagte Juan. Ich schloss die Augen und fühlte mich sofort von kraftvollen Kondorschwingen umgeben. Wieder war ich überrascht, ja verblüfft, dass ich mich allein durch diese einfache Anweisung und die im Tempel selbst anwesenden mächtigen Kräfte in einen visionären Zustand begeben konnte. Vor meinem geistigen Auge sah ich einen gigantischen Kondor näherkommen - oder war ich es, die auf ihn zukam? Die Distanz zwischen uns verringerte sich immer mehr, bis es keine mehr gab. Sogleich fühlte ich die unermüdliche Stärke gewaltiger schwarzer Schwingen, die Macht kühler Losgelöstheit, um die Arbeit zu tun, die getan werden musste: den Tod wegzufressen, um Leben zu ermöglichen. Ich fühlte, wie ich mit dieser Stärke, mit diesem entschiedenen Verhalten, verschmolz. Ich hörte den fernen Ruf eines Kondors.

„Es regnet immer stärker, wir müssen weiter", sagte Juan und brachte mich mit einem Ruck zurück ins Hier und Jetzt. Während wir im Laufschritt Juans entschwindender Gestalt nacheilten, gesellte sich Barbara an meine Seite.

„Wow!" schnaubte sie in dem Versuch, nicht außer Atem zu geraten und gleichzeitig zu sprechen. „Elizabeth, das war unglaublich! Da waren überall Kondore. Ich fing an, mich wie ein Kondor zu bewegen, ja selbst Schreie wie ein Kondor auszustoßen - ich konnte gar nicht anders. Dann schwang ich mich auf den

Rücken eines Kondors, und wir flogen um die gesamte Anlage herum. Er zeigte mir so viele Dinge! Es tut mir leid, aber ich muss tatsächlich laut gekrächzt haben, denn jetzt tut mir der Hals weh. Ich hoffe, ich habe dich nicht gestört", sagte sie und blicke ein wenig verlegen drein.

„Nein", erwiderte ich. Barbara hatte rechts neben mir gestanden. „Jetzt, wo du es sagst, entsinne ich mich, tatsächlich den Ruf eines Kondors gehört zu haben, aber aus weiter Ferne." Was hatte dieser Ort an sich, dass sich mein Sinn für Zeit, Raum und physische Wahrnehmungen so dramatisch verändern konnte?

Juan machte vor einem großen steinernen Gebäude halt, das wie alle anderen Bauten der Festungsanlage kein Dach hatte. Ich blieb stehen, und mein Blick blieb voll Erstaunen am Boden haften. Sprachlos sah ich Juan an und deutete auf die in den Boden dieses Tempels eingelassenen Objekte.

„Das hier nennt man El Templo de los Espejos Siderales, den Tempel der kosmischen Spiegel." Dort in den Boden eingelassen befanden sich zwei runde tiefe Steinschalen, die genauso aussahen wie die kosmische Schale, die ich bei all meinen Abenteuern in Argentinien monatelang im Rucksack mit mir herumgeschleppt hatte. Aber ich hatte keine Gelegenheit, meine dringlichen Fragen zu stellen.

„Die beiden Spiegel stellen ein *Hapu* dar, die vollkommenste Form eines *Yanantin* oder heiligen Paares. Da ihr aus Nordamerika kommt, tragt ihr den Geist des Adlers mit euch, des Vogels, der den kollektiven Geist Nordamerikas repräsentiert. In diesem Tempel müsst ihr die Energie des *Yanantins* nutzen, um in eurem Inneren den Geist des Adlers mit dem Geist des Kondors zu verbinden." Dies schien kein einfaches Unterfangen zu sein, und die anderen Initianden und ich tauschten bedeutungsvolle Blicke. Ich unterdrückte meine Unsicherheit und nickte ihnen mit gespielter Selbstsicherheit aufmunternd zu.

Wieder schloss ich die Augen und fühlte mich binnen weniger Augenblicke im Inneren des Kondors. Dann war ich plötzlich außerhalb von ihm und sah den Adler sich nähern. Es war ein leichterer und feingliedrigerer Vogel, für das präzise Navigieren und die Fähigkeit geschaffen, um ein weites Feld nach einer winzigen Maus abzusuchen. Ganz anders als die alte und scheinbar „schwerere" Kraft des Kondors. Ich sah die beiden

Vögel zusammenkommen und mitten in ihrem Flug stoppen. Die Klauen ineinandergehakt wirbelten und taumelten sie zur Erde. Durch eine seltsame alchimistische Transformation verschmolzen die beiden Vögel in der Luft und schufen eine neue Spezies, die die Kraft und Ausdauer des Kondors mit der geschmeidigen Anmut und dem Präzisionsvermögen des Adlers vereinte.

Der neue Vogel war schön und machtvoll. Sein Gefieder war hellgrau, golden und dunkelbraun gesprenkelt, und er hatte einen goldenen Schnabel und goldene Klauen. Juan sagte etwas und holte mich abrupt aus meinem visionären Zustand.

„Wir müssen jetzt eine Entscheidung treffen", erklärte er der Gruppe. „Entweder machen wir weiter, auch wenn es regnet, oder wir kehren ins Hotel zurück. In letzterem Fall müssen wir das für heute Nachmittag geplante Ritual morgen durchführen und werden dann sehr spät zur Höhle der Pachamama kommen."

Während wir noch diskutierten, rief jemand: „Schaut!" Über einem niedrigen, grün bewachsenen Berg war plötzlich ein Regenbogen erschienen. „Das heißt, wir machen weiter!" verkündete Barbara mit der Strenge einer Kriegerin. Wir entschieden uns einhellig, weiterzumachen. Ich war stolz auf die Standhaftigkeit und Entschlossenheit der Gruppe. Und das plötzliche, zeitgerechte Erscheinen des Regenbogens flößte mir eine gewisse Ehrfurcht ein.

„Ich muss euch noch etwas Wichtiges mitteilen", sagte Juan mit seltsamem Gesichtsausdruck. „Manchmal werden mir ganz offensichtlich Dinge nur sehr langsam bewusst", erklärte er mit seiner kindhaften Aufrichtigkeit, die unsere Herzen für ihn einnahm. „Eure Gruppe besteht überwiegend aus Frauen, und ich hätte euch gleich jemand vorstellen sollen. Doch jetzt hat sie mich sanft daran erinnert.

Das hier ist Mamita Putukusi", verkündete er, als stelle er uns eine seiner Verwandten vor. Er deutete auf den wunderschönen grünen Berg, über dem eben unser schicksalsträchtiger Regenbogen erschienen war. „Wie Mama Simona in Cuzco ist sie der einzig weibliche Berg in der ganzen Umgebung von Machu Pikchu. Sie möchte euch allen ihre Grüße übermitteln und ihren Schutz anbieten."

Wie sagt man, wenn man einem Berg vorgestellt wird? Wir nahmen uns alle einen Augenblick, um diese weibliche

Berggottheit zu begrüßen, manche stille, andere laut. „Ihr Name bedeutet blühende Freude", erklärte uns Juan.

Wir setzten unseren Weg fort, passierten Gänge entlang des nördlichen Randes der Anlage, bis wir zu einem riesigen Megalith kamen. Unterwegs ließ der Regen ein wenig nach, und einige Wolken, die die umliegenden Berge in einen undurchdringlichen Nebelschleier gehüllt hatten, begannen, sich zu verflüchtigen. „Schaut da ... die Form dieses Megalithen wiederholt sich in dem Berg dahinter", sagte Nina. Sie liebte die physischen Aspekte unserer Reise. Sie war außerordentlich feinfühlig in ihrer Wahrnehmung von Energie und wollte die Lehren des andinen Weges in ihrer Massagepraxis zur Anwendung bringen.

„Das ist der Pachamama-Stein. Öffnet eure *Qosqos* und nehmt die Energie der Erde hier an dieser Stelle in euch auf und verbindet euch durch euren *Qosqo* mit diesem Stein", wies uns Juan an. Hier erlebte ich eine Blockade. Plötzlich befand ich mich nicht in Machu Pikchu, sondern im Bauch meiner Mutter und wollte meinen *Qosqo* nicht öffnen. Ich spürte, dass sich meine Mutter in einem schrecklichen emotionalen Zustand befand, und wenn ich in ihrem Inneren Nahrung aufnahm, erlebte ich stets einen Ansturm von Entsetzen, brennendem Schamgefühl, Selbsthass, Angst und Furcht. In jenem Moment, so schien es, musste ich zum Schutz vor diesen Energien meinen *Qosqo* auf Dauer verschließen und traf die bewusste Entscheidung, ihn nie wieder zu öffnen. Jetzt war ich nicht imstande, ihn zu öffnen oder mich mit dem Stein zu verbinden.

Mir war durchaus klar, wie schwach ich mich fühlte, wenn mein *Qosqo* geschlossen war. Ich hielt das Gute und das Schlechte draußen. „Es gibt keine positive und negative Energie - nur schwere und feine Energie." Juans Worte kamen mir wieder in den Sinn, während ich vor dem Stein mit mir kämpfte. Ich begann, mir den Ansturm der Emotionen meiner Mutter einfach als *Hoocha*, als schwere Energie vorzustellen. Und ich spürte langsam einen winzigen Energiefluss in mich ein- und wieder aus mir heraus fließen. Die Angst hielt die Tür verschlossen. Die Angst war mein größtes Hindernis.

Vom philosophischen Standpunkt liebte ich den Gedanken der andinen Tradition, dass wir fähig sein sollen, alle Arten von Lebensenergien zu „verspeisen" oder von ihnen durchdrungen zu werden, ohne irgendeine abzulehnen oder zu bevorzugen und an ihr festhalten zu wollen. Er passte zu meinen vormaligen buddhistischen Tendenzen und war auch mit der Vorstellung Carl Gustav Jungs vereinbar, nach der wir eine Beziehung zu unserem Schatten herstellen sollten, statt uns von ihm abzuschneiden. Ich fragte mich, warum ich diese Blockade hier und jetzt erlebte, wo ich doch bisher an anderen Stätten mit meinem *Qosqo* hatte arbeiten können. Ich beschloss, Juan sobald wie möglich danach zu fragen. Die Gruppe machte sich schon auf den Weg zur nächsten Kultstätte.

Als wir den zentralen Platz der Festungsanlage überquerten, lugte die Sonne hinter den Wolken hervor und schenkte unserer durchnässten Gruppe Wärme und ein unbeschreibliches Glückgefühl. Wir stiegen eine lange Steintreppe hinauf, und in dem Moment, in dem wir den Sonnentempel betraten und uns vor dem herrlichen steinernen Altar in seiner Mitte versammelten, brach die Nachmittagssonne ganz durch die Wolken. Die Gruppe brach in spontanen Jubel und in Lobpreisung von Vater Sonne aus. Als wir uns in der frisch vom Regen gewaschenen Tempelruine umsahen, stellten wir fest, dass der Wolkenbruch die weniger abgehärteten Touristen vertrieben hatte und wir diese Stätte, von ein paar wenigen unerschrockenen Reisenden abgesehen, ganz für uns allein hatten. Es war eine wundervolle Bestätigung für die Intuition unserer Gruppe. Wir hatten die Zeichen eindeutig richtig gelesen und genossen nun den Lohn unseres Eingestimmtseins.

Der riesige Sonnenstein des *Intiwatana* glänzte weiß im gleißenden Sonnenlicht, als Juan mit einem Ritual begann, dass wir schon im Sonnentempel von Pisaq durchgeführt hatten. Er holte seine *Mesa* heraus und legte sie auf den Altar, während wir uns im Halbkreis um den Altar aufstellten und unsere Gesichter wie Blumen der Sonne zuwandten. Juan verband mit seiner *Mesa* der Reihe nach unsere Herzen mit dem Altar, wobei ich diesmal keine zarten Lichtranken von den Herzen meiner Freunde ausgehen sah, sondern große violette Lichtpfeile. Mein Verstand beharrte darauf, dass ich einer durch den Regen und die Sonne hervorgerufenen optischen Illusion erlag. Juan selbst schien bei seiner Arbeit in violettes Licht eingehüllt, wobei sein Kopf und seine Füße Licht in allen Regenbogenfarben ausstrahlten.

Ich war mir, wie immer in Machu Pikchu, der Gegenwart von Wesenheiten bewusst, die sehr viel größer und entwickelter waren als ich. Enorme spirituelle Präsenzen, die sich um uns versammelten und uns etwas über die ungeheuren Herrlichkeiten auf der anderen Seite der Realität zusummten und zuwisperten. Während unserer Arbeit am Altar hatte sich ihre Präsenz zunehmend verstärkt. Tatsächlich schienen sie unseren Halbkreis zu vervollständigen - ein Eindruck, den die Mehrheit der Gruppe teilte, wie ich später herausfand.

Als Juan seine Arbeit mit der *Mesa* beendet hatte, schien die Gruppe in ein Rad aus Regenbogenlicht verwandelt worden zu sein. Das Zentrum des Intiwatana-Steins bildete die Nabe und jeder von uns einen Punkt an seinem äußeren Rand. Aus unseren Herzen erstreckten sich Energiespeichen zur Nabe des Rades. Es war ein wunderbares Gefühl. Und wie aufs Stichwort sagte Juan: „Fühlt den *Poq'po* der Gruppe, der sich nun eben gebildet hat." Das waren genau die Worte, mit denen sich mein Gefühl erklären ließ. Ich spürte den *Poq'po* der Gruppe!

Juan führte uns an den Rand der Klippe hinter dem Sonnentempel, wo der Wind sehr stark blies, wenn auch nicht annähernd mit jener Intensität, wie wir sie in der „Windschleuse" erlebt hatten. Wieder brachten wir unsere Opfergaben und Gebete den Windgeistern dar, die nun am Berghang hinaufstiegen, um unsere *Hoocha* zu sich zu nehmen - eine Reinigung, bevor wir uns zur nächsten Kultstätte aufmachten.

„Für das letzte Ritual des heutigen Tages gehen wir jetzt zum Stein des Wiraqocha." Juan führte uns aus dem Sonnentempel einen steilen Pfad den Berg hinauf bis zu einem wunderbaren Platz, von dem aus wir ganz Machu Pikchu unter uns ausgebreitet sehen konnten. Er deutete auf einen Felsblock. An einer Seite waren drei kleine Stufen eingemeißelt. Oben war er, mit Ausnahme von einem Gebilde, das wie eine Kopfstütze aussah, ganz flach. Ich hatte das instinktive Bedürfnis, mich auf diesen Stein zu legen.

„Wir ihr wisst, war Wiraqocha der Gott der Inkas, so wie Jahwe für die Juden und Allah für die Moslems. Wiraqocha ist die unsichtbare Energiekraft hinter allen Manifestationen. Viele Chronisten vertraten die Ansicht, dass die Inkas die Sonne als ihre oberste Gottheit anbeteten, aber das ist nicht der Fall. Wiraqocha war der Gegenstand ihrer höchsten Verehrung. Dieser Stein wird als ein Geschenk des Wiraqocha betrachtet. Bei diesem Ritual legt ihr euch auf den Stein und bedient euch aller Elemente, um einen Baum zu formen, der sich von eurem *Qosqo* bis hinauf in die höhere Welt erstreckt. Wir können nicht nur Energie in unseren *Qosqo* aufnehmen, wir können sie auch ausdehnen und in die Welt hinaus schicken. Dabei muss die ganze Gruppe Hilfestellung leisten.

In der andinen Tradition gibt es sieben spirituelle Entwicklungsebenen, aber wir versuchen nur, die vierte Ebene zu erreichen, wobei die ersten drei Ebenen in diese Initiation in die vierte Ebene integriert sind, wie ich schon erklärt habe. Ihr werdet erfahren, dass die vierte Ebene Hingabe und Gruppenarbeit beinhaltet. Stellt euch im Kreis auf und dehnt euren *Poq'po* auf die jeweils auf dem Stein liegende Person aus, um sie mit eurer Energie zu unterstützen."

Maryann stieg als Erste die drei Stufen hinauf und legte sich der Länge nach auf den Stein. Gerührt beobachtete ich, wie sich jede Person im Kreis - mit offenen oder geschlossenen Augen - konzentrierte und bemühte, ihr zu helfen. Zunächst blickte ich nur auf Maryanns liegende Gestalt. Dann schien plötzlich eine Flamme der Lebenskraft aus ihrem *Qosqo* hervorzuschießen und blitzartig dem Himmel zuzustreben. Danach richtete ich meine Aufmerksamkeit ohne Erwartungshaltung lediglich auf das Geben an die Person, die jeweils auf dem Wiraqocha-Stein lag.

Als ich an der Reihe war, fühlte ich wieder einen Schmerz in meinem *Qosqo*, so als sei er ein Muskel, den ich an diesem Tag ein wenig überanstrengt hatte. Ich legte mich auf den schon von den anderen Körpern angewärmten Stein und fühlte ein ausgeprägtes Summen unter mir.

Der Stein selbst vibrierte in einer sehr hohen Frequenz, und mein Instinkt sagte mir, dass ich versuchen sollte, mich darin einzuschwingen. Ich entspannte mich völlig. Die innige Unterstützung durch die Gruppe half mir dabei, loszulassen und mich tiefer in mein Inneres sinken zu lassen.

Auf einmal hatte ich das Gefühl, drei Meter, dann sechs Meter groß zu sein, und nach einer kurzen Empfindung des Drehens und Wirbelns schien ich die Erdatmosphäre verlassen zu haben. Mein Körper war plötzlich von Millionen von Sternen durchdrungen.

Ich hatte Angst und meinte, die Kontrolle verloren zu haben. Ich befahl mein Gewahrsein in meinen Körper zurück, der, wie ich sehr wohl wusste, auf dem Stein lag.

Mit großer Anstrengung lenkte ich meine Aufmerksamkeit auf die Übung, die uns Juan gegeben hatte, und mühte mich unter Aufbietung meiner ganzen Willenskraft, die Elemente innerhalb meines Körpers in Balance zu bringen: Erde. Luft. Feuer. Wasser. Ich spürte die Berührung eines jeden Elementes in jedem meiner Körperzentren. Dann konzentrierte ich mich darauf, die Energie des Steins, die Kraft der Gruppe und der Elemente zusammenzuspannen, um einen Baum aus meinen *Qosqo* hinauf in die *Hanaq Pacha* wachsen zu lassen.

Ich spürte, wie die Energiemoleküle in meinem Körper langsam auf meinen Willen reagierten und sich Hitze und Kraft in meinem *Qosqo* versammelten. Dann lenkte ich die Energie nach oben. Wie eine Bildhauerin formte ich ganz bewusst eine Energiesäule, die aus mir herauswuchs und zur *Hanaq Pacha* emporstieg. Das verlangte zwar von mir eine ständige bewusste Anstrengung, aber die Übung fühlte sich gut an, so als setzte ich einen Teil von mir ein, der schon lange nicht mehr genutzt worden war. Ich erlebte ein Gefühl von Stolz und das Einfließen von feiner Energie, als ich es schließlich geschafft hatte, meinen Baum bis ganz hinauf wachsen zu lassen und mit der *Hanaq Pacha* zu verbinden.

Nachdem wir alle diese Übung vollendet hatten, forderte Juan uns auf, uns zu einem Gespräch im Kreis niederzulassen. Vor der Kulisse eines roten und goldenen Sonnenuntergangs bot Machu Pikchu einen großartigen Anblick. „Wie ihr seht, haben wir einige Rituale von gestern wiederholt, bei denen wir die Elemente in eurem *Poq'po* zusammengebracht haben. Jetzt, nachdem ihr auch die Kräfte des Wiraqocha-Steins in euren *Poq'po* integriert habt, habe ich noch eine letzte Aufgabe. Setzt euch still hin und schließt die Augen, und ich werde euch durch diese letzte Meditation geleiten."

Es gab ein wenig Geschiebe, als wir es uns bequem machten. „Versetzt euch zurück ans Ende unseres allerersten Tages am See des Huaskar, wo ihr zu einem Inka-Samenkorn wurdet. Bringt jetzt den Geist des Wassers in euer Steißbeinzentrum, bis ihr euch von ihm erfüllt fühlt." Juan hatte die unheimliche Fähigkeit, uns die gerade richtige Menge Zeit dafür zu lassen, nicht zu kurz, aber auch nicht so lange, dass wir abgelenkt wurden oder den Faden verloren. „Fühlt nun eure Verbindung mit der Erde durch euren *Qosqo* und eure Verbindung mit der Sonne durch euer Herz. Fühlt schließlich, wie sich die Kraft des Windes in eurem Kehlzentrum bewegt. Stellt euch nun vor, ihr seid eine Pflanze. Ihr Stängel zieht sich durch die Mitte eures Körpers. Lasst Blätter wachsen und eine Blume auf eurem Scheitel aufblühen. Zieht alle Elemente, die ihr für dieses Wachsen braucht, in euch hinein."

Juans Worte entsprechend visualisierend, sah ich, wie meine Blätter grüner und dicker wurden. Gerade genug Sonne, ein bisschen mehr Wasser, und die wunderschöne Hibiskusblüte auf meinem Scheitel begann sich langsam zu öffnen. „Lasst eure Blume sich öffnen. Aber erst, wenn sie dazu bereit ist", wies uns Juan an.

Als ich aus der Meditation herauskam und die Augen öffnete, sah ich überall leuchtende Augen und freudestrahlende Gesichter. Ich konnte den Duft der zarten Blüten fast riechen, die energetisch auf allen Scheiteln aufgeblüht waren. Während unserer Arbeit war das Gezwitscher der um uns herumschwirrenden Kolibris zu hören, was Juan dazu inspirierte, uns eine Geschichte zu erzählen. „Jetzt, nachdem ihr eure Blumen habt wachsen lassen, will ich euch über die Bedeutung und Funktion des Kolibris in der andinen Tradition aufklären. Dazu werde ich euch eine Geschichte erzählen." Ein neun Zentimeter großer Kolibri schwirrte über uns hinweg, als Juan mit seiner Geschichte begann.

„Eines Tages waren alle Arten der Vögel auf einer Wiese versammelt. Alle hatten sich eingefunden: der Turmfalke, der Falke, die Eule, der Kondor und der Habicht. Der Kondor erzählte den anderen Vögeln, dass er einen großen Flug unternommen habe, seinen größten, höchsten und weitesten Flug, und dass er bis zu den Toren der höheren Welt gelangt sei. In diesem Moment kam der Kolibri angeschwirrt und sagte: 'Das mag zwar sein, Bruder Kondor, aber ich bin durch die Tore bis hin zum Thron Gottes im Zentrum von *Hanaq Pacha* geflogen'. Und im Beisein der anderen Vögel schlossen der Kondor und der Kolibri eine Wette ab, wonach beide behaupteten, ins Zentrum von *Hanaq Pacha* fliegen zu können.

Am Tag, an dem der Flug unternommen werden sollte, erschien jedoch nur der Kondor. Alle anderen Vögel hatten sich versammelt, um den Wettkampf zu verfolgen und warteten. Aber der Kolibri war nirgends zu sehen. 'Eine Wette ist eine Wette', sagten die anderen Vögel zum Kondor, und so musste er allein den Versuch unternehmen, bis ins Zentrum von *Hanaq Pacha* zu fliegen. Der Kondor entfaltete seine Schwingen und flog bis an die Grenzen der *Hanaq Pacha*. Und als er anhielt, um sich auszuruhen, schlüpfte der Kolibri aus seinen Federn hervor und flog bis zum Thron Gottes. Das ist das Wesen des Kolibris". Juan endete und sah und bedeutungsvoll an.

„Durch die Beobachtung der Natur können wir alles lernen. Wir sehen, dass der Kondor einer der größten und stärksten Flieger ist, aber um bis zum Thron Gottes vordringen zu können, muss man auch die Intelligenz und die unvergleichliche Fröhlichkeit des Kolibris besitzen." Das war ein neuer Gedanke für mich. Ich hatte spirituelles Wachstum immer als Leiden erlebt. Tatsächlich hatte ich, wie ich nun in einer raschen Überprüfung an mir selbst feststellte, den spirituellen Weg immer mit Kampf und Anstrengung gleichgesetzt, nicht mit der Mühelosigkeit des Flugs des Kolibris.

„Es gibt hier in den Anden eine rote Blume", fuhr Juan fort. „Diese liebt der Kolibri am meisten. Am ersten Tag der *Hatun Karpay* haben wir unsere 'Inka-Samenkörner' aktiviert. Am zweiten Tag gaben wir ihnen Wasser, Erde, Sonne und Wind - all die Dinge, die sie zum Keimen braucht.

Heute haben wir *Phutuy*, das Ritual der Blüte, durchgeführt. Ihr seid dabei, die Praktiken zu erlernen, die einen männlichen oder weiblichen Priester von der dritten Ebene zur vierten Ebene bringen, was euch gestattet, zum Kandidaten der fünften Ebene zu werden. Wir sagen, dass, wenn wir in unserer Blüte auf unserem Scheitel, genau so wie die rote Blume, genügend Nektar gesammelt haben, der Kolibri aus dem Zentrum der höheren Welt herbeigeflogen kommt und aus uns trinkt. Das ist die Metapher meines Volkes für das, was ihr 'Erleuchtung' nennt."

11. KAPITEL

Pachamama: Mutter Erde

Am nächsten Tag konnten wir es kaum erwarten, wieder nach Machu Pikchu zurückzukehren. Wir standen vor Morgengrauen auf, verspeisten unser Frühstück aus schwarzem Tee, selbst gebackenem Brot und Marmelade, und machten uns dann auf den Weg den Berg hinauf. Wir betraten die Ruinenstätte eine Stunde nach Sonnenaufgang, wohl wissend, dass uns ein weiterer Tag ausgedehnter und anstrengender Wanderungen bevorstand.

Wir marschierten im Gänsemarsch und bildeten eine lange auseinandergezogene Reihe, Juan an der Spitze und ich als die Nachhut. All die verschiedenen Plätze der Anlage waren so einladend, dass die Mitglieder der Gruppe immer wieder fasziniert ausscherten und nur schwer zusammenzuhalten waren. Wir waren nun alle entspannter und kannten den Weg. Dies war unser zweiter Tag in Machu Pikchu, das uns nun mehr und mehr wie ein Zuhause vorkam.

Jemand schrie etwas, und Juan rief uns alle zusammen. Ich lief zu der im Kreis stehenden Gruppe und drängte mich dazwischen, um zu sehen, auf was da alle starrten, konnte aber lediglich ein Knäuel Regenwürmer entdecken.

„Wo immer wir hinschauen, lehrt uns Pachamama etwas, wenn wir nur Augen haben, es zu sehen", sagte Juan mit amüsiertem Augenzwinkern. Ich verstand nicht, was er meinte. Ich sah wieder hin und bemerkte, dass sich das ganze

Würmerknäuel gemeinsam voranbewegte, einer über den anderen hinweggleitend, eine einzige sich windende Masse von sich bewegenden Körpern. Dann dämmerte es mir, dass sie sich wie ein einziger brodelnder, geeinter Körper voranbewegten.

„Wir werden heute dieses Stückchen Weisheit noch für etwas brauchen", sagte Juan im Ton der Gewissheit und bedeutete uns mit einer Kopfbewegung, weiterzugehen. Wir kamen am Kondortempel vorbei, wandten uns nach links und gingen den nördlichen Anlagenrand entlang, um auf dem kürzesten Weg zum Pachamama-Stein zu gelangen. Nachdem sich die Gruppe dort versammelt hatte, begaben wir uns zum Eingang, den man passieren musste, um zum Huayna Pikchu zu gelangen.

Ein schläfriger Wächter in einer strohgedeckten Hütte öffnete ein großes, ramponiertes, in Leder gebundenes Buch, in das wir alle unsere Namen und die Uhrzeit unseres Betretens eintragen mussten. Ich nahm an, man wollte sicherstellen, dass jeder, der hier hineinging, auch wieder herauskam. Voller Respekt warf ich einen Blick auf den Gipfel dieses riesigen Berges, als wir einem nach unten führenden Pfad folgten.

Eine leichte Brise wehte. Die Luft war warm und mit subtropischer Feuchtigkeit durchtränkt. Herrliche Bromelizaleen, die sich an die Hänge des vor uns liegenden Berges klammerten, taten dem umliegenden, üppig grünen Tal ihre satten roten, zart grünen und deftig gelben Farben kund. Scharen kleiner grüner Papageien flogen krächzend auf und flatterten über unsere Köpfe hinweg. Ab und zu schwirrte auch ein Kolibri herum und bezauberte uns mit seinen leuchtend grünen, roten und purpurfarbenen Schwanzfedern. Das war ein gutes Omen. Wir mussten uns beeilen. Zwar war der Himmel im Augenblick klar, aber es hing Regen in der Luft - man konnte es riechen - und von früher wusste ich, dass der Pfad bei Feuchtigkeit tückisch und schlüpfrig wurde.

Wir eilten einen langen steinernen Zickzackpfad hinunter und gelangten schließlich zum oberen Absatz einer Steintreppe mit zwölf Stufen. Juan bedeutete uns, hier anzuhalten. „Diese Treppe und der Stein an ihrem unteren Ende markieren eine energetische Trennungslinie zwischen dem Weg der rechten und der linken Hand. Wie ihr wisst, beinhaltet der Weg der *rechten* Hand strukturierte Initiation und Ritualtechniken. Das ist die mystische

Seite des Weges, die Methode, um zu Gott, Wiraqocha oder welchen Namen auch immer ihr gebrauchen wollt, zu gelangen. Der Weg der *linken* Hand beinhaltet die magische Anwendung des spirituellen Wissens und der Kräfte, die ihr erlangt, nachdem ihr durch den Weg der rechten Hand mit Wiraqocha in Berührung gekommen seid. Der Weg der linken Hand beinhaltet die Ausübung von Magie, Heilen und von Therapie. Das ist die wildere Seite des Weges und kann chaotisch sein. Bisher haben wir fast ausschließlich mit dem Weg der rechten Hand gearbeitet, doch jetzt werden wir den Weg der linken Hand betreten."

Ich entsann mich, dass Juan mir bei unserer ersten Begegnung gesagt hatte, dass ich völlig 'linksseitig' sei. Dies war nicht das Gleiche wie die westliche wissenschaftliche Unterscheidung zwischen der Funktionsweise der rechten und der linken Gehirnhälfte. Vielleicht weil sich der andine Weg stärker auf den Körper als auf das Gehirn konzentrierte. Der Weg der rechten Hand ist die strukturierte, organisierte, mit dem mystischen Wissen verbundene Seite des Weges, während der Weg der linken Hand chaotische, ungebändigte Kraft und Macht bedeutet. Jetzt verstand ich in Hinblick auf meine ersten beiden Ausbildungsjahre, was er gemeint hatte. Ich hatte zwar die linke Seite entwickelt, konnte aber deren Gaben und Stärken nicht nutzen, weil ich die rechte Seite nicht ausreichend entwickelt hatte.

Vor Peru war ich eine einigermaßen geordnete Person gewesen. Als ich danach in die Staaten zurückkehrte, hatte ich das Gefühl, Stück um Stück auseinandergenommen worden zu sein. Ich war in spiritueller Hinsicht noch desorganisiert und konnte ohne die mystische Integration und die Ordnung schaffende Kraft der rechten Seite keine weiteren Fortschritte auf meinem Weg machen. Ich hatte gedacht, ich hätte den Beschränkungen meines rationalen Verstandes zu entfliehen versucht. Nun wurde mir jedoch klar, dass Ordnung und Struktur durchaus ihren Platz haben. Eine natürliche Struktur hilft, Ordnung zu schaffen. Macht und Kraft nützen nichts, wenn man nicht über die Fähigkeit verfügt, diese Kraft zu strukturieren oder zu kanalisieren. Ich entsann mich, dass Pachakamaq – ein anderer andiner Ausdruck für Gott - „einer, der Ordnung in das Universum bringt" bedeutet.

Mir kam der Gedanke, dass mein erster Lehrer Ricardo hinsichtlich des Weges der linken Hand überentwickelt und dazu auch nicht organisiert gewesen war. Vielleicht trank er deshalb so viel und war so unglücklich. Er wurde von seinen Kräften kontrolliert, weil es ihm an Integration und weiser Kenntnis, sie zu lenken, mangelte.

„Bitte Gott, bring Ordnung in mich hinein", betete ich, als wir, unsere *Qosqos* öffnend, die Linie überschritten, die unser Betreten des Weges der linken Hand markierte. Wir machten uns auf unseren zweieinhalbstündigen Weg, der bergab zur Pachamama-Höhle führte.

Juan wies uns dabei an, die in diesem subtropischen Garten so starke und reichhaltige lebendige Energie einzuatmen. Immer weiter hinuntergehend schwatzen, sangen und lachten wir wie Kinder. Wir fühlten uns leicht und glücklich, getragen von einer unsichtbaren Kraft. Vielleicht war es die Auswirkung der Welt der lebendigen Energien, von der Juan gesprochen hatte.

Lebendige Energie. Was bedeutet es, dass das Quechua so viele Worte zur Beschreibung menschlicher Energieerfahrungen aufweist? Darüber dachte ich auf unserer Wanderung nach. *Sami* ist feine, geläuterte Energie. *Huaca* meint die heilige Energie einer Person, eines Ortes oder eines Gegenstandes. *Hoocha* bedeutet schwere Energie. *Poq'po* ist die Energieblase oder der Energiekörper, und *Kausay* die Welt durchflutende lebendige Energie. Ein tiefes Verständnis von der energetischen Natur des Universums ist in diese Sprache eingebettet. Offensichtlich ist Energie für die andinen Menschen etwas überaus Wichtiges.

Bis vor Kurzem war Quechua keine Schriftsprache gewesen. Es war eine wesensmäßig energetische Sprache. Ihre Worte ließen sich nicht in einer Zweidimensionalität einfangen und auf einem Blatt Papier festhalten. Juan hatte erklärt, dass jedes Wort, ähnlich wie im Sanskrit, eine Schwingung war. Jedes Wort hatte eine ihm zugeschriebene allgemeine Bedeutung, die sich aber, je nach Kontext des Satzes und der Stimmung der entsprechenden Person, völlig ändern konnte.

Die Angehörigen der Quechua-Kultur sind Meister der Wortspiele, hatte uns Juan erzählt. Ihre Sprache ist, wie auch die Menschen, so veränderlich wie das Wetter in den Bergen. Sie haben völlig andere Vorstellungen von dem Begriff Realität als wir und können deshalb Dinge tun, die uns wie Magie erscheinen. Die in tiefer energetischer Wechselseitigkeit mit der Natur lebenden andinen Meister glauben, dass sie Bestandteil des Wetters sind und deshalb auch hier Veränderungen bewirken könnten.

Ich erinnerte mich an eine Geschichte, die Juan uns über seinen Meister Don Benito erzählt hatte. Ein Reporter des Magazins *National Geografic* war nach Cuzco gekommen, um in einem Artikel über den traditionellen Gebrauch des Cocablattes zu berichten. Natürlich hatte man ihm auch gesagt, dass er Juan aufsuchen solle. Als Juan ihm dann Geschichten über Don Benito erzählte, wollte der Reporter ihn sofort treffen und fotografieren. Juan arrangierte ein Interview und übersetzte für den Journalisten, während dieser Don Benito bei der Durchführung eines traditionellen Rituals mit dem Cocablatt fotografierte. Es war schon später Nachmittag, und Wolken zogen auf und verdeckten die untergehende Sonne, als der Journalist gerade seine letzten Aufnahmen machen wollte. Er gab auf und erklärte Juan, dass das Licht für die gewünschten Fotos nicht mehr ausreichte. Don Benito winkte mit der Hand und sagte: „Ach, das Licht? Das ist kein Problem." Dann nahm er drei Cocablätter, wandte sich der untergehenden Sonne zu, blies auf die Blätter und sprach ein Gebet in sie hinein. Sofort teilten sich die Wolken, und der Fotograf konnte seine restlichen Aufnahmen machen.

Die Glaubensvorstellung dieser Leute, so sann ich, verlieh ihnen eine völlig andere Art von Macht über die Welt. Damit kam ich mit meinen Überlegungen zum Schluss, denn wir hatten endlich die Pachamama-Höhle erreicht.

Ein großer natürlicher Felsüberhang überdeckte den Eingang zur Höhle und von außen waren die Nischen der fünf *Ñust'as,* der Inka- Prinzessinnen, zu sehen. Inkanische Steinquader fügten sich perfekt in die riesige vorstehende Felswand ein. Schweigend und mit großer Ehrfurcht betraten wir die Höhle der Mutter Erde.

Juan winkte uns nach ganz hinten in die Höhle hinein. Einst musste diese Höhle sehr viel tiefer ins Innere geführt haben. Aber nun war sie absichtlich aufgefüllt worden, sodass man nun nicht mehr so tief in den Schoß der Mutter gelangen konnte. Wir ließen uns in pechschwarzer Finsternis an einem Felsaltar nieder.

„Dies ist die Höhle der Pachamama, die euch Leben gegeben hat. Jetzt müsst ihr eure feinste Energie darbringen", hörten wir

Juan mit leiser aber ernster Stimme sagen. Bis jetzt hatten wir der Pachamama immer nur unsere schwere Energie überlassen, damit sie diese in sich aufnahm und umwandelte. Der Gedanke, ihr meine feinste Energie zu geben, berührte mich sehr. Und ich empfand tiefe Demut und Dankbarkeit, als ich ihr meine feine Energie anbot, mein Geschenk an sie. Sofort stellte sich ein Gefühl der Verbindung ein. Ich fühlte mich im Schoß einer gigantischen und unendlich liebevollen Mutterpräsenz geborgen. Sie war weit und dunkel, weich und üppig. Es war eine sehr solide und eine ganz andere Energie als die der kosmischen Mutter in der Kirche. Ich hörte gedämpftes Weinen um mich herum, als die anderen Initiandinnen und Initianden ihrer wirklichen Mutter dieses heilige Opfer darbrachten und in *Ayni* ihre tiefe und allumfassende Liebe empfingen.

Vor meinem geistigen Auge zogen Bilder der Zerstörung und Missachtung der Erde vorüber, Freveltaten, die von meiner nordamerikanischen Gesellschaft begangen wurden, aus Unwissenheit darüber, dass die Erde ein lebendiger, atmender Organismus ist, die für das, was sie uns gibt, Liebe, Respekt, Anerkennung und Dankbarkeit braucht. Mein Verständnis von unserer tiefen Beziehung mit der Erde wuchs. Wie egoistische Kinder haben wir nur gelernt, von unserer Mutter zu nehmen. Die Erkenntnis der Tatsache, dass sie unserer menschlichen Liebe, Zuwendung und Fürsorge ebenso bedarf wie wir sie für den Erhalt unseres Lebens brauchen, war für mich eine Offenbarung.

Das ist lebendiges *Ayni!* Ich dachte an die Anthropologen, die die „primitiven" Religionen als Animismus bezeichnen. Was, wenn diese „Primitiven" aus einem äußerst hoch entwickelten Wissen über die energetische Balance zwischen Mensch und Natur heraus handeln? Was, wenn sie instinktiv wissen, was Einstein auf wissenschaftlichem Weg bewies: dass Energie und Materie in enger Beziehung miteinander stehen und ihre animistische religiöse Praxis Bestandteil eines für Mutter Erde und uns notwendigen Energieaustausch ist?

Tiefe Dankbarkeit erfüllte mich. Dankbarkeit für die Luft, die ich atmete, Luft, die ihre Pflanzen für uns erzeugten. Für die mannigfaltige, die Seele erbauende Schönheit ihrer Dschungel und Wasserfälle. Die atemberaubende Herrlichkeit jeder winzigsten Pflanze. Für jedes vollkommene Detail ihrer Schöpfung. Für jede

Birne oder Pflaume, die ich je gegessen hatte. Ich verstand das alles nun als Geschenke, die mir großzügig in Freude und für mein Glück überreicht wurden - ohne Erwartung einer Gegengabe. Und ich hatte ihr noch nicht einmal je dafür gedankt. Ich konnte meine Gefühle nicht länger zurückhalten. Und aus meiner Tiefe herauf drängende Schluchzer schüttelten mich, als ich ihr dankte und immer wieder dankte und mich dann für all die Jahre entschuldigte, in denen ich nicht genug wusste, um ihr zu danken.

Ich dachte an meine biologische Mutter und dankte ihr im Stillen für die Knochen meines Körpers, das Fleisch und das Blut, die sie mir selbstlos geschenkt hatte. Plötzlich und vielleicht zum ersten Mal in meinem Leben war ich dankbar für mein Dasein, die Möglichkeit zu atmen, zu schmecken, zu riechen, zu sehen, zu hören und mit meinem Herzen zu fühlen. Ich hatte das Gefühl, gleich zu bersten oder loszuschreien oder zu singen. Aber ich konnte nur seufzen und weinen.

Meine nun an die Dunkelheit gewöhnten Augen sahen in die geröteten Augen und tränenverschmierten Gesichter der Anderen. Der Reihe nach trafen sich unsere Blicke. Und wir bestätigten uns mit einem Nicken, dass wir alle irgendwie das Gleiche erlebten. Den tiefen Schmerz und die Freude, die es bedeutete, in eine wirkliche Beziehung mit der Erde zu kommen. Dies war die Initiation der vierten Ebene. Ich wurde mehr und mehr ein Kind der Pachamama. Sie liebte mich, und ich liebte sie und diese Menschen neben mir, meine Brüder und Schwestern. Niemand brauchte es mir zu sagen. Ich wusste es. Ich fühlte es. Wir alle wussten und fühlten es.

Juan rief uns und holte uns aus der Dunkelheit heraus. Heraus aus dem Schoß, heraus aus der Wiege unserer Mutter. Er rief uns zurück ins Licht und zur Fortsetzung unserer Arbeit. Wir sprachen nicht. Es war nicht nötig. Wir waren tief im Inneren unserer selbst und auch durch unsere wechselseitige Erfahrung innigst miteinander verbunden. Das Wissen war so einfach, so tiefgründig.

„**S**eht ihr hier die fünf Nischen?“ fragte Juan und deutete auf die Rechtecke aus Steinquadern. „Sie repräsentieren die *Ñust'as*, die weiblichen Energien der Natur. *Ñust'a* bedeutet Prinzessin oder weibliche Person aus königlichem Hause. Die Nischen enthalten die allerheiligsten weiblichen Energien der Natur, die wir nun in unsere *Poq'pos,* in unsere Energieblasen, integrieren werden. Die erste Nische ist rot, die Zweite schwarz, die Dritte golden und die Vierte silbern. Ihr werdet in jede Nische eintreten und alles vergessen, was ihr wisst. In jeder Nische opfert ihr der jeweiligen *Ñust'a* eure ganze Macht und Kraft. Und wenn das geschehen ist, öffnet ihr euer gesamtes Energiesystem und empfangt Macht und Kraft von ihr."

Das war für mich ein schwieriges Konzept, da ich als Therapeutin die Leute ständig dazu zu bringen versuchte, ihre Macht und Kraft nicht wegzugeben. Doch dies hier war vielleicht etwas anderes, da es sich bei diesem Weggeben um einen bewussten Akt handelte.

„Wenn ihr mit allen vier Nischen gearbeitet habt, geht ihr zu diesem Stein und gebt ihm eure ganze schwere Energie." Juan deutete auf einen großen eingemeißelten Steinsitz. „Dann bittet ihr darum, dass sich die Energien in eurem Inneren vermischen und gebt diese integrierte Kraft der letzten *Ñust'a.*" Juan zeigte nach links auf eine von mir bis dahin unbemerkte fünfte Nische, die sich außerhalb des rechteckigen Raums mit den vier Nischen befand. „Sie ist grün. Empfangt ihren Segen."

Wir nickten und begannen mit dem Ritual. Ich betrat die erste Nische, atmete aus und bot meine ganze Kraft der Nische und der *Ñust'a* dar. Eine Woge der Angst rollte über mich hinweg, und ich fühlte mich ungeheuer verletzlich. Würde diese *Ñust'a,* wenn ich hilflos in ihren Mauern stand, freundlich zu mir sein? Ich kämpfte um die Überwindung meiner Angst. Und bald war vor meinem inneren Auge alles in ein Meer von Rot getaucht. Ich sah eine wunderschöne Prinzessin tanzen, wie eine orientalische Bauchtänzerin. Sie trug vielschichtige rubinrote durchsichtige Gewänder, unter denen sich verführerisch nacktes Fleisch zeigte, einen Schleier und goldene Spangen. Sie war sinnlich und bewegte sich mit der Behändigkeit eines wilden Tieres. Sie nahm meine Energie. Und als ich glaubte, nicht mehr atmen zu können, begann sie, Energie in mich einströmen zu lassen und füllte meinen *Poq'po* mit einem pulsierenden tiefen Rot.

„Wechselt", wies Juan uns mit ruhiger Autorität an. Ich stolperte aus der Nische und ließ mich in die Nächste sinken. Als ich nun in der Nische der Schwarzen *Ñust'a* saß, sah ich Totenköpfe, Gerippe, Knochen und verfaulendes Fleisch. Mir kamen viele Bilder der zerstörerischen weiblichen Kraft. Ich dachte an die hinduistische Göttin Kali. Meine Angst steigerte sich, und mein Herz klopfte schnell. Ich nahm all meinen Mut zusammen und gab in einer gewaltigen Anstrengung, ohne Fragen und ohne Zweifel, all meine Kraft der Schwarzen *Ñust'a*. Sie tobte und wütete, und ich fragte mich, ob dies meine Bilder waren, die sie mir wegnahm. Sie waren furchtbar.

Die Bilder verflüchtigten sich. Und ich fühlte die Energie der Schwarzen *Ñust'a* wie eine riesige Anakonda, glitzernd und machtvoll und vor Lebenskraft geradezu berstend. Und dann nahm ich die schwarze Energie als Licht wahr, als schwarzes Licht. In einer schlangengleichen Bewegung stieg die Kraft in meinem Körper auf, mein Rückgrat hinauf, und versuchte sich in mich integrieren, während ich dagegen ankämpfte. In meinem Kopf hallte die Stimme meiner Mutter wieder, endlose Wortfetzen wie: „Das ist nicht damenhaft. - Warum benimmst du dich nicht wie ein Mädchen? - Anständige Mädchen tun das nicht. - Anständige Mädchen denken so etwas nicht. - Anständige Mädchen haben solche Gefühle nicht."

Diese Energie war *nicht* damenhaft – sie war rohe Kraft und Stärke. Eindeutig weibliche Kraft. Aha! Dachte ich. Das muss die weibliche Kraft sein, vor der sich die Männer so sehr fürchten. Ich verstand es, als ich eine plötzliche Einsicht in dieses männliche Dilemma gewann, denn in diesem Moment fürchtete auch ich mich vor dieser Kraft. Ich war darauf trainiert worden, sie zu fürchten – doch gleichzeitig war sie integraler Bestandteil meiner Weiblichkeit, mein Geburtsrecht. Ich fühlte, wie sich mir die Nackenhaare sträubten und Angst und Faszination mich packten. Ich wollte mich dieser ganzen gesellschaftlichen Konditionierung entledigen, aber die Angst war übermächtig. Der nun losbrechende wild tobende innere Sturm war zu einem fiebrigen Höhepunkt gelangt, als Juan „wechseln" sagte.

Dankbar hüpfte ich aus der Nische heraus, weg von der Schwarzen *Ñust'a*, und suchte in der nächsten Nische Zuflucht, der goldenen. Als ich mich dort niederließ, war ich mir wohl bewusst, dass ich nur vorübergehend gerettet war. Die Schwarze *Ñust'a* war mit mir noch nicht fertig.

In der goldenen Nische gab ich meine Kraft locker und problemlos weg und fühlte mich sofort von weichen, goldenen Lichtstrahlen umgeben. Meine Angst schmolz wie ein Eiswürfel in der heißen Sonne dahin, und meine Brust strahlte eine goldene, starke Wärme aus. Mit dem Aufgehen der Sonne in mir legte sich mein innerer Sturm allmählich ganz und gar. Ich dankte der goldenen *Ñust'a* und begab mich zur nächsten Nische, nachdem Juan uns wieder mit einer Handbewegung zum Wechseln aufgefordert hatte.

Beim Betreten der silbernen Nische fühlte ich mich sofort in eine höhere Frequenz gezogen. In mir war ein Gefühl von Mond, Sternen und Glockenklang. Plötzlich kam es mir so vor, als sei ich sehr groß und unglaublich dünn wie der Lichtfaden eines Sterns. Dann wurde mir klar, dass ich das nicht war, sondern dass ich mit sehr großen, silbrigen weiblichen Wesen kommunizierte. Sie sagten, dass sie von den Sternen kämen und dass sie der höchste Aspekt der silbernen *Ñust'a* seien und dass ich nun bereit sei, sie in mich aufzunehmen. Ich war von unermesslicher Freude und Entzücken erfüllt und wollte ihren silbrigen Stimmen mit meinem ganzen Körper singend Ausdruck verleihen. Nur allzu bald war es wieder Zeit zu wechseln.

Als Nächstes ging ich nun zum Steinsitz, bedankte mich bei den *Ñust'as* und bat die vier Energien, sich in mir miteinander zu vereinen, während ich meine *Hoocha* entließ. Als Juan uns erneut zum Positionswechsel aufforderte, verbeugte ich mich tief vor der grünen *Ñust'a,* bevor ich ihre Nische betrat. Auf einmal begriff ich, dass diese Nischen die Residenzen oder Heime dieser Naturenergien waren und ich als Gast auftrat, der sie in ihrem Haus besuchte. Ihnen meine Kraft darzubringen, war nur höflich, so als brächte ich eine Flasche Wein zum Essen mit. Diese Gedanken erleichterten mir irgendwie den Prozess, und ich konnte der grünen *Ñust'a* meine Kraft sehr viel freier überlassen.

Ich spürte, dass sich vier kleine Energiefäden, aus jeder Nische einer, in mich hinein erstreckten. Vor meinem inneren Auge sah ich, dass ich durch einen roten, schwarzen, goldenen und silbernen Faden mit jeder Nische verbunden war, und ich brachte sie alle zusammen, um sie in die fünfte Nische einzubinden. Eine ungeheure Freude und das Gefühl von Ausdehnung erfüllten mich, als ich meine Kraft der grünen *Ñust'a* übergab und überaus exquisite und zarte Schattierungen des Grüns der Natur in mein Gewahrsein einzuströmen begannen. Die grüne *Ñust'a* war Freude, bedingungslose Liebe und Heilung.

Juan wies uns an, zu wechseln. Aber ich konnte mich nicht erheben. Schließlich schleppte ich mich nach einigen Augenblicken bewusster Anstrengung aus der Nische, setzte mich ein wenig zur Seite und wartete, bis die anderen mit ihrem Energieaustausch in den Nischen fertig waren. Ich wollte ein wenig Stille, um ein letztes Gebet an die *Ñust'as* zu richten. Die Begegnung mit ihnen war ein gewaltiges Privileg gewesen.

Juan signalisierte uns wortlos, dass es an der Zeit war, zu gehen. Wir hatten noch mehr Arbeit vor uns. Wir wollten zu einer anderen unter dieser hier gelegenen Höhle gehen, zum Eingang in die *Ukhu Pacha*, die untere oder innere Welt. Ich warf noch einmal einen letzten Blick auf die Nischen. Jede von ihnen schien mir nun zu leuchten und deutlichere und klarere Konturen als bei unsrer Ankunft aufzuweisen. War es nur meine persönliche Wahrnehmung, oder hatte in den Nischen eine energetische Veränderung stattgefunden? War es vielleicht beides? Plötzlich nahm ich ein Gefühl von Dankbarkeit wahr, so als hätten wir den *Ñust'as t*atsächlich einen Dienst erwiesen, sie durch unser Ritual aktiviert, und als wären auch sie uns für diesen Austausch dankbar.

Mich für meine Gedanken schämend, blickte ich zu Boden und nahm aus den Augenwinkeln am Rande meines Gesichtsfeldes vier weibliche Gestalten wahr, die nach Art der rubinroten Ñust'a wie arabische Prinzessinnen in Rot, Schwarz, Gold und Silber gekleidet, sich ein wenig aus ihren Nischen herauslehnten. Aus Angst, die Gestalten würden verschwinden, hielt ich den Blick reglos. Mit einer fließenden Bewegung verbeugten sie sich erst tief vor mir, dann voreinander und zogen sich schließlich in ihre Nischen und damit aus meinem Blickfeld zurück. Ich schnappte nach Luft. Rasch warf ich einen Blick auf die Nische der grünen *Ñust'a* und sah dort in ihrem Zentrum, inmitten eines intensiv grünen Energiefeldes, ein Paar zum Gebet gefaltete Hände schweben. Ein Gefühl von tiefer Weisheit und Wissen hüllte mich ein – ein Wissen über Hände und Heilen. Die Hände verharrten dort, während ich sie anstarrte, und obwohl ich keine Gesichtszüge, keine Augen sah, hatte ich doch das Empfinden, äußerst intensiv angeblickt zu werden.

Einen Augenblick später kam Juan zurück, um die Nachzügler einzusammeln. Er blieb abrupt stehen, als er mich sah. Seine Augen weiteten sich, und sein ganzes Gesicht verzog sich, als er in erheitertes Gelächter ausbrach. „Oho, oho Elizabeth", sagte er mit Lachtränen in den Augen, „dafür bist du also hierher gekommen."

Ich holte tief Atem, bevor ich Juan durch das Gewirr von riesigen Farnsträuchern und Dschungelpflanzen folgte, das den Pfad hinunter zur nächsten Höhle fast völlig verdeckte. Ich war mir nicht sicher, noch mehr vertragen zu können. Jede einzelne Erfahrung von heute war bereits tiefgründig genug, um wochenlang darüber nachdenken zu können, und doch waren wir noch nicht fertig.

Geduckt schlüpften wir durch den niedrigen Höhleneingang. Nachdem meine Augen sich an die Dunkelheit gewöhnt hatten, stellte ich fest, dass sich die anderen auf ihre zusammengefalteten Regenponchos gesetzt hatten. Der Boden der Höhle war nass und kalt. Ein Dutzend Fledermäuse schreckten auf, und ein paar spitze Schreie wurden ausgestoßen, als sie dicht über unsere Köpfe hinweg aus der Höhle flatterten. Doch *wir* waren diejenigen, die vorübergehend in *ihr* Zuhause eingedrungen waren.

„Das ist der einzige völlig intakte Inka-Tempel, der meines Wissens heute noch existiert", erklärte Juan. „Ich sage 'intakt', denn wenn ihr in die Nischen dort drüben schaut, seht ihr, dass sie noch die originalen *Huacas* enthalten." Nachdem sich unsere Augen allmählich an das Schummerlicht gewöhnt hatten, konnten wir sehen, dass sich in der Grundmitte einer jeden der acht Nischen ein schwarzer Stein von der Größe einer Grapefruit bis hin zu der Größe eines Fußballs befand. „Dies ist der Ort, an dem wir indirekten Kontakt mit der *Ukhu Pacha*, dem Ort des letzten freien Inka, Huaskar, treten können."

„Juan, was genau ist *Ukhu Pacha*? Ist es das Unbewusste?" fragte Maryann.

„In gewisser Weise ja, in gewisser Weise nein. Sie ist ein Ort in uns selbst. Ein Ort, an dem ihr dem begegnen könnt, was Carl

Gustav Jung die 'Kräfte des Unbewussten' nannte. Aber sie ist noch weitaus mehr als das. *Ukhu Pacha* ist buchstäblich ein Ort im Inneren der Erde. Sie ist dort, wohin sich Huaskar und Atahualpa begaben, wenn ihr euch besinnt, als sie das *Ayni* eines Reiches nicht zurückgeben konnten. Es existieren machtvolle Wesen und Energien in der *Ukhu Pacha,* aber sie sind nur nützlich, wenn sie zuvor im Selbst strukturiert und gezügelt wurden.

Mit diesem Ritual hier bringen wir Ordnung in die Kräfte der *Ukhu Pacha*. Wie Jung sagte, kann man den Schatten nicht töten. Wir in den Anden wollen den Schatten gar nicht töten, aber wir wollen ihn durchaus ordnen. Das muss erfahren werden. Wenn wir zu viel darüber reden, geht die Schubkraft für unsere Arbeit verloren.

Aber zunächst müssen wir uns vorbereiten. Wir haben unseren *Poq'po* gereinigt und mit der Praxis der Verschmelzung von Energiefeldern gearbeitet. Hier werden wir nun mithilfe der Kraft dieser Höhle - die eine mächtige Verschlingerin schwerer Energie ist - unsere *Energieblasen* auf sehr tiefer Ebene reinigen."

Die Gruppe saß aufmerksam da und wartete begierig auf die nächsten Anweisungen für diese faszinierende Reise. Es war klar ersichtlich, dass wir bereits unter dem Einfluss des Höhlentempels standen, der sich so völlig anders als die Pachamama-Höhle anfühlte. Diese Höhle hatte fast etwas Angst einflößendes an sich. Ich holte tief Luft und dachte, dass es etwas mit meiner eigenen Angst vor den „unbewussten Kräften" zu tun haben musste. Man spürte hier eine rohe Kraft, und ich wusste aus meiner Zeit mit Ricardo sehr wohl, dass rohe Kraft oder Macht allen möglichen Schrott anzog. Ich zumindest war erleichtert, dass wir hier erst eine Reinigung vornehmen würden. Das fühlte sich angemessen an.

Juan fuhr mit seiner Erläuterung fort. „Wir haben so viel über den *Poq'po* gesprochen, weil wir bei dieser Arbeit erkennen werden, dass wir wahrhaftig durch lebendige Energien aneinander gebunden sind. In der Schlangenhöhle habt ihr die schwere Energie geläutert, die ihr im Moment eurer Empfängnis von eurer Mutter und eurem Vater erhalten habt. Doch hier werden wir mit einem noch größeren Energiefeld arbeiten. Als erstes müsst ihr alle Freunde und Freundinnen, Geliebte, Kollegen und Bekannte, die ihr habt, jede Beziehung, die ihr mit jeder euch bekannten Person habt, visualisieren. Seht sie nun als ein Lichtnetz an, das euch alle mit kleinen Energiefäden zusammenbindet."

Die Höhle wurde sehr klein und fern, während ich Juans Anweisungen befolgte. Aber ich hörte noch seine Stimme, als er weitersprach: „Nutzt die frisch erweckte Kraft eures *Qosqos*, die Kraft der Pachamama und der *Ñust'as* und die Kraft dieser Höhle zu eurer Unterstützung, während ihr all die schwere Energie aus diesem Netz herauszieht. Zieht sie mit eurem *Qosqo* heraus und entlasst sie in die *Ukhu Pacha*. Für die Wesen dort ist eure schwere Energie eine feine Energie. Macht aus eurer *Hoocha* eine Opfergabe für sie. Ihr gebt ihnen damit Nahrung."

Gesicht um Gesicht zog an mir vorbei - Bilder von meiner Familie, von meinen Freundinnen und Freunden, von Menschen, die ich liebte, von Menschen, die ich nicht einmal mochte, von alten Liebschaften, von vergangenen und gegenwärtigen problematischen Situationen. All das strömte in mein Bewusstsein ein. Nach einer Weile wollte ich diese Gesichter nicht mehr sehen. Also hörte ich auf, sie zu betrachten, und sie verschwanden. Dann fühlte ich nur noch einen Energiefluss, als hielte ich mich an einer großen Röhre fest, durch die ungeheure Mengen von Schmutzwasser geschwemmt wurden. Ich wartete, bis dieser Energiefluss verebbte. Und als ich mir dann wieder das Netz ansah, funkelte es wie Indras Netz. Ich öffnete die Augen, als erwachte ich aus einem tiefen Traum. Um mich herum begrüßten mich Babygesichter. Und alle fingen zugleich an zu reden, berichteten mir überschwänglich von dem, was sie gesehen und gefühlt hatten.

„Jetzt sind wir für die schwere Arbeit bereit", sagte Juan mit lachenden Augen, nachdem sich alle wieder beruhigt hatten. „Erst müsst ihr euch mit jeder dieser Nischen verbinden, mit jedem der Steine Energie austauschen, so wie ihr es mit den *Ñust'as* gemacht habt. Ihr müsst bei der rechten äußeren Ecke anfangen und euch bis zur Mitte vorarbeiten. Dann fangt ihr wieder bei der linken äußeren Ecke an und arbeitet euch bis zur Mitte vor. Der Stein im Zentrum muss der Letzte sein, mit dem ihr Energie austauscht. Das ist der Stein des Inka Huaskar. Bei diesem Stein macht ihr etwas anderes. Hier gebt ihr den Befehl, dass sich alle Energien durch die Kraft von Huaskar selbst ordnen. Ruft den Geist des Huaskar um Hilfe an."

Aus welchem Material sind diese Steine, Juan?" fragte Nina.

„Wenn du versuchst, sie aufzuheben, wirst du feststellen, dass sie sehr schwer sind. Es sind Meteoriten."

Langsam tasteten wir uns im Dunklen vorwärts und bildeten so gewissermaßen eine Reihe. Nacheinander näherten wir uns den in die Felswände eingelassenen Nischen, die sehr viel kleiner waren als die der *Ñust'as*. Sie waren etwa hüfthoch, und wir hatten gerade genug Raum, um uns hinunterzubeugen und mit den Händen die *Huacas* zu umfassen, ohne mit dem Kopf gegen die niedrige Höhlendecke zu stoßen. Nach kurzer Zeit bemerkte ich, dass die energetische Auswirkung der *Huacas* die Freunde allmählich verwirrte und sie gleich auf den Inka-Stein zusteuern ließ. So beschloss ich, außerhalb der Reihe zu bleiben und zu helfen, die einzelnen Personen zu dirigieren: zuerst zu den Nischen rechts in der Höhle, dann zu den Nischen links und schließlich zum zentralen Stein des Huaskar. Doch bald wurde es ziemlich offensichtlich, dass mein „Helfen" zumindest teilweise der Versuch war, der anstehenden Aufgabe zu entfliehen. Die letzte Person war bereits mit der ersten Nische fertig. Nun war ich an der Reihe.

Ich näherte mich der ersten Nische in der finsteren und modrigen Ecke der Höhle. Ich streckte die Hände in die dunkle Nische hinein und dachte an Spinnen und Fledermauskot. Und als meine Hand den Stein berührte, fühlte er sich natürlich auch nass und schmierig an. Rasch zog ich die Hand zurück und war mir sicher, dass sie von irgendeinem ekelerregenden Urschleim überzogen war. Doch nichts. Meine Hand war völlig trocken.

Als ich die Hand wieder ausstreckte, stellte ich fest, dass der Stein einfach nur sehr kalt war, selbst nachdem elf Paar Hände länger mit ihm in Kontakt gekommen waren. Ich schloss die Augen und fühlte gar nichts. In der Tat übermannte mich plötzlich das Gefühl, dass alle irgendetwas erlebten, nur ich nicht. Ein Anfall von Neid und Eifersucht machte sich in meinen Eingeweiden breit, und ich wollte mich verstecken. Dann entsann ich mich meiner Praxis, stabilisierte mich und entließ meine schwere Energie durch den *Poq'po*. Es war nicht ich. Es war der Stein! Er verkörperte die Eifersucht!

Meine Praxis verlieh mir eine gewisse innere Distanz, und mir wurde klar, dass ich, anstatt von Eifersucht überwältigt zu werden, die Eifersucht in meinen Händen hielt. Ich brachte meinen rationalen Verstand zur Ruhe, und die Eifersucht wurde zu einer greifbaren Kraft, der ich mich nähern oder mich auch entfernen konnte. Als das Spiel flüssiger wurde, ich mich allmählich nicht mehr mit der Eifersucht identifizierte und sie objektiver wahrnehmen konnte, erlebte ich sie als eine strukturelle Beschaffenheit, als Energiemuster, das nun leicht durch meinen Poq'po und in die Pachamama fließen konnte.

Ich entsann mich, dass das Quechua-Wort für Ritual - *Pujllay* - wortwörtlich „Spiel" oder „heiliges Spiel" bedeutete. Doch dann war es Zeit für den nächsten Stein.

Auf dem Weg zur nächsten Nische fühlte ich mich sehr erhoben durch meine Entdeckung. Und als ich meine Hände auf den nächsten Stein legte, der runder und flacher war als der Erste, war ich in der Tat sehr stolz auf mich und wollte allen erzählen, dass ich das Geheimnis der Steine enträtselt hatte. Ja, ich wollte es herausschreien, damit sie sahen, welch ein besonderer Mensch, wie intelligent, wie brillant ich war. Und während diese Gefühle in mir aufwallten und zu ihrem Höhepunkt gelangten, begriff ich, dass dies der Stein des Stolzes war. Stolz war schon immer einer meiner Fallstricke gewesen. „Griechischer Stolz", pflegte meine Mutter zu sagen. Ich wusste nur, dass er mich in meinem Leben in die schlimmsten Schwierigkeiten gebracht hatte - zu stolz, um Hilfe zu bitten; zu stolz, einen Fehler zuzugeben; zu stolz, um irgendjemand zu brauchen. Ich versuchte es, wie beim ersten Stein zu machen, und mich von diesem Gefühl zu lösen. Aber hier konnte ich einfach nicht zur notwendigen Distanz gelangen. Diese Energie existierte zweifellos in meinem *Poq'po,* aber ich hatte sie noch nicht beherrschen gelernt - sie beherrschte noch immer mich. Ich konnte nichts weiter tun, als dies zur Kenntnis zu nehmen und zum nächsten Stein zu gehen.

Als ich diesen massiven schwarzen Stein berührte, der merkwürdigerweise wärmer war als die anderen, erlebte ich ein angenehmes Summen in meinem Körper. Mir kam plötzlich der Gedanke, dass es schon fast ein Uhr mittags sein musste. Ganz schön spät für meine übliche Essenzeit. Ich stellte mir träumerisch vor, was ich essen wollte - einen Hamburger mit Tomaten und viel triefendem süßen Senf und Mayonnaise. Mir wurde der Mund wässrig, und plötzlich füllte sich mein Bewusstsein mit Bildern von Dingen, die ich wollte: was ich essen wollte, was ich tun wollte, wie spirituell ich sein wollte, Geld, Ruhm, Einfluss. Ich wollte alle diese Dinge. Wollen - nichts als wollen. In einem Augenblick sah ich mich in Johnny Carsons Talkshow, im nächsten wurde ich von einem sexuellen Verlangen erfasst. Erneut hatte mich der Stein übertölpelt. Ich stand am Stein des Verlangens. Ich begann, mit dem Verlangen zu spielen und merkte, dass sich dieses Verlangen zu spielen nur noch ins Uferlose steigerte. Wieder konzentrierte ich mich darauf, meine schwere Energie zu entlassen, und mein Verlangen ebbte langsam ab. Es verschwand aber erst völlig, als ich den Stein verließ und zur nächsten Nische ging.

Die nächsten drei Steine waren Wut, Angst und Scham. Ich hatte das Gefühl, diese Energien ganz gut erkannt und ein wenig mehr Klarheit über den Umgang mit diesen Energien in meinem Leben gewonnen zu haben. Tatsächlich war ich richtig hochnäsig geworden, als meine Hand den letzten Stein berührte. Doch während des tiefen Austauschs mit diesem Stein wurde mir allmählich klar, dass ich keine Ahnung hatte, ob die anderen diesen Stein in gleicher Weise erlebten wie ich. Ich hatte es einfach angenommen. Wie egoistisch! Als ich nun an all die Aspekte meines Selbst dachte, welche die Steine in mir aufgerührt hatten - die Gier, den Neid, die Selbstverherrlichung - empfand ich eine zwanghafte Abscheu vor meinen eigenen Gedanken und Gefühlen. Ich wollte nichts anderes als nur noch vor mir selbst wegzurennen. Zweifellos war ich bei der letzten Herausforderung angelangt, am Stein des Selbsthasses!

Es war an der Zeit, dies alles mit dem Stein des Inka in Einklang zu bringen. Zumindest hoffte ich, dass dieser Stein eine gewisse Erleichterung bringen würde. Ehrerbietend näherte ich mich dem letzten *Huaca,* der fast dreimal so groß war wie die anderen Steine. Und mit einem gesunden Respekt vor der kraftvollen Auswirkung, die diese Steine haben konnten, betete ich zuerst, bevor ich den Stein berührte. Ich betete mit meinem ganzen Sein und bat den Inka, er möge mir dabei helfen, diese Kräfte zu ordnen und ihre Energien für einen konstruktiven Zweck in meinem Leben zu nutzen.

Ich kniete vor dem Stein des Inka nieder. Und obwohl es dunkel war, konnte ich sehen, dass er eine hellere Farbe hatte. Es war ein weißer, mit Rot und Schwarz durchzogener Stein. Seine Energie war ganz anders als die der anderen Steine; er strahlte eine hohe Schwingung aus, die die Moleküle meines Körpers zu lockern schien. In tiefer energetischer Vereinigung kniete ich lange Zeit vor dem Stein und war mir meiner Umgebung gar nicht mehr bewusst. Ich fragte mich, ob mein Unbewusstes denn tatsächlich geordnet werden *konnte* und nahm kurz eine sehr machtvolle Kraft wahr. Eine Kraft, die geschmolzenes Magma in Bewegung setzen konnte und sich tief und langsam in mir regte. Es war eine Hand aus Feuer die sich mit der Kraft eines göttlichen Willens bewegte, langsam, sicher, diese unbewussten Kräfte zähmend, sie wieder an ihren Platz zurückbeordernd.

Als dieser Energieaustausch mit dem Stein des Inka zu seinem Ende gelangte, wusste ich, dass es eine sichere Möglichkeit gab, die Auswirkungen dieses Rituals zu testen. Ich würde in den folgenden Wochen und Monaten beobachten müssen, wie sich dieser letzte Teil des Rituals in meinem Leben auswirkte.

Schließlich stand ich auf und verließ die Höhle. Der Rest der Gruppe hatte sich bereits draußen versammelt und sog die Wärme der starken Nachmittagssonne in sich auf. „Wir müssen eine Entscheidung treffen", informierte uns Juan. Viele vibrierten noch immer von der Intensität der *Ukhu-Pacha*-Höhle. Wir haben für den Weg hinunter fast drei Stunden gebraucht. Wenn wir noch den letzten Bus zu unserem Hotel erwischen wollen, müssen wir den Rückweg in der Hälfte der Zeit schaffen." Juan zog eine Augenbraue hoch, um der Herausforderung Nachdruck zu verleihen.

„Oh nein!" rief Julia, eine vergnügte, korpulente Frau mit kastanienbraunem Haar. Sie war Mitte fünfzig und hatte schon den ganzen Tag Schwierigkeiten mit unserem physischen Tempo gehabt. „Das ist unmöglich. Ich hatte schon genug Mühe, hier runterzukommen. Da gibt es keine Chance."

„Na, na", tadelte Juan sie. „Es gibt eine Chance, und mir ist gerade klar geworden, worin sie besteht. Ihr erinnert euch alle an den Haufen *Gusanos* - wie sagt ihr? - *Würmer,* den wir heute Morgen gesehen haben." Allgemeines Kopfnicken in der Runde, da sich jeder an diese Begebenheit am frühen Morgen erinnerte, die mittlerweile schon wochenlang her zu sein schien. „Pachamama hat uns gezeigt, wie wir unsere kollektive Energie benutzen können, um uns als Gruppe in Marsch zu setzen. Julia, du gehst voran ..."

„Nein, das kann ich unmöglich, protestierte Julia.

"Du führst die Reihe an", beharrte Juan sanft und sah ihr tief in die Augen. Dann legte er seine Hände auf ihre Schultern und dirigierte sie an die Spitze der Gruppe. „Elizabeth, du gehst hinter ihr und hältst deinen *Qosqo* offen und schiebst sie so mit deiner Energie hinauf, während du deinerseits einen Energieschub von der Person hinter dir erhältst. Jede Person hinter dir wird das Gleiche tun, und ich gehe als Letzter in der Reihe. Wir werden eine *Amaru* bilden, eine Schlange der Lebensenergie, und es wird ganz leicht gehen - ihr werdet sehen."

Juan sprach mit solcher Zuversicht und Überredungskunst, dass selbst Julia kein Gegenargument mehr einfiel. Abgesehen davon machte es Spaß, sich die Gruppe als lange Energieschlange vorzustellen. Dieser Gedanke verwandelte eine düstere Aussicht in eine interessante Herausforderung, und nun freute ich mich sogar schon auf den Weg zurück nach oben. Gott sei Dank verblieb uns nicht all zu viel Zeit, darüber nachzudenken, bevor wir uns auf den Weg machten. Und im Übrigen schien die körperliche Anstrengung zwischen jedem Ritual die Energie integrieren zu helfen.

Wir bildeten, zunächst etwas unbeholfen, eine Schlange. Nach etwa fünfzehn oder zwanzig Minuten schien die Gruppe in einen natürlichen Rhythmus zu verfallen, und unsere „Schlange" wand sich in ziemlich gutem Tempo die Kurven und Windungen des Bergpfades hinauf. Ich spürte, dass sich Julia anfangs gegen meine Schubkraft wehrte.

„Julia", sagte ich ruhig. „Lass mich dir helfen." Mehr schien sie nicht zu brauchen, denn bald stürmte sie buchstäblich den Pfad hinauf uns allen voran, und wir schwatzten und lachten, während wir durch den herrlichen, dampfigen Dschungel aus Bambus und riesigen Farngewächsen marschierten. Ab und zu wurde der Pfad von kurzen Inka-Steintreppen unterbrochen, die in den massiven Felsen gehauen waren. Es regnete nur leicht, gerade so viel, um uns zu erfrischen, und neben unseren eigenen Geräuschen hörten wir nur noch die seltsamen Trillerrufe des peruanischen Urwaldhuhns.

Wir hielten nicht eher an, bis wir oben angelangt waren, wo jemand auf die Uhr sah. „Genau anderthalb Stunden!" verkündete Juan stolz, strahlte Julia an und schloss sie beglückwünschend in die Arme. „Danke, dass du uns nach oben geführt hast", sagte er. Julia konnte nur den Kopf schütteln und murmeln: „Ich glaub's nicht. Ich glaub's immer noch nicht." Kleine Tränen zeigten sich in ihren Augenwinkeln, als sie Juan und die Gruppe ansah. „Ich danke euch. Ohne euch hätte ich es nie geschafft."

„Juan", flüsterte ich und zog in beiseite. „Woher wusstest du, dass sie es schaffen würde?" Als „Anführerin" unserer Gruppe hatte ich mir Sorgen gemacht.

„Ich sah eine Frau mit einer enormen Willenskraft", erwiderte er in sachlichem Ton. „Sie brauchte nur einen Grund, sie einzusetzen. Das ist alles." Ich war froh, dass es Lehrer wie Juan gab. Wir kamen am vorderen Eingangstor der Festungsanlage und hatten noch reichlich Zeit, den letzten Bus zu unserem Hotel zu erreichen.

Die Morgendämmerung zog herauf. Der Himmel war klar und wolkenlos. Aber es gab keine Garantie, dass es so bleiben würde. In Machu Pikchu konnte das Wetter binnen Minuten umschlagen. Wir packen dementsprechend unsere Sachen und betraten nach einem eilig eingenommenen Frühstück und rascher Busfahrt wieder im frühen Morgenlicht die fantastische Anlage von Machu Pikchu. Wir folgten Juan, der sich nach rechts wandte, und kamen bald zum Pachamama-Stein, der den nun schon vertrauten Eingang bewachte. Heute stand uns eine riesige Herausforderung bevor. Wir würden auf den Gipfel des Huayna Pikchu klettern, um dort eine Begegnung mit den *Apus* zu haben.

Diesmal führte ein Pfad bergauf, der zuweilen aus nichts weiter bestand als aus endlosen Stufen aus Fels- und Geröllblöcken, die sich immer weiter hinauf in die Wolken über Machu Pikchu erstreckten. Während wir den steilen Zickzackweg hinaufkletterten und nach Luft rangen, erhaschten wir ab und zu einen Blick auf das Tal und den Willkañust'a-Fluss tief unter uns.

An gewissen Stellen des Pfades waren Inka-Treppen in den Felsen gehauen, die wir, ohne einen Blick nach unten zu werfen, immer nur Stufe um Stufe erklimmen konnte, wollten wir nicht riskieren, dass uns angesichts eines sich unter uns öffnenden dreihundert Meter tiefen Abgrunds schlecht wurde. Nachdem wir kurz vor dem Gipfel um eine Kurve gebogen waren, bot sich uns ein schier unbeschreiblich spektakulärer Anblick. Sanft smaragdgrüne Berge, durchzogen von glänzenden, nadeldünnen Wasserfällen und samtschwarze oder leuchtend weiße schneebedeckte Gipfel erhoben sich über üppigen subtropischen Tälern mit silbrigen Flüssen.

So weit das Auge reichte, dehnte sich diese magische Landschaft in jede Richtung hin vor uns aus. Und überall war ein herrliches Pulsieren, der Herzschlag der Pachamama. Botschaften von der ungeheuren Lebendigkeit der Erde strömten durch sämtliche Sinnesorgane in uns ein. Augen, Ohren, Nase, Haut – alle unsere Zellen wurden durch ihre strahlende und glanzvolle Vitalität elektrisiert.

Hier hätte selbst der hartgesottenste Skeptiker uns durch kein Argument, keine reduktionistische Philosophie oder wissenschaftliche Daten davon überzeugen können, dass die Erde kein eindeutig lebendiges pulsierendes Wesen ist. Hier im Angesicht und der körperlichen Erfahrung der Kraft der großen Natur war ein solcher Gedanke unvorstellbar und absurd.

Und noch exquisiter war der Anblick der Festung Machu Pikchu tief unter uns, ein in wirbelnde Nebelschleier eingehülltes Juwel. Ihre langen Steinterrassen und anmutigen Gehwege durchzogen den Berg in organisch natürlicher Linienführung. Elegante weiße Steintreppen und rechteckige Gebäude, in perfekter Harmonie in ihre Umgebung einpasst, kündeten von einer Architektur, die ein heiliges Lied war, eine Ode an die Großartigkeit der natürlichen Schönheit der Berge.

Als wir wieder zu Atem gekommen waren, versammelte Juan uns um sich, um uns die nächsten Anweisungen zu geben. „Seht ihr die Höhle da oben?“ fragte er und deutete auf ein kleines schwarzes Loch, das teilweise von Farngewächsen überwuchert war. „Dies ist ebenfalls eine Pachamama-Höhle. Aber hier müssen wir uns unserer ganzen weiblichen Energie entledigen und zu jungen Männern werden. Die Spitze des Huayna Pikchu ist ein ganz und gar männlicher Ort. Es ist ein Ort, um sich neue männliche Energie einzuverleiben. Hier werden wir unsere Geschlechterunterschiede nutzen, um einander zu helfen. Alle

Frauen in der Gruppe kommen mit mir. Ihr Männer bleibt. Ich bin in ein paar Minuten zurück, um euch zu instruieren."

Wir Frauen folgten Juan, der uns hinauf zu der dunklen Öffnung führte. Natürlich waren wir mehr Frauen als Männer in der Gruppe, aber Juan und den anderen Führer dazu gezählt, war das Verhältnis einigermaßen ausgeglichen - acht Frauen und sechs Männer. „Bitte, meine Damen, geht hinein und findet einen Platz an den Wänden der Höhle."

Wir betraten etwas, das eher wie ein langer dunkler Tunnel als wie eine Höhle aussah. Der Boden war nass, und der einzig vernehmbare Laut war der des ständig an den Höhlenwänden heruntertropfenden Wassers. Sorgsam über große Pfützen hinwegsteigend, fanden wir Stellen, wo wir stehen und uns mit dem Rücken gegen die Höhlenwand lehnen konnten.

„Ihr werdet jetzt euren Brüdern helfen, sich ihrer größten Urangst zu stellen", sagte Juan vom Höhleneingang her. „Anfangs wird es euch vielleicht merkwürdig oder nicht recht vorkommen, das zu tun, aber ihr müsst wissen, dass ihr ihnen den höchsten Dienst erweist. Gebt erst alle eure schwere Energie an die Höhlenwände ab. Danach verschmelzt mit der weiblichen Kraft dieser Höhle. Werdet vollkommen magnetisch, werdet eins mit Pachamama. Wenn ihr das getan habt, dann gebt mir ein Signal. Aber seid bereit. Wenn ihr die Männer hier am Höhleneingang ankommen seht, öffnet eure *Qosqos*. Und wenn sie dann durch die Höhle gehen, müsst ihr ihre ganze männliche Kraft 'verspeisen'. Zieht sie mit euren *Qosqos* an."

Eine eisige Stille senkte sich über uns Frauen, und ein Gefühl tiefer Besorgnis machte sich in der Höhle breit. Diese Vorstellung ließ mein Nervensystem erzittern, denn sie kollidierte mit einem tief unbewussten Tabu. *Das* war es, was Männer an uns Frauen am meisten fürchteten - unsere Kraft, zu absorbieren, magnetisch zu sein! Und doch weckte dieser Gedanke in noch tieferen Schichten meines elementaren Wesenskerns einen unerwarteten wilden Freudenschrei. „Ja!" schrie ich heraus, und die Intensität meines stimmhaften Ausbruchs verblüffte sogar mich selbst. Und zu meiner weiteren Überraschung hallte die Höhle nun von den zustimmenden Rufen der anderen Frauen wider. „Gut", sagte Juan und ging davon.

Juans Anweisungen folgend, begannen wir nun, unsere schwere Energie an die Höhlenwände abzugeben. Spontan atmeten wir gemeinsam ein und setzten unsere schwere Energie mit einem lauten Ausatmen frei. Nach einigen Minuten intensiven Atmens begann in den verschiedenen Ecken der Höhle ein gleichzeitig einsetzender leiser Singsang: „Pachamama - Pachamama - Pachamama - Pachamama." Die Stimmen der Frauen wurden lauter, während wir uns mit der Kraft der großen Verspeiserin von schwerer Energie, Pachamama, verbanden. Und als dieser Gesang sich zum Crescendo steigerte, streckte ich rasch den Kopf aus dem Höhleneingang und signalisieret Juan, dass wir bereit waren.

Die energiegeladene, mit magnetischer weiblicher Kraft angefüllte Atmosphäre der Höhle intensivierte sich noch, als wir den ersten Mann sich der Höhle nähern hörten. Wir öffneten unsere *Qosqos* und machten und bereit, seine männliche Kraft „zu verspeisen". In diesem Augenblick wusste ich, dass wir Frauen auf energetischer Ebene dazu geschaffen waren, dies zu tun. Rezeptiv, empfänglich zu sein - nicht im herkömmlichen passiven Sinn des Wortes, sondern vielmehr aktiv zu absorbieren und unsere magnetische Kraft einzusetzen. Tatsächlich mussten wir Frauen uns in dieser Fähigkeit verbiegen und wurden passiv-aggressiv, nachdem wir diese Kraft nicht mehr direkt zum Ausdruck bringen konnten.

Als der erste Mann in unsere Mitte trat, entzogen wir ihm tief einatmend vorbehaltlos seine männliche Kraft und genossen, ehrlich gesagt, dieses Gefühl. Ich erlebte eine ungeheure Freisetzung psychischer und medialer Energie durch die Erlaubnis, diese Handlung als Ritual ausführen zu dürfen, ganz bewusst und ohne Scham. Und wusste tief in meinem Inneren, dass ich damit meinem Bruder half und ihn heilte.

Die dunkle Silhouette des Mannes geriet ins Schwanken, und für einen Augenblick verlor er die Balance, als er sich durch unsere weibliche Höhle tastete und dem Ausgang an ihrem anderen Ende zustrebte. Er musste auf seinem Weg durch den fast fünf Meter langen Bergtunnel einige Minuten dieser tiefen energetischen Reinigung aushalten. Als er ihn am anderen Ende verließ, kam der nächste Mann herein und fiel nach ein paar Schritten auf die Knie - wir wussten nicht, ob aus Angst oder in Ekstase. Wir fuhren mit unserer genussvollen Absorbierung fort, reinigen den *Poq'po* des zweiten Initianden, während er einige Male vergeblich versuchte, sich zu erheben, und schließlich auf allen Vieren dem Ausgang entgegen kroch. Er kam einfach nicht wieder auf seine Beine, bis der erste Mann ein Bein und einen Arm durch die Ausgangsöffnung streckte und ihm wieder auf die Beine und aus der Höhle heraus half, weg von den verschlingenden Weibern. Erst da sah ich, dass der erste Mann Juan gewesen war.

Vier weitere Männer passierten einer nach dem anderen die Höhle. Ein jeder zitternd oder in tiefer Träumerei versunken. Die Zeitlupenbewegung ihrer Glieder zeugte von der Tatsache, dass sie sich nun durch eine zähflüssigere Materie als die der gewöhnlichen Luft bewegten.

Als alle männlichen Initianden die Höhle durchquert hatten, rief uns Juan durch die Öffnung zu, dass wir unsere ganze weibliche Kraft als Opfergabe an die Pachamama in der Höhle zurücklassen und durch den Höhlenausgang herauskommen sollten. Es war keine einfache Aufgabe, sich dieser potenten magnetischen Kraft zu entledigen, die so sehr Teil von uns geworden war. Doch gleichzeitig erleichterte es uns zu wissen, dass wir uns nicht weiter mit einem einzigen Energietypus identifizieren mussten, sondern nun aus ihm heraus und in etwas anderes hineinschlüpfen konnten. Aber in was? Die überraschende Antwort wartete jenseits des Höhlenausgangs.

Ich drängte mich durch den schmalen Höhlenausgang, während kühle Wedel von überhängenden Farnpflanzen an meiner Haut entlang strichen. Und als ich in das helle Sonnenlicht trat, umhüllte mich starke Männerarme in einer herzlichen Umarmung ein, die wie die Sonne war.

„Empfange die neue männliche Kraft", hörte ich Juan sagen. Ich war aus einem Energiefeld heraus und in ein anderes eingetreten, das völlig andersartig aber komplementär war. Ich nahm das tröstlich schützende Gefühl dieser Umarmung in mir auf, wobei mir klar wurde, dass ich persönlich in meinem Leben diese Art von männlicher Energie nur selten erlebt hatte. Herzlicher, liebevoller Schutz, Sicherheit, Integrität, Kraft und Macht im Sinne von Vermögen - all das kam für mich in dieser Umarmung zusammen. Es war eine männliche Energie, die das

Weibliche nicht fürchtet oder hasst, sondern sich in Harmonie damit befindet.

„Nimm diese neue männliche Energie völlig in deinen *Poq'po* auf und lass für diesen Moment zu, dass du ganz und gar männlich wirst", wies mich Juan an. Überraschenderweise war dies überhaupt nicht schwierig. Ich wollte mich mit dieser Art von männlicher Kraft und konstruktiver Macht identifizieren. Die männlichen Initianden hatten ganz gewiss ihre Grenzen erweitert, und das inspirierte mich, das Gleiche zu tun. Ich stellte mir nun vor, dass ich ein Knabe sei. Und als ich aufsah, bemerkte ich, dass ich von weiteren in tiefer Umarmung versunkenen Paaren umgeben war.

„Juan", fragte eine der Frauen erschöpft, „was ist gerade passiert?"

„Ihr habt gerade eine echte Erfahrung von *Yanantin* gemacht. Lasst mich das erklären. *Yanantin* ist ein fundamentales Prinzip des andinen Weges. Der Begriff bedeutet 'harmonische Beziehung zwischen verschiedenen Dingen'. Als Männer und Frauen im biologischen Sinn habt ihr sowohl das Männliche als auch das Weibliche in euch.

Bei dieser Zeremonie konntet ihr euch wechselseitig in eurer potentesten Form erleben. Ihr Frauen habt in der Höhle bei eurem an die Pachamama gerichteten Ritual eure *Poq'pos* ganz und gar auf die Schwingungsebene eurer weiblichen Seite gebracht. Wir Männer haben, während wir noch draußen vor der Höhle waren, ein an die Sonne gerichtetes Ritual durchgeführt und unsere *Poq'pos* in unsere männlichste Polarisation gebracht. Als wir dann die Höhle passierten und euch unsere männliche Kraft anboten, habt ihr uns geholfen, indem ihr unsere ganze männliche Energie absorbiert habt."

„Das war furchterregend und wunderbar zugleich", warf Sam ein und sah prachtvoll männlich aus. „In der Höhle hatte ich das Gefühl, wie ein Schwamm ausgedrückt zu werden. Und als ich hier auf der anderen Seite herauskam, war ich leer und völlig frei, die reine neue männliche Energie hier in mich aufzunehmen."

„Rein männlich gemeinsam mit rein weiblich ist eine perfekte alchimistische Verbindung von Kräften, die wir als *Hapu,* als heiliges Paar bezeichnen", nahm Juan den Faden wieder auf. „Dieses Ritual spricht nicht nur eine Urangst an, sondern auch ein

Urverlangen. Von einer Frau ganz und gar verschlungen zu werden heißt, zum Heiligmäßigen gebracht zu werden. Das werden wir bei unserer zeremoniellen Begegnung mit den *Apus* tun.

Also – lasst uns gehen, Jungs", sagte Juan lachend und blinzelte uns Frauen zu. Ich ging los und fühlte mich vital und energiegeladen, ganz so, wie es sich nach meiner Vorstellung ein Junge fühlen mochte. Wir gingen ein paar Meter zu einer weiteren Öffnung im Felsen, kletterten innerhalb des Felsens hoch und kamen oben auf der Gipfelspitze des Huayna Pikchu heraus, einer etwa drei Quadratmeter großen Fläche aus grauem Felsgestein. Die Aussicht war spektakulär, und einige von uns machten Fotos, während der Rest der Gruppe nachgeklettert kam. Als wir alle oben standen, zeigte Juan auf einen langen, glatten, grauen Stein, der dort mit einem Neigungswinkel von etwa fünfzehn Grad lag. Dort würden wir den *Apus* begegnen.

Juan winkte mich zum Stein hinüber. Und als ich auf diese wunderschönen Berggipfel starrte, konnte ich mir nichts anderes vorstellen, als dass sie ausschließlich wohlwollende Energie in sich bargen. Meine früheren Erfahrungen mit Ricardo und seinen *Apus* kamen mir wieder in den Sinn. Ich schloss die Augen und sah nun wieder Kondore aus Licht, die auf jedem der Gipfel ihren leuchtenden Glanz ausstrahlten. Sie hatten die Kraft und waren gleichzeitig eine Herausforderung.

Ich wusste, dass ein Teil von mir immer noch Angst vor Auseinandersetzungen hatte, und ich wusste auch, dass ich solche Arten von Konflikten, wie Ricardo und seine *Apus* der dritten Ebene sie mir zugemutet hatten, nicht austragen wollte. Aber hieß das, dass ich jeder Auseinandersetzung ausweichen sollte? Ich war mir bewusst, dass ich vor meiner persönlichen Herausforderung stand, nämlich angesichts von Widerspruch meinen Standpunkt zu behaupten und mich sogar aktiv zur Wehr zu setzen, wann immer es angemessen war. Ich war oft viel zu fügsam, und bei den wenigen Malen, die ich tapfer genug gewesen war, standhaft zu bleiben, hatten sich daraus kreative Lösungen für Probleme entwickelt, anstatt der sich in meiner überaktiven Fantasie ergebenden Katastrophen. Es gab immer noch etwas, das ich an meiner eigenen männlichen Kraft noch nicht geklärt hatte. Juan hatte uns erklärt, dass die dritte Ebene die Ebene war, auf der man etwas über Kraft und Kontrolle lernte. Aber hatte ich wirklich etwas darüber gelernt, oder hatte ich nur versucht, sie einfach zu überspringen? Ich erreichte den Stein mit großer Ehrfurcht und betete schweigend darum, die Lehre zu erhalten, die ich für das Meistern von Auseinandersetzungen am meisten brauchte.

Juan forderte mich mit einer Geste auf, mich hinzulegen. „Du befindest dich in einem Bergkessel, umgeben von der jungen, männlichen Kraft all dieser Berggipfel. Sie werden dich jetzt herausfordern. Du musst sie mit deinem *Qosqo* bekämpfen."

„Aber warum, Juan?" Ich war den Tränen nahe. „Ich hasse es, zu kämpfen."

„Dies ist die Krieger-Energie, die du brauchst, um deine Arbeit in der Welt zu bewältigen. Die Menschen werden nicht immer mit dir einig sein, Elizabeth. Du darfst dich nicht vor deiner eigenen aggressiven Energie fürchten oder sie für nicht spirituell halten. Du musst lernen, sie effektiv einzusetzen." Ich schloss die Augen und sah sie sogleich kommen, nicht schreckenerregend aber kraftvoll. Die *Apus* traten als starke Männer in historischen, kriegerischen Gewändern in Erscheinung - als Samurai-Krieger, Ritter in Rüstung, Sumo-Ringer, Kung-Fu-Kämpfer. Sogar als Rambos mit Maschinengewehr. Sie kamen einer nach dem anderen innerhalb des Schlachtfeldes meiner eigenen inneren Vision auf mich zu. Und jedes Mal baute ich in meinem *Qosqo* eine Energiewelle auf, die ich wie eine riesige Faust gebrauchte, um sie zurückzuwerfen. Und jedes Mal war ich voller Angst und Schrecken, fürchtete, sie zu verletzten und schämte mich für das Ausagieren meiner eigenen aggressiven Energie.

Die *Apus* waren bei ihren Attacken weder wütend noch schrecklich, sondern nur auf brüderliche Weise beharrlich und unbarmherzig, so als versuchten sie, mich einfach hart ranzunehmen und mich meinen Mut auf die Probe stellen zu lassen. Bald war ich erschöpft. Und in diesem Moment wies Juan mich an, mich mehr anzustrengen. „Dräng sie zurück. Alle!"

Mittlerweise schwitzte ich gewaltig und war von diesem erschöpfenden, wenn auch nicht körperlichen Kampf ziemlich zermürbt. Ich erinnerte mich an eine Nacht in Argentinien, als das Böse ins Fenster schaute und wie ich eine Stärke entwickelt hatte, von der ich bis dahin nichts gewusst hatte. Ich beschwor eine tiefere Ebene meiner inneren Reserven herauf und dirigierte jede

Unze Absicht und Energie, über die ich verfügte, in meinen *Qosqo*. Und bevor ich wusste, wie mir geschah, hatte ich mich aufgesetzt und brüllte aus Leibeskräften.

Vor meinem geistigen Auge sah ich, dass ich alle meine Angreifer auf ihre Berggipfel zurückgedrängt hatte. Sie lächelten mich an! Und im nächsten Moment brach ich in Gelächter aus. Endlich begriff ich, dass ich durch das Abwehren der „männlichen" Energie diese in mir selbst geweckt hatte! Gut", sagte Juan nur. „Die Nächste!"

12. KAPITEL

Wilkañust'a: Prinzessin des schwarzen Lichts

Die Sonne strahlte in einem wolkenlosen Himmel, als unser letzter Morgen in Machu Pikchu anbrach. Es war schon zehn Uhr. Da wir, bevor wir um zwei Uhr nachmittags den Zug nach Cuzco nehmen wollten, nur noch ein letztes Ritual durchführen mussten, hatten wir ausschlafen dürfen. Und das war dringend nötig gewesen. Die Erlebnisse vom Vortag, von den anstrengenden Wanderungen und Kletterpartien ganz zu schweigen, hatten uns in jeder Hinsicht erschöpft. Ich hatte gut geschlafen und tief in den Armen der großen *Apus* rings um Machu Pikchu geträumt.

Nach dem Frühstück stiegen wir eine Holztreppe hinunter, die uns vom Hotel hinab zum Willkañust'a-Fluss führte. Der Fluss floss direkt unter unserem Hotel vorbei, und seine Musik hatte uns jede Nacht in den Schlaf gesungen. Auf dem Weg zum Flussufer sann ich über die mögliche Bedeutung meines sehr intensiven aber verwirrenden Traumes nach. Und als wir das Ufer erreichten, hatte ich beschlossen, Juan diesen Traum zu erzählen.

„Dieser Fluss ist unter vielen Namen bekannt", wandte sich Juan an die Gruppe. Er stand auf einem der großen Felsbrocken, die sich ans Ufer des an uns vorbeirauschenden schokoladenmilchfarbenen Gewässers geschoben hatten.

Wir suchten uns eine Sitzgelegenheit auf anderen nahe gelegenen Felsbrocken, fasziniert vom Wasser, das sich wirbelnd um und über riesige, bizarr geformte Gesteinsbrocken ergoss. Juan, der von Natur aus leise sprach, musste fast schreien, um sich über das Tosen hinweg Gehör zu verschaffen. „Meist nennt man ihn Urubamba und auch Vilcanota. Aber sein alter inkanischer Name erzählt seine Geschichte am besten. Sein alter Name ist *Wilkañust'a. Willka* bedeutet 'heilig' und zugleich 'gefährlich' und wird mit der Kraft des Schwarzen Lichts assoziiert. *Ñust'a* ist, wie ihr bereits wisst, das Inka-Wort für Prinzessin. Sein alter Name bedeutet also 'heilige Prinzessin des Schwarzen Lichts'.

Wie ihr euch erinnert, gilt in unserer Tradition die Kraft des Schwarzen Lichts als die heiligste und gefährlichste Kraft, weil die Person, die das Schwarze Licht zähmt, Macht über Leben und Tod besitzt. Es ist tatsächlich die höchste schöpferische Kraft und Macht, die Hand in Hand mit der Kraft der Zerstörung einhergeht." Juan hielt inne, und wir tauschten bedeutsame Blicke aus. Das war starker Tobak.

„Eine weitere wichtige Tatsache ist, dass dieser Fluss mit seinem Lauf alle heiligen Tempel in der Andenregion verbindet. Wenn ihr euch entsinnt, hat er uns vom ersten Tag an begleitet, als wir mit der *Hatun Karpay* in der Hauptkathedrale von Cuzco begannen. Und derselbe Fluss strömte in Pisaq und in Ollantaytambo an uns vorbei, und nun wieder hier in Machu Pikchu.

Wie ihr wisst, ist nach unserer Tradition alles von lebendiger Energie erfüllt. Der *Poq'po* dieses Flusses ist von außerordentlicher Bedeutung, weil seine Energieblase energetisch gesehen die Kraft aller heiligen Orte dieser Gegend in sich trägt und sie in seinem *Poq'po* vereint." Ein erstaunlicher Gedanke, dass die Inkas die Lage ihrer heiligen Tempel so sorgfältig planten, dass sie alle am Lauf eines einzigen Flusses gelegen waren. Wie hatten sie das zuwege gebracht? Hatten sie eine detaillierte topografische Karte von der Gegend? Oder arbeiteten sie aus einer anderen Sicht heraus, eingestimmt in eine andere Informationsquelle, die ihnen sagte, wie sie innerhalb des Plans der großen Natur vorgehen sollten? Die Fragen sprudelten mir im Kopf herum wie die Bläschen auf der Oberfläche des heiligen Flusses. Juan machte sich nun dran, uns Anweisungen für das nächste Ritual zu geben

„Mittlerweile habt ihr schon gelernt, wie ihr euch mit der lebendigen Energie vieler heiliger Orte verbinden könnt. Aber hier werdet ihr zum ersten Mal diese Praxis an einem so wichtigen und mächtigen *Poq'po*, wie es die Energieblase dieses heiligen Flusses ist, durchführen. Richtet zunächst ein Gebet an den Geist des Flusses. Öffnet dann euren gesamten *Poq'po* für den Fluss und lasst euch durch dessen Kraft von eurer *Hoocha* reinigen. Versucht danach, jeden heiligen Ort, mit dem wir bereits gearbeitet haben, vor Augen zu haben. Verbindet sie alle miteinander durch die Energieblase des Flusses."

Ich wählte eine steinerne Sitzgelegenheit nahe am Rand des Wassers, ein wenig weiter weg von den anderen. Ich setzte mich hin und versenkte meinen Blick in die starke, wirbelnde Strömung. Ich richtete ein Gebet an den Fluss und dankte ihm für seine ungebändigte Kraft und wilde Schönheit. Dann überließ ich ihm ganz leicht und frei meine *Hoocha*. Ich spürte, wie langsam schwere Energie aus mir zunächst heraussickerte, dann ausströmte und zu einem Strahl oder Pfeil fließender Partikel wurde, der mich in das unaufhörliche Wogen und Branden des Flusses hineinzog und hinweg trug. Ich konnte mich nun selbst als kompakte, statische menschliche Gestalt erfahren oder aber mein Gewahrsein in diesen riesigen und ungeheuer langen Zylinder mit lebendiger Energie ergießen, horizontal und ein wenig in die Erdoberfläche eingebettet mit ihm dahinjagen wie eine gigantische Schlange in ständiger Bewegung.

Die Schlange! Mein Steißbein begann zu kitzeln und dann mit einem kalten Feuer zu brennen. Ja, es war die gleiche Energie, die ich in der Nische der Schwarzen *Ñust'a* erlebt hatte. Ich fragte mich, was passieren würde, wenn ich den Geist dieses Flusses über mein Steißbein-Zentrum in mich aufnehmen würde. Die Wucht war ungeheuerlich - eine lebendige Woge roher, wilder Kraft. Einen Augenblick lang schwappte Entsetzen über mich hinweg. Aber diesmal überwältigte es mich nicht. Ich wusste, dass ich mit dieser Kraft verschmelzen oder mich von ihr trennen konnte. Und ich wusste auch, dass ich jegliche Kraft, die in mich einfloss, wieder weggeben würde. Ich lernte, die Kraft zu lenken. Aber diese Kraft war nicht *ich*!

Nachdem ich mich nun nicht mehr so sehr fürchtete, begab ich mich in diesen Energiestrom, und der Fluss trug mich mit sich. Mit fast surrealer Klarheit sah ich jeden Ort, mit dem wir gearbeitet hatten. Wakaypata, den Hauptplatz von Cuzco, die

Schlangenhöhle, die Pachamama-Höhle und den Sonnentempel in Pisaq, die Windschleuse in Ollantaytambo und jeden einzelnen Tempel in Machu Pikchu. Und während ich diese Stätten erkannte, hörte ich das Brausen des Wassers und begriff, dass ich nun die heiligen Tempel sämtlich aus der Perspektive des Willkañust'a-Flusses selbst sah. Ich spürte seine Liebe zu all diesen Orten, während er fröhlich dahinrauschte, so wie ein Kind, das auf dem Schulweg die Hand ausstreckt und an den Gitterstäben eines Zauns entlangstreift. Er dehnte seinen *Poq'po* aus, um in liebevoller, zärtlicher Liebkosung jeden heiligen Tempel mit der Gunst, seiner Kraft zu berühren.

Plötzlich kam mir der Gedanke, dass mein neues Verständnis von der Kraft des Schwarzen Lichtes etwas mit meinem Traum zu tun hatte. Aber ich konnte das Puzzle noch nicht ganz zusammensetzen. Ich musste mit Juan sprechen.

Etwas zerrte an meinem Gewahrsein und ließ mich aufblicken. Mit einer einzigen schwindelerregenden Bewegung löste ich mein Bewusstsein aus dem Fluss heraus, zog es in meinen Körper zurück und schaute mich um. Was ich sah, verblüffte mich. Juan stand mit geschlossenen Augen und gesenktem Kopf in Gebetshaltung und umschloss mit seinen Händen die Hände einer Initiandin. Mächtige Kraftlinien erstreckten sich vom Fluss wie kleine Wellen oder Hitzewellen bis zu seinem *Poq'po* und strömten in sie ein. Die Kraft floss aus seinem Poq'po über in den Poq'po der Initiandin und lud ihn mit der Kraft des Flusses auf. Es sah aus, als hätte Juan für einen Moment die gigantische Energieblase des Flusses angezapft und seine Energie weitergeleitet. Jemand rief meinen Namen, und meine Wahrnehmung von diesem energetischen Geschehen verflüchtigte sich rasch.

„Elizabeth!" rief Nina aufgeregt und kam auf mich zu. „Juan gibt uns *Khuyas,* Kraftsteine aus dem Fluss, die wir in unsere eigenen *Mesa*-Beutel stecken können." Juan lud der Reihe nach zwölf Steine mit der Kraft des Flusses auf und schenkte in ritueller Weise jedem von uns einen Stein. Er erklärte uns, dass dieser aufgeladene Stein, wie auch der kleine quadratische Stein, den er uns am ersten Tag der Initiation als Merkmal des Erweckens unserer „Inka- Samenkörner" gegeben hatte, für den Gebrauch bei unseren persönlichen *Mesas* bestimmt war. Wir konnten uns durch die Verwendung dieses Steins jederzeit an die Kraft des Flusses anschließen. Damit war das Ritual am Fluss beendet.

Als wir in den Zug zurück nach Cuzco stiegen, beschloss ich, einen Sitz neben Juan zu ergattern. Ich *musste* ihn einfach über meinen Traum befragen. Ich wusste, ich musste es gleich nach dem Einsteigen tun, oder er würde eingeschlafen sein, und ich hatte meine Chance verpasst. „Juan, hast du etwas dagegen, wenn ich mich hier hinsetze?" fragte ich ein wenig verlegen. Er hatte uns schon so viel gegeben, und ich hatte das Gefühl, gierig zu sein, wenn ich ihn nun um noch mehr bat. Doch ich wusste, dem Traum wohnte eine Bedeutung inne, die ich nicht allein enträtseln konnte.

„Bitte setz dich, Elizabeth", sagte er freundlich „Ich wollte gerade ein kleines Nickerchen machen ... Aber unterhalten wir uns. Nun ... wie geht es dir?"

„Ich bin dir wirklich dankbar, Juan. Alle deine Belehrungen waren mir eine große Hilfe, und ich kann jetzt sehr viel besser verstehen, was mit mir hier früher passiert ist. Aber ... weißt du, letzte Nacht hatte ich einen Traum ... einen merkwürdigen Traum ... Und aus irgendeinem Grund würde ich ihn dir gerne erzählen. Ist das in Ordnung?"

„Aber natürlich!" erwiderte er herzlich. „Träume sind für die Inkas sehr wichtig. Tatsache ist, dass sie Meister der Traumdeutung waren. Ja, bitte, sprich weiter."

„Also gut", sagte ich, vor Verlegenheit errötend. Ich holte tief Atem und stürzte mich in die Geschichte.

„Ich träumte, dass ich in einer Sporthalle war, um zu trainieren. Dazu musste ich eines meiner Beine abnehmen und steckte es in meinem Spind. Ich wusste, dass während meines Trainings die Leute, die in der Sporthalle arbeiteten, mein Bein verkürzen oder irgendwie zurechtstutzen würden, was zum normalen routinemäßigen Serviceangebot gehörte. Ich hatte mein Bein schon abgeschraubt, in den Spind gelegt und war in einen anderen Teil der Sporthalle gegangen, um dort zu üben, als ich einer alten Schulkameradin begegnete. Ich erzählte ihr von meinem Bedenken wegen der Praxis des Beinzurechtstutzens, und sie sagte: 'Na, dann geh doch einfach hin und sage ihnen, dass du das nicht willst. Du musst das ja nicht unbedingt zulassen, weißt du?'

Durch sie ermutigt ging ich zurück und stellte fest, dass der Mann, der diese Arbeit erledigte, mein Bein bereits auf eine Sägemaschine gelegt hatte und gerade hineinschneiden wollte. Ich ging zu ihm und verlangte mein Bein zurück. Er grummelte ein bisschen, aber er gab es mir wieder. 'Wie Sie wollen, Lady', sagte er. 'Wir bieten das als Gratisservice an, und wenn einige Leute so dumm sind, nicht davon Gebrauch zu machen, dann kann ich es auch nicht ändern.'

Ich betrachtete den oberen Teil meines Beins, dort, wo es in meine Hüfte einzuschrauben war, und erwartete eine blutige Masse zu sehen. Stattdessen sah ich eine Querschnittfläche von perfekt angeordnetem Muskelgewebe und Bändern, umgeben von sieben perfekten Epidermisschichten und in der Mitte wunderschönes Knochenmark. Es sah wie eine Blüte aus.

Es erinnerte mich an meine Tage in der Oberschule, an denen wir einmal Pflanzen unter dem Mikroskop betrachtet und festgestellt hatten, wie perfekt organisiert ihre Zellstrukturen aussehen. Wenn man aber die Pflanzen draußen vor dem Fenster betrachtete, wirkten sie so natürlich, so wildwüchsig und überhaupt nicht strukturiert oder organisiert. Mein Bein sah also aus wie eine Pflanze unterm Mikroskop. Ich konnte die Ordnung und alle Details seiner physischen Struktur sehen, und plötzlich wirkte es auf mich schön *und* natürlich. Alle seine Teile waren mit solch kunstfertiger Perfektion zusammengefügt."

„Welches Bein war es?" fragte Juan. Seine Frage verblüffte mich, und ich musste erst nachdenken.

„Es war das rechte Bein."

„Ha!" machte Juan.

„Ha?" fragte ich.

„Ja, wie ich es mir schon dachte." Ohne nur einen Moment zu zögern, setzte er zu einer sofortigen und äußerst zwingenden Traumanalyse an.

„Erstens", sagte er mit der Genüsslichkeit eines Malers, der seine Lieblingsfarben hervorholt, „steht das rechte Bein für den Weg der rechten Hand der Tradition. Du hast es absichtlich entfernt, weil es dich – so denkst du zumindest – beim Üben behindert. Der Weg der rechten Hand hat mit Struktur zu tun.

Zweitens steht dein Eingreifen, um das Kürzen deines Beines zu verhindern - deine alte Schulkameradin - für die von dir entwickelte Urteilskraft, mittels derer du herausfindest, was du selbst ungeachtet der allgemeinen 'Normen' oder des gesellschaftlichen Drucks willst.

Drittens zeigt die Tatsache, dass du dein Bein aufgibst und es am Ende des Traums - transformiert - zurückbekommst, dass du hinsichtlich der rechten Seite deines Wesens einen Prozess des Aufgebens und der Rückforderung durchmachst. Du musst es erst aufgeben, um seine Schönheit sehen zu können, bevor du am Ende des Traums imstande bist, dein rechtes Bein als 'Blume', als einen schönen Teil der Natur zu sehen - und das ist *sehr* wichtig. Der Traum sagt, dass du nun fähig bist, das Wesen der rechten Seite zu erkennen. Alles, was mit dem rationalen strukturierten, geordneten Aspekt deines Wesens zu tun hat, ist ebenfalls etwas Natürliches und Heiliges. Es ist kein Feind oder Hindernis für deinen spirituellen Weg, sondern ein Teil, der akzeptiert und wieder integriert werden muss, wenn du auf deinem Weg weiterkommen willst. Das deutet auf die mystische Kraft des kritischen Verstandes hin."

Juans Interpretation nahm mir den Atem. Er hatte so gewaltig ins Schwarze getroffen, dass ich buchstäblich das Gefühl hatte, mir sei ein Schlag versetzt worden. Ich bat noch zwei- oder dreimal, es mir langsam zu erklären, damit ich es auch wirklich richtig verstand. „Ihr Amerikaner neigt häufig dazu, den kritischen Verstand für euren Feind zu halten. Ihr meint, dass ihr euch nur eurer Intuition zu öffnen braucht, und schon ist alles in Ordnung. Unsinn! Es ist sicherlich richtig, dass der Westen das rationale Denken zum Nachteil anderer Erkenntnismöglichkeiten überbetont hat, wie zum Beispiel die der Verbindung mit der wilden und chaotischen Natur des Weges der linken Hand. Aber warum von einem Extrem ins andere fallen? Ihr müsst ja nicht gleich 'das Kind mit dem Bade ausschütten'. Sagt ihr nicht so?" fragte Juan lachend.

Ich war zwar keine große Anhängerin der Theoretiker, die das menschliche Bewusstsein in den beiden Gehirnhälften ansiedeln, der Weg der rechten Hand schien mit dem verbunden zu sein, was allgemein als „Funktionen der linken Gehirnhälfte" betrachtet wurde, und der Weg der linken Hand mit den schöpferischen

Funktionen der rechten Gehirnhälfte". Die Menschen in den Anden zentrieren sich im Körper und nicht so sehr im Gehirn, so viel war klar. Juan fuhr mit seiner faszinierenden Erläuterung fort.

„Um die vierte Ebene zu erreichen, musst du die Kräfte der linken und der rechten Seite entwickeln, beide zugleich! Du brauchst Urteils- und Unterscheidungsvermögen. Als du zum ersten Mal zu mir kamst, warst du total linksseitig. Das ist gefährlich, weil dich das für die große Gefahr des mystischen Deliriums anfällig macht.

„Des mystischen was?"

„Des mystischen Deliriums. Der Gefahr, dich mit den von dir entdeckten archetypischen Energien zu identifizieren. Wenn sich das Ich erweitert, um die umfassendere spirituelle Identität in sich aufzunehmen, macht es eine intensive Phase von Zusammenziehung und Ausdehnung durch. Erst denkst du, du bist nichts, dann denkst du, du bis alles. Das ist in Ordnung, solange du diesen Prozess erkennst und keines der beiden Extreme allzu ernst nimmst oder sie irgendwie ausagierst.

Leider beginnen viele Initianden an diesem Punkt zu glauben, dass sie die absolute Wahrheit erlangt haben, nur weil sie mit einer größeren Kraft als der des eigenen Selbst in Verbindung getreten sind. Aber diese Kraft filtriert nach wie vor die individuellen Egos. Viele inspirierte Lehrer erleben plötzlich einen kometenhaften Aufstieg, brennen aber dann ganz rasch aus. Sie können ihre Kraft nicht bändigen oder aufrechterhalten.

Das ist eine sehr gefährliche Phase, in der man von Kräften in Versuchung geführt wird, die in den östlichen Traditionen als *Siddhis* bezeichnet werden. Bei uns nennen wir es das mystische Delirium. Und um in dieser potenziell verhängnisvollen Phase etwas entgegensetzen zu können, braucht man die Kraft des kritischen Verstandes. Dein Traum ist ein exzellentes Zeichen. Er markiert für dich sozusagen einen entscheidenden *Schritt*." Juans Augen zwinkerten lachend, und er sah mich wie ein stolzer Vater an.

„Im Übrigen betrachten wir in unserer Tradition und ganz besonders im Hinblick auf die Traumdeutung den Körper als ein Orakel. Weist du, wie eine Person traditionellerweise zum Initianden dieses Weges wird?" fragte er.

„Ich habe gehört, dass sie vom Blitz getroffen, also von der Natur selbst auserwählt wird", erwiderte ich in Erinnerung an Geschichten, die ich oft bei Ricardos *Mesa* gehört hatte.

„Das stimmt", bestätigte Juan, „aber wusstest du, dass sie dreimal vom Blitz getroffen werden muss? Der erste Blitzschlag tötet den Initianden, der zweite Blitzschlag zerstückelt den Körper, und der dritte Blitzschlag verschmilzt ihn wieder, aber zu einer neuen Struktur. Wenn wir uns diese uralte initiatorische Erfahrung aus metaphorischer Sicht ansehen, erkennen wir, dass das Ich zerlegt und schließlich in einer geeigneteren Form wieder zusammengesetzt wird, die mehr Energie in sich aufnehmen und aushalten kann. Die andinen Meister sagen auch, dass eine Person stirbt, wenn man ihren Körper bewegt, bevor sie das dritte Mal vom Blitz getroffen wurde."

„Aber Juan, woher kommt es, dass hier in den Anden diese Metaphern so oft eine gleichermaßen physische wie psychische Realität besitzen? Maria, eine von Ricardos Schülerinnen, hat mir einmal eine Geschichte aus ihrer Kindheit erzählt. Sie wuchs im Dschungel auf, und eines Tages wurde ihre elfjährige Schwester während eines Gewitters vom Blitzschlag getroffen. Im Versuch, sie zu schützen, holte die Familie ihren reglosen Körper aus dem Regen und beobachtete, wie der Blitz tatsächlich noch zweimal genau an der Stelle einschlug, wo sie zu Boden gestürzt war. Ihre Schwester starb. Maria hatte immer das Gefühl, dass ihre Schwester überlebt hätte, wenn sie damals genug gewusst hätten und den Prozess sich hätten vollenden lassen."

„Das ist ein sehr guter Punkt und einer, dem eure Gruppe sehr viel Beachtung schenken sollte. Wenn wir diese Geschichte wiederum unter metaphorischen Gesichtspunkten ansehen, finden wir in ihr eine Weisheit, die besagt, dass man während der Phase eines tiefen Initiationsprozesses still und ruhig bleiben muss, keine großen Lebensschritte, Entscheidungen oder Veränderungen vornehmen darf, bis der Prozess beendet ist."

„Juan, was ist da am Fluss passiert?" Ich konnte dieser Frage nicht widerstehen. „Was ist das für eine Kraft, die ich in der schwarzen Nische und dann wieder am Willkañust'a entdeckt habe? Erst hat sie mir Angst eingejagt. Aber jetzt ..."

„Jetzt?" fragte er und schaute mir mit großer Intensität in die Augen.

„Jetzt habe ich ihr gegenüber ein gelassenes Gefühl. Ich habe nicht das Gefühl, dass sie an mir zerrt, sondern den Eindruck, dass sie sich einfach durch mich hindurchbewegen könnte. Ich weiß nicht, wie ich es erklären soll." Ich senkte den Kopf und fühlte mich dumm, verlegen wegen meines Unvermögens, diese Erfahrung in Worte zu fassen.

„Gut", sagte Juan. „Du weißt, dass der erste Gürtel der Energiegürtel ist, der mit dem Schwarzen Licht in Verbindung steht?" Ich nickte. „Aber erst, wenn das Schwarze Licht hier hinaufgezogen wird", er deutete auf den Punkt zwischen den Augenbrauen, „und von der Kraft des Bewusstseins, der mystischen Kraft des rationalen Verstandes, geleitet wird, ist es von Nutzen. Kennst du die Schwarzhut-Zeremonie der Tibeter?" fragte er.

„Nein. Was ist das?"

„Ich denke, es muss eine mit dieser eben beschriebenen esoterischen Praxis verwandte Zeremonie sein. Ich habe gehört, dass der schwarze Hut aus dem Schamhaar der Yoginis gemacht wird. Es ist eine Metapher für den gleichen Gedanken, nämlich die Vitalkraft oder -Energie des unteren Zentrums nach oben zu bringen, damit sie vom höheren Bewusstsein gelenkt wird."

Der Zug ratterte dahin, und wir wandten uns nun beide unseren eigenen Aktivitäten zu – Juan seinem längst überfälligen Nickerchen und ich dem Brüten über all das, was gesagt worden war. Wir kamen am späteren Abend in Cuzco an, und Juan machte sich auf den Heimweg, wobei er mich noch bat, der Gruppe beim Abendessen den Inhalt unseres Gesprächs zu übermitteln.

Wir verschlangen gierig unser köstliches heißes Abendessen im Haus der Señora und unterhielten uns dann noch bis spät in den Abend hinein. Ich erzählte von meinem Traum und Juans Deutung und berichtete von unserem Gespräch über das mystische Delirium, was die Gruppe auf das tiefe Thema von Macht, Machtmissbrauch und Verführung durch Macht brachte. Nahezu jeder in der Gruppe hatte damit schon eine tiefe Erfahrung gemacht, entweder als Opfer oder Täter, zumeist aber in beiden Rollen.

Allgemein herrschte Einigkeit darüber, dass keine der beiden Positionen wirklich befriedigend war, und dass sich Opfer- und auch das Täterverhalten auf Angst gründeten. Das Problem war die Angst. Ich hatte als Familientherapeutin das schon bei vielen Gelegenheiten beobachtet. Angst ließ die Menschen die schrecklichsten Dinge tun. Jede Person in der Gruppe hatte sich an dem einen oder anderen Punkt vor unserem Aufbruch nach Peru durch eine überwältigende Angst kämpfen müssen. Tatsächlich hatte die geplante Reise so tiefe Ängste geweckt, dass manche sich gedrängt gefühlt hatten, ihr Testament zu machen. Andere hatten Träume vom Sterben, von Unfällen oder von Ermordung.

Der Unterschied bei dieser Gruppe war, dass alle über das psychologische Rüstzeug verfügten, um zu wissen, dass diese Gefühle auf eine wichtige und lebensverändernde Erfahrung hindeuteten. Auf eine wirkliche Initiation. Auf eine Erfahrung, die, im Gegensatz zum buchstäblichen Abstreifen der physischen Hülle, einen Tod auf der psychischen oder der Ich-Ebene bedeutete. Und merkwürdigerweise war in uns allen etwas, das diese Art von Tod verlangte.

Während wir uns unterhielten, wurde mir klar, dass auch in an jenem Tag auf dem Boardwalk von Santa Cruz die gleichen Gefühle gehabt hatte, als eine innere Stimme mir gesagt hatte, dass, sollte ich nach Peru gehen, mein Leben nicht mehr dasselbe sein würde. Die Gefahr des Todes und die Herausforderungen einer neuen Lebensweise, eines Neuanfangs, einer Initiation - all das war in jenem Augenblick präsent gewesen. Schließlich gingen wir zu Bett, denn am nächsten Tag mussten wir früh aufstehen, um - passenderweise - dem Tempel des Todes einen zeremoniellen Besuch abzustatten.

13. KAPITEL

Der Tempel des Todes

Nach einer wie immer holprigen und staubigen Fahrt bergauf kamen wir, noch gähnend und uns rekelnd, an einer Ruinenstätte in den Außenbezirken der Stadt an. Wir hatten nur vierzig Minuten zu der wunderschönen Anlage von Tambomach'ay gebraucht, die für ihre in Stein gefasste Quelle bekannt ist. Das war ein in einen Hang hinein gebauter großer Tempelkomplex mit terrassenförmig ansteigendem, höchst fein gearbeitetem Mauerwerk auf drei Ebenen. Oben befanden sich fünf Nischen, vor denen sich ein sprudelnder Wasserstrom durch ein inkanisches Aquädukt ergoss und in einer Kaskade zur zweiten Ebene hinabfiel, wo ein weiterer Kanal das Wasser in zwei Ströme teilte. Diese beiden Ströme fielen wiederum in ein großes steinernes Becken auf der untersten Ebene. Die Quelle dieses Wassers war nicht zu sehen, und ich vermutete, dass es aus dem Untergrund kam. Juan versammelte die Gruppe bei dem Becken um sich, um seinen morgendlichen Unterricht abzuhalten.

„Das, worüber ihr gestern Nacht mit Elizabeth gesprochen habt, die Macht des Schwarzen Lichts, birgt, wie man sagt, den Schlüssel zu Leben und Tod in sich. Daher halten die *Paqos*, die diese Kraft meistern können, die Macht von Schöpfung und Zerstörung - von Leben und Tod - in ihren Händen. Ich habe viele Meister getroffen, die mir viele Kräfte gezeigt haben, aber ich habe zumindest bisher keinen gefunden, der die völlige Meisterschaft über diese Kraft erlangt hat."

Wir standen still da und nahmen Juans Worte in uns auf, und der Ernst und die Bedeutsamkeit des Themas lasteten schwer auf uns. Er winkte uns, ihm eine kurze Steintreppe hinauf zu einer höheren Ebene des Tempels zu folgen. Der Umgang mit Macht erforderte Wahrhaftigkeit und Weisheit. Andernfalls konnte sie für egoistische Ziele oder Zerstörung missbraucht werden. Juans Bemerkungen ließen mich wieder an unser Gespräch beim Abendessen denken, das in uns allen Gefühle und Bilder von vielen Begebenheiten oder auch Inkarnationen heraufbeschworen hatte, in denen wir selbst Macht missbraucht oder die Auswirkungen des Machtmissbrauchs durch einen anderen zu spüren bekommen hatten.

Psychologisch betrachtet und aus eigenen Erfahrungen wusste ich, dass sich mein Machtmissbrauch letztlich auf einen Nenner reduzieren ließ: auf meine Unfähigkeit, die eigene Hilflosigkeit, die eigene begrenzte und unvollkommene Kraft zu tolerieren. Das jagte mir Angst ein, und wenn ich eine solche Angst hatte, wollte ich andere verbal, emotional oder auch über Gedanken attackieren.

Mir wurde klar, dass das Beschreiten dieses Weges eine tiefe und gründliche Erforschung des eigenen Schattens erforderte. Eine Aussöhnung mit der eigenen Hilflosigkeit, Verletzlichkeit, mit dem eigenen Sadismus, Neid, der Eifersucht und allem, was einen dazu bringen konnte, Macht auf schädliche Weise einzusetzen. Ich verstand nun, warum so ein bestimmtes esoterisches Wissen strikt geheim gehalten worden war.

„Ihr kommt aus einer Kultur, die den Tod leugnet oder ablehnt. Aber hier, in meinem armen Land, leben wir jeden Tag Seite an Seite mit dem Tod. Das heißt jedoch nicht, dass einem der Umgang mit dem Tod leichter fällt, wenn man Peruaner und innerhalb eines streng katholischen Umfeldes aufgewachsen und erzogen worden ist. Die Vorstellung von Fegefeuer, Himmel und Hölle dient dazu, uns Furcht einzuflößen, unsere Neugier abzutöten und uns davon abzuhalten, dass wir eines der großen Mysterien des menschlichen Lebens erforschen – den Tod." Ich war ziemlich überrascht, wie locker Juan über das Thema sprach.

„Doch wenn es tatsächlich möglich ist, die geheimnisvolle Macht über Leben und Tod zu erwerben, dann müssen wir verstehen, was der Tod eigentlich ist", fuhr Juan fort und sprach die stillen Gedanken der Gruppe aus. „Mein Meister, Don Benito, war wie die meisten Quechuas, ein Mensch mit ausgeprägtem Sinn für Komik und belehrte mich auf eine sehr schöne und humorvolle Weise über den Tod. Wollt ihr die Geschichte hören?"

„Ja!" Barbara und Maryann gaben ihrem enthusiastischen Einverständnis gleichzeitig Ausdruck. Andere nickten heftig mit den Köpfen. Was mich anging, so faszinierte mich das Thema, hatte aber selten andere gefunden, die bereitwillig über den Tod sprechen wollten. Ich war froh, dass Juan eine Geschichte zu erzählen hatte. Als Therapeutin hatte ich festgestellt, dass schwierige Themen stets leichter zu verdauen waren, wenn sie in Form einer Geschichte präsentiert wurden. Juan begann mit seiner Erzählung.

„Als Don Benito starb, war ich am Boden zerstört. Er war schon fast achtzig, als ich ihm zum ersten Mal begegnete, und ich arbeitete mit ihm über zehn Jahre lang, bevor er im April 1988 starb. Mein eigener Vater und ich standen uns sehr nahe, und wir unternahmen vieles gemeinsam, aber er war ein Akademiker. Über spirituelle Angelegenheiten sprachen wir beide nicht. Don Benito hingegen war so etwas wie ein spiritueller Vater für mich. Er lehrte mich alles, was er wusste, und ich liebte ihn aus ganzem Herzen.

Wie die meisten andinen Meister, wusste auch Don Benito, wann er sterben würde. Eine Woche vor seinem Tod rief er alle seine Schüler zusammen. Infolge einer merkwürdigen Panne erhielt ich die Nachricht nicht, dass er mich zu sich gerufen hatte, sodass ich nicht da war, um ihm Lebewohl zu sagen oder seine letzten Worte oder Geschenke in Empfang zu nehmen. Als man mir mitteilte, dass er gestorben sei, erlitt ich ein Trauma. Ich schleuderte meine *Mesa* gegen die Wand und schwor mir, sie nie wieder zu benutzen. Wenn mir meine ganze Ausbildung nichts weiter als dieses Leid einbrachte, war es das nicht wert, so sagte ich mir.

Glücklicherweise hatte ich Monate zuvor mit einem Schüler aus Lima vereinbart, ihm die *Hatun-Karpay*-Initiation zu geben, also die Ausbildung, die ihr jetzt erhaltet. Der Schüler kam in Cuzco an und wollte mich von meiner Verpflichtung nicht entbinden. Jetzt frage ich euch, wer ist in diesem Fall der Lehrer und wer der Schüler?" sagte er lächelnd, und seine Bescheidenheit machte ihn nur umso verehrungswürdiger. „Letztlich musste ich ihn durch die Zeremonie geleiten. Wir fingen, wie ihr auch, bei der Kathedrale an und gingen dann über zur Illia Pata, zur Plattform des Lichts - dem Ort, an dem wir zuerst mit den *Qosqos* gearbeitet haben, wie ihr euch erinnern werdet.

Ich stand auf der Illia Pata, als mir Don Benito erschien, mich anlächelte, mir meinen Unterricht gutheißend zunickte und dann wieder verschwand. Ich sah ihn so deutlich, wie ich jetzt euch alle vor mir stehen sehe. Dann erschien er hier im Tempel des Todes wieder und sagte mir in seiner üblichen Art lachend und auf seiner einzigartigen Weise, dass ich mich nicht in der Illusion des Todes verfangen dürfe, sondern über den Tod hinausgelangen müsse, um ihn zu verstehen.

Und jetzt müsst ihr über den Tod hinausgelangen", sagte Juan und bannte mich mit seinem Blick. Wir standen inzwischen auf der obersten Ebene des Tempels vor den fünf Nischen. Der Tempel bedeckte eine Fläche von etwa siebzig Quadratmetern und hatte die kunstvollsten inkanischen Steinmetzarbeiten, die wir bisher gesehen hatten. Wieder bewunderte ich die Schönheit der Wasserkanäle und steinernen Becken, in die sich das Wasser ergoss.

Ein Aquädukt überführte das Wasser vom untersten Becken über einen Weg hinüber in einen kleinen Wasserlauf auf der anderen Seite. Von dort floss das Wasser zu einer anderen Ruine, von der nur noch das steinerne Fundament übriggeblieben war. Mir fiel auf, dass dieses Steinfundament den Nischen, vor denen wir nun standen, direkt gegenüberlag. Ich hatte mehrfach gehört, dass Tambomach'ay ein Wassertempel war, sonst nichts. Jetzt erzählte uns Juan, dass er in Wahrheit eine ganz andere Funktion hatte.

„Ihr seht, dass das Wasser hier den Hauptkanal herunterkommt", Juan deutete auf den munter dahinströmenden Wasserlauf vor uns. „Dann teilt es sich in zwei Wasserläufe. Diese Trennung steht für den Moment des Todes, für die Trennung des Körpers vom Geist oder die Trennung der Energieblase von ihrem menschlichen Körper. Seht ihr nun, wie diese beiden Wasserströme in ein Becken fallen, dort unten, wo wir begonnen haben, und das Wasser von dort auf die andere Seite des Weges und zum Tempel auf der anderen Seite des Flüsschens geleitet wird?" Juan bezeichnete das steinerne Fundament als Tempel. „Das ist eine Metapher. Dies steht für die Reise über den Fluss hinüber, die die Seele nach dem Tod unternimmt."

Ich nickte. „Wie der Fluss Styx in der griechischen Mythologie."

„Genau", sagte Juan und strahlte. „Der Tempel auf der anderen Seite steht für den Ort, an den wir uns begeben, wenn wir sterben. Ihr werdet euch nun mit seiner lebendigen Energie verbinden, indem ihr in jede dieser fünf Nischen tretet und euch mit der Energie dieses Ortes auffüllt. Danach stellt ihr euch hier auf und wendet euch dem Tempel auf der anderen Seite des Weges zu. Benutzt euren *Qosqo*, um eine Brücke aus lebendiger Energie von diesem Tempel zu jenem dort drüben aufzubauen. Ich schloss die Augen und trat der Reihe nach in die Nischen mit der Intention, dass sich mein *Poq'po* mit dem des Tempels verbinden möge. Ich spürte, wie mich die vertraute Gänsehaut überzog, kurz bevor der Energiefluss des Tempels in meinen Körper einströmte. Ich nickte innerlich, ich war verbunden.

Ich wandte mich den Tempelruinen auf der anderen Seite des Weges zu. Mit meinem *Qosqo* zog ich Lebensenergie aus der Umgebung und aus den Nischen in mich hinein. Dann begann ich langsam, eine Energiebrücke aufzubauen. Einer Spinne gleich bildete ich aus meinem Körper heraus Energiestränge und wob sie zusammen. Sie wuchsen aus meinem Bauch-Zentrum, und ich dirigierte sie hinüber zu dem anderen Tempel. Meine Wahrnehmung veränderte sich. Ich konnte nun nicht nur mit meinen Augen die Tempel sehen, sondern mit meinem *Qosqo* die Qualität der lebendigen Energie auf der anderen Seite schmecken - die des Tempels des Todes. Dieser Ort war in keiner Weise leblos!

Mein Geist und mein Herz registrierten mit einem Schock, dass diese Stätte - der Tempel des Todes oder was ich für den Tod gehalten hatte - im Grunde ein anderer Bereich von lebendiger Energie war! Es handelte sich nur um einer anderen, einer feineren Art von Energie. In diesem anderen Tempel hielten sich Wesen auf, fanden Aktivität und Leben statt. Die lebendige Energie aus meinem *Qosqo* überspannte nicht nur zwei physische Orte, sondern auch zwei Sphären. Meine lebendige Energie verknüpfte sich mit jener auf der anderen Seite. Mir wurde klar, dass ich, wenn ich wollte, mich über diese eben von mir errichtete Brücke begeben und der „anderen Seite" einen Besuch abstatten konnte.

„Sollen wir gehen?" Juans Stimme unterbrach mich in meiner tiefen Trance. Ich schlug die Augen auf und sah sein lächelndes Gesicht. „Ja", bestätigte er, meine Gedanken lesend. „Ein anderes Mal wirst du über diese Brücke gehen." Wir kamen an Touristen mit gezückten Fotoapparaten vorbei. „Elizabeth", sagte Juan in dringlichem Ton und riss mich erneut aus meinem Trancezustand.

„Ja", antwortete ich benommen. Es fiel mir schwer, in die normale Welt zurückzukehren.

Er wurde etwas sanfter und lachte mich an. „Du musst lernen, unsichtbar zu werden." Ich fühlte mich von seinem Ansinnen etwas überfordert. Ich lernte gerade, meinen *Qosqo* zu benutzen und die Energiefäden zu ziehen. Ich versuchte, ein Verständnis von Tod und Macht zu gewinnen. Und nun wollte er auch noch, dass ich lernte, unsichtbar zu werden? Ich warf Juan einen hilflosen Blick zu, was ihn nur zu lauterem Gelächter veranlasste, während ich mich noch kleiner fühlte. „Ich meine, du kannst innerlich eine sehr starke mystische Erfahrung machen, aber dabei nach außen hin wie eine Touristin wirken – das ist Unsichtbarkeit."

Wir stiegen in den Bus, um nach Cuzco zurückzufahren. Für den Nachmittag war nur noch ein weiteres Ritual geplant. Unterwegs bat ich Juan, uns noch mehr über das Energiesystem der andinen Tradition zu erzählen, das sich so völlig von dem bekannteren hinduistischen Chakra-System unterschied.

„Das andine System ist im Grunde ganz einfach", wandte sich Juan an seine Busladung von Schülerinnen und Schülern, deren Gesichter und Energiekörper noch von der letzten Erfahrung im Tempel leuchteten. „Es ähnelt mehr dem taoistischen als dem hinduistischen System. Statt der Chakren oder „rotierenden Lichträder", wie sie von den indischen Mystikern und Sehern beschrieben werden, sehen unsere Priester, dass wir vier Energiegürtel oder -bänder haben, die den Körper umgeben.

Wir haben sogar spezielle *Paqos*, die mit speziellen *Khuyas* oder Steinen, die in einer Zeremonie zur Öffnung dieser *Chunpis*, oder Energiegürtel, als Instrumente benutzt werden. In der hinduistischen Tradition muss man sehr lange studieren, um die

Chakren zu öffnen. Aber im andinen System kann man mit dem *Chunpi Paqo* arbeiten und sofort eine Erfahrung machen."

Aber Juan, wer wird unser *Chunpi Paqo* sein? Kennst du einen?" fragte ich.

„Ja", erwiderte er mit bescheidenem Nicken und deutete auf sich. Als Erster hat mich 1982 Don Andres Espinoza aus Q'eros in der Kunst des *Chunpi Paqos* ausgebildet. Dann hat mir Don Benito noch einmal das Ritual übermittelt, als ich die Große Initiation beendete, und ich habe auf dem Markt einen Satz von Steinen gefunden. Ich werde heute Nachmittag nach dem Mittagessen und einer Ruhepause zu eurem Haus kommen, und wir werden die Zeremonie der Öffnung der Gürtel durchführen."

Wir kamen beim Haus der Señora an, die uns schon an der Tür im Verein mit ihren bellenden Hunden, einer lächelnden Panchita und dem kleinen José, Panchitas Helfer, begrüßte. Sie alle freuten sich sehr, uns zu sehen. Das Mittagessen wartete schon auf uns. Nach einem herzhaften Mahl, bestehend aus einer Quinoa-Suppe und *Lomo Saltado,* einem peruanischen Gericht aus Rindfleisch, Reis, Kartoffeln, Tomaten und Knoblauch, das mit einer Tasse aromatischen heimischen Tees aus Cuzco seinen krönenden Abschluss fand, hielten wir ein kleines Nickerchen oder machten Eintragungen in unsere Tagebücher, während wir auf Juan warteten. Um halb drei beschloss ich, nach unten zu gehen und nach ihm zu sehen. Dabei bemerkte ich, dass sich der Himmel stark bewölkt hatte. Nach Südwesten zu, in Richtung des *Apu* Ausangate, war er fast völlig schwarz. Ich überquerte den Hof, als ich die Glocke an der Eingangstüre hörte. Es war Juan.

„*Hola, Maestro*", begrüßte ich ihn mit einer gewissen kecken Respektlosigkeit und hielt ihm die Tür auf.

„*Hola,* Schülerin", gab Juan zurück, und wir kicherten beide, als wir den üblichen Wangenkuss zur Begrüßung austauschten.

„Komm mit nach oben. Alle warten schon." Ich eilte über den Hof voraus und nahm die Treppe in ein paar großen Sätzen. Meine Lungen hatten sich inzwischen an die Höhe gewöhnt. Oben im Flur klopfte ich wie ein Ausbildungsoffizier an die sechs Zimmertüren und gab bekannt, dass Juan eingetroffen sei und alle erscheinen sollten. Nachdem ich von allen eine entsprechende, gedämpfte Antwort bekommen hatte, ging ich zurück in die Halle. Juan war nirgends zu sehen.

Ich dachte, dass er vielleicht draußen war, um eine Zigarette zu rauchen, da er wusste, dass ich das Rauchen im Haus nicht duldete, und ging hinaus zur Außentreppe. Dort sah ich ihn stehen und gebannt auf das sich über dem Tal zusammenbrauende Gewitter starren. Er rauchte jedoch nicht.

„Juan?" fragte ich leise. Er gab keine Antwort. Ich ging ein paar Treppenstufen hinunter auf ihn zu, und als ich der Richtung seines Blicks folgte, zuckte vor uns ein riesiger Blitz nieder. Erschrocken machte ich einen kleinen Satz zurück. Juan stand noch immer reglos wie ein Berg. Der Blitz hatte bei ihm noch nicht einmal ein winziges Augenzucken ausgelöst.

Er flüsterte mir etwas zu, aber seine Stimme ging in den ersten großen Regentropfen unter, die nun auf das verrostete Blechdach über uns zu trommelten. Ich beugte mich vor, um zu hören, was er sagte. Er hielt den Blick unverwandt auf das Tal gerichtet. „Öffne deinen *Qosqo*", flüsterte er. Und dann, ich hielt mein Ohr praktisch an seine Lippen, um seine fast unhörbaren Worte zu vernehmen: „Verspeise das Gewitter."

Schrecken und Erregung zugleich durchzuckten mich angesichts der brillanten Unerhörtheit dieser Anweisung. Sogleich drehte ich mich Juans Körperhaltung imitierend um und blickte dem Gewitter entgegen. Zunächst ein wenig zögerlich, befahl ich meinen *Qosqo*, sich zu öffnen, und dehnte mich dann energetisch aus, hinein in die graue, wirbelnde Wolkenmasse, den dicht prasselnden Regen und die metallisch aufglänzenden, dünnen, zuckenden Strahlen der Blitze. Dort war eine ungeheuerliche Kraft am Werk. Ich konnte sie mit den Augen sehen. Aber was noch faszinierender war: Ich konnte sie auch mit meinem *Qosqo* schmecken. Es war eine warme, aufwühlende Empfindung und eine elektrische Woge, ein Spannungsstoß. Mein Bewusstsein verband sich irgendwie mit dem Gewitter, und ich genoss das Brausen des Windes, die elektrische Ladung der Blitze und die köstliche regenreiche Luft.

Ich begann, das Gewitter mit meinem *Qosqo* in meinen Körper zu ziehen, so als ernährte ich mich von seiner puren Kraft. War es nur meine Einbildung oder reagierte das Gewitter auf uns? Es schien, als käme es, höchst erfreut über die ihm geschenkte Aufmerksamkeit, tatsächlich näher. „Es zieht wahrscheinlich sowieso in unsere Richtung", ließ sich mein rationaler Verstand vernehmen.

Als Kind hatte ich Gewitter immer geliebt, die es im Mittleren Westen, dem Land meiner Jugend, in Hülle und Fülle gab. Und jetzt wurde mir beigebracht, das Gewitter nicht nur einfach zu genießen, sondern mich mit seiner Kraft zu verbinden. Es war wunderbar! Erstaunlich!

„Elizabeth? Juan? Wo seid ihr?" Riefen uns die Initianden. Juan legte lächelnd den Finger an die Lippen und zwinkerte mir zu. Dann wandten wir uns um und gingen die Treppe hinauf und in den Salon.

Nachdem sich alle versammelt hatten, entfaltete Juan ein wunderschön gewebtes weißes Alpakatuch. An seinem Rand war es mit einem klar umrissenen schwarzen Streifen und an seinen vier Ecken mit langen, farbenprächtigen Troddeln versehen. Darunter kam ein weiteres, weitgehend schwarzes Tuch mit leuchtend rosa geometrischem Muster zum Vorschein. Ich erkannte die speziellen Farben der Q'ero, die fein gesponnene Alpakawolle, zum spirituellen Schutz linksseitig gewebt. Ich wusste, dass Juan eine Ausbildung bei den Q'ero, einer Gruppe von Indios, die in Bergdörfern in viereinhalbtausend Meter Höhe in den Anden lebten und als direkte Nachfahren der Inkas galten, absolviert hatte und dass neben Don Benito seine anderen vorrangigen Meister Don Andres Espinoza und Don Manuel Q'espi aus Q'eros gewesen waren. Aber mehr wusste ich nicht.

Nachdem Juan dieses innere Tuch entfaltet hatte, kamen fünf bräunlich-weiße, merkwürdig gestaltete Steine zum Vorschein, jeder etwa so groß wie ein großes Ei. Alle Steine hatten merkwürdige Ausbuchtungen. Die ersten drei Steine waren unten flach und rechteckig, sodass sie aufgestellt werden konnten, und ihre Ausbuchtungen hatten die Form von ein, zwei oder drei elliptischen, nach oben weisenden Brüsten, die zum Himmel zeigten. Der vierte Stein war runder und zeigte vier Höcker, und der fünfte Stein hatte etwa die Größe eines kleinen Apfels und war wie ein fünfzackiger Stern geformt. Es sah aus, als seien die Steine ursprünglich weiß gewesen und hätten sich mit dem Alter bräunlich verfärbt. Ich fragte mich, wie alt sie wohl sein mochten.

„Dies sind die heiligen Steine, die Werkzeuge des *Chunpi Paqos*. Seht ihr hier das eingravierte Kreuz? Juan deutete auf die

Unterseite des einhöckrigen Steins. Dort war ein perfekt eingraviertes christliches Kreuz zu erkennen. „Das Kreuz zeigt, dass dieser Satz von Steinen wahrscheinlich irgendwann im siebzehnten Jahrhundert hergestellt wurde." Wir starrten die Steine überrascht an. Sie waren wunderschön, und es schien, dass sie sanft mit lebender Energie pulsierten.

„Das bedeutet, dass die *Chunpi Paqos* ihre Kunst noch lange nach der Eroberung durch die Spanier praktizierten", stellte Barbara in sachlichem Ton fest.

„Genau!" bestätigte Juan. „Aus diesem Grund gibt es auch heute noch praktizierende *Chunpi Paqos*. Und die Tatsache, dass dieser Satz von Steinen das christliche Kreuz aufweist, ist wiederum ein Beweis für die Flexibilität und das inklusive Wesen des andinen Systems." Der Gedanke war faszinierend, dass die Inkas eine völlig andere Art des Sehens, der Interpretation und der Arbeit mit dem menschlichen Energiesystem entwickelt hatten, die noch aus der Zeit vor der Ankunft der Spanier stammte; und dass sie ihre Kunst bewahrt und sogar christliche Symbole in ihre Praxis aufgenommen hatten.

„Nun", sagte Juan und zog die Aufmerksamkeit aller auf sich, indem er den ersten, einhöckrigen Stein vor uns herumschwenkte. „Wir in den Anden glauben, dass im Augenblick der Empfängnis drei verschiedene Kräfte zusammengebracht werden: die Kraft der Materie, die Kraft der individuellen Seele und die ewige Kraft des Geistes. Diese drei Kräfte treffen hier aufeinander." Juan deutete auf eine Stelle auf dem Kopf knapp über dem Haaransatz. „Wenn wir Kinder sind, ist diese Stelle noch offen, und wir empfangen durch diese Öffnung eine Menge reine lebendige Energie oder 'weißes Licht'. Aber wenn wir älter werden, schließt sich dieses Energiezentrum. Wir werden diesen Stein benutzen, um es wieder zu öffnen."

Juan arbeitete nun mit diesen heiligen Steinen, um jeden unserer Energiegürtel zu öffnen. Er begann mit dem Steißbeinzentrum und dem mit dem Geist des Wassers assoziierten schwarzen Gürtel. Dann wanderte er hoch zum *Qosqo*, dem Zentrum des der Erde zugeordneten roten Gürtels. Als Nächstes benutzte er einen seiner speziellen Steine, um das Herzzentrum mit seinem goldenen, mit dem Feuer und der Sonne assoziierten Gürtel zu öffnen. Der mit dem Kehlzentrum verbundene Energiegürtel war silbern und dem Wind zugeordnet. Abschließend setzte er den fünften Stein ein, um den Punkt zwischen den Augenbrauen zu öffnen, lilafarben und mit den feinsten Energien der höheren Welt assoziiert. Für jeden Energiegürtel verwendete er einen anderen Stein.

Während Juan geduldig der Reihe nach mit jeder Person arbeitete und der Rest von uns zusah, nahmen der Sturm und das Gewitter stetig an Stärke zu. Ich musste einige Male aufstehen, um die Tür zur Außentreppe zu schließen, die von den heftigen Windböen immer wieder aufgerissen wurde. Als der Abend hereindämmerte und es im Zimmer dunkel wurde, tobte das Gewitter so heftig, dass wir im Licht der unentwegt zuckenden Blitze fast ausreichend sehen konnten. Niemand stand auf, um Taschenlampen zu holen oder in irgendeiner Form Licht zu machen. Der Lichtschein der Blitze auf den Gesichtern von uns Initianden war ein herrlicher Anblick. Es schien, als würde die Natur selbst ihre Kräfte dazugeben und in einer Freudenfeier unsere Zeremonie segnen.

Juan arbeitete unermüdlich, wiederholte mit jedem Wechsel der heiligen Steine die Gebete und hielt dann inne, um ein langes Gebet zu sprechen, bevor er sich der nächsten Person zuwandte. Bald würde ich drankommen, und ich war neugierig festzustellen, ob ich all die von Juan beschriebenen Dinge sehen oder ob ich überhaupt irgendetwas fühlen würde.

Als die Reihe schließlich an mir war, hatten sich alle anderen in ihre Zimmer zurückgezogen, weil sie entweder zu entspannt oder noch in einem zu veränderten Wahrnehmungszustand waren, um noch etwas anderes tun zu können. Juan ging einen Moment hinaus, um aus dem Gewitter noch mehr lebendige Energie in sich aufzunehmen. Dann kam er zurück und trat auf mich zu. Er senkte den Kopf und begann zu beten. Die erste *Khuya* hielt er fest in seiner Hand umschlossen. Ich schloss die Augen, da ich einen Zustand wacher Aufmerksamkeit beibehalten wollte.

Ich spürte auf meinem Kopf die kühle sanfte Berührung des ersten Steins und dann sofort ein warmes Kribbeln in den Haarwurzeln um diese Stelle herum. Meine Arme überzogen sich mit einer Gänsehaut. Dann war da auf einmal eine Art weiches *„Plopp"* und ein Lichtblitz. Es muss ein Blitz gewesen sein, kommentierte mein Verstand.

„Fühlst du es?" flüsterte Juan. Ich nickte, da ich nicht zu sprechen vermochte. Ich war wieder in einen tiefen Trancezustand geglitten. Er wechselte die *Khuyas,* und ich spürte ein Wärmeempfinden zu meinem Hinterkopf ziehen, wo es in zwei Bassins zu fließen schien. „Fühlst du die Trennung der Felder?" fragte er. Ich nickte. Ich musste mich nicht einmal bemühen, so leicht war es zu spüren. Ich fühlte, wie sich die goldene und die silberne Schnur von meinem Nacken aus nach unten zogen. Die Goldene rechts, die Silberne links. Die *Khuya* bewegte sich mein Rückgrat hinunter, aber mein Gewahrsein eilte ihr voraus. Es war blitzschnell an meinem Steißbeinzentrum angelangt, das sich zu einer wunderschönen grünen Blüte öffnete, genau in der Farbe der grünen *Ñust'a.* Dann raste dieses Grün mein Rückgrat hoch, verschmolz mit dem Silber und dem Gold und wurde zu einem lebendigen, glänzenden Schwarz.

Juans *Khuya* war gerade bei meinem Steißbein angelangt.

„Offen?" fragte er. Er wollte wissen, ob ich fühlte, dass es offen war. „Ja." Meine Zunge hatte sich etwas gelockert und ich konnte wenigstens flüstern. Ich beobachtete dieses intensiv pulsierende schwarze Licht. Das Schwarz war mit Gold und Silber durchzogen, aber das war es nicht, was es so leuchten ließ. Vielmehr verliehen das Gold und Silber dem Schwarz Dimension und Volumen. Das schwarze Licht knisterte und pochte in meinem Nacken. „Jetzt mische die Drei zusammen", wies mich Juan an.

„Schon geschehen", erwiderte ich leise.

„Aha, du eilst mir voraus", lachte Juan. „In Ordnung. Bringe das schwarze Licht in dein Steißbeinzentrum hinunter." Dieses Schwarze Licht war eine kecke und launische Kraft, und ich musste ziemlich viel Willensstärke aufbringen, um sie in mein Steißbeinzentrum zurück zu dirigieren. Juan zog rasch den schwarzen Gürtel um mein Becken, indem er mit seiner *Khuya* meine Hüften umrundete, und versicherte sich, dass der Gürtel vorne und hinten angekoppelt war. Ich konnte diesen Gürtel spüren, als würde ich ihn tragen, als wäre er mir aufgeprägt worden. Er führte seine *Khuya* vom Unterleibszentrum hinauf zu einer Stelle etwa neun Zentimeter über meinem Bauchnabel und direkt über meinem Zwerchfell, meinem *Qosqo.* Er drückte die *Khuya* leicht in den Körper.

„Offen?“ fragte er. Ein pulsierender, roter Strom floss in meinen *Qosqo,* und noch bevor er seine *Khuya* wieder in Bewegung setzte, fühlte ich schon, wie sich der rote Gürtel fast von allein um mich legte. Er führte die *Khuya* um die linke Seite meines Rumpfes bis zum Rückgrat und dann wieder zurück zu meinem Bauch. Dann führte er sie um die rechte Seite meines Rumpfes und hielt sie gegen mein Rückgrat. „Verbunden?“ fragte er. Ein roter Gürtel pulsierender Energie zog sich nun rings um die Mitte meines Körpers. Ich nickte mit geschlossenen Augen.

Er führte die *Khuya* zur Brustmitte hinauf, und ein warmes goldenes Feuer erwachte in meinem Herzen. Und während er nun mit der *Khuya* den oberen Bereich meiner Schultern umkreiste, sah ich, wie sich dieses goldene Feuer von meinem Herzen ausbreitete, meinen ganzen Brustbereich umschloss und einen Gürtel tief goldenen Lichts bildete. Nun bewegte Juan die *Khuya* zu meiner Kehle, und ich hörte in meinem Ohr das Singen der silbernen *Ñust'a* und sah und fühlte, wie sich das silberne Licht in meinem Kehlzentrum konzentrierte. Juan wechselte die *Khuya,* vollführte mit ihr einen Kreis um meinen Hals und schloss den silbernen Gürtel vorne und hinten an. Dann zog er eine Linie mit einem der Höcker der *Khuya* von der Kehle über die Mitte meines Gesichts bis hinauf zu dem Punkt zwischen den Augenbrauen.

„Nimm nun die violette Energie aus meiner *Khuya* in dir auf“, wies er mich auf. Wieder geschah es fast von allein. Und ich konnte nicht sagen, was zuerst da war, seine Anweisung oder das violette Licht.

Es war ein herrliches, sattes Violett - meine Lieblingsfarbe seit meiner Kindheit. Kein dunkles, sondern ein helles, leuchtendes Violett. Die Farbe schien von innen heraus zu leuchten, so wie es auch bei dem Schwarzen Licht gewesen war - eine Art glühendes Violett. Die Farbe selbst war reine Freude.

„Ja, so ist es richtig. Genieße es“, sagte Juan. Erst da merkte ich, dass sich, während ich die violette Energie in mich aufnahm, ein tiefes Lächeln auf meinem Gesicht ausgebreitet hatte. „Jetzt entlass deine ganze schwere Energie in meinen Stein.“ Juan drehte den Stein um, so das nun der zentrale Höcker auf der gegenüberliegenden Seite des Steins meine Stirn berührte. Ich ließ meine *Hoocha* ausfließen, fühlte mich leichter, und mein Bewusstsein wurde auf angenehme Weise leer. „Jetzt kannst du die ganze violette Energie absorbieren", sagte Juan. Ich stand lange Zeit da und erfühlte die wunderschönen Farben in meinem *Poq'po*. Dieser fühlte sich nun anders an - dick und rund und prall und gesund! Ich erzählte es Juan, und er lachte und nickte. „So, nun hol die anderen", sagte er, „ich habe euch noch ein paar Dinge zu sagen, bevor ich gehe."

Nachdem wir uns ziemlich erschöpft noch einmal versammelt hatten, wandte sich Juan an uns als Gruppe. „Eure *Poq'pos* sind nun vollständig aufgeladen. Das bedeutet, dass viele kleine Anhaftungen an euren *Poq'pos* entfernt worden sind. Eure Beziehungen zu anderen Leuten mögen sich unter Umständen verändern, und ihr könnt sicher sein, dass auch die Reaktionen der Betreffenden auf euch anders ausfallen werden. Seid euch darüber in klaren, dass ihr nun eine Menge Projektionen von anderen abbekommt. Weil eurer *Poq'po* gefüllt ist und mit der Natur im Einklang steht, kann es ein, dass ihr Eifersucht und Projektionen des Schattens anderer auf euch zieht. Denkt daran, ihr müsst deren schwere Energie verspeisen. Das ist die Praxis, auf die ihr euch nun eingelassen habt. Jetzt werde ich euch noch mehr über unseren Weg erzählen, denn morgen ist unsere Krönungszeremonie.

Der Punkt, um den es hier geht, ist der, dass ihr zur „Seherin" beziehungsweise zum "Seher" werdet - die andine Bezeichnung dafür lautet *Qawaq*. Wenn wir uns die großen Traditionen unserer Zeit ansehen, so befassten sich die Griechen in erster Linie mit abstrakten Ideen, gedanklichen Entwürfen." Juan sprach nun mit neuer Tiefe und Klarheit, und seine Augen glitzerten, während er sich für sein Thema erwärmte.

„Nach ihrer Anschauung hatten das theoretische Wissen und der Aufbau von wunderschönen Gedankengebäuden wie etwa dem der Mathematik vorrangige Bedeutung. Die Juden hingegen beschäftigten sich hauptsächlich mit Geboten und Regeln, und so waren in ihrer Tradition, allgemein gesprochen, die Zehn Gebote Moses' als ihr moralisches Gesetz von höchster Bedeutung.

Die andinen Propheten legen den Akzent auf andere Dinge. Für sie ist *Wahrnehmung* das Allerwichtigste. Ja, Ideen und Gebote sind ebenfalls von Bedeutung, aber für uns hat die *Wahrnehmung* Vorrang. Das heißt, eine wirklich entwickelte Person ist fähig, hinter allen Manifestationsformen die Welt der lebendigen Energie zu sehen.

Die westliche Kultur als solche ist sehr visuell orientiert. Ihr legt großen Wert auf eure äußere Erscheinung und die Information, die ihr durch euer physisches Sehvermögen erhaltet. Selbst die hinduistische Tradition bezeichnet die spirituelle Sicht als das 'dritte Auge'. Wobei die physischen Augen die anderen beiden Augen sind. Aber das *Qawaq*-Auge heißt in unserer Tradition das 'siebte Auge', und ich werde euch sagen, warum.

Mit der Zeremonie der heiligen Steine haben wir eure vier Energiegürtel geöffnet, und jeder Gürtel hat ein Zentrum oder ein 'Auge': das Steißbein, der Bauch, das Herz, die Kehle. Diese betrachten wir als die ersten vier 'Augen'. Nehmt eure zwei physischen Augen hinzu, das ergibt zusammen sechs. Wenn diese sechs Augen erst einmal geöffnet sind, dann seid ihr für die Öffnung des Punkts zwischen den Augenbrauen bereit. Dieser Punkt wird das siebte Auge genannt.

Eine Seherin beziehungsweise ein Seher zu werden, bedeutet in unserer Tradition, dass alle sieben Augen offen sind und ihr mit eurem ganzen Körper, mit eurem ganzen *Poq'po*, mit eurem ganzen Energiekörper sehen oder wahrnehmen könnt. Das ist ein sehr hoch entwickeltes Maß an Wahrnehmungsvermögen, das sogar nur sehr wenige unserer Priester der vierten Ebene erlangt haben.

Don Benito gehörte zu den wenigen. Ich habe euch erzählt, dass sich die andinen Mystiker auf eine Wirklichkeit der lebendigen Energie und die direkte Wahrnehmung dieser Energiewelt gründen. Um das besser zu verdeutlichen, würde ich euch gerne eine Geschichte über Don Benito erzählen." Wir nickten zustimmend, und Juan fuhr fort.

„1968 stand ich mit einer Gruppe von Leuten in Verbindung, die sich intensiv mit den Lehren des Maya-Kalenders beschäftigten. Sie hatten ein Datum für eine große globale Transformation entdeckt. Dieser Tag sollte im August 1987 sein. Die Gruppe fragte mich, ob die andinen Propheten aus ihrer Sicht dieses Datum bestätigen könnten. Ich sagte ihnen, dass ich nachfragen würde. Und so machte ich mich in das kleine Dorf Huasao auf, um Don Benito aufzusuchen.

Wir unterhielten uns in seinem Haus, und ich erzählte ihm von diesem Datum und seiner vermuteten Bedeutung – als Zeitpunkt der Transformation für die gesamte Menschheit und die ganze Welt. Don Benito hörte sehr aufmerksam zu, stand dann wortlos auf und ging hinaus. Nach einigen Minuten trat ich vor die Tür, um zu sehen, wohin er verschwunden war, und fand ihn vor dem Haus stehend und hinunter ins Tal in Richtung Cuzco blickend. Er stand ganz still, und so störte ich ihn nicht und ging wieder ins Haus. Als er zurückkam, schüttelte er nur einfach den Kopf und sagte: 'Nein. Noch nicht.'

'Aber, Don Benito', protestierte ich, 'woher weißt du das? Wie kannst du dir so sicher sein, wo doch meine Freunde Monate gebraucht und mathematische Berechnungen angestellt haben, um zu diesem Datum zu gelangen?

Don Benito lachte nur und sagte: 'Ich weiß es, weil ich es gesehen habe. Der *Poq'po* von Cuzco ist erst auf halber Höhe der Berge. Ist die Zeit gekommen, von der deine Freunde sprechen, muss er bis zur Spitze der Berge reichen. Diese Zeit ist noch nicht reif - aber sie kommt. Sag das deinen Freunden. Damit schien Don Benito andeuten zu wollen, dass die Daten hinsichtlich der Vorhersagen und Prophezeiungen ungewiss, veränderlich sind. Wir müssen uns hier auf etwas so Unmittelbares wie die direkte Wahrnehmung von Energie verlassen."

„Aber Juan, du hast uns eigentlich noch nichts über die Prophezeiungen erzählt. Wie passt das alles zusammen? Was genau beinhalten diese Prophezeiungen? Was besagen sie?" fragte Maryann in dringlichem Ton.

„Ich habe in den letzten zwölf Jahren Nachforschungen über die Prophezeiungen angestellt und sie gesammelt. Das ist schwierig, da es keine schriftlichen Aufzeichnungen gibt, nur mündliche Überlieferungen. Die Prophezeiungen sprechen ganz direkt von dieser historischen Zeitspanne als von einer Phase der Transformation, die wir in den Anden als *Taripay Pacha* bezeichnen. Das bedeutet wortwörtlich 'Zeitalter, in dem wir uns wieder selbst begegnen' und bezieht sich auf die Möglichkeit eines goldenen Zeitalters menschlicher Fülle. Dies ist die Zeit, in der die Menschen wirklich anfangen müssen, zusammenzuarbeiten. Aber es ist auch die Zeit, in der wundersame Ereignisse stattfinden können und müssen. Lasst mich das erklären.

Der 1. August 1993 markierte das Ende des *Pachakuti* - einer kosmischen Umwandlung - in der die Erde auf die erste Phase der *Taripay Pacha* vorbereitet wurde. Diese Anfangsphase soll von 1993 bis zum Erscheinen der fünften Ebene des Bewusstseins andauern. Wir haben zwar schon von der fünften Ebene gesprochen, doch ihr wisst noch nicht, dass ein Priester der fünften Ebene eine Person sein wird, die mit übernatürlichen Heilkräften ausgestattet ist. Sie muss imstande sein, mit nur einer einzigen Berührung jeden Menschen von jedem Problem oder jeder Krankheit zu heilen und imstande sein, dies jederzeit zu tun."

„Könnte das jemand sein, der das Schwarze Licht gezähmt hat?" fragte ich nervös.

„Das ist höchst wahrscheinlich", bestätigte Juan und fuhr in seiner Erzählung fort. „Die zweite Phase wird bis zur Manifestierung des Inka Sapa dauern, eines Priesters der sechsten Ebene des Bewusstseins, einer Person, die über außergewöhnliche Führungsqualitäten, Fähigkeiten der gesellschaftlichen Organisation und politisches Können verfügt. Eine Person, die das Inka-Reich wieder aufbauen kann, aber es zu einer sehr viel größeren Blüte gelangen lässt, als in den alten Zeiten erreicht wurde. Die voll ausgebildete Form des *Taripay Pacha* wird ihren Anfang nehmen, wenn die Priester der sechsten Ebene in Erscheinung treten, was etwa um das Jahr 2012 sein könnte. Diese Angaben sind ungewiss, weil dies alles nur eine Gelegenheit zur Entwicklung darstellt. Wir - die Menschheit - müssen die Rückkehr des Inka vorbereiten.

Die Zeitspanne von 1993 bis 2012 stellt eine 'kritische Phase' in der Entwicklung des kollektiven Bewusstseins dar. Diese neunzehn Jahre markieren die Zeit, in der ein signifikanter Prozentsatz der Menschheit von der dritten in die vierte Ebene überwechseln kann und muss. Wir müssen imstande sein, die Angst weit hinter uns zu lassen, und lernen, unsere kulturellen Talente und Errungenschaften miteinander zu teilen. Wenn wir lernen, *Ayni* wahrhaft zu leben - das heilige Gesetz der Gegenseitigkeit, des Austauschs und der Zusammenarbeit - und unser ganzes gesammeltes Wissen ohne Angst voreinander miteinander zu teilen, dann können wir unsere Ganzheitlichkeit entdecken, die Stückchen des Puzzles zusammenfügen, das unsere menschliche Familie ausmacht, unser *Ayllu*. Es liegt bei den

Menschen der Welt, bei uns, das Beste aus dieser kritischen Phase zu machen und das *Taripay Pacha* herbeizuführen. Wir dürfen diese Gelegenheit nicht versäumen!

Morgen ist der neunte Tag eurer Initiation, und ihr solltet euch darüber im Klaren sein, dass das Erreichen der vierten Ebene bedeutet, dass ihr stets mit dem gleichen Gefühl für das Heilige im Herzen eine Synagoge, einen hinduistischen Tempel, eine katholische Kirche, eine islamische Moschee, ein tibetisches Kloster, einen buddhistischen Tempel oder eine andine Höhle betreten könnt.

Diese Fähigkeit kennzeichnet eine Person, die gerade die vierte Ebene erreicht, eine Person, die die *Huaca,* die heilige Energie eines Menschen, eines Ortes oder Gegenstandes direkt sehen, fühlen und erkennen kann. Diese Menschen können durch die Symbole und Zeichen hindurch, darüber hinaus sehen, sich in ein direktes energetisches Wahrnehmungsvermögen versetzen. Das ist es, was es wirklich bedeutet, ein *Qawaq,* eine mystische Seherin, beziehungsweise ein mystischer Seher zu sein. Die andinen Propheten gelangten über die direkte Wahrnehmung und Interaktion mit der Welt der lebendigen Energien zu einem Verständnis dessen, was geschieht und was geschehen wird und dadurch zu ihren Voraussagen.

Morgen gehen wir für die Krönungszeremonie in den Tempel des Wiraqocha. Das ist der richtige Ort, um über die gesamte Prophezeiung zu sprechen. Ihr habt in den letzten Tagen Weisheit, Erfahrung und, was am Wichtigsten ist, Energie angesammelt. Wenn ich euch zu einem früheren Zeitpunkt von den Prophezeiungen erzählt hätte, wären es nur bloße Worte für euch gewesen. Jetzt seid ihr vielleicht imstande, nicht nur die Worte, sondern auch die Inhalte und Bedeutungen dessen, was ich euch morgen erzählen werde, zu verstehen. Schlaft gut, heute Nacht. Ich werde euch morgen früh mit dem Bus abholen. Seid auf eine lange, lange Fahrt vorbereitet."

14. KAPITEL

Inka Mallku: Die fünfte Ebene

Wir standen ehrfürchtig vor dem gewaltigen Inka-Tempel, dessen viereckige Säulen aus hellen pfirsichfarbenen Steinen und Ziegeln an die fünfzehn Meter in den tiefblauen Himmel der Anden ragten. Zehn in geordneter Formation stehende gigantische Säulen, die in ihrer Form menschlichen Gestalten ähnelten, zogen unsere Aufmerksamkeit und unsere Bewunderung auf sich. Sie bildeten eine Säulenwand, die sich mitten durch den Haupttempel zog. Und dorthin folgten wir nun Juan und bildeten am Fuß dieser Steinriesen erwartungsvoll einen Kreis. Scheu und Staunen hatten uns verstummen lassen. Auf diesen Augenblick hatten wir alle gewartet.

„Nun werde ich euch etwas über diesen Ort ... und die gesamte Prophezeiung über die Rückkehr des Inka erzählen." Juan sprach langsam, ruhig und in gewohnt sachlichem Ton. „Das ist der Tempel des Wiraqocha, der von Inka Wiraqocha, dem achten Inka und Vater des Pachakuteq, erbaut wurde. Wie ihr bereits wisst, ist Wiraqocha der andine Name für Gott im selben Sinne wie Jahwe oder Allah, und bezieht sich auf eine metaphysische oder unsichtbare schöpferische, intelligente Kraft hinter allen Phänomenen der sichtbar manifestierten Welt. Man sagt, dass der achte Inka eine Offenbarung dieser göttlichen Weisheit erhalten und deshalb den Namen Inka Wiraqocha angenommen habe. Er baute diesen Tempel im fünfzehnten Jahrhundert zu Ehren seines Gottes.

Der Wiraqocha-Tempel ist der wichtigste Tempel, sogar noch wichtiger, kraftvoller und heiliger als Machu Pikchu. Am ersten Tag der *Hatun Karpay* fingen wir, dieser heiligen Geografie folgend, beim *Qosqo*, der Kathedrale am Hauptplatz von Cuzco, an. Von dort begaben wir uns zur Basis dieses Systems, nach Machu Pikchu. Jetzt befinden wir uns an seinem Scheitelpunkt. Merkwürdigerweise liegen Machu Pikchu in zweitausend fünfhundertsechzig, der Hauptplatz von Cuzco in dreitausendzweihundert zweiundneunzig Meter und der Tempel hier in dreitausendfünfhundert siebenundneunzig Meter Höhe. Im Bereich von Cuzco haben wir hauptsächlich mit der *Kay Pacha*, mit den *Apus* und den Wesen und Energien dieser Welt gearbeitet. In Machu Pikchu arbeiteten wir sehr stark mit der *Ukhu Pacha*, der inneren Welt. Hier werden wir vor allem mit der *Hanaq Pacha*, der oberen Welt, arbeiten." Ich fand es seltsam und faszinierend, dass diesem zehntägigen Ritual eine so ausgeprägte Struktur zugrunde lag.

„In Inka-Zeiten", erzählte Juan weiter, „gab es nicht nur eine, sondern, den zwölf Stämmen entsprechend, zwölf königliche Familien oder Abstammungslinien. Weil uns dieses Krönungsritual durch die mündliche Überlieferung erhalten blieb, das stets von Leuten wie Don Benito und seinen Meistern weitergegeben wurde, wissen wir, wie zu Zeiten der Inkas die Wahl des neuen Inka- Herrschers vollzogen wurde. Ihr werdet sehen, dass diese Tempelanlage zwölf Häuser oder Tempel aufweist - für jede königliche Familie einen. Wenn es an der Zeit war, den nächsten *Sapa*-Inka zu wählen, was 'einziger Herr' oder 'Hoher König' bedeutet, versammelten sich hier alle zwölf Familien und präsentierten ihren Kandidaten. Dieser war gewöhnlich derjenige unter ihnen, der am besten und effizientesten die einem Inka obliegenden wichtigsten Dinge und Arbeiten durchführen konnte, die spirituelle Arbeit eingeschlossen."

Wir ließen den Blick über die zwölf Tempel schweifen und versuchten uns vorzustellen, wie es wohl gewesen wäre, in Inka-Zeiten Zeuge eines solchen Ereignisses gewesen zu sein.

„Weil die Inkas ein zentralisiertes Herrschaftssystem hatten, dessen Verwaltung alle ökonomischen, sozialen und spirituellen Angelegenheiten des Landes regelte, musste der seine jeweilige

Familie repräsentierende Kandidat der beste Ökonom, der beste gesellschaftliche Organisator *und* die spirituell am höchsten entwickelte Persönlichkeit sein. So gesehen, vertrat die Inka-Kultur das genaue Gegenteil der extremen Spezialisierung, die wir heute in der westlichen Kultur erleben. In Inka-Zeiten musste man alle Aufgabenbereiche meisterhaft beherrschen.

Jede Familie stellte ihren Kandidaten vor und führte anschließend gemeinsam viele Rituale durch, um ihrem Herrscher-Aspiranten Kraft zu geben und ihn zu unterstützen. Die so von ihrer Gemeinschaft getragenen Bewerber schlossen sich dann mit den anderen Konkurrenten zusammen und führten das Ritual durch, das auch wir absolvieren werden. Am Ende dieser Zeremonie, die von dem einen Ende der Tempelanlage zu ihrem anderen Ende führte, würde einer der Kandidaten beginnen, buchstäblich in einem strahlend hellen Licht zu leuchten, das von allen Anwesenden wahrgenommen werden konnte. Dieser 'Erleuchtete' war der nächste *Sapa*-Inka, von Wiraqocha - von Gott selbst - auserwählt."

Ausrufe des Erstaunens waren zu hören, und jemand sagte: „Könnt ihr euch vorstellen, unsere Präsidentenwahlen würden so ablaufen?"

„Wir wissen auch, dass der Inka gemeinsam mit seiner *Qoya*, einer spirituell ebenso hoch entwickelten Gefährtin, herrschte. Den Beweis dafür werdet ihr beim Ritual selbst entdecken. Okay?" Juan blickte ringsum in die Gesichter und forschte nach Zeichen des Verständnisses, bevor er fortfuhr.

„Inzwischen muss euch klar geworden sein, dass sich das Wort *Inka* auf eine spirituelle Ebene oder einen *spirituellen Seinszustand* bezieht. Der *Sapa*-Inka, derjenige, der während des Rituals leuchtet, ist ein Priester der sechsten Ebene. In andinen Begriffen ist die Fähigkeit des Leuchtens ein Hinweis auf eine Person, die sich auf der sechsten Bewusstseinsebene befindet, wie Moses es zum Beispiel war. Wir glauben, dass jeder Inka-Herrscher - angefangen bei Wiraqocha bis hin zu Huaskar - auf diese Weise erwählt wurde.

Den Prophezeiungen zufolge hat die Welt nach dem 1. August 1993 die notwendige kosmische Umstrukturierung erfahren, um die Bedingungen für eine Rückkehr der spirituellen Wesen der sechsten Ebene zu schaffen."

„Aber Juan, ich dachte, wir würden nur in die vierte Ebene initiiert. Was ist mit der fünften Ebene?" fragte Maryann.

„*Hatun Karpay*, die Große Initiation, ist das Ritual, das uns von der dritten zur vierten Ebene befördert. Aber das Ritual, das wir heute in diesem Tempel durchführen werden, gestattet uns, Kandidaten der fünften Ebene zu werden. Einer Ebene spiritueller Entwicklung, die der prophezeiten Rückkehr des *Sapa*-Inka und der *Qoya* vorausgehen muss. Ich habe euch gestern erzählt, dass wir uns den Prophezeiungen der andinen Meister zufolge gegenwärtig in der Anfangsphase von *Taripay Pacha* befinden. Und während dieser Zeitspanne - also etwa von 1993 bis zum Jahr 2012 - können jederzeit Priester der fünften Ebene erscheinen. Männliche Priester der fünften Ebene nennen wir *Inka Mallku*, das heißt Menschen, die der Inka-Abstammungslinie angehören. Die Priesterinnen bezeichnen wir als *Ñust'a*, Prinzessin.

Juan hielt inne, um an seiner Zigarette zu ziehen, was uns einen Augenblick Zeit ließ, diese Fülle an Informationen zu verdauen. „Das Erkennungszeichen eines Priesters der fünften Ebene ist seine Fähigkeit, jegliche Störung, Verletzung oder Krankheit mit einer einzigen Berührung heilen zu können. Und das immer und zu jeder Zeit. Heute verfügen wir über einige ausgezeichnete Heiler. Aber manchmal können sie heilen und manchmal nicht. Warum? Das Erscheinen des *Inka Mallku* kennzeichnet einen entscheidenden Schritt in der Spirale menschlicher Evolution. Die Menschheit muss auf diese Transformation vorbereitet sein, denn dieser Schritt bedeutet, dass wir als Spezies über die Grenzen des individuellen Karmas hinaus gelangt sind, für das die Krankheiten im einzelnen stehen mögen, und auf die Ebene des Gruppen-Karmas überwechseln."

„Aber Juan, woher kommen diese Prophezeiungen?" fragte Barbara.

„Dies sind die Prophezeiungen der zeitgenössischen andinen Meister, und in ihnen wird genau gesagt, wie und wo jeder *Inka Mallku* und jede *Ñust'a* erscheinen wird. Lediglich das 'Wann' ist nicht genau festgelegt. Nur zwei meiner Meister verfügten über das Wissen der gesamten Prophezeiung: Don Benito Qoriwaman, der der Huaskar-Linie angehörte, und Don Andres Espinoza, Angehöriger der Inkari-Linie aus Q'eros.

Durch meine Forschungen und mein Studium unter Anleitung dieser beiden Meister kamen die erste Linie des ersten Inkas namens Inkari und die des letzten Inkas namens Huaskar, zusammen. In all den fünfundzwanzig Jahren meines Studiums dieser geheimnisvollen Tradition charismatischer Priester habe ich immer und immer wieder, sogar auch bei den Aufständen der Indios im siebzehnten Jahrhundert, das sich wiederholende Thema der Rückkehr des Inka gefunden. Dies zeugt vom tief religiösen und unerschütterlichen Wesen der Bewohner der Anden, das die Spanier nie besiegen konnten.

Die Indios aus Q'eros sind nachgewiesenermaßen die direkten Nachfahren der Inkas. Sie sind die Hüter des 'Geistes des Inka', diejenigen, die über fast fünfhundert Jahre hinweg, die inkanische Lebensweise bewahrt haben. Diese modernen Inkas vertreten eine 'Öko-Religion', wie ihr sagen würdet, und für sie ist, im Gegensatz zum Westen, eine tiefe, mit der Natur verwobene Spiritualität die einzige Basis, auf die sich ein echter politischer Führer berufen kann. Heute leben nur noch ein paar Hundert Q'ero."

„Juan, war es nicht dein Vater, der 1955 die Q'ero entdeckte?" fragte ich, mich der Worte des Touristenführers entsinnend, der mir damals Juans Name und Telefonnummer gegeben hatte.

„Ja", erwiderte Juan bescheiden. „Mein Vater setzte sich auch gemeinsam mit einigen anderen Anthropologen für die Befreiung der Q'ero aus der Versklavung durch die Landbesitzer und für die Zurückgabe ihres Territoriums im Jahr 1959 ein." Offensichtlich gab es an der Geschichte der Q'ero noch viel zu enthüllen. Juan fuhr mit seinen Erklärungen fort.

„Nachdem mir mein Meister Don Benito die Initiation in die vierte Ebene gegeben hatte, sprach er mit mir über die gesamte zehntägige *Hatun Karpay* – und auch über die Krönungszeremonie. Dabei passierte etwas Merkwürdiges. Statt seine Worte zu hören, begann ich, vor meinem inneren Auge Bilder von all den Orten zu sehen, die er erwähnte. Dann merkte ich, dass er nicht Spanisch oder Quechua sprach, in der gleichen Sprache, in der er am Tag unserer ersten Begegnung zu mir geredet hatte. Dies war das zweite und letzte Mal, dass ich ihn in dieser Weise sprechen hörte.

Als Don Benito mit mir über die Krönungszeremonie sprach, erzählte er auch, dass sie beinahe verloren gegangen wäre. Weil es über vierzehn Jahre lang nicht genügend Priester der vierten Ebene gab, die die gesamte Zeremonie hätten vollziehen können. Das Quechua-Wort für Ritual ist *Pukllay,* was wortwörtlich 'heiliges Spiel' bedeutet. Ihr seht also, dass wir, wenn wir heute 'das Ritual durchspielen', in gewisser Weise auch für seine Bewahrung sorgen.

Inzwischen müsstet ihr auch erkannt haben, dass diese spirituelle Arbeit die gemeinsame Bemühung um eine Zusammenarbeit menschliche Energie mit der Natur bedeutet. Hier in den Anden haben wir nie vergessen, dass wir Teil der Natur sind. Und um uns zu unserer krönenden Herrlichkeit zu entwickeln, müssen wir innerhalb der größeren natürlichen Ordnung der Pachamama mitwirken. Die Rituale, die wir im Verlauf der *Hatun Karpay* erlernen, lehren uns, unsere *Poq'pos,* unsere 'Energieblasen', miteinander und mit den Energien der Natur zu verbinden. Doch für meinen Meister stellte die *Hatun Karpay* nur einen Schritt auf dem Weg zur Kandidatur für die fünfte Ebene dar."

Da wir uns gerade erst mit der vierten Ebene vertraut machten, fiel es uns schwer, uns die Anstrengungen für die fünfte Ebene vorzustellen. „Den Prophezeiungen zufolge wird der Ort des Erscheinens des ersten Priesters der fünften Ebene, des *Inka Mallku,* das Fest in Qollorit'i sein. Das ergibt sehr viel Sinn, denn das ist ein kollektives Ritual, an dem über siebzigtausend Menschen teilnehmen, und es findet am Fuß eines Gletschers statt."

„Du meinst, dass dieser Ort - Qollorit'i - tatsächlich die Örtlichkeit ist, wo der erste Inka Mallku in Erscheinung treten wird?" fragte Maryann mit weit aufgerissenen Augen.

„So ist es", erwiderte Juan. „Mein Meister schickte mich neun Jahre lang nach Qollorit'i, bevor ich die wahre Bedeutung dieses Festes erkannte. Jedes Jahr kehrte ich zu Don Benito zurück und sagte: 'Meister, ich habe dies und jenes gesehen.' Jedes Mal schüttelte er den Kopf und erwiderte: 'Du musst nächstes Jahr wieder hingehen.' Nun will ich euch die Quintessenz meiner neunjährigen Erfahrung weitergeben.

Das Fest in Qollorit'i ist die Zusammenkunft einer riesigen Anzahl von Pilgern, die von überall aus den Anden dorthin kommen und die alle von tiefer Hingabe und Frömmigkeit erfüllt sind. Sie bringen ihre Ikonen und Tänzer mit, und es werden große Tanzwettbewerbe unter den Gruppen der verschiedenen Regionen veranstaltet. Zum Abschluss findet eine riesige Prozession satt. Mit der Unterstützung meiner Frau Lida konnte ich schließlich im neunten Jahr mit meinem siebten Auge sehen, dass sich infolge dieses Gruppenrituals ein enorm großer kollektiver *Poq'po* der lebendigen Energien bildete. Als ich Don Benito davon berichtete, lächelte er mich an und sagte: 'Jetzt fängst du an, zu verstehen.'

Und tatsächlich begreife ich jetzt, dass diese riesengroße Ansammlung menschlicher seelischer Energie zusammen mit der natürlichen Kraft dieses Ortes die Bedingungen für das Erscheinen des ersten *Inka Mallku* schaffen kann. Alle Pilger und Pilgerinnen, die an diesem Fest teilnehmen, spielen bewusst, oder in der Mehrheit unbewusst, ihre jeweilige Rolle bei der Erfüllung der Prophezeiungen. Durch unsere kollektive Energie werden große Wunder möglich. Wir haben Glück, weil wir über ein bewusstes Wissen von unserem Tun verfügen. Bei dem Festival werden öffentliche und private Rituale abgehalten, die mit der Erfüllung der Prophezeiung zu tun haben und alle Rituale beinhalten den Einsatz der kollektiven menschlichen Energie in Zusammenarbeit mit der Natur. Das werdet ihr begreifen, wenn ich euch nun die genauen Einzelheiten der Prophezeiungen erzähle."

Nina bedeutete Juan mit einer Geste, eine Pause einzulegen, da sie die Kassette ihres Rekorders auswechseln musste. Niemand wollte auch nur ein Wort von dem verpassen, was wir noch hören sollten. Juan räusperte sich und fuhr fort

„Wenn der erste *Inka Mallku* in Qollorit'i erschienen ist, was sich nun jederzeit ereignen kann, muss er sich auf einer bestimmten Reiseroute ins Dorf Urcos begeben und dort an der Kirchentür einen anderen *Inka Mallku* treffen und erkennen, der zur gleichen Zeit hier in der Nähe des Wiraqocha- Tempels in erschienen ist. Die Beiden müssen dann nach Cuzco reisen, wo sie dem dritten *Inka Mallku* begegnen und ihn erkennen.

Dieser wird während eines öffentlichen Rituals von Corpus Christi auf dem Hauptplatz vor der Kathedrale von Cuzco, dem alten Wiraqocha-Tempel, erscheinen. Diese Drei müssen dann gemeinsam nach Lima reisen, wo sie den vierten *Inka Mallku* und die erste *Ñust'a,* eine Priesterin der fünften Ebene erkennen müssen, die beide gleichzeitig während des riesigen öffentlichen Rituals des Herrn der Wunder nahe dem alten Pachakamaq-Tempel erscheinen werden.

Diese Fünf müssen dann übers Meer nach Arequipa reisen, wo sie die zweite *Ñust'a* treffen werden, die sich auf dem Fest der Jungfrau von Chappi zeigen wird. Diese Sechs werden dann über die Hochebene bis zum Titicacasee reisen, um die dritte *Ñust'a* zu treffen und zu erkennen, die beim Festival der Jungfrau von Copacabana erscheinen wird.

Die Sieben müssen sich dann wieder nach Cuzco begeben und die vierte *Ñust'a* erkennen, die aus dem Fest der Jungfrau von Paucartambo hervorgehen wird. Die Acht müssen dann zwei weitere Paare der fünften Ebene treffen, die aus dem Norden kommen werden. Es ist noch nicht genau bekannt, woher diese Paare kommen.

Die Zwölf müssen sich dann hier im Wiraqocha- Tempel versammeln und die Krönungszeremonie durchführen. Doch sie werden sich nicht, so wie wir, der Instrumente der Großen Initiation bedienen, sondern eine neue Initiation durchführen, die das natürliche Ergebnis der Erlangung der fünften Ebene ist.

Das Vehikel dieser neuen Initiation muss der königliche Kolibri sein, der einzige Vogel des andinen Systems, der direkten Zugang zum Zentrum der *Hanaq Pacha* hat. Wenn es also irgendeiner Person gelingt, die fünfte Ebene zu erreichen, kann sie - nein, laut des Gesetzes des *Ayni* muss sie - ihre Ebene auf jeden anderen vorbereiteten Kandidaten übertragen. Deshalb mache ich mir keine Gedanken, ob du oder du", er deutete auf Peter, Justin, Sam und Nina, „die fünfte Ebene vor mir erreicht, weil ihr sie mit mir teilen müsst."

Juans Augen sprühten vor Freude und Stolz über die Genialität seiner Tradition. Und in der Tat war es eine ziemlich erstaunliche und zudem logische Philosophie, die sich von der individualistischen Denkweise der westlichen Kultur so grundlegend unterschied. Bis dahin hatte ich noch niemals von einer spirituellen Tradition wie dieser gehört, die gemeinschaftlich auf einen spirituellen Aufstieg hinarbeitete. Juan setzte seine Erläuterungen in unnachahmlicher Eloquenz fort.

„Nachdem sich diese zwölf *Inka Mallku* hier im Wiraqocha-Tempel versammelt haben, werden sie die Krönungszeremonie vollziehen, aus der dann der neue *Sapa*-Inka und die *Qoya* hervorgehen, die alle Macht und Fähigkeit besitzen, die Völker aus allen vier Ecken des alten Inka-Reiches wieder zu vereinen. Ob dieser neue *Sapa*-Inka und die *Qoya* nun aus den Reihen der zwölf *Inka Mallkus*, oder aus einer zufällig anwesenden Touristengruppe oder aus den Bauern von Raqchii hervorgehen, weiß niemand vorherzusagen. Die andinen Meister lehren uns, dass diese Führer einer neuen Ära von überallher erscheinen können. Heutzutage bedarf es nicht mehr eines 'Inka des Blutes' sondern eines 'Inka der Seele'."

„Aber Juan, was werden der *Sapa*-Inka und die *Qoya* tun? Werden sie wirklich imstande sein, alles zu verändern? Hier mögen sie ja erkannt werden - aber was ist mit den anderen Ländern?" wollte die stets praktisch denkende mystische Barbara wissen.

„Sie werden durch ihre Taten bekannt werden", erwiderte Juan schlicht. „Erinnere dich, ein wahrer *Sapa*-Inka und eine wahre *Qoya* gehören der sechsten Bewusstseinsebene an. Sie müssen nicht nur leuchten, sondern auch fähig sein, Kraft zu versammeln und sie neu zu verteilen.

Das ist die uralte Bedeutung des Wortes *Inka*. Die *Qoya* und der *Sapa*-Inka werden imstande sei, das alte Inka-Reich mit *Kausay* zu füllen, mit lebendiger Energie. Denk auch daran, dass die Meister eine Welt voraussagen, die das einstige Inka-Reich übertrifft - diese Führer müssen also kraftvoller sein als je zuvor.

Weiter sagen die Meister, dass das Erscheinen der *Qoya* und des *Sapa*-Inka sowie ihre folgenden Taten das Zeichen dafür sind, dass das *Taripay Pacha* in sein ausgereiftes Stadium eintritt, in eine Art von *Plenipotentia* oder 'Himmel auf Erden'. Und damit wird sich die metaphysische Stadt Paititi - ähnlich der Bedeutung des Shambala der Tibeter - auf der körperlichen Ebene manifestieren. Dies bedeutet in der Tat die Vorhersage eines goldenen Zeitalters für die Menschheit und das ist ganz gewiss etwas, wofür es sich zu arbeiten lohnt. Nicht wahr?"

Die Antwort auf Juans Frage war entgeisterte Sprachlosigkeit. Alle Initianden konnten nur zustimmend nicken, aber ich wusste, dass diese Enthüllung der Prophezeiungen in ihrer Gesamtheit hitzige Diskussionen nach sich ziehen würde. In diesem magischen Augenblick jedoch war jedermanns Ungläubigkeit außer Kraft gesetzt, so als würde der der Gruppe innewohnenden Skepsis Einhalt geboten, damit sich alle die Möglichkeiten vor Augen führen konnten, die die Prophezeiung in sich barg,

„Willst du damit sagen, dass diese zwölf *Inka Mallkus* sich als Resultat des Rituals, das wir jetzt hier durchführen, manifestieren werden?" frage Maryann.

„Ja, wir helfen, die Bedingungen dafür zu schaffen", erwiderte Juan.

„Na gut, was stehen wir hier noch herum?" rief sie. „Fangen wir an!" Maryanns ausdrücklich bejahender Aufruf half die Erstarrung lösen, in die wir alle gefallen waren.

Ich glaube, die Gruppe hatte einen Schock erlitten, so wie ihn ein unterprivilegiertes Kind erleidet, das zu Weihnachten sein allererstes glitzerndes Spielzeug geschenkt bekommt. *Konnte das wahr sein?* - fragten wir uns. Im tiefsten Kern unseres Herzens glaubten wir an diese Möglichkeit oder wollten an sie glauben, aber wie jenes Kind, hatten wir alle in einer anderen Realität gelebt und kannten den Schmerz der Desillusion, der der Preis für unsere Hoffnung war.

Nun wandten wir uns um und folgten Juan, der uns an den hohen Figuren vorbei zu einem anderen Bereich dieser riesigen Tempelanlage führte. Bald standen wir inmitten eines Geländes etwa von der Größe zweier Fußballfelder, an dessen Enden jeweils sechs große, aus Steinen und Ziegeln erbaute Häuser zu sehen waren. Im Zentrum befand sich ein großes offenes Hofgelände mit einem Haufen dunkelgrauer Steine, Bestandteil einer Ruine, die wieder aufgebaut werden sollte.

Jedes Haus beziehungsweise jeder Tempel wies, ähnlich wie die riesigen Figuren, eine drei Meter hohe steinerne Grundmauer auf, auf die eine weitere drei oder auch über vier Meter hohe Ziegelmauer gesetzt war. Die Häuser waren rechteckig, und in die Innenwände der Längsseiten waren je sechs Nischen und in der Schmalseite je zwei Nischen eingelassen. Bei den meisten Tempeln fehlte mindestens eine Wand, bei einigen stand nur noch eine, aber anhand der Steinfundamente ließ sich die ursprüngliche Tempelform nachvollziehen.

„Jeder dieser zwölf Tempel gehörte einer der zwölf königlichen Familien der Inkas. Und jede Familie geleitete ihren Kandidaten für die Krönungszeremonie hierher", erläuterte Juan.

Ich betrachtete diese herrlich konstruierten Bauten, die nach über fünfhundert Jahren immer noch einen wunderschönen Anblick boten. Wenn ich ein Auge schloss und mir eine gerade Linie dachte, konnte ich die Vorderwände und Dächer sämtlicher zwölf Tempel sehen. Sie schienen so erbaut worden zu sein, dass sie sich in perfekter Übereinstimmung miteinander befanden, oder sie standen, so wie man die Inkas kannte, vermutlich auf einer sogenannten Ley-Linie, einer natürlichen Energielinie.

„In unserer Tradition glauben wir, dass jeder Ort die Energie der Menschen in sich birgt, die an ihm gelebt und gearbeitet haben. Wir beginnen mit der Krönungszeremonie, indem sich jeder von euch einen der zwölf Tempel aussucht. Ihr begebt euch zu diesem Tempel, führt ein Ritual des Energieaustauschs mit ihm durch, sprecht eure Gebete und gebt eure schwere Energie dem heiligen Erdgeist dieses Tempels. Wenn ihr dann eure *Hoocha* gereinigt habt, könnt ihr damit beginnen, euren *Poq'po* mit der lebendigen Energie des mit dem jeweiligen Tempel verbundenen königlichen Geschlechts zu füllen.

Anschließend geht ihr langsam von eurem Tempel zu diesem zentralen Hofgelände, wobei ihr euch darauf konzentriert, ein Energieband mitzunehmen, das sich vom Tempel bis hierher ausdehnt. Elizabeth, du stehst hier in der Mitte." Mein Herz machte einen Satz, als ich aus der Menge ausgewählt wurde. Ich fühlte mich verlegen, fast schuldig, und mein Gesicht wurde heiß. Ich war sicher, dass es eine tief scharlachrote Farbe angenommen hatte.

„Ihr werdet mit eurem Energieband Kraft aus dem Tempel ziehen und diese Energie in Elizabeths *Poq'po* leiten." Ich war mich nicht so sicher, dass mir dieser Gedanke gefiel. „Elizabeth, du wirst mit deinem *Qosqo* alle diese Bänder heranziehen und die Energie in deinem *Poq'po* konzentrieren. Gib uns Bescheid, wenn du das Gefühl hast, mit *Kausay* angefüllt zu sein. Dann werden du und die ganze Gruppe anfangen, eine kollektive Energiesäule oder Pfeiler aufzubauen, so wie wir es beim Wiraqocha-Tempel in Machu Pikchu gemacht haben. Ihr werdet diese Energiesäule aufbauen, indem ihr die Energien des Tempels einsetzt, hoch genug, dass sie bis zur *Hanaq Pacha* hinaufreicht. Verstanden?"

Alle blickten verwirrt drein. „Wohin sollen wir gehen?" fragte jemand. Ich ahnte Schwierigkeiten. Etwas drängte mich zum

Handeln. Rasch teilte ich die Gruppe in zweimal drei Hälften auf, sodass vier Gruppen von je drei Personen entstanden.

„Es sind zwölf Tempel und ihr seid zwölf. Ihr drei geht nach hinten rechts und sucht euch jeder einen der drei Tempel dort aus. Ihr drei geht zur westlichen Seite - und so fort“, sagte ich. Binnen Kurzem hatten wir alle Initianden aufgeteilt, und sie machten sich auf den Weg zu ihren Tempeln. Juan nickte mir mit einem Augenzwinkern zu. „Gute Arbeit“, sagte das.

Ich stand in der Mitte des Innenhofes und fühlte mich abwechselnd töricht und stolz, glücklich die Erfahrung als „Radnabe“ machen zu können. Juan hatte mir schon zuvor erklärt, dass dies die Position des *Taqe* war, der Person, die die Energiefelder miteinander verbindet. Nur durch das Organisieren einer Zwölfergruppe und mit ihr nach Peru zu gehen, hatte ich bereits mit der Arbeit eines *Taqe* begonnen. Im Grunde verstand ich nicht wirklich, was *Taqe* bedeutete, nahm aber an, Juan wollte mich wie üblich zunächst die Erfahrung machen lassen und die Erklärung dazu später liefern. Ich wusste, dass dies Bestandteil dessen war, was ich zu tun hatte, um eine voll entwickelte Priesterin der vierten Ebene zu werden, der einzige Weg zur Anwärterschaft auf die fünfte Ebene. Es verbanden sich noch viele Aufgaben und Pflichten damit, aber Juan hatte mir bisher nur wenig darüber erzählt. Ich hatte noch nicht Zeit gehabt, ihn danach zu fragen.

Manchmal stellte sich mir auch die Frage, ob das alles nicht nur ein Haufen alberner Ideen war, die jeder Realitätsgrundlage entbehrten. Doch das konnte ich nicht glauben, denn diese Prophezeiung hatte, ob es nun rational erschien oder nicht, für mich etwas sehr Zwingendes. Die Vorstellung von kollektiver spiritueller Arbeit faszinierte mich, und die Idee, dass wir wundersame Veränderungen in der Welt bewirken könnten, wenn wir nur ein bisschen besser zusammenarbeiten würden, war für mich eine unbezweifelbare Wahrheit.

Ich hatte es erlebt, dass in Familien und im Leben der einzelnen Familienmitglieder radikale Verbesserungen eintraten, wenn sie nur ein wenig Anleitung erhielten und jeder Einzelne eine Menge Bereitschaft einbrachten. Ohne den Glauben daran hätte ich auch gar keine Familientherapeutin sein können. Doch ebenso richtig war es, dass nicht jedes Mal und in jeder Familie eine Verbesserung eintrat.

Ich dachte nun an die neue Familie, die ich durch diese Reise schuf, eine spirituelle Familie, ein *Ayllu*. Das Herz wurde mir plötzlich warm, als ich mir jedes Mitglied der Gruppe deutlich vorstellte. Und ich drückte jede Person innerlich an mein Herz und empfand eine überaus zärtliche Liebe, eine mütterliche Liebe, für jeden Einzelnen von ihnen. In diesem Augenblick wusste ich, dass sie mir alle sehr lieb und teuer waren.

Ein Gefühl in meinem *Qosqo* lenkte meine Aufmerksamkeit abrupt in meinen Körper zurück. Es schien, als öffnete sich mein *Qosqo* fast von allein und dehnte sich nach irgendwohin aus. Die Bänder! Ich konnte fühlen, wie sie an jeder Person hafteten, und mit geschlossenen Augen spürte ich, dass sie nun alle näher kamen. Wieder empfand ich diese aufrichtige liebevolle Zuneigung, die mich jedem einzelnen Mitglied dieser Gruppe verband. Und langsam wurde mir klar, dass dies mir half, seine Energie einzusammeln, die Bänder ausfindig zu machen und sie in meinen *Qosqo* zu ziehen. Einen winzigen Augenblick lang sah ich die Generationen, einschließlich der Inka-Familien, die jeden der Initianden bei seiner oder ihrer spirituellen Arbeit unterstützten. Es war nur ein flüchtiger Eindruck, der aber doch ziemlich überwältigend war, und ich musste meine Aufmerksamkeit wieder rasch auf das Einsammeln und Konzentrieren der Energie in meinem *Qosqo* lenken.

Die einströmende Energie warf mich fast um und zwang mich, mein Gewicht zu verlagern, um das Umfallen zu vermeiden. Ich blinzelte kurz und stellte fest, dass sich nun alle Initianden im Kreis um mich versammelt hatten. Einen Moment lang konnte ich rote Energielinien sehen, die von ihren *Qosqos* ausgehend, in mich hineinführten! Ich schloss wieder die Augen und verstärkte meine Konzentration. Ich versuchte, meinem *Poq'po* nach oben zum Himmel hinauf zu schieben. Nichts passierte. Vielmehr hatte ich ein Gefühl, als ob sich eine dicke Bleiplatte über meinem Kopf befände, die ich nicht durchdringen konnte.

Nach langer Zeit, wie mir schien, doch vermutlich waren es nur Minuten, hatte mich die Anstrengung erschöpft. Mir war schwindlig, und so beschloss ich, meinen *Poq'po* tief hinunter in die Pachamama auszudehnen, um mein Gleichgewicht wiederzuerlangen. Und seltsamerweise dehnte sich mein *Poq'po,* je tiefer hinunter ich ihn lenkte, desto höher hinauf. Leicht und natürlich, bis ich vor meinem inneren Auge die Spitze unseres riesigen kollektiven Poq'pos fast den Himmel berühren sah.

Für einen Moment schien ich das Bewusstsein zu verlieren. Und dann – pffff! Ich hörte so etwas wie einen kurzen ploppenden Seufzer und war in ein herrliches Gefühl eingebettet, als würde es rings um mich herum weiche, seidige Federn schneien. Ich wurde in das anscheinend von oben ausströmende sanfteste, seidigste Gefühl von Energie eingehüllt, das ich je erlebt hatte. Ich hörte die Gruppe aufseufzen, so als hätten alle gleichzeitig sanft ausgeatmet. Und ich hatte das Gefühl, sehr viel tiefer in meinem physischen Körper zu ruhen, als ob sich ein Teil von mir sich losgelöst fühlte.

Bis dahin hatte ich mir nicht vorstellen können, dass ich einen so herrlichen und vollständigen Frieden empfinden und dabei noch in den Grenzen meines physischen Körpers existieren könnte. Irgendwie brachte diese Tatsache meinem Geist *und* meinem Körper außerordentliche Erleichterung und Entspannung. „Genießt es", sagte Juan leise. „Wir sind mit der fünften Ebene in Berührung. Zieht diese violette Energie aus der *Hanaq Pacha* herunter."

Erst da bemerkte ich, dass diese köstlich weiche Energie von leuchtend violetter Farbe war – dem gleichen strahlenden Violett, das ich bei der Zeremonie der Energiegürtel gesehen hatte. Auf Juans Worte hin konnte ich nun dieses violette *Sami* durch die von uns geschaffene lange Energiesäule auf die ganze Gruppe hinunterziehen beziehungsweise sehen, dass sie bereits in dieses wunderschöne Feld geläuterter Energie eingehüllt war. Ich schwebte ... hoch oben ... und war gleichzeitig zutiefst geerdet.

„Inka Mallku Pacha bandera ... bandera", Juan sang das Lied in der seltsamen atonalen Weise der Q'ero, ein Lied, das eine Anrufung der *Inka Mallku* war, sich hier auf dieser Ebene einzufinden. Die Gruppe ahmte Juans Töne nach, und das Lied hallte weich und kraftvoll wieder, klang in allen Tempeln nach, wie es schien. Unser Lied brachte diesen Teil des Rituals zu einem Ende.

„Wundervoll! Wundervoll!" Juan strahlte vor Entzücken und machte schnell die Runde im Kreis, um uns alle zu umarmen und seine Freude in *Ayni* weiterzugeben. Er hatte die Angewohnheit, uns jedes Mal zu umarmen, wenn er bei einem unserer Rituale eine besonders tiefe mystische Erfahrung gemacht hatte. Erst jetzt wurde mir klar, was er da eigentlich tat. Im Bemühen, uns auf unserem Weg weiterzuhelfen, übertrug er bei der Umarmung mit seinem *Poq'po* die Energie seiner Erfahrung auf uns. Schließlich spielte es keine Rolle, wer als Erster auf die fünfte Ebene gelangte - solange es nur irgendjemand gelang.

„Jetzt habt ihr einen Geschmack von wirklicher Kraft und Befähigung bekommen", sagte er aufgeregt. „In der andinen Tradition gilt Kraft als gute Sache. Im Grunde beinhaltet sie nur den Unterschied zwischen den Dingen, die zu tun man fähig ist, und denen, die man nicht tun kann. Wir haben vor der Kraft keine Angst. Es ist gut, Kraft zu haben. Wenn ihr die Kraft und Fähigkeit habt, zu lieben, müsst ihr diese Kraft auch demonstrieren. Wenn ihr für euch in Anspruch nehmt, diese Kraft zu besitzen, müsst ihr es zeigen, indem ihr auf gute Weise liebt. Wenn ihr die Kraft habt, eine sehr große *Saiwa,* eine Energiesäule, zu bauen, so wie wir es eben getan haben, müsst ihr diese Kraft demonstrieren, indem ihr sie für einen guten Zweck einsetzt.

Ihr Nordamerikaner werdet überrascht feststellen: je mehr Energie ihr geben könnt, desto aufnahmebereiter werdet ihr sein, um eine sogar noch kraftvollere Energie zu empfinden. Eure Konsumgesellschaft erzieht euch zum Anhäufen, aber in Wirklichkeit geht es genau um das Gegenteil dessen, was ihr vielleicht glaubt. Ihr denkt, Kraft ist etwas, was man für sich behalten muss. Das stimmt nicht, denn je mehr Kraft ihr abgebt, desto mehr *Huaca* oder heiliger werdet ihr. Euch liegt zu stark daran, Dinge zu behalten. Das ist euer größtes Verhängnis. Am sichersten gewinnt ihr, wenn ihr in der Lage seid, Energie mit anderen Lebenssystemen auszutauschen. Das ist es, was uns und Pachamama am Leben erhält.

Betrachtet es einmal auf ganz einfacher Ebene. Wenn ihr jemandem zugetan seid, gebt ihr dieser Person etwas von eurer lebendigen Energie. Und wenn sie eure Energie empfängt, hat sie mehr Energie und ist besser imstande, euch später etwas davon zurückzugeben. Das ist ein Selbsterhaltungsprozess der gegenseitigen Abhängigkeit. Wenn eine Frucht reif geworden ist, möchte sie gepflückt und von Tieren und Menschen verspeist werden. Früchte sind Küsse der Pachamama, die sie ihren Kindern aus ihrer großen Liebe heraus schenkt. Die Frucht trägt zur Erhaltung der Körper von Tier und Mensch bei. Ihre Samen können über die Ausscheidungen von Mensch und Tier in die Erde gelangen, und so kann die Frucht ihren Lebenszyklus an einem anderen Ort auf Erden fortsetzen. Wie behalten nichts ein. Wir befinden uns hier in der *Kay Pacha*, um Ayni zu lernen. Darin müssen wir zu Meistern werden."

Natürlich erkannte jeder von uns nach und nach, dass die von uns kollektiv erzeugte Kraft sehr viel größer war, als alles, was wir als Einzelpersonen erleben oder bewirken konnten. Dies schien ein Schlüsselaspekt der Prophezeiung zu sein.

Für den nächsten Teil des Rituals gingen wir an das Ende des langen Tempels mit den großen Steinfiguren. Juan erklärte uns, dass, von Süden nach Norden gesehen, die rechte Seite des Tempels golden und die linke Seite silbern war. Wir sollten zwei Reihen von jeweils sieben Personen bilden, Juan und mich eingeschlossen, und uns von beiden Seiten her in einer Art Schlangentanz durch die zentrale Säulenreihe des Tempels winden. Bei jeder in die Säulen eingelassenen kleinen Öffnung sollten wir anhalten, uns unserem Partner oder unserer Partnerin von gegenüber zugewandt aufstellen und unsere *Qosqos* durch dieses Steinfenster hindurch miteinander verbinden. Bei jedem Durchlass zwischen den Säulen sollten wir dann zur jeweils anderen Tempelseite überwechseln und mit unseren Partnern die Plätze tauschen, sodass wir mit unseren Körpern eine Art geflochtenen Schlangentanz von einem Tempel zum anderen vollführten.

Immer wenn ich mich mit meinen jeweiligen Partnern durch das Fenster hindurch verband, floss ein roter Energiestrom zwischen unseren *Qosqos* hin und her, und ich fragte mich, welche Auswirkung unser Ritual auf den Tempel haben mochte. Ich versuchte mir vorzustellen, wie er sich, energetisch betrachtet, von oben gesehen ausnehmen würde: Ein goldener Energiestrang rechts und ein silberner Energiestrang links, verwoben durch einen roten Energiestrang in der Mitte. Vor meinem geistigen Auge sah ich, dass dies die Form eines Caduceus ergab.

Nachdem wir das andere Ende des Tempels erreicht hatten, wies Juan uns an, uns in eine in die Wand eingelassene kleine

Nische zu setzen und uns darauf zu konzentrieren, entweder ganz golden oder ganz silbern zu werden, je nachdem, auf welcher Seite des Tempels wir angelangt waren. Ich setzte mich in die goldene Nische, aktivierte meinen goldenen Gürtel und fühlte, wie diese Farbe langsam meinen ganzen Poq'po ausfüllte. Ich wurde goldenes Licht. Ich dachte an die von den Inkas geschaffenen lebensgroßen Figuren aus massivem Gold und Silber und fragte mich, ob ihnen eine esoterische Bedeutung innegewohnt hatte, die sich mit den Energiegürteln oder mit diesem Ritual verband. Wie auch immer, es war jedenfalls ein wunderbares Gefühl, ganz golden zu werden, und ich machte die Nische nur widerwillig für die nächsten Initianden frei.

Als alle die goldene oder silberne Nische passierten hatten, war dieser Teil des Rituals beendet. Juan teile uns mit, dass wir nun zu seinem dritten und letzten Teil kommen und dabei mit weiteren *Ñust'as* und einem letzten Karpay *Ayni,* oder Austausch von persönlicher Kraft, arbeiten würden. Dieser letzte Abschnitt der Krönungszeremonie fand im heiligsten Bezirk der Tempelanlage statt. Dieser letzte Energieaustausch sollte uns alle zu gleichrangigen und, hoffentlich, zu potenziellen Kandidatinnen und Kandidaten der fünften Ebene machen.

Die Aussagen dieser Prophezeiungen waren schier unglaublich. Sie verkündeten ein Ende des persönlichen oder individuellen Karmas, das Ende von Angst und Armut und den Beginn einer Zeit des miteinander Teilens und der Entfaltung erstaunlicher neuer menschlicher Fähigkeiten! Der Gedanke, dass auch nur ein menschliches Wesen diese Fähigkeit entwickeln konnte, auf so vollständige Weise zu heilen, war erstaunlich. Doch die Prophezeiung war eindeutig. Dies war die Zeit für Wunder. Ich dachte an all die Probleme auf der Welt: Kriege, Armut, die ökologische Krise. Und ich hatte angesichts all dessen bestimmt mehr als einmal geäußert, dass es eines Wunders bedürfe, um eine solch hoffnungslose Situation zu bewältigen.

Was mich anging, so hatten mich meine Erfahrungen in Peru gezwungen, das Wort *unmöglich* aus meinem Bewusstsein zu streichen. Ich hatte gelernt, dass wir Menschen höchst kreative und formbare Geschöpfe sind, die ständig die Realität, die wir sehen, neu erfinden und modifizieren. Zweifellos hatte ich das bereits während meines Psychologiestudiums gelernt. Und nun war ich durch mein Studium dieser spirituellen Tradition, so seltsam und verrückt das auch sein mochte, weiter befähigt, die möglicherweise übernatürliche Natur des Menschen im einzelnen und im Kollektiv, wie auch die der Realität selbst zu erkennen.

Juan hatte recht. Wenn ich nach Peru gekommen und von diesen Prophezeiungen gehört hätte, bevor ich all die Erfahrungen der letzten fünf Jahre gemacht hatte, wären sie für mich nichts als ein weiteres idealistisches Märchen oder eine utopische Theorie gewesen. Doch diese Prophezeiungen, die sich auf so praktische und einfache Prinzipien gründeten wie den wechselseitigen Austausch von Energie, das Tolerieren von Unterschieden und das Erlernen, wie man verschiedene Energiefelder in Einklang bringt und nutzt, gaben nützliche Instrumente an die Hand und Schritt für Schritt die Anweisungen, wie man eine Utopie verwirklichen oder zumindest eine bessere Welt schaffen konnte. Auch wenn das Endergebnis wundersam erschien, die Aussage, dass wir Menschen auf ein Wunder zusteuern, indem wir lediglich weitere Aspekte unseres menschlichen Wesens entwickeln und entfalten, ergab schlicht und einfach Sinn.

Warum konnte, wenn eine Eichel so etwas Wundersames wie den Plan für eine ganze Eiche in sich barg, nicht auch die Menschheit von Natur aus einen Plan in sich tragen, einen vorgegebenen Schaltplan für ein größeres und höher entwickeltes Wesen in einer entsprechend hoch entwickelten Gesellschaft? Warum sollten diese Prophezeiungen nicht Wirklichkeit werden können?

Wir folgten so etwas wie einem alten Kuh- oder genauer gesagt Lamapfad, der zu beiden Seiten von einer niedrigen Steinmauer eingesäumt war, bis wir zu einem dritten Bereich der Tempelanlage kamen. Auf diesem großen Gelände waren von den Tempeln nur noch vier steinerne Fundamente übriggeblieben, zwei davon perfekt rund und die zwei anderen rechteckig. Juan winkte uns zu einem angrenzenden Gelände hinüber, und dort erblickten wir fünf wunderschöne, nur etwa einen Meter hohe steinerne Fundamente, aus denen sich Wasser in ein inkanisches Aquädukt ergoss. Rings um diesen Wassertempel fand sich wiederum jene höchst kunstvolle Steinmetzarbeit, die die heiligsten Plätze der Inkas kennzeichnete. Juan erklärte, dass wir noch ein Wasserritual ausführen würden, das jedoch diesmal der

Reinigung diente, bevor wir in den heiligsten Bezirk der Tempelanlage eintraten.

„Wie bei der Pachamama-Höhle in Machu Pikchu, sind auch dies hier fünf *Ñust'as* oder weibliche Naturgeister. Ich bitte euch nicht, ein Bad zu nehmen, aber ihr könnt euch mit jeder *Ñust'a* verbinden. Versucht, ein Gespür für die Energie einer jeden zu entwickeln, während ihr ihnen eure Kraft gebt und ihre Energie in eure Energieblasen integriert."

Ich näherte mich den *Ñust'as* mit großem Respekt und ließ mich vor einer jeden nieder. Ich badete meine Hand erst in dem Wasser, als ich das Gefühl hatte, die Erlaubnis dazu erhalten zu haben. Ich benässte Gesicht und Kopf und führte etwas Wasser zu meiner Kehle, zum Herzen, zum Bauch und zum Steißbein. Ich bot ihnen meine feine Energie an und wartete auf ihr *Ayni*. Und mit jedem Einfließen von Energie fühlte ich mich mit der jeweiligen *Ñust'a* verbunden, wobei ich jeweils eine leicht unterschiedliche weibliche Energie wahrnahm. Die erste *Ñust'a* wirkte ruhig und klar. Die Zweite war etwas ausgelassener und verströmte eine sehr erdige Energie von großer Bandbreite. Die Dritte war sinnlich und ungestüm, die Vierte weise und die Fünfte vornehm und elegant wie eine Prinzessin. Ich nahm ihre Kräfte in mich auf und bot meine schwere Energie der Pachamama dar.

Als ich mich von der letzten *Ñust'a* entfernte, zog mich Juan beiseite. „Du gehst als Fünfte in der Reihe, trägst die *Mesa* und sprichst das Gebet für die neue Initiation." Er legte seine *Mesa* in meine Hände und entfernte sich. Weder stellte ich eine Frage noch protestierte ich. Ich stand nur ganz still da. Wieder ließ er mir eine große Ehre zuteilwerden, doch ich hätte mich am liebsten umgedreht und wäre davongerannt.

Ich wusste, dass der nächste Schritt des Rituals darin bestand, dass zwei Männer und zwei Frauen ihre Plätze in den männlichen und in den weiblichen Tempeln einnahmen, jenen Tempeln mit den rechteckigen und kreisrunden Fundamenten im heiligsten Bezirk der Tempelanlage. Hier würden diese vier Priesterinnen und Priester die Initiation des letzten Austauschs von persönlicher Macht und Kraft durchführen.

Ich würde als Erste initiiert werden, die *Mesa* durch die vier Tempel tragen und erst den Segen der beiden Priester und dann den der beiden Priesterinnen empfangen. Dann sollte ich um jeder

Kandidatin und jedes Kandidaten willen den Geist des Wiraqocha anrufen und darum bitten, dass wir alle eines Tages die neue Initiation erhielten, jene Initiation, die uns zu Priesterinnen und Priestern der fünften Ebene machte. Dafür gab es keine Anweisungen. Ich hatte keine Ahnung, wie ich diesen Teil dieses Rituals durchführen sollte. Und in diesem Moment wurde mir klar, dass Juan mir damit nicht nur eine Ehre erwies, sondern dass dies auch eine Prüfung war.

Vor dem Wassertempel der *Ñust'as* wurden die zwei Männer und die zwei Frauen ausgewählt, bevor wir den heiligsten Bezirk betraten. Die Vier gingen, um ihre Plätze im jeweiligen Tempel einzunehmen. Sie sollten sich mit der Kraft ihres Ortes verbinden und als Übermittler der Tempelenergie fungieren, welche durch ihre *Poq'pos* geleitet und dann von jedem Initianden empfangen wurde. Ich ging als Erste, trug Juans *Mesa* in zitternden Händen, und tat nur so, als sei ich mir meiner Handlungen völlig sicher.

Peter war im ersten Tempel, und ich stieß einen Seufzer der Erleichterung aus, denn er wusste, wie er den Kanal freimachen und die Energie ungehindert durch sich hindurchfließen lassen konnte. Ich stieg über die niedrige steinerne Grundmauer und betrat den Tempel, stellte mich vor ihn hin und senkte den Kopf. Er legte die Hände auf meinen Scheitel, und sofort baute sich ein großes Rechteck aus Energie um uns auf. Vor meinem inneren Auge nahm es sich aus, als hätte sich dieser aus reiner Energie bestehende rechteckige Bau von selbst errichtet, der uns nun gleichsam in unserem eigenen, ganz persönlichen Tempel umfing. Er wuchs höher und höher im direkten Verhältnis zu unserer Absicht, die *Saiwa*, die Energiesäule, so hoch aufzubauen, bis sie die *Hanaq Pacha* berührte.

Nachdem die Energieübertragung abgeschlossen war, begann sich das Bild dieses Rechtecks aufzulösen, und Peter nahm die Hände von meinem Kopf. Das Ritual, dem sein eigener organischer Zeitablauf innezuwohnen schien, war einfach und dauerte nur ein paar Minuten. Ich verbeugte mich vor dem Priester und verließ den Tempel.

Mit einer gewissen Vorfreude begab ich mich zum nächsten Tempel. Da in der Gruppe Männermangel herrschte, sollte Ivan, Juans Sohn, hier die Initiation durchführen. Er war vor einigen Jahren von Juan voll initiiert worden, und ich hatte ein sehr gutes

Gefühl bei ihm. Zwar war dies kein Persönlichkeitstest, aber ich fühlte mich wohler bei dem Gedanken, dass eine Person die Initiation durchführte, die die Energien in und mit ihrem *Poq'po* gut halten und weiterleiten konnte. Dabei handelt es sich um eine Fähigkeit, die mit der Integrität und Unversehrtheit des Energiefeldes einer Person zusammenhängen zu schien. Und das hatte natürlich wiederum alles mit persönlicher Integrität zu tun. Nichts, was ich an der Universität gelernt hatte, hatte mich auf diese Art der Wahrnehmung vorbereitet. Hier gab es beeindruckende Lektionen zu lernen. Ich öffnete mich weit und fühlte wieder, wie sich ein rechteckiger Bau um uns aufrichtete, und es fand ein sehr befriedigender Energieaustausch zwischen Ivan, mir und dem Tempel statt.

Dem nächsten Tempel, dem ersten runden weiblichen Tempel, näherte ich mich mit einem etwas bangen Gefühl. Die Priesterin befand sich in einem geschwächten Zustand. Ich konnte sehen, dass ihr *Poq'po* die Energie nicht hielt, aber auf sie war nun einmal die Wahl der Gruppe gefallen. Da gab nichts zu sagen. Ich konnte mich nur der unergründlichen Logik der Gruppe anpassen. Ich sprach ein Gebet und senkte den Kopf, um ihre Energie zu empfangen. Diese kam zunächst auf sehr diffuse Weise herein, bis ich ihre Energie mit der meinen ganz bewusst verstärkte. Sofort baute sich ein großer, starker und diesmal runder Turm um uns auf. Mir wurde klar, dass ihre Verbindung mit der Erde schwach war. Aber mit ein bisschen Unterstützung übertrug sie die Energien auf exzellente Weise. Und darum ging es ja schließlich bei der Gruppenarbeit, wie ich mir in Erinnerung rief. Meine persönlichen Meinungen oder Urteile waren nur hinderlich. Ich verbeugte mich vor ihr und ging zum nächsten Tempel.

Ich trat in das steinerne Rund und fühlte mich sogleich von der Schönheit und Tiefe dieses Tempels stark berührt. Ich senkte den Kopf, um die Energie von der Priesterin zu empfangen, die mittlerweile archetypische Dimensionen angenommen hatte. Connie sah mit ihrer feuerroten Haarmähne und ihren smaragdgrünen Augen ohnehin schon wie eine Märchenprinzessin aus. Und hier in diesem Tempel erstrahlte sie in ihrem ganzen elfischen Glanz.

Sofort waren wir von einem hohen, runden Energiewall umschlossen, von einer zutiefst weiblichen Atmosphäre umfangen. Ich spürte die starke Liebe und Willenskraft dieser Priesterin, die auf so wunderbare Weise aus ihrem Herzzentrum heraus arbeitete. Gemeinsam begaben wir uns in heilige, energetische Kommunion mit dem Land, und dann wechselte ich in die fünfte Position über. Ich stellte mich vor diesen letzten Tempel und hielt die *Mesa* mit meinen nun zitternden und schweißnassen Händen krampfhaft fest.

Die *Mesa* vor mich hinhaltend, stand ich tief im Gebet versunken und wartete geduldig darauf, dass nach und nach alle Angehörigen unseres *Ayllu* die Tempel durchwanderten, um so wie ich zuvor die Initiation zu empfangen. Sie trafen einer nach dem anderen bei mir ein und stellten sich, einen Kreis bildend, um mich herum auf, während ich mich fragte, wie ich das, worum ich gebeten worden war, bewerkstelligen sollte.

Da ich keine Anweisungen erhalten hatte, konnte ich nur tun, was mir in den Sinn kam. Ich holte tief Atem und bereitete mich vor. Maryann stand zu meiner Rechten, und ich wusste in meinem *Qosqo*, dass ich bei ihr anfangen würde. Ich fühlte mich energetisch dazu gedrängt, rechts von mir zu beginnen und dann den Kreis gegen den Uhrzeigersinn abzuschreiten.

Alle Initianden hatten sich nun im Kreis versammelt, und mein Herz klopfte angesichts der mir übertragenen Verantwortung und der Heiligkeit des Moments. Ich stand, die *Mesa* in Höhe meines Herzens halten, als ich plötzlich eine leise Stimme vernahm, die aus der *Mesa* heraus zu mir sprach. Im selben Moment wurde mir plötzlich irgendwie bewusst, dass es die Stimme Don Benitos war.

„Der Mond, die Sterne, der Wind, der Ozean, die Bäume und die Vögel, sie sind in dieser Mesa." Die Stimme kam von einer der kleinen runden *Khuyas* in der *Mesa* und wehte wie ein warmer Atemhauch direkt in mein Inneres. *„Das Universum ist in dieser Mesa"*, sprach die Stimme weiter. Und während sie sprach, spürte ich, wie mein Gewahrsein sich immer weiter und weiter ausdehnte und jedes der genannten Dinge berührte, bis ich mich so groß wie das Universum selbst fühlte. *„Biete einem jeden das Universum dar, denn das ist es, was darzubieten ist"*, meldete sich die Stimme erneut, bevor sie endgültig verstummte.

Die Worte schienen eines nach dem anderen aus der *Mesa* herauszuschweben und sich direkt in mein Herz zu ergießen, es auszufüllen, bis von mir nichts mehr übrig war, nur noch das unermessliche Meer von Sternen, Galaxien und Planeten existierte. Ich hielt die *Mesa* über Maryanns Kopf und wartete auf den sanften Blitzstrahl, der, wie ich beobachtet hatte, von oben aus der *Hanaq Pacha* hinabzuckte, um die *Mesa* zu berühren. Ich stand da wie der Mensch vom Telefonreparaturdienst - weniger noch: wie ein ganz einfaches menschliches Verbindungskabel, nur dazu da, diesen Blitzstrahl in das Scheitelzentrum einer jeden Person im Kreis zu leiten.

Als ich die *Mesa* auf Maryanns Scheitel legte, spürte ich, wie sich ihr Scheitelzentrum energetisch öffnete, einer Blume gleich, um den Strom der Kraft in sich hineinzulassen. Sie seufzte auf und wippte ganz leicht auf den Fersen vor und zurück, während sie sich der neuen Empfindung anpasste. Ich wartete, bis der Energiefluss versiegte, und ging dann zur nächsten Person. Im Verlauf dieser Arbeit gewann ich Einblicke in sie alle, sah jede Person auf viel tieferer Ebene und empfand Mitgefühl angesichts all ihrer Freuden, Kämpfe und Erfahrungen.

Als die Reihe an Juan war, legte ich ohne zu zögern die *Mesa* auf seinen Kopf. Ich sah eine sonderbare Abfolge sich wandelnder Bilder, einige herrlich, andere schrecklich, und fragte mich, ob sie wohl aus seinen vergangenen Leben stammten. Die „Diashow" endete mit einem Bild, bei dem Juan einen leuchtenden Kopfschmuck aus drei verschiedenfarbigen Strahlen trug. Als ich ihm direkt gegenüberstand, schoss aus seiner linken Kopfseite, knapp über dem linken Ohr, ein langer roter Strahl zum Himmel hinauf. Aus seinem Scheitel trat ein sich geradewegs noch oben richtender goldener Strahl aus, und aus seiner rechten Kopfseite kam ein silberner Strahl hervor. Voller Bewunderung merkte ich mir die Farben und genauen Körperstellen und setzte dann meine Arbeit fort.

Nachdem ich alle Initiationen durchgeführt hatte, waren meine Arme und mein ganzer Körper mit Energie aufgeladen. Ich fühlte mich überhaupt nicht steif sondern sehr lebendig und zutiefst friedvoll. Worte drängten sich mir auf, die ich in das inhaltsreiche Schweigen der Gruppe hinein sprach. „Ich habe das Gefühl, nun endlich jeder und jedem von euch wirklich begegnet zu sein." Wiederum trat ein tiefer Moment des Schweigens ein, und dann öffnete sich, ohne Vorwarnung, das Kehlzentrum jeder Person, und jede sang und hielt einen anderen Ton, und gemeinschaftlich entstand daraus ein unerwarteter und wunderbar harmonischer Gesang. Und es war vorbei.

In dieser Nacht lagerten wir unter den wachsamen Augen der riesigen Säulen des Wiraqocha-Tempels im Freien. Im Tal herrschte Stille, und am völlig klaren Nachthimmel hoben sich Sterne in Faustgröße gegen einen herrlich schwarzsamtenen Hintergrund ab. Nach einem ruhigen Abendessen im Esszelt machten sich einige zu einem weiteren Spaziergang in den Ruinen auf, während andere nur noch in ihre Privatzelte zurückkriechen und sich zum Schlafen hinlegen konnten. Beim Essen hatten einige von den tiefen Erfahrungen berichtet, die ihnen im Verlauf des Rituals zuteilgeworden waren, während andere nur mit glasigen Augen still dasaßen. Alle waren zutiefst bewegt. Niemand hatte irgendwelche Zweifel oder Skepsis hinsichtlich der Prophezeiung geäußert.

Ich ging hinüber zum *Baño*-Zelt, das unsere wunderbare Mannschaft aufgebaut hatte - eine vollendete Konstruktion, die wie eine riesige Segeltuchtasche aussah und sich mit einem Reißverschluss öffnen und schließen ließ. Das war bisher bei Weitem das beste Freiluftklo, das ich erlebt hatte. Als ich zurückkam, war das Speisezelt leer. Juan stand allein davor, rauchte eine Zigarette und starrte zu den Sternen hinauf.

„Juan, was hat dich Don Benito über die Sterne gelehrt?" fragte ich ihn. Ich wollte diesen kostbaren Moment, in dem ich ihm ein paar Fragen stellen konnte, die mir schon lange auf der Seele lagen, nicht vergeuden.

„Die Sterne? Oh ... ich fürchte, in dieser Beziehung war ich ein sehr schlechter Schüler. Ich weiß, dass Don Benito ständig mit seinem Leitstern sprach", sagte er und blickte wegen seiner mangelnden Informiertheit etwas verloren drein.

„Wie?" hakte ich nach.

„Er hatte eine große Steinschale, so ähnlich wie die beiden Steinplatten, die wir im Tempel der kosmischen Spiegel in Machu Pikchu sahen. Er füllte Wasser in die Schale und verbrachte jede

Nacht Stunden damit, die Spiegelung seines Sterns im Wasser zu betrachten."

„Ich wusste es! Die kosmische Schale diente irgendeiner Verbindung mit dem Universum", rief ich.

„Was?" Juans Gesicht kräuselte sich in Verwirrung.

„Du erinnerst dich ... Ich habe dir doch erzählt, dass mir Ricardos *Apus* die kosmische Schale gaben und mich nach Argentinien schickten, um sie zu verkaufen."

„Oh, ja."

„Nun, diese Schale sah fast genauso aus wie die im Tempel der kosmischen Spiegel!" erklärte ich und geriet wieder in Aufregung. „Sie muss von der gleichen Art gewesen sein wie jene, die Don Benito hatte."

Juan betrachtete für einen langen Augenblick mein Gesicht, bevor er mir antwortete. „Don Benito hat mir erzählt, dass jeder andine Meister der vierten Ebene weiß, wann er sterben wird. Wenn wir sterben, reisen wir durch den Himmel zurück zu unserem Leitstern. Deshalb ist es so wichtig, dass wir unseren Stern studieren. Es ist wichtig, dass wir den Weg zurück zu unserem Stern kennen. Wenn wir sterben, begeben wir uns zurück in die *Hanaq Pacha,* und unsere ganze Energie wird von unserem Stern wieder absorbiert. Doch solange wir uns hier befinden, erhalten wir unsere wesentlichsten Instruktionen von unserem Leitstern. Die wichtigste Führung auf unserem Seelenweg erhalten wir durch unseren Stern."

„Aber Juan, wie wissen wir, welcher Stern ... unter all diesen vielen Sternen ... der unsere ist?" Ich verwies mit einer Handbewegung auf das leuchtende Sternenfeld über uns. „Es sieht so überwältigend aus."

„Auf die gleiche Weise, wie du deinen *Apu* erkennst ... Du musst eine Vision, eine Erfahrung oder ein Gefühl der persönlichen Verbundenheit mit einem speziellen Stern haben. Herkömmlicherweise nennen andine Initianden ihren *Apu* ihren 'Leitstern'. Er entspricht in etwa der Vorstellung, die ihr Kalifornier von einem 'spirituellen Führer' habt. Wenn du dann auf deinem Weg Fortschritte machst, wechselt dein Leitstern. Du hattest zum Beispiel, als du zum ersten Mal nach Cuzco kamst, eine Vision von *Apu* Ausangate, deinem Leitstern für die dritte Ebene", erklärte er.

„Aber Juan, ich hatte auch eine Vision von Jesus. Erinnerst du dich?“

„Ja, das heißt, dass du bereits eine Kandidatin der vierten Ebene warst. Aber die Tatsache, dass du eine Vision von Ausangate hattest, bedeutet, dass es auf der dritten Ebene noch etwas Wichtiges gab, womit du noch nicht fertig warst. Weißt du, was das sein könnte?“ fragte er mit feinem Lächeln.

„Ja, Konflikt“, gestand ich mit gesenktem Kopf zu. „Das Thema Konflikt ist die Aufgabe der dritten Ebene. In unserer Tradition gibt es drei Beziehungsstadien, die auf energetischer Ebene mit ganz speziellen Quechua-Ausdrücken beschrieben werden. *Tinkuy* steht für die Begegnung zweier *Poq'pos,* zweier Energieblasen. *Tupay* bezeichnet das nächste Stadium der Herausforderung oder Konfrontation zwischen zwei Menschen, zwischen zwei Dörfern oder sogar zwei Nationen. Die dritte Ebene ist voll von *Tupay,* also angefüllt mit Konfrontationen. Alle von dir beschriebenen Erfahrungen mit Ricardos Gruppe und seinen *Apus* fallen in diese ersten beiden Kategorien. Du gingst zu einer *Mesa,* er und seine *Apus* akzeptierten dich - *Tinkuy* - und dann begann *Tupay.*“

„Aber Juan, ich habe es gehasst. Es schien so … so pubertär … so lächerlich!“ regte ich mich auf. „Juan hob beschwichtigend die Hand. „Wie kannst du sagen, dass es lächerlich ist, wenn wir von einem notwendigen Schritt in deiner Entwicklung sprechen? *Tupay* ist nicht schlecht. Tatsache ist, dass uns Herausforderungen stärker machen, uns die Kraft unserer *Poq'pos* überprüfen und erkennen lassen, in welchen Bereichen wir unterentwickelt sind. Lassen sich in eurer Gesellschaft nicht viele ganz erwachsene Menschen auf *Tupay* ein?“

„Ja, eine Menge“, räumte ich ein. „Tupay wird nur dann zu einem Problem, wenn es nie auf die Ebene des dritten Beziehungsstadiums gelangt - *Taqe*“, erklärte der Meister.

„Was ist tah-key?“ Ich versuchte seine Aussprache des Wortes nachzuahmen.

„*Taqe* meint buchstäblich die Fähigkeit, unterschiedliche Felder lebendiger Energie miteinander zu verbinden oder zu integrieren. Das ist die dritte Ebene von Beziehungen, die gemäß unserer Tradition dem *Tupay* folgen muss. Erinnerst du dich an die Geschichte, die ich dir einmal erzählte, an dieses ganz einfache

Beispiel von den beiden Indios, die sich auf der Straße trafen?" Ich nickte. „Ihre Begegnung ist Tinkuy. Dann beschließen sie, ein Wettrennen zum Gipfel des Berges zu veranstalten. Das ist die Herausforderung oder *Tupay*. Der Gewinner des Wettrennens *muss* dann dem anderen zeigen oder ihm beibringen, auf welche Weise er gewonnen hat. Das ist *Taqe*. In Zeiten der Inkas galt es als große Schande, wenn ein Führer nicht imstande war, eine Beziehung auf die dritte Ebene zu befördern. Der Fähigkeit, unterschiedliche Ideen, Menschen, Gemeinschaften - *Poq'pos* verschiedener Lebensenergien - miteinander verbinden zu können, wurde bei den Inkas ein hoher Wert beigemessen."

„Die Inkas entwickelten einige Ideen, die wir auch heute gut gebrauchen könnten", sagte ich. Juan nickte.

„Die Gesellschaftsstruktur der Inkas war keinesfalls perfekt, aber ihre Zivilisation wies einige hochkultivierte Aspekte auf."

„Aber Juan", sagte ich und kam wieder auf meine ursprüngliche Frage zurück, „wir reden über 'Leitsterne'. Ich möchte gerne wissen, wie die realen Sterne in all das hineinpassen.

Juan schüttelte den Kopf und lachte. „In gewisser Weise handelt es sich um ein und dasselbe. Die Sterne sind Teil der *Hanaq Pacha,* der oberen Welt. Wenn du dich auf die vierte Ebene begibst, wirst du, wie du weißt, eins mit Pachamama. Das bedeutet, dass dein *Poq'po* buchstäblich mit dem Geist der ganzen Erde mitschwingt. An diesem Punkt deiner Entwicklung kannst du nicht länger in der Obhut eines *Apu* verbleiben, sondern du musst unter die Vormundschaft eines Wesens aus der *Hanaq Pacha* gelangen. Dies könnte Jesus oder einer der Heiligen oder einer der Inkas sein, die in der *Hanaq Pacha* leben. Es könnte aber auch ganz buchstäblich einer der Sterne am Himmel sein. Denk daran, für uns sind Sterne *Wesen,* nicht nur leblose Zusammenballungen von Materie."

Diese Erklärung brachte Himmel und Erde in mir zusammen. Durch die Große Initiation hatte ich gerade das Gefühl bekommen, zur Erde zu gehören. Nun verstand ich auch allmählich meine Beziehung zum Himmel. Schließlich waren die Sterne nur ein anderer Teil der Natur, so wie die Berge, die Pflanzen oder die Bäume. Auch sie *mussten* ihre eigene Art von lebendiger Energie besitzen und ausstrahlen. So wie ich mich mit dem *Poq'po* eines

Flusses oder Berges verbinden konnte, war ich auch fähig, mich mit der lebendigen Energie der Sterne zu verbinden!

15. KAPITEL

Die Rückkehr des Inka

Der nächste Morgen dämmerte mit einer Stimmung, die völlig im Gegensatz zu unserer heiligen und tiefgründigen Zeremonie vom Vortag stand. Der Motor unseres Busses ließ sich nicht starten, und wir mussten Stunden warten, bis das Motoröl, das offensichtlich bei den nächtlichen eisigen Temperaturen eingefroren war, wieder auftaute. Wenn das nicht funktionieren würde, müsste sich der Fahrer auf den stundenlangen Weg zum nächsten Ort machen und einen anderen Bus organisieren.

Wir saßen, ob es uns gefiel oder nicht, in unserem Zeltlager in Raqchii, bei diesem heiligsten aller Tempel der Inkas fest. Was mich anging, mir gefiel es. Dieses „Missgeschick" schenkte uns Zeit, um uns zu entspannen, und die Atmosphäre dieses großartigen Tempels tiefer in uns aufzunehmen. Und es bot uns die Chance, uns mit Juan noch eingehender über die andine Tradition und die Bedeutung der Prophezeiungen zu unterhalten.

Doch das wirkliche Geschenk des Morgens bestand darin, dass Juan während des Frühstücks sein geheimnisvolles *Mesa*-Bündel öffnete und uns seinen Inhalt zeigte. Ich hatte immer angenommen, dass dieses ein streng gehütetes Geheimnis sei, bis ich auf den Gedanken kam, ganz einfach zu fragen, ob wir ihn sehen durften. Vielleicht lag es an der größeren Höhe des Ortes oder an der Vitalenergie des Tempels, dass ich eine solche Unverfrorenheit aufbrachte. Vor dem Frühstück hatte ich Juan am Lagerfeuer sitzen sehen, und seine *Mesa* lag neben ihm. „He Juan, was ist in diesem Bündel?" hatte ich dreist gefragt und erwartet, dass er mich für meine Neugier zurechtweisen würde. Doch stattdessen nickte er mir zu.

„Komm." Eine orangefarbene Plastiktasse in der Hand haltend, winkte er mich zu sich heran. „Ich werde es euch zeigen." Ich trat ans Lagerfeuer, um das er und der Rest der Gruppe sich versammelt hatten, um auf das Frühstück zu warten und versuchte, sich in der eisigen Morgenluft warm zu halten. Und nun öffnete Juan vor unseren Augen seinen rätselhaften Beutel. Alle drängten sich näher heran, um besser sehen zu können. Anscheinend hatten, ohne dass ich es wusste, die anderen Gruppenmitglieder meine brennende Neugier geteilt.

Juan entfernte sorgsam das fachgerecht zusammengefaltete Bündel, das wie ein großes Stoff-Origami durch ein magisches Faltmuster seine Form behielt. Das quadratische zeremonielle Tuch, *Lliklla* genannt, war aus feiner schwarzer und rosafarbener Alpakawolle gewebt. Es hatte einen hellrosa Saum und wies an den äußeren Ecken zwei schmale Felder mit einem rosa und weißen Schneeflocken-Muster auf, gefolgt von zwei großen schwarzen Feldern und einem weiteren rosa und weißen Feld in der Mitte. Im Inneren dieser ersten *Lliklla* befand sich ein weiteres einfaches graues Tuch, das mit einer langen Silbernadel zusammengehalten wurde.

Juan öffnete auch dieses zweite Bündel und gab den Blick auf dessen seltsamen Inhalt frei: ein sechs Zentimeter langes christliches Kreuz aus dunklem *Chontah,* einem sehr harten Holz aus dem Amazonas-Urwald; verschiedene Muscheln von der Art, wie sie für *Despachos* benutzt wurden; vier kleine Kreuze aus echtem Gold und Silber; zwei winzige Bilder von für mich nicht erkennbaren Heiligen und jede Menge kleiner, merkwürdig geformter Steine, einige rund und schwarz wie Murmeln, andere flach und weiß wie Quarze, wiederum andere, die wie ganz gewöhnliche Flusskiesel oder Steinchen aussahen, wie sie auf irgendeiner beliebigen Straße in der Stadt zu finden sind. Ich erkannte einen runden grauen Stein. Es war jener, aus dem die Stimme Don Benitos während unseres Krönungszeremoniells zu mir gesprochen hatte.

„Das sind alle meine *Khuyas*, Geschenke von meinen Meistern, das hier eingeschlossen", sagte er und hielt eines der goldenen Kreuze hoch. „Das hier ist ein Geschenk von einem meiner größten Meister – meiner Frau", lachte er. Doch ich wusste, dass er es trotz seines Lachens sehr ernst meinte.

Ich war seiner Frau, Lida, nie begegnet. Mir war aber bekannt, dass er sie als eine spirituell sehr kraftvolle Person betrachtete, und er hatte mir erzählt, dass die andinen Priester immer paarweise arbeiteten, als heilige alchimistische Paare. Er hatte auch erwähnt, dass Lida für ihn das Geheimnis von Qollorit'i entschlüsselt hatte, war aber auf diesen Punkt nie näher eingegangen. Ich beschloss, die Gelegenheit zu ergreifen und ihn danach zu fragen.

„Juan, gestern hast du uns erzählt, das einer der ersten Orte, an dem die Priester der fünften Ebene – diese höchst vollkommenen Heiler – in Erscheinung treten werden, das Fest von Qollorit'i sein wird. Dies muss ein sehr heiliger und bedeutsamer Ort sein. Worum geht es bei diesem Festival überhaupt?"

Juan nahm sich, während er sich seine Antwort überlegte, Zeit, um den Inhalt seiner *Mesa* in das kleinere Tuch zu wickeln und das ganze Bündel dann wieder zusammenzufalten. „Ah, Qollorit'i", sagte er schließlich und betrachtete zufrieden seine Faltarbeit.

„Das Fest von Qollorit'i findet alljährlich beim letzten Vollmond entweder im Mai oder im Juni statt. Das ist vom jeweiligen Jahr abhängig. Schauplatz dieses Geschehens ist ein wichtiges Heiligtum am Fuße eines riesigen Gletschers in etwa viertausend achthundert Meter Höhe."

„Ist das der Ort, den die Bären-Männer aufsuchen?" fragte ich. Während meiner Zeit in Cuzco hatte ich sehr merkwürdige kostümierte, Masken tragende Männer in schwarz und braun gefransten Gewändern gesehen. Als ich mich danach erkundigte, erhielt ich die Auskunft, dies seien „Bären-Männer", die zu einem Fest gingen, das einmal im Jahr auf einem eisbedeckten Berggipfel abgehalten würde. Juan kicherte. „Ja, das sind die *Ukukus*. Sie üben viele Funktionen bei dem Fest aus, aber im Grunde sind sie Teil eines völlig anderen spirituellen Weges, getrennt von dem Weg der andinen Priester und dennoch mit ihm verwandt. Sie sind in der Ausbildung befindliche spirituelle Krieger und ebenfalls Bestandteil der Prophezeiung."

„In welcher Weise?" fragte Peter.

„Sie kommen jedes Jahr zum Fest als Hüter der Ordnung, und man muss aufpassen, was man macht, denn sonst kriegt man unter Umständen den Biss der Lederpeitschen der *Ukukus* zu spüren", sagte Juan. Das erinnerte mich an die Lederpeitsche, die ich vor Jahren bei Ricardos *Mesa* gesehen und gehört hatte.

„Verletzen sie die Leute dabei?" fragte ich Juan ziemlich erschrocken.

„Nein, nein. Sie lassen es dich nur wissen, wenn du im Bereich des Heiligtums die Regeln nicht beachtest. Ihr müsst bedenken, dass über siebzigtausend Menschen an diesem Festival teilnehmen. Wenn man erst einmal in die Nähe des Heiligtums gelangt, können diese Menschmassen ziemlich einschüchternd sei, und die *Ukukus* haben für Ordnung zu sorgen. An sich sind sie sehr freundlich und auch lustig. Sie sind unsere heiligen Clowns. Hier besteht ein merkwürdiger Widerspruch, denn sie sind zwar Ordnungshüter, aber auch befugt, sich ein bisschen verrückt aufzuführen und die Gesellschaftsregeln zu brechen. Sie sprechen mit sehr alberner hoher Stimme und treiben ständig Späße miteinander.

Doch es sind die *Ukukus*, die auf den Gletscher hinaufgehen und dort die ganze Nacht verbringen, um zu beweisen, dass sie die Kraft haben, sich zu den mächtigsten Naturkräften zu gesellen. Wenn sie die Nacht überleben, haben sie das Recht erworben, ein Stück Eis aus dem Gletscher herauszuhauen und es mit hinunter zu nehmen. Oft ist es ein großes Stück Eis in Form eines Kreuzes.

Auf diese Art beweisen sie, dass sie die Kraft und Macht der *Apus* in ihren *Poq'po* integrieren können. Dann schmelzen sie das Eis und bringen es als heiliges Wasser für die Menschen in ihrem Dorf zurück. Das heißt, sie bringen damit die Kraft des *Apus* zu ihren Leuten. All das und mehr gehört zu ihrer Ausbildung, die sie darauf vorbereitet, Bestandteil der spirituellen Armee des *Sapa-*Inka zu sein. Denn seht, auch sie erwarten die Rückkehr des Inka und spielen so ebenfalls ihre Rolle bei der Erfüllung der Prophezeiungen." Juan lehnte sich zurück, und wir staunten über diese weitere Erhellung der Hintergründe der Prophezeiungen.

„Was für ein Job!" rief Sam. Und ich dachte, Computerprogrammierer zu sein, sei schon hart. Ich bin froh, dass wir nicht dem Weg der *Ukukus* folgen. Hört sich gefährlich an."

„Das ist es", erwiderte Juan. „Fast jedes Jahr sterben einer oder mehrere *Ukukus* auf dem Gletscher. Ihre physischen Überreste werden als Opfergaben für den Berggeist angesehen."

„Das klingt ja nach Menschenopfer", bemerkte Justin.

„Jede Kultur hat ihre eigenen Aspekte. Wie ich höre, sterben in eurer Kultur viele Männer jungen oder mittleren Alters an Stress und Herzkrankheiten. Opfert ihr nicht eure Männer dem Gott des Geldes, des Status und der Macht?" Da hatte allerdings er recht.

„Auf profanerer Ebene bleiben die *Ukukus* natürlich nach dem Fest dort, um den ganzen Bereich zu säubern und ihn wieder in seinen ursprünglichen Zustand zu versetzen. So gesehen sind sie die Hüter des Heiligtums und Diener sowohl der *Apus* als auch der Pachamama", fuhr Juan mit seinen Erklärungen fort.

Diese *Ukukus* hörten sich mehr nach Clowns als nach spirituellen Kriegern an. Tatsächlich schienen sie ausgesprochen spielerische Typen zu sein. Vielleicht war es das, was ich vor allem anderen hier in den Anden lernte: dass Spiritualität und Spiel Hand in Hand gingen. Das religiöseste Ereignis war für die Menschen in den Anden keine düstere und tiefernste Angelegenheit, sondern wurde mit großer Freude begangen. Ich fragte unseren Busfahrer Eduardo, der ebenfalls ein *Paqo* war, wie ich an diesem Morgen erfahren hatte, nach seiner Meinung in dieser Sache.

„Oh, die *Apus* würden es gar nicht anders haben wollen!" sagte er und stocherte im Feuer herum. Er war ein gut aussehender, schmaler, und trotzdem kräftiger Mann mit pechschwarzem Haar. „Ihnen würde etwas Ernstes und Feierliches keinen Spaß machen. Wir veranstalten ihnen zu Ehren Feste, und eine schwungvolle Feier ist das, was sie am meisten lieben. Seht ihr, jeder *Apu* hat eine andere Persönlichkeit. Manche haben ein bestimmteres und ernsteres Wesen, so wie *Apu* Salkantay. Andere hingegen lieben turbulente Feiern, wie Mamita Veronica." Ich wusste, dass die eisbedeckte Veronica wie Mamita Putukusi eine der wenigen weiblichen Berge war, die man von der nach Machu Pikchu führenden Straße aus sehen konnte.

Eduardo fühlte sich durch unser Interesse zu weiteren Erläuterungen ermutigt. „Wenn es deiner Persönlichkeit an Autorität mangelt oder wenn du lernen musst, mehr Spaß zu haben, kannst du dich auf eine Pilgerreise zu dem *Apu* begeben, der über die Charaktereigenschaften verfügt, die du dir am sehnlichsten wünschst. Aber bei den Feiern und Festen möchten alle *Apus* uns vergnügt sehen. Welcher Vater möchte nicht, dass seine Kinder glücklich sind?" fragte Eduardo und gab die Frage an mich zurück. Da war etwas Wahres dran. Mir gefiel der Gedanke, dass die andinen Götter ihre Völker glücklich sehen wollten. Ich glaube, dass Gott will, dass wir glücklich sind. Das hier schien mir ein sehr gesundes spirituelles System zu sein.

Plötzlich kam mir eine Erkenntnis. Dieser Furcht einflößende und strafende Gott des jüdisch-christlichen Systems glich Ricardos *Apus* - ein beängstigendes übernatürliches Wesen, das bestrafte und belohnte. Aber das galt nur für die dritte Ebene der spirituellen Entwicklung! Auf der vierten Ebene schloss man mit den *Apus* Freundschaft, und sie handelten als Verbündete. Man stellte sich seiner Autoritätsangst und entwickelte eine verantwortlichere und reifere Beziehung zu Macht und Autorität!

Das war es, was ich am andinen Weg so tröstlich fand. Je mehr ich ihn praktizierte, desto besser begriff ich den Wahrheitsgehalt dessen, was Juan über ihn sagte: Es gab tatsächlich keine starren Dogmen oder Vorschriften, die man zu befolgen hatte. Es gab nur eine einzige einfache Regel: das sich Austauschen und miteinander Teilen. Eine einfache Struktur, die für mich Sinn ergab. Juan übte nie Druck aus oder zwang jemanden, ein Ritual durchzuführen, bei dem er oder sie sich nicht wohlfühlte. Er ermutigte uns auf feinfühlige und elegante Weise zum Überschreiten unserer Grenzen. Doch nie war er dominant oder fordernd. Er lud uns lediglich zur Teilnahme an dem ein, was er uns anbot.

Juan schien auf authentische und reale Weise das andine System zu verkörpern, das so flexibel, so einbeziehend war. Es schien den Praktizierenden seine Regeln und Strukturen nicht aufzuzwingen, sondern ihnen vielmehr eine ihm innewohnende organische Ordnung zu enthüllen, die sie mit der Zeit und ganz natürlich ohnehin entdeckt hätten. Ich verstand nun dieses religiöse System als eine Art spirituelle Landkarte. Doch auf deren Straßen gab es keine Tempolimits und auch keine Polizeipatrouillen, sondern nur ab und zu große, freundlich wirkende Wegweiser mit einem Pfeil, die besagten: „Warum versuchst du es nicht einmal mit dieser Richtung und schaust, was passiert?" Alles daran bedeutete Freude und ermunterte zu persönlichen Entdeckungsreisen und unmittelbaren Erfahrungen. Und doch erklärten die Unterweisungen auf mystischer Ebene so viel vom Leben. Sie gingen auf einen Bereich ein, in dem von meiner Erziehung und Ausbildung her ein gewaltiges Loch geklafft hatte.

„Gehen die Pilger schon lange nach Qollorit'i?" fragte Barbara, während sie Kakao in ihr heißes Wasser löffelte und die Dose dann weiterreichte.

„Es gibt einen Mythos und davon viele Versionen über die Ursprünge des Festes von Qollorit'i. Lasst mich euch die Version erzählen, die mir bekannt ist. Sie wird euch Aufschluss darüber geben und euch eine gewisse Ahnung vom Einfließen der christlichen Aspekte in dieses Festival vermitteln." Und Juan begann ohne Umschweife mit seiner Schilderung.

„Man sagt, dass es etwa um das Jahr 1780 hier im Tal einen jungen Lamahirten gab, der zusammen mit seinem Bruder ausgeschickt wurde, die Herde zu hüten. Der ältere der beiden war faul und unfreundlich und ließ seinen jüngeren Bruder alle Arbeit verrichten. Es heißt, dass der junge Lamahirte sein Möglichstes unternahm, um allein zurechtzukommen. Aber es gab einfach zu viel zu tun. Nach einigen sehr anstrengenden Tagen gesellte sich ein anderer Junge zu dem Lamahirten und sagte, dass er ihm beim Hüten der Herde helfen wolle.

Binnen kurzer Zeit und mit der Hilfe dieses geheimnisvollen Freundes war die Herde auf wundersame Weise prächtig gediehen. Der Vater des Jungen wollte seinen Sohn für seine gute Arbeit belohnen. Doch der Sohn bestand darauf, dass auch sein Freund eine Belohnung erhielt. Als der Vater fragte, was sich dieser Freund denn wünsche, gab der Sohn ihm ein Stück von dessen zerschlissenem Gewand und sagte: 'Alles, was er sich wünscht, ist ein bisschen mehr von diesem Tuch, damit er sich ein neues Gewand anfertigen kann.'

Der Vater ging nach Cuzco, in jenen Tagen ein langer Marsch, um mehr von diesem Stoff zu kaufen. In Cuzco stellte er fest, dass dieses Tuch aus einem fein gewebten Material bestand, das nur der Anfertigung der Gewänder von Priestern der Kirche vorbehalten war. Die Geschichte kam dem Erzbischof von Cuzco zu Ohren, der seinen Kuratus in Ocongate, der dem Dorf des Vaters nächstgelegenen Ortschaft, ausschickte, damit er Untersuchungen über dieses anscheinend so schändliche Sakrileg anstellte.

Als sich die örtlichen Amtspersonen dem Jungen und seinem Freund näherten, die gerade in der Nähe eines großen Felsens standen, rannte der Freund davon und schien inmitten eines blendenden Lichtstrahls im Felsen zu verschwinden. Man sagt, dass in diesem Moment das Bild Christi, eingraviert in den Felsen, erschien und dass der junge Lamahirte einen Schock erlitt und starb und unter diesem Felsen begraben wurde. Wir wissen, dass dieser Ort spätestens seit 1780 zu einer wichtigen Pilgerstätte wurde. Man vermutet aber, dass er schon lange zuvor eine heilige Stätte war. Leider sind die meisten *Khipus*, die Knotenschnüre und einzigen 'Protokolle' der Inkas, von den Spaniern vernichtet worden.

Kürzlich wurde von Historikern, die sich mit der Geschichte der Inkas befassen, eine andere interessante Theorie entwickelt. Das Jahr 1780 fällt mit dem großen Túpac-Amaru-Aufstand zusammen, der die gesamte Andenregion erfasste und die Spanier fast vertrieben hätte. Manche behaupten, dass diese Erscheinung von Christus im Felsen, auch wenn sie als Erstes von einem einfachen Indio-Jungen erblickt wurde, im Grunde ein Trick der katholischen Kirche war, um die Rebellion der Indios zu ersticken.

Das mag so sein. Doch eines werden euch die Geschichtsbücher nie erzählen: nämlich dass sämtliche Revolten der Indios, angefangen bei der Taki-Onquoy-Bewegung im sechzehnten Jahrhundert, über die Túpac-Amaru-Bewegung und die nationale Inka-Bewegung des achtzehnten Jahrhunderts bis hin zur Rebellion der Campesinos im zwanzigsten Jahrhundert in ihrem Kern die messianische Erwartung der Rückkehr des Inka in sich trugen und immer noch tragen. Alle Führer dieser Bewegungen waren natürlich sehr charismatische *Paqos*. Der Führer der Taki-Onquoy-Bewegung stammte aus dieser Gegend, ein andiner Priester namens Juan Ch'oque, dessen Leitstern die Plejaden waren.

„Die Plejaden!" Ich zuckte zusammen. Seit meiner Kindheit war ich von ihnen geradezu besessen. „Juan, ich habe immer gehört, dass Qollorit'i als Sternen-Schnee-Fest bezeichnet wird, und jemand hat mit erzählt, dass der Grund dafür etwas mit den Plejaden zutun hat."

Juan schüttelte den Kopf. „Ja und nein. Die Ursache dafür liegt in einer Fehlübertragung des alten Wortes *Qollo*, was *reines Weiß* bedeutet, in Qoyllur, was *Stern* heißt. Es ist aber so, dass die über das Fest wachende Sternenkonstellation die der Plejaden ist, und dies aufgrund ihrer speziellen esoterischen und energetischen Bedeutung. Denn die Plejaden dienen als *Taqe* für das Fest. *Taqe* bedeutet: Verbindung von Energiefeldern", erklärte Juan und zwinkerte mir zu. „Von den Plejaden geht ein kraftvoller kosmischer Einfluss aus, der die verschiedenen Lebensenergiefelder zu einem gemeinsamen Ganzen zusammenfügt und somit die wahre energetische und spirituelle Bedeutung des ganzen Festivals von Qollorit'i erfasst und vereint. Für die andinen Meister stellen sie die sieben Ebenen psychospiritueller Entwicklung dar und verweisen auf die Tatsache, dass es jenseits des Erscheinens des *Sapa*-Inka und der *Qoya* der sechsten Ebene noch eine siebte, eine noch nicht offenbarte Ebene gibt."

„Juan, was bedeutet es, die Plejaden als Leitstern zu haben?" wollte ich wissen.

„Die Plejaden, die sieben Schwestern, als Leitstern zu haben, ist äußerst glückverheißend. Es könnte bedeuten, dass man die Möglichkeit hat, noch in diesem Leben die siebte Ebene zu erreichen!" Meinem Verstand wurde schon schwindlig beim bloßen Gedanken an Priester der fünften Ebene, die jegliche Krankheiten zu heilen vermochten. Ich konnte mir auch nicht ansatzweise vorstellen, was es hieß, zu einem Bewusstsein der siebten Ebene zu gelangen.

„Juan, was bedeutet es ... für einen Menschen, auf diese siebte Ebene zu gelangen?" Ich musste diese Frage einfach stellen.

„Über die Fähigkeiten oder Pflichten von Priestern der siebten Ebene ist wenig bekannt - außer der Tatsache, dass sie ihren physischen Körper wiederauferstehen lassen können, so wie Christus es tat. Christus ist für die heutigen Indios eine sehr wichtige Gestalt, vielleicht ebenso wichtig wie die Inka-Herrscher früherer Zeiten. Das Bild Christi im Felsen hat für sie eine tiefe Bedeutung. Der sakrale Bau, der nun den Felsen beherbergt, wurde vor noch nicht allzu langer Zeit errichtet, und das elektrische Licht erst in den letzten Jahren installiert. Vor zwanzig Jahren kamen nur etwa fünf- oder vielleicht zehntausend Pilger dorthin, aber in den letzten acht bis zehn Jahren hat sich die Masse der Pilger dramatisch erhöht. Ich glaube, dass die Prophezeiungen die beste Erklärung dafür liefern. Mehr und mehr Menschen fühlen sich zu diesem Ort hingezogen. Sie wissen vielleicht nicht warum, aber sie folgen einem Ruf", sagte Juan und deutete auf seine Brust, um zu zeigen, woher der Ruf kam.

„Mit Sicherheit ist das der Grund, warum wir alle hier sind", erklärte Barbara, und die anderen nickten zustimmend.

„Dann muss ich euch sagen, dass ihr nun alle ein Teil der Prophezeiungen geworden seid. Es gibt noch etwas, das ich euch bisher nicht erzählt habe. Ich glaube, dass es jetzt an der Zeit dazu ist. Wollt ihr es hören?" fragte Juan.

„Ja!" ertönte die einhellige Antwort der Gruppe, fast wie ein Schrei.

„Ich habe euch gesagt, dass das Ritual vom Wiraqocha-Tempel im Laufe der letzten Jahre beinahe verloren gegangen wäre, weil es nicht genügend Priester der vierten Ebene gab, die es durchführen konnten. Erinnert ihr euch?" Alle nickten. „Nun, ich denke, ihr begreift inzwischen, dass sich diese Prophezeiungen von der Rückkehr des Inka auf eine kollektive spirituelle Bemühung gründen. Ihr besitzt nun eine *Mesa,* die euch dabei helfen kann, eure spirituelle Familie zu versammeln. Jede und jeder von euch hat jetzt, wo ihr die große Initiation fast vollendet habt, die Gelegenheit, ein *Taqe* zu werden, so wie die Plejaden es sind - ein Einiger von Energiefeldern. Nun könnt ihr auch eure eigene spirituelle Gruppe von zwölf Personen hierher nach Peru bringen, damit sie die *Hatun-Karpay*-Initiation durchlaufen.

Elizabeth mag es zwar noch nicht gewusst haben, aber sie und ich arbeiten bereits im Kontext jenes Teils der Prophezeiungen, der besagt, dass, wenn die Zeit reif ist, zwölf Gruppen von zwölf Priestern der vierten Ebene zusammenkommen werden, um das Ritual im Wiraqocha-Tempel durchzuführen. Dies wird den nötigen Auftrieb geben, der dabei hilft, die energetischen Bedingungen, die *geeigneten* Bedingungen, zu schaffen, damit sich der erste *Mallku-* Inka in Qollorit'i manifestieren kann. In jeder Zwölfergruppe wird es eine Person geben, die als *Taqe* dient - als Einiger oder als Nabe des Rades."

Ich stellte mir vor, wie das Ritual, bei dem wir die Energiesäule in der Mitte der zwölf Tempel der königlichen Familien der Inkas erzeugt hatten, statt mit nur einer Person in jedem Tempel mit jeweils einer ganzen Gruppe von zwölf ausgebildeten Priestern der vierten Ebene durchgeführt wurde. Es war schon Ehrfurcht einflößend, was wir mit einer Gruppe von 12 Personen erreicht hatten. Was sich mit einer Gruppe von 144 ausgebildeten Priestern bewerkstelligen ließ, überstieg meine Vorstellungskraft. Aber diese Möglichkeit war überaus verlockend. Beim Gedanken an 144 Personen mit ausgebildeten *Poq'pos,* die ihre kollektive Absicht gebündelt auf ein spezielles Ziel richten, stellten sich mir die Nackenhaare. Hier gab es die Möglichkeit zur Ansammlung eines enormen Energiepotenzials. Doch mir war klar, dass diese Aufgabe nicht leicht sein würde.

Die Zeit war während unserer Unterhaltung verflogen. Eduardo kündigte das Mittagessen an. Teller mit dampfendem Essen wurden herumgereicht, und die Gruppe konnte sich nun ihren Gedanken darüber hingeben, was es bedeutete, eine oder einer der zwölf *Taqe*s zu werden. Es bedeutete auch eine ungeheure Verantwortung. Wir machten uns mit gesundem Appetit über die köstliche und dringend benötigte Mahlzeit her, die für uns an diesem Ehrfrucht gebietenden Sitz der heiligen Macht der Natur zubereitet worden war, jede Person in ihren eigenen Träumereien versunken.

Das war ein ehrgeiziges Projekt, das meinen Abenteuersinn, meinen Sinn für das Dienen und meinen Gemeinschaftssinn ansprach. Ein derartiges riesiges Ritual ließ sich tatsächlich nur in gemeinschaftlichem Bemühen und im Verständnis von wechselseitiger Abhängigkeit organisieren und durchführen. Ich sah eine ungeheure Menge Arbeit vor mir, aber auch eine echte Gelegenheit für mein persönliches Wachstum. Ich war mir sicher, dass mir eine solche Herausforderung jede Möglichkeit bieten würde, mich meinen eigenen Hindernissen und Blockaden zu stellen und dabei herauszufinden, auf welche Weise ich sie überwinden konnte. Ich wusste, dass dies auch für alle anderen galt, die den Entschluss fassten, ein oder eine *Taqe* zu werden. Dies hier barg das Potenzial für echte spirituelle Lernerfahrungen.

Juans Worten hatte ich entnommen, dass die Bildung und die Aufrechterhaltung eines *Ayllu* zu den Prüfungen gehörten, denen sich eine in die vierte Ebene wahrhaft initiiere Person stellen musste, und dass es einer der notwendigen Schritte war, die der Anwärterschaft auf die Initiation in die fünfte Ebene vorausgingen. Dies war ebenfalls ein faszinierender Aspekt jener Herausforderung. Doch seit meiner Kinderzeit wurde ich stets von der Ahnung begleitet, dass Heilung mittels einer einzigen Berührung möglich ist.

Ich erinnerte mich, dass ich stets von Filmen fasziniert gewesen war, die wundersame Heilungen zum Thema hatten. Selbst von einer Episode in 'Star Trek', in der einer der Außerirdischen auf dieser höchsten Ebene heilen konnte. In der Terminologie der andinen Tradition würde diese Person als *Mallku*-Inka bezeichnet, als ein Heiler im höchsten Sinn, und als eine Person, die die Kräfte und Fähigkeiten von Körper, Geist und Herz vollkommen entwickelt hat. Mich faszinierte die Tatsache, dass eine Gruppe andiner Priester irgendwo auf einem Berggipfel in Peru denselben Traum geträumt hatte, den ein Fernsehproduzent - und auch ich, ein Kind in Minnesota - geträumt hatte. Konnte es sein, dass viele andere ebenfalls diesen Traum irgendwo in ihrem Inneren hegten? Vielleicht entsprang eine solche Vision unseren kollektiven Träumen.

Doch wenn das, was Juan über den *Sapa*-Inka gesagt hatte, stimmte, dann hatten die andinen Völker in ihrer jüngeren Vergangenheit Erfahrungen mit Wesen der sechsten Ebene gemacht - mit den Inka- Herrschern. Vielleicht fiel es diesen Menschen deshalb leichter, sich an ihr wahres menschliches Potenzial zu erinnern. Unser Christus, der nach den Begriffen der andinen Tradition offensichtlich die fünfte Ebene erreicht hatte und noch weit darüber hinaus gelangt war, lebte vor zweitausend Jahren. Und Tatsache war, dass seither in seinem Namen schreckliche Gewalttaten verübt worden waren, die Ermordung Hunderttausender von Indios eingeschlossen. Obwohl es gelegentlich hervorragende und beispielhafte Menschen wie Gandhi oder Martin Luther King gab, schienen wir Menschen es ganz einfach nicht geschafft zu haben, uns bis zu einer Ebene weiter zu entwickeln, die auch nur im Entferntesten an Buddha oder Jesus Christus heranreichte.

Wie würden wir je als Gesellschaft, als Spezies, „erwachsen" werden? Diese Frage quälte mich. Mir schien, dass wir einen unendlich weiten Weg zurückzulegen hatten, um uns über die Ebene der Angst und des damit verbundenen Herrschaftsverlangens - über die dritte Ebene - hinaus zu entwickeln. Wir müssen uns mit unseren tiefsten Ängsten aussöhnen. Alle Versuche einer spirituellen Weiterentwicklung, die ich in den Vereinigten Staaten beobachtet hatte, sei es in der „New-Age-Bewegung" oder im Rahmen der Psychologie-Bewegung, hatten keinen Menschen hervorgebracht, der wirklich über die dritte Ebene hinaus gelangt wäre. Kraft schien sich immer wieder in Herrschaftsdenken zu verwandeln statt in harmonische Ein- und Abstimmung.

Darin sah ich die wirklich große Herausforderung unseres Zeitalters. Keine Kultur oder Gesellschaft war bisher - kollektiv gesehen - imstande, über die dritte Ebene hinaus zu gelangen. Wir in unserer westlichen Kultur sind von Gegensätzen fasziniert, können sie aber nicht miteinander versöhnen. Hier im Süden wurden Mann und Frau als in ihrem Wesen zwar unterschiedlich, jedoch auch komplementär begriffen. Die inkanische Vorstellung vom *Yanantin*, bei dem sich die Gegensätze in wechselseitige Ergänzung auflösten, sich dabei aber ihre jeweilige Einzigartigkeit bewahrten, beinhaltete eine Weisheit, die wir überaus dringend benötigen. Auch das inkanische Ideal der drei Beziehungsstadien, die mit dem *Taqe* zur Reife gelangten, war fantastisch. Die Inka-Kultur schien eine Menge Aspekte aufzuweisen, an denen es uns in Nordamerika mangelte, doch ich wusste, dass auch die Südamerikaner nicht alles hatten. Jede Kultur musste ihr Wissen, ihr Mosaiksteinchen im Puzzle der Menschheit, mit den anderen teilen, so wie die Prophezeiungen besagten.

„Wir können keine Kontrolle über die Prophezeiungen ausüben - wir müssen uns von ihr tragen lassen." Juan sprach in das tiefe Schweigen der Gruppe hinein, die angesichts der präsentierten Möglichkeit und Herausforderung verstummt war.

„Es versammeln sich ungeheure Kräfte, aber es ist an uns, die Welle zu reiten. Ich denke, dass dies in Kalifornien, wo ihr herkommt, weitgehend verstanden werden müsste. Eure Surfer-Kultur muss etwas über die Macht und Kraft der Natur wissen. Ein Surfer kann die Kräfte der Welle nicht kontrollieren. Wenn er das versucht, wird er sicherlich stürzen. Aber es wartet eine großartige Erfahrung auf ihn, wenn er über die Stärke und

Beweglichkeit verfügt, die es ihm erlauben, sich auf dem Kamm dieser hereinbrechenden Woge halten können. Nur diejenigen mit einem sehr agilen Ego werden in der Lage sein, mit der Welle der Prophezeiung zu reiten, wenn sie weiter bricht.

Eduardo teilte uns mit, dass uns gelber Bus endlich fahrtüchtig war und für die Rückfahrt nach Cuzco bereitstand. Wir packten zusammen, kletterten hinein und fuhren los und die staubige Straße hinunter. Die Gruppe blieb nach wie vor still, mit Nachsinnen und Verdauen des Gehörten beschäftigt. Am nächsten Tag würden wir in die Staaten zurückfliegen. Unsere Große Initiation war beendet. Juan hatte uns immer und immer wieder eingeschärft: „*Initiation* bedeutet *Beginn*." Jetzt waren wir darauf vorbereitet, mit unserer Arbeit zu beginnen.

Ich konnte nur erahnen, was vor uns lag. Es gab noch so viel zu tun. Da mussten die zwölf Gruppen mit jeweils zwölf Personen versammelt werden. Ich verfügte über genug Erfahrung mit Gruppen und menschlichen Problemen im Zusammenhang mit Verpflichtung und Engagement, um zu wissen, dass diese Aufgabe nicht leicht sein würde. Und dann waren da alle die Feierlichkeiten, an denen ich noch nicht teilgenommen hatte, die Orte der Prophezeiungen, die vielen Lektionen der vierten Ebene, an deren Beginn ich eben erst stand. Ich träumte davon, das Fest von Qollorit'i zu besuchen, und eines Tages nach Q'eros zu gehen, um dort Don Manuel Q'espi persönlich zu treffen, den ältesten der noch lebenden Lehrer Juans. Die vielen Meilen von Pilgerreisen, die noch vor mir lagen, dehnten sich vor mir aus.

Tief in meinem Herzen hege ich nun einen Wunsch, einen tiefen Wunsch für mich persönlich und für die ganze Menschheit: dass wir die Rückkehr des Inka noch erleben, dass wir gemeinsam unermüdlich daran arbeiten, die Bedingungen für das Entstehen einer künftig besseren Welt zu schaffen. Eines wusste ich: Ich würde jetzt und für den Rest meines Lebens, um meiner Kinder und meiner Kindeskinder willen, die ganze Kraft meines Herzens, meines Geistes und meines Körpers einsetzten, um für dieses Wunder zu arbeiten. Denn ich hatte von der Süße dieses Traums gekostet, und etwas Geringeres vermochte mich nun nicht mehr zufriedenzustellen.

Der Mythos von Inkari

Dies ist der Schöpfungsmythos des Volkes Q'ero, der von Oscar Nuñez del Prado, dem Vater von Juan Nuñez del Prado, 1955 aufgeschrieben wurde. Er erzählt von den Anfängen des Inka-Reichs und der erwarteten Rückkehr des Inka:

> *Als es die Sonne noch nicht gab, lebte ein Volk auf Erden, das eine solche Macht besaß, dass es mit einem einzigen Wurf seiner Steinschleudern die Steine zum Wandern bringen oder Berge in Steppen verwandeln konnte. Der Mond erhellte seine Schattenwelt, beleuchtete blass die Tätigkeiten dieser Wesen, die als die* Nyauwpa Machu *bekannt waren – die Uralten.*
>
> *Eines Tages fragte der Roal, der höchste Schöpfergeist und das Oberhaupt der Apus, der Berggeister, die* Nyauwpa Machu, *ob er ihnen etwas von seiner Kraft überlassen solle. Voller Überheblichkeit gaben sie zur Antwort, dass sie ihre eigene Kraft hätten und keine weitere bräuchten. Roal, darüber verärgert, erschuf die Sonne und befahl ihr, von nun an ihre Strahlen auf die Welt zu schicken. Voller Schrecken und vom hellen Schein des Himmelskörpers fast geblendet, suchten sie in kleinen Häusern Zuflucht, deren Türen allerdings meist in die Richtung wiesen, in der täglich die Sonne aufging. Die Hitze der Sonne dörrte sie aus und verwandelte allmählich ihre Muskeln in nichts weiter als getrocknetes Fleisch, das an ihren Knochen hing. Doch sie starben nicht, und nun sind sie die* Soq'as, *gefährliche Geister, die an bestimmten Nachmittagen zur Stunde des Sonnenuntergangs oder am Abend eines Neumondes hervorkommen.*

Die Erde wurde untätig, und die Berggeister beschlossen, neue Wesen zu erfinden. Sie schufen Inkari und Qoyari, einen Mann und eine Frau voller Weisheit. Sie gaben Inkari1 Die Bedingungen waren dort jedoch nicht sehr günstig, und so hielt er es für sinnvoll, seine Hauptstadt in der Nähe dieser Region zu erbauen. Dort, wo sich heute die Ruinenstätte von Tampu befindet, machte er sich fleißig an die Arbeit. Von der schmutzigen und schweißtreibenden Plackerei müde geworden, wollte er ein Bad nehmen, aber die Kälte war zu groß. Da beschloss er, die heißen Quellen von Upis hervorsprudeln zu lassen, und baute dort Bäder, die noch heute existieren. einen goldenen Stab und Qoyari eine Spindel – als Zeichen der Kraft und des Fleißes. Inkari erhielt den Befehl, eine Stadt an dem Ort zu gründen, an dem sein goldener Stab senkrecht in der Erde stecken bleiben würde. In einem ersten Versuch schleuderte Inkari seinen Stab, doch dieser fiel nur flach zu Boden. Beim zweiten Versuch blieb der Stab im schrägen Winkel in der Erde stecken, eingeklemmt zwischen den schwarzen Bergen und dem Ufergelände eines Flusses. Obwohl der Stab nicht senkrecht gelandet war, beschloss Inkari, dort eine Stadt zu gründen, die er Q'eros nannte.

Die Bedingungen dort waren jedoch nicht sehr günstig. Deshalb hielt Inkari es für sinnvoll, seine Hauptstadt in der Nähe dieser Region zu erbauen. Dort, wo sich heute die Ruinen von Tampu befinden, machte er sich fleißig an die Arbeit. Von der schmutzigen und schweißtreibenden Plackerei müde geworden, wollte er ein Bad nehmen. Aber die Kälte war zu groß. Da beschloss Inkari, die heißen Quellen von Upis hervorsprudeln zu lassen und baute dort Bäder, die noch heute existieren.

Inkari errichtete seine Stadt entgegen dem Auftrag der Apus, *und, um ihn seinen Fehler einsehen zu lassen, erlaubten sie den* Nyauwpa Machu, *die dem Inka mit bitterem Neid zugesehen hatten, neues Leben anzunehmen. Ihr erstes Ziel war die Vernichtung des Sohnes der Berggeister. So nahmen sie gigantische Steinblöcke und ließen sie die Abhänge hinunter auf die Stelle zu rollen, wo Inkari arbeitete. Dieser floh voller Schrecken in Richtung Titicacasee, und dort veranlasste ihn die friedliche Stille der Gegend zum Meditieren.*

Dann machte er sich auf zum Willkañust'a-Fluss. Dort verweilte er auf den Gipfeln von La Raya und schleuderte von dort aus seinen[1] goldenen Stab ein drittes Mal, und jetzt blieb dieser senkrecht in einem fruchtbaren Tal stecken. Hier gründete er die Stadt Cuzco und lebte dort lange Zeit. Q'eros blieb jedoch unvergessen, und er schickte seinen erstgeborenen Sohn aus, um diese Stadt zu bevölkern. Der Rest seiner Nachkommen wurde an verschiedene Orte gesandt, wo sie die königlichen Geschlechter der Inkas gründeten.

Nachdem er seine Aufgabe beendet hatte, beschloss Inkari, sich in Begleitung von Qoyari erneut auf den Weg zu machen, um die Menschen seine Weisheit zu lehren. Wieder kam er durch Q'eros, wo er schließlich im Dschungel verschwand, nicht ohne zuvor zum Zeugnis seiner vorübergehenden Anwesenheit seine Fingerabdrücke zurückzulassen. Diese sind noch heute in den Ruinen von Mujurumi und Inkaq Yupin zu sehen, bis zur Zeit der **Rückkehr des Inka**.

[1] *Anmerkung: Inkari setzt sich aus dem Quechua-Wort Inka, Herrscher, und dem spanischen Wort Rey für König zusammen: Inka-Rey. Qoyari aus Qoya, Königin, und Rey.*

Über die Autorin:

Elizabeth B. Jenkins, MA.FMT, ist lizenzierte Psychotherapeutin und internationale Beststellerautorin zweier Bücher über die Tradition der Inkas: DIE RÜCKKEHR DES INKA: Eine Reise über Initiation und die Prophezeiungen der Inkas für 2012 (Pu'umak'a Press, Neuauflage 2009) und REISE NACH Q'EROS: Die goldene Wiege der Inkas (Pu'umak'a Press, Neuauflage 2009) Sie lehrt die spirituellen Werkzeuge der INKAS zur persönlichen, gesellschaftlichen und globalen Transformation für die Vorbereitung auf das Jahr 2012 und darüber hinaus. Sie leitet INITIATIONSREISEN nach PERU zum Erlangen der *Hatun Karpay* – der großen Initiation der INKAS.
Seit 20 Jahren lehrt Elizabeth weltweit und führt die Reisen nach Peru an. Sie ist ebenso Sängerin und Songschreiberin und hat die CD INKA-SPIRIT veröffentlicht. Elizabeth lebt mit ihrem Mann und ihren zwei Söhnen, 1600 Bäumen und 80 Schafen in Hawaii auf einer Obstplantage, die ökologischen Anbau betreibt. Dort bietet sie spezielle Trainings und Programme gemeinsam mit den Q'ero Indios von Peru an. Sie ist Gründerin und seit 1996 Direktorin der Wiraqocha Stiftung zur Erhaltung der indigenen Weisheit und arbeitet mit einheimischen Hawaiian Kahuna, den Heilern und Lehrern, ebenso wie mit den fantastischen Kräften von Mutter Natur der Hauptinsel von Hawaii. Elizabeth gründete ihre eigene Verlagsgesellschaft, Pu'umaka'a Press. Kontaktaufnahme mit ihr ist über ihre Websites möglich: www.inka-online.com oder www.wiraqochafoundation.org

Printed in Poland
by Amazon Fulfillment
Poland Sp. z o.o., Wrocław

62474864R00181